通用财经类系列

保 险 学

（第三版）

姚海明　段　昆　编著

复旦大学出版社

内 容 提 要

本书系统阐述了现代保险学的基本理论,全面介绍了主要商业保险的业务知识和监管政策。全书分五篇共 19 章,内容包括风险与风险管理,保险概述,保险合同,保险的基本原则,财产保险概述,财产损失保险,责任保险,信用保险与保证保险,人身保险概述,人寿保险,年金保险,人身意外伤害保险,健康保险,保险精算,承保、核保、防灾与理赔,保险投资,再保险,保险市场和保险监管。本书适合于高校经济类、管理类专业师生和广大保险、银行等金融行业工作者学习参考。

前　言

　　本书第二版于2005年12月出版。七年来,保险理论研究有新的进展,我国保险机构数量和保险业资产规模有了较大增加和扩张,保险法律法规不断完善,中国保险业的快速发展正吸引着世界保险业界和学界的目光,越来越多的外资保险机构进入我国。同时,我国的一些保险机构也走出国门,融入世界。中国保险业的大发展正改变着世界保险业的图景。为反映保险理论的新进展和保险实践的新变化,适应新形势下的保险理论教学,我们对《保险学》(第二版)进行了修订。

　　《保险学》(第三版)在第二版的基础上作了较大修订。本书仍采用篇章结构,但由第二版的四篇调整为五篇。这五篇分别是保险基础理论、财产保险、人身保险、保险经营、保险市场与政府监管。取消了第二版的保险的数理基础一章,将有关理论知识写入保险精算一章;将第二版的财产保险一章扩充为财产保险概述和财产损失保险两章;将第二版人身保险一章扩充为五章,大大丰富了有关知识,其中年金保险一章是新增的;将第二版的保险费率厘定改为保险精算,大大充实了有关内容;将第二版的保险经营形式改为承保、核保、防灾与理赔,内容有了较大修改;将第二版的保险准备金分别写入财产保险概述和保险精算两章;删除了社会保险一章;对其他章节都进行了适当修改,更新了有关数据。

本书第三版由姚海明、段昆编著,姚海明拟定写作提纲和总纂书稿。全书写作分工如下:姚海明撰写了第一、二、三、四、五、六、八、十一、十四、十六、十八章;段昆撰写了第七、九、十、十二、十三、十五、十九章;梁坚撰写了第十七章。

感谢复旦大学出版社李华老师、鲍雯妍老师为本书出版付出的辛勤劳动!感谢第二版作者张敏、张斌、曹惠玲、刘颖付出的辛勤劳动!

尽管我们尽了最大努力修订,但由于能力和信息问题,书中难免存在不足,欢迎读者朋友批评指正!当然,文责自负。

编者
2012年7月

目　　录

第一篇　保险基础理论

第一章　风险与风险管理 ················· 3
- 第一节　风险概述 ····················· 3
- 第二节　风险管理及其基本方法 ············ 12
- 第三节　可保风险 ···················· 19
- 复习思考题 ························ 25

第二章　保险概述 ······················ 26
- 第一节　保险的定义、特征与分类 ·········· 26
- 第二节　保险的功能和作用 ··············· 35
- 第三节　保险的产生与发展 ··············· 41
- 复习思考题 ························ 60

第三章　保险合同 ······················ 61
- 第一节　保险合同的概念与特征 ············ 61
- 第二节　保险合同的要素 ················· 64
- 第三节　保险合同的订立与履行 ············ 79
- 第四节　保险合同的变更与终止 ············ 85
- 第五节　保险合同争议的处理 ············· 90
- 复习思考题 ························ 95

第四章　保险的基本原则 ·················· 96
- 第一节　最大诚信原则 ·················· 96

第二节　保险利益原则 ·· 105
　　第三节　近因原则 ·· 114
　　第四节　损失补偿原则 ·· 117
　　复习思考题 ··· 128

第二篇　财产保险

第五章　财产保险概述 ·· 133
　　第一节　财产保险的概念与分类 ·· 133
　　第二节　财产保险的特点 ·· 134
　　第三节　财产保险准备金 ·· 136
　　复习思考题 ··· 143

第六章　财产损失保险 ·· 144
　　第一节　火灾保险 ··· 144
　　第二节　运输保险 ··· 151
　　第三节　工程保险 ··· 158
　　第四节　农业保险 ··· 163
　　复习思考题 ··· 172

第七章　责任保险 ·· 173
　　第一节　责任保险概述 ··· 173
　　第二节　公众责任保险 ··· 178
　　第三节　产品责任保险 ··· 180
　　第四节　雇主责任保险 ··· 184
　　第五节　职业责任保险 ··· 186
　　复习思考题 ··· 190

第八章　信用保险与保证保险 ·· 191
　　第一节　信用保险 ··· 191

第二节　保证保险 …………………………………… 202
　　复习思考题 ……………………………………………… 210

第三篇　人 身 保 险

第九章　人身保险概述 …………………………………… 213
　　第一节　人身保险的概念和分类 ……………………… 213
　　第二节　人身保险的特点 ……………………………… 214
　　第三节　人身保障对个人和家庭的作用 ……………… 216
　　复习思考题 ……………………………………………… 217
第十章　人寿保险 ………………………………………… 218
　　第一节　传统的人寿保险 ……………………………… 219
　　第二节　新型人寿保险 ………………………………… 225
　　第三节　寿险保单的常用条款 ………………………… 231
　　复习思考题 ……………………………………………… 235
第十一章　年金保险 ……………………………………… 236
　　第一节　年金保险的概念与特点 ……………………… 236
　　第二节　年金保险的基本种类 ………………………… 238
　　第三节　企业年金和我国企业年金制度 ……………… 241
　　复习思考题 ……………………………………………… 245
第十二章　人身意外伤害保险 …………………………… 246
　　第一节　人身意外伤害保险的概念与特点 …………… 246
　　第二节　人身意外伤害保险的分类及保险责任 ……… 248
　　复习思考题 ……………………………………………… 251
第十三章　健康保险 ……………………………………… 252
　　第一节　健康保险的概念与特点 ……………………… 252

第二节　健康保险的主要种类 …………………… 253
　复习思考题 ………………………………………… 256

第四篇　保险经营

第十四章　保险精算 ………………………………… 259
　第一节　保险精算概述 …………………………… 259
　第二节　非寿险精算 ……………………………… 263
　第三节　寿险精算 ………………………………… 275
　复习思考题 ………………………………………… 286

第十五章　承保、核保、防灾与理赔 ……………… 288
　第一节　承保与核保 ……………………………… 288
　第二节　防灾防损 ………………………………… 292
　第三节　保险理赔 ………………………………… 294
　复习思考题 ………………………………………… 296

第十六章　保险投资 ………………………………… 297
　第一节　保险投资的必要性 ……………………… 297
　第二节　保险投资资金的来源 …………………… 299
　第三节　保险投资的形式 ………………………… 301
　第四节　中国保险投资的发展历程 ……………… 304
　复习思考题 ………………………………………… 310

第十七章　再保险 …………………………………… 311
　第一节　再保险概述 ……………………………… 311
　第二节　比例再保险和非比例再保险 …………… 322
　第三节　再保险合同条款 ………………………… 330
　复习思考题 ………………………………………… 332

第五篇　保险市场与政府监管

第十八章　保险市场 ·· 335
　第一节　保险市场概述 ·· 335
　第二节　保险公司与保险中介 ·· 340
　第三节　保险需求与保险供给 ·· 350
　第四节　部分国家的保险市场 ·· 355
　　复习思考题 ·· 361
第十九章　保险监管 ·· 363
　第一节　保险监管概述 ·· 363
　第二节　保险监管的主要内容 ·· 367
　第三节　保险监管模式的国际比较 ·· 377
　　复习思考题 ·· 382
附录一　中华人民共和国保险法(修订) ···································· 384
附录二　西方国家保险学说简介 ·· 419
附录三　社会保险的主要形式 ·· 422
主要参考文献 ·· 436

第一篇 保险基础理论

第一章 风险与风险管理

第一节 风险概述

"天有不测风云,人有旦夕祸福。人事变迁无常,则危险亦必随之而起。沧海桑田,华屋山丘,寿命之修短,事业之兴替,举凡一切危险发生,动有出人意表者,如不绸缪未雨,熟筹先事预防之术,则一旦横逆之来,猝逢意外,未有不噬脐莫及,而叹应付之无方者。"这是王效文、孔涤庵所著中国首部《保险学》著作开宗明义的精彩叙述[①]。的确,人们在日常生活中,各类组织在日常运作中,难免遭遇天之不测风云或人事无常变迁,遭受财产和生命损失。以现代理论视之,那些不测风云或无常变迁,即是风险。有风险,就需要管理风险之策。保险便是风险管理的重要手段之一。因此,学习保险首先要认识风险。

一、风险的概念与特征

(一) 风险的概念

关于风险,并没有为各理论学科所一致接受的定义。经济学理论倾向于将风险与变量联系起来,认为风险是预期结果与实际结果间的变化性。因此,当某一事件的结果存在几种可能且实际结果不能预知时,就可以认为这一事件存在风险。当对"结果"以经济价值

---

① 该书最初由王效文所著,根据英美保险学书籍编纂而成,于1925年2月由商务印书馆出版,1932年修订再版,1934年10月再一次修订重版。修订本中,作者除了王效文,还有孔涤庵。

进行衡量时,如果实际结果价值低于预期价值,我们称之为损失;反之,如果高于预期价值,我们称之为收益。

保险学理论倾向于将风险定义为损失的不确定性。具体来说,保险学所研究的风险是指某一主体(个人或组织)遭受来自自然的、生理的和社会等方面的原因引起的损失的不确定性。

(二)风险的特征

从保险理论的角度看风险,其特征主要有以下五方面。

1. 客观性

这里所说的客观性是指风险的产生和存在是客观的,而非人们主观臆断的。例如,每个人都有生病甚至生大病的风险,居住在我国东南沿海一带的人们有在夏季遭受台风侵袭的风险,火箭发射有失败的风险,汽车司机有开车碰撞的风险,等等。人类科学技术再发达,社会文明再进步,也不可能消除所有风险,充其量只能借助现代科学技术对部分自然风险和社会风险在一定程度上进行预测和估计,从而有可能减少损失的程度。而且,随着经济社会的发展,新的风险还会不断产生。

2. 损失性

风险是未来结果的变化性,未来可能变得有损失,也可能变得有收益。不过,保险学讨论的风险总是与未来的损失相联系的。风险的存在就有可能造成一定的损失或产生特殊的经济需要。保险学所讨论的损失是能够用货币衡量的经济损失,特殊的经济需要是指人们因疾病、伤残、失业等原因暂时或永久丧失劳动能力所需要的医疗、生活等费用以及死亡后所需的善后和遗属的赡养费用,以及物质财产受损后人们对它进行修复、整理等所需费用等。

3. 不确定性

不确定性是指损失是否发生不确定,发生的时间、地点、发生的频率以及发生后导致的损失的程度等都不确定。如果能准确地判断损失发生的可能性为零或百分之百,则可认为风险不存在。因为在这种情况下,结果是确定的。在结果确定的情况下,对本书讨论的保险的交易已无意义。如果科学发达了，科学家能够准确预报某地未来一年内肯定发生地震，则保险公司就没有动力向此地居民出售地震保险，除非收取接近于赔款的保险费或规定极高的免赔率。

4. 普遍性

古今中外，风险普遍存在，只不过不同时期、不同地点，风险有所不同。今天，风险渗入社会、企业、个人生活的方方面面。个人面临着生、老、病、死、意外伤害等风险；企业面临着自然风险、市场风险、技术风险、政治风险等。可以说，我们生活在一个风险的世界。因为存在风险，才需要采取包括保险在内的各种风险管理措施。

5. 可测定性

对个体而言，其面临的风险具有偶然性，难以预知，但通过对大量风险事故的或长期的观察，各类风险往往呈现出规律性。运用统计方法去处理大量相互独立的偶发风险事故，可比较准确地反映风险的规律性，测定其损失率。根据以往大量数据资料，利用概率论和数理统计的方法可测算风险事故发生的概率及其损失程度，并可构造出损失分布的模型，成为风险估测的基础。例如，在寿险业务中，专业人士早已利用对各年龄段人群的长期观察得到的大量死亡记录资料，测算各个年龄段的人的死亡率，根据死亡率计算人寿保险的保险费率，从而为寿险业务发展奠定科学的基础。

二、风险的构成要素

风险的构成要素包括风险因素、风险事故、损失和风险载体。

(一) 风险因素

风险因素，也称风险条件，是指引发风险事故或风险事故发生时致使损失增加的原因或条件。例如，劣质建材和不合理建筑结构之于该建筑物的倒塌，前者是后者的风险因素。风险因素主要包括两类：有形风险因素和无形风险因素。

1. 有形风险因素

有形风险因素是指引起或增加损失发生机会或严重程度的物质

性条件。物质财产的内部结构、用途、所处周边环境等不同,引起损失发生或增加的程度也不同。例如,在油轮码头,由于油类产品的易燃易爆性,比一般的货运码头发生火灾的可能性大;又如,干燥气候条件下,游客乱扔烟头易导致森林火灾,着火的烟头就是森林火灾的有形风险因素。

2. 无形风险因素

无形风险因素是指因有关人员的思想道德、文化习惯、工作作风、生活态度等引起损失发生或增加受损程度的非物质形态的因素。它包括道德风险因素和心理风险因素两种。

(1)道德风险因素。

道德风险因素是指某些人为了个人效用最大化而故意或恶意制造风险事故,造成损失或扩大损失程度的风险因素。例如,纵火、凿沉船只而使财产损失。

(2)心理风险因素。

心理风险因素是指人们在主观上疏忽过失或粗心大意,易于引发风险事故和增加损失程度的因素。例如,某座房屋年久失修,屋内电线老化而房屋主人麻痹大意不及时更换,最后酿成火灾事故。又如,驾驶员在开车时不愿意系安全带,增加了发生车祸以后伤亡的可能性。

台湾学者陈云中认为,道德风险可分为广义与狭义两种。广义道德风险包括积极道德风险与消极道德风险,狭义道德风险仅指消极道德风险。积极道德风险是指被保险人或受益人为诈取保险金而故意促使所保风险发生的种种行为或企图。狭义道德风险,又称心理风险,是指投保人或被保险人因有保险而疏于保护或施救被保险财产而造成或扩大风险[①]。微观经济学和金融学所说的道德风险也与后一类风险相似。

(二)风险事故

风险事故,也称风险事件,是引起损失的事故或事件,是损失的

---

① 陈云中:《保险学》,五南图书出版社,1985年,第66页。

直接原因。常见的风险事故有地震、干旱、洪水、暴雨、飓风、龙卷风、冰雹、海啸、崖崩、地陷、突发性滑坡、泥石流、雪灾、冰凌、雷击、火灾、爆炸、车祸、战争、空中运行物体的坠落、死亡、疾病,等等。车祸是当今世界造成人类非正常死亡的重大风险事故。在我国,这一事故尤为严重。有关资料显示,中国是世界上交通事故死亡人数最多的国家之一。从20世纪80年代末中国交通事故年死亡人数首次超过5万人至今,中国(未统计港澳台地区)每年交通事故50万起,因交通事故死亡人数均超过10万人,已经连续十余年居世界第一。2009年,中国汽车保有量约占世界汽车保有量的3%,但交通事故死亡人数却占世界的16%。

(三) 损失

损失是指风险事故造成的经济价值的意外减少或灭失。

1. **直接物质损失**

这是指各种物质财产因遭受自然灾害或意外事故而引起部分或全部的经济损失,如房屋遭受火灾,被焚毁的财产就是直接物质损失。

2. **经济收入的损失**

这是指人们由于疾病、意外伤害、衰老或其他原因引起丧失全部或部分工作能力或死亡造成经济收入的损失。例如,某人遭受车祸致使其在一定时期内不能正常工作,收入减少;某工厂遭受台风袭击致使停产从而使工厂收入减少,费用增加。

3. **赔偿责任的损失**

这是指由于某人的疏忽或过失致使他人的人身伤害或财产损失,依法应当负担的经济赔偿责任的损失。例如,外科医生做手术时因疏忽而发生医疗责任事故依法给患者的赔偿。

4. **额外费用的损失**

这是指由于风险事故的发生后为减少损失进行救助或抢救而额外支出的费用。例如,海运船舶与流冰相撞致损而进行修理费用,个人因疾病或意外伤害而必须支出的医疗费用。

(四) 风险载体

风险载体,简单地说,就是风险事故的直接承受体,主要有人身风险载体和财产风险载体。人身风险载体是人的身体和生命方面的风险事故发生时的直接承受者,财产风险载体是风险事故发生时,财产成为直接的承受体。财产风险事故发生后,尽管遭受损失的是财产所有人,但这并不改变财产作为风险载体的事实。

风险因素、风险事故、损失和风险载体之间的关系可简单表述为:风险因素引起风险事故,风险事故导致损失,而风险载体则是风险事故的直接承受者。

三、风险的度量

我们已经将风险定义为损失的不确定性,损失的不确定性越大则风险越大。因此,度量风险首先要考虑度量未来的损失值,这可以用损失的期望值来表示,还可用方差和标准差等工具度量各种损失结果与期望值的偏离程度。其中,标准差是度量风险的常用工具。

由于人们无法准确预知一项活动的未来损失值,但我们假设某一主体或风险管理者能够判断未来各种可能的损失值及其概率,即能够获得损失的概率分布。设未来有 n 种损失结果,分别为 X_1, X_2, $\cdots$, X_n;它们的概率分别为 p_1, p_2, $\cdots$, p_n,则可以依照以下公式测度风险。

1. 期望值(各种随机事件的结果的加权平均数)

$$E = \sum_{i=1}^{n} X_i p_i \tag{1-1}$$

2. 离差(每种结果与期望值之间的差)

$$D = X_i - E \tag{1-2}$$

3. 平均离差(各种离差的加权平均数)

$$AD = \sum_{i=1}^{n} p_i (X_i - E) \tag{1-3}$$

4. 方差

$$\sigma^2 = \sum_{i=1}^{n} p_i (X_i - E)^2 \tag{1-4}$$

5. 标准差

$$\sigma = \sqrt{\sum_{i=1}^{n} p_i (X_i - E)^2} \tag{1-5}$$

四、风险的分类

前面关于风险因素、风险事故、损失和风险载体的论述属于风险这一概念的内涵,此处风险的分类则属于风险的外延。

(一) 纯粹风险和投机风险

按风险性质分类,可分为纯粹风险和投机风险。

1. 纯粹风险

纯粹风险是指只有损失可能而无获利机会的风险。例如,地震、台风之类的风险事故一旦发生,必然对受其侵袭的人身风险载体和财产风险载体造成损失,受损害者不可能因此而获得任何利益。

2. 投机风险

投机风险是指既有损失可能又有获利机会的风险。它通常与社会、经济的变动有关,而且很不规则。例如价格的涨跌对企业存货的风险,价格上涨则企业受益,下跌则受损。购买股票也是投机风险很好的例子。

一般来说,纯粹风险的结果有二,即损失、无损失,而投机风险的结果有三,即损失、无损失、获利。因此,在一般情况下,保险公司只对纯粹风险承保,而投机风险不可保。

(二) 自然风险、社会风险和生理风险

按风险发生的原因分,可分为自然风险、社会风险和生理风险。

1. 自然风险

自然风险是指由于自然界的破坏力量所造成的人身或财产损失

的不确定性状态。例如,洪水、干旱、地震、暴风、冰雹、雪灾风险等。

2. 社会风险

社会风险是指由于个人或集团的异常行为造成人身伤亡或财产损失的不确定性状态。例如,偷窃、抢劫、战争、暴乱、罢工、车祸风险等。

3. 生理风险

生理风险是指由于个人生理方面的原因引起损失的不确定性状态,如疾病、年老、死亡风险。

(三)财产风险、人身风险、责任风险和信用风险

按风险损害的对象来分,可分为财产风险、人身风险、责任风险和信用风险。

1. 财产风险

财产风险是指各种物质财产发生损毁、灭失或贬值的不确定性状态。例如,房屋有遭受火灾、地震等损失的风险,飞机有坠毁的风险,房屋有遭受火灾的风险。

2. 人身风险

人身风险是指因疾病、衰老、意外伤害、早逝等遭受损失的不确定性状态。人的生老病死是自然规律,但疾病、伤亡何时发生并不确定,一旦发生则会对本人和家人造成经济上的负担,如收入的减少、额外费用的增加。

3. 责任风险

责任风险是指个人或团体因疏忽或过失造成他人财产损失或人身伤害依法因承担经济赔偿责任的不确定性状态。例如,医生误诊致使患者病情加重时,医生应负赔偿责任。保险公司承保的责任风险一般只限于民事责任风险。

4. 信用风险

信用风险是指由于个人或团体不守信用或破产等原因给有关权利人造成损失的不确定性状态。例如,在信用贷款中,贷款人就面临借款人不能及时还贷的信用风险,在金融远期交易中,交易双方都面

临到期对方是否履约的信用风险。

(四) 个人风险、家庭风险和企业风险

按经济单位分类,可分为个人风险、家庭风险和企业风险。

1. 个人风险

个人风险是指个人可能遭受损失的不确定性状态。通常有人身风险、财产风险、责任风险。

2. 家庭风险

家庭风险是指家庭可能遭受损失的不确定性状态,如家庭财产风险、人身风险。

3. 企业风险

企业风险是指企业在其生产经营活动中可能遭受损失的不确定性状态,如企业财产风险、责任风险、信用风险等。

(五) 基本风险和特定风险

按风险涉及的范围分类,可分为基本风险和特定风险。

1. 基本风险

基本风险是指由非个人的或至少是个人不能阻止的原因所引起的、影响范围较大,造成许多人的财产和生命损失的不确定性状态。例如,失业、战争、通货膨胀、地震、洪水、海啸、暴风等都属于基本风险。由于基本风险主要不在个人的控制之下,又由于在大多数情况下它们并不是由某个特定的个人的过错所造成的,因此,应当由社会而不是由个人来应付它们,通常由政府以某种形式介入,管理这类风险。政府通常会制定一些政策,禁止在自然灾害频发的区域建造房屋,政府部门还会对基本风险管理进行融资,例如,建立失业保险基金来管理失业风险,以出资或以补贴的形式建立洪水保险、地震保险,在巨大自然灾害或急性传染病突发时,政府有责任以社会管理者的身份处置风险事故,并提供紧急救援资金。

2. 特定风险

特定风险,又称个别风险,通常仅限于个人或者家庭、企业来承担的损失的不确定性状态。例如,由于火灾、爆炸、被盗、两车相撞等所引起的财产损失的风险；对他人财产损失和身体伤害所负的法律责任的风险等，都属于特定风险。由于特定风险通常被认为在个人的责任范围以内，因此，个人可以通过购买保险来管理这一类风险。

第二节　风险管理及其基本方法

一、风险管理的概念

风险管理就是在对潜在风险的识别，对损害后果预测的基础上，选择适宜的风险处理方法，以最小的成本获取较大的安全保障的一种管理思想和方法。

早在东汉时期，我国就有"防患于未然"对付自然风险的思想。"积谷防饥、储粮备荒"是我国漫长的封建社会的统治者和老百姓应付粮荒的重要方式。在西方，1916年法国人约法尔出版了《工业和一般管理》一书，书中阐述了安全职能由于能控制企业及其活动所遭遇的风险，从而创造最大的长期利润的思想。在约法尔之前，美国人凯里曾提出"安全第一"的经营方针。实际上，这些都是风险管理的思想。当然，作为一门管理科学，风险管理起源于美国。1929年经济大危机席卷西方世界，许多企业因此而遭受惨重损失。之后，一些大企业接二连三遭受大的自然灾害和罢工风潮的打击，人们开始认识到风险管理对企业发展的重要性，风险管理迅速成为企业管理中必不可少的重要组成部分。1932年，美国纽约几家大公司组织了纽约保险经纪人协会，该协会定期讨论有关风险管理问题，后来逐渐发展为全美范围的风险研究所和美国保险及风险管理协会。

20世纪50年代以后，科学技术的突飞猛进带来了生产的迅速发展，也给企业的生产、经营带来了许多新的风险因素，加上自然环境的恶化和各种社会风险的出现使企业面临的潜在风险高度密集。而有些风险损失又属于保险公司的除外责任。这样，企业就不得不进一步加强风险管理，以便获得稳定发展。如今，风险管理已经在西方发达国家的企业得到普及，尤其在大企业，风险管理机构已成为企业的一个重要职能部门。

有学者指出:"一些思想家以他们非凡的洞察力向人们展现怎样使未来服务于现在。通过向人们说明怎样理解风险,度量风险,权衡风险导致的后果,他们把承担风险变为推动现代西方社会发展的一种主要力量。他们和普罗米修斯一样,不畏众神,为了寻找光明在黑暗中探索。他们寻找的是能把未来从敌人变成契机的光明。他们的成就解除了人们思想的枷锁,转变了人们对风险管理的态度,而这一态度的转变引发了人们对于博弈的兴趣,推动了经济的增长,提高了生活水平,促进了技术进步。"[1]

二、风险管理的基本方法

风险管理的基本方法有风险回避、风险控制和风险融资等。

(一) 风险回避

风险回避就是人们设法避免某种损失发生的可能性,如拒绝与信用不好的企业进行贸易,以免遭受信用风险。这一方法最为简单,也有一定的局限性。

首先,由于人们认识世界的能力有限,许多风险无法预测,也无法回避,比如地震、大水灾、大旱灾等自然灾害事故就无法准确预测,也就无法回避。一些突发性的社会风险如2003年在中国发生的"非典",也无法准确预测,难以及时回避。

其次,由于风险的客观存在性和多种多样,回避了某一类风险,但也可能遭遇其他风险。例如,某人害怕外出旅游发生意外伤害的风险就不去旅游,但放弃旅游而从事其他活动也可能有相应风险。所以,风险的回避并不意味着风险的消除。

第三,由于风险的不确定性,回避了某一风险意味着可能避免了损失,也可能放弃回避的风险相关的收益。比如,为了避免新产品开

---

[1] 〔美〕小哈罗德·斯凯博等:《国际风险与保险:环境—管理分析》,机械工业出版社,1999年,第309页。

发带来的风险而放弃搞研发,就同时也失去了因开发成功带来收益的可能。因此,回避某一特定风险时,须测度风险,权衡利弊。

(二) 风险控制

风险控制包括防损与减损两种方法。防损就是通过对风险的预测分析,事先有针对性地采取各种措施,以降低风险发生的频率,减少损失的机会。例如,安装避雷针以防雷击,安装防盗门以防财产被盗,接种卡介苗以防结核病等。减损就是在灾害事故发生时或发生后,为防止灾害的扩大和蔓延,减少损失而采取的措施。例如,安装自动报警系统或自动喷淋装置,以及时发现和扑灭火灾。

防损与减损是一种积极的应付风险的方法,但对某些企业或家庭来说会有技术或经济上的困难。对于某些大的自然灾害和社会事件,需要在国家层面上进行减灾计划,甚至需要国家之间的合作和共同规划。

(三) 风险融资

风险融资包括风险自留和风险转移两种。

1. 风险自留

风险自留是指个人或企业等组织自己承担风险。人们自留风险主要有以下四种情况。

(1) 经过慎重考虑认为某种风险的发生造成的损失并不大,甘愿自己承担。当事人认为,这种风险即使发生,造成的损失也不大,完全能够承担。

(2) 通过对风险的科学预测,采取有效的风险管理方法,其费用低于购买保险的支出,所以自己承担风险。对有些经济组织而言,在管理风险、处理损失时,可以把它作为经营费用的一部分,或者通过对长期平均损失的估算,建立风险管理基金。

(3) 得不到保险或支付不起保险费或其他风险管理费用而不得不自留风险。例如,对于可能遭遇的巨灾风险的人而言,很可能就买不到巨灾保险。

(4) 根本没有意识到风险的存在或对风险的严重性估计不足,

没有采取风险管理的措施,以至于留下了本不该自留的风险。

前两种风险自留是主动自留,后两种是被动自留。对于主动自留风险,其可行程度取决于损失预测的准确性和补偿损失的适当安排。当一个企业自己建立风险管理基金,采取有效方法来进行风险管理时,我们称这样的企业在进行自我保险。据统计,1996 年世界范围内自保公司达 3 700 家。当今世界有一些大型企业实行了自我保险。实行自保的企业,会主动关注、分析自身所面临的各种风险,采取积极手段加强风险管理,有利于及早发现风险,有利于把风险降低到最低限度。不足的是自保的企业在风险管理的技术与分散风险的能力上不如专业保险公司。

2. 风险转移

风险转移是指通过融资和合同的方法,将风险从一个承受主体转移到另一个承受主体。风险转移的方法有直接转移和间接转移两种。

(1) 直接转移。

直接转移是指将与风险有关的财产或业务直接转移给他人。例如,在某些建筑工程中,发包者与承包者订立合同,合同中明确规定发生意外损失的法律责任由承包者自己承担。这样,也就将与工程相关的风险转移出去了。在产品与财产通过销售或转让,与之相关的风险也转移给了买方或受让方。例如,根据《联合国国际货物销售合同公约》,在国际贸易中,如果销售合同涉及货物的运输,但卖方没有义务在某一特定地点交付货物,自货物按照销售合同交付给一承运人以转交给买方时起,风险就转移到买方承担。当然,根据其他法规,国内贸易和国际贸易中,对于生产商或经销商来说,他们必须对其生产或经销的产品在一定时期内承担产品质量有关的风险责任,也就是说,与产品质量有关的风险并不能随着产品的出售而立即将所有风险都转移出去。

(2) 间接转移。

间接转移是指将与财产和业务有关的风险转移出去,而财产或业务本身并不转移。主要方法有以下四种。

① 出租。将财产出租,在出租期间与财产有关的某些风险也就转移给承租人。

② 担保。规定义务人不履行合同规定的义务时,作为第三方的担保人必须承担合同规定的义务。例如,债务担保合同中,担保人承诺因债务人到期不履行偿还义务时,对债权人负偿付责任。这样,债权人就将可能遭受的信用风险转移给担保人承担了。

③ 股份制安排。股份制既是一种筹集资金的制度,又是一种共担风险的形式。组建股份公司的优点很多,其中一条便是在公司经营亏损时,由全体股东共同承担损失。当然,股东们只承担在该公司投资部分的有限责任。

④ 保险。投保人或被保险人通过购买保险将可能发生的风险转移给保险人承担。这是目前最常见、最重要的转移风险的方法。

当然,风险转移的方法还有很多种。现代社会,最重要的风险转移手段之一就是保险。

近年来,美国等金融市场发达国家探索了一些新的风险融资形式,如巨灾期货、巨灾期权、巨灾债券、风险证券化等。

三、风险管理的主要程序

风险管理主要有以下六个程序。

(一) 明确目标

风险管理的目标分为损失发生前和发生后两种情况。损失发生前的目标是通过对风险的认识、衡量和控制,寻找最经济有效的手段,降低损失发生的可能性和严重性,达到最大的安全保障。损失发生后的目标应是尽可能减少风险损失,使受损单位渡过难关并尽可能恢复到受损前的状况。

(二) 识别风险

只有识别个人或组织所面临的风险的特点或性质,才能有的放矢地有效地进行风险管理。识别风险的方法多种多样,主要有五种。

1. 现场调查分析法

这是指通过对企业的设备、财产及生产流程的现场调查分析,从中发现潜在的风险。如通过对建筑物的检查发现它是否有火灾隐患。

2. 财务报表分析法

这是指按照企业的资产负债表、财产目录、利润表等财务资料,对企业的各种资产进行综合的分析研究,识别其风险是否存在及发生损失的可能性等。财务报表可以综合反映企业生产经营情况。生产经营中的许多问题都可以通过对财务报表的分析发现。

3. 保险事故分析法

这是指保险人通过对已处理的大量保险赔案进行统计分析,找出产生事故的普遍性原因,总结规律,从而对症下药。

4. 流程分析法

这是指从企业原材料投入开始,将生产、运输、储存到销售整个过程制成流程图,以展示企业生产经营的全过程。这样便于管理者对各环节、各阶段进行调查分析,可能从中发现潜在风险因素。

5. 风险调查列举法

这是指由风险管理专业人员及其他有关人员把某一风险载体可能遭遇的风险一一列举出来,然后分析各种风险发生的概率及发生后可能导致的损失。这类似于管理学中的德尔菲法。

风险管理者在风险识别过程中,可以根据企业的性质、规模和技术条件,选择某种或某几种方法的组合进行风险识别。

(三) 估算风险

估算风险是在对识别风险中所掌握的资料进行系统分析基础上,运用概率统计方法对风险事故的发生和损失的后果加以估计。估计的内容主要是测算风险事故发生的频率及损失的程度。风险事故的频率是指在一定时期内,某一风险可能发生的次数。风险频率的高低取决于风险单位数目、损失形态和事故性质。以平均风险频率乘以平均风险程度,可以估算出未来一段时期预期损失的总额。

在实际风险管理中,管理者不仅要估算风险所可能引起的损失的数额,而且要确定企业承担这些损失的能力。

(四) 选择风险处理的方法

对风险进行了识别和估算之后,风险管理就需要选择适当的风险处理的方法来处理风险。这些方法在前面已有阐述。图1-1是一种简单的选择方案。

图1-1 风险处理矩阵图

(五) 实施计划

在选定了风险处理的方法之后,便要制定风险管理的详细计划并付诸实施。如果拟采取风险自留或防损与减损方法,则计划中应包括风险的性质与特点、人力、财力的落实、管理机构的建设及相关责任的明确、时间的安排等。如果准备购买保险,则应计划好购买的险种、保费的水平以及选择哪家保险公司或者哪家保险代理人或经纪人接洽等事宜。

(六) 检查与评估

在风险管理的实施过程中,往往会因原来对有关情况估计的偏差或是客观情况的变化,使计划并不总是切合实际需要,这就有必要对计划实施的全过程进行检查与控制,评估各阶段的实施效果,及时修正计划。

四、风险管理与保险的关系

风险管理与保险之间无论在理论渊源还是各自作为一种活动或经济制度,都存在着密切的关系。

首先,两者都是以风险作为研究和管理的对象的。风险的存在是保险产生的前提,也是进行风险管理的前提,没有风险就不需要保险,也不需要进行风险管理。

其次,两者研究方法的数理基础是一致的,都是以概率论和大数法则等数学和统计学原理作为其分析的基础和方法。

第三,保险是风险管理最重要、最有效的制度性工具之一。如前所述,在对付风险的诸多方法中,保险只是其中之一,但保险这一制度性工具能够聚集社会资金、补偿参与者发生的约定风险事故导致的全部或部分损失。从全社会角度看,这要比单个组织依靠自身的力量积聚后备基金,更节约有效。

第四,在保险业务中,需要借助于其他风险管理的思想和技术,防灾减损,促进稳健经营。对保险人来说,承保之后不能等着风险事故的发生或等着保户上门要求赔偿,而必须做好对保户或保险标的的防灾减损工作,也就是说,需要做好风险管理工作。因此,保险业务与风险管理密切相关。

当然,两者之间也存在一些区别。最主要的区别表现在,风险管理所管理的风险范围来要大于保险的范围,前者管理所有的纯粹风险以及某些投机风险,而后者只是对付纯粹风险中的可保风险。

第三节 可 保 风 险

现代风险管理的重要手段之一是保险。保险是对纯粹风险进行管理的。保险业务中,蓝天上飞行的飞机和乘客的航空风险、浩瀚大海中航行的船舶遭遇自然灾害和意外事故的风险、家庭和企业的财产遭受火灾和盗窃的风险等风险都可以承保。那么,是不是所有的纯粹风险保险公司都可以承保呢?不是。构成可保风险的理想条件应包括以下六个方面。

(一) 独立的、同分布的大量的风险载体

理想的可保条件之一是其风险载体是大量的、独立的和同分布的。如此，方能使保险公司依据以往的资料数据确定保险损失率，精算出合理的保险费率、收取保险费，合理提留保险准备金。

风险载体的独立，在此是指风险载体发生事故的概率和损失的后果互不影响。用统计学的话说，就是事件 X 的发生不受和事件 Y 的影响；反之亦然，则 X 和 Y 就叫独立变量。例如，分别在两座相距遥远的城市行驶的两辆汽车，其中一辆车发生事故无论如何不会影响到另一辆车发生事故。因此，代表两辆汽车损失金额两个变量就是独立的。风险载体的独立性对于保险人非常重要，因为风险独立有利于保险人分散系统性的赔付风险，提高运行效率。

同分布是指不同风险载体发生潜在风险事件的概率大致相同，其期望损失和方差也大致相同。同分布的意义在于保险人可以据此向相似的被保险人制定相同的费率，收取相同的保险费。否则，保险人要么根据每一个不同的风险载体情况制定不同的公平精算费率，这样工作量将非常大，事实上也不可行，要么对同类保险标的制定和收取平均费率，这样将会产生逆向选择问题。

要求有大量的风险载体，主要是基于这样的考虑：随着保险人承保的独立的、同分布的保险标的数量增加，标的损失偏离期望损失的程度缩小，或者说，保险标的相对标准差（标准差除以期望损失额）将趋于缩小，即保险人承担的标的损失的风险趋于减少。这是大数法则在起作用。例如，某地房屋（即风险载体）发生火灾损失的概率为 0.1%（假设房屋风险独立），某家保险公司承保了 1 000 座此地房屋，保险有效期为 1 年，其期望损失值为 1 座房屋（为了方便，不考虑损失金额）。事实上，1 年内的损失并不一定是 1，也许没有损失，也许有两座房屋发生火灾。不管是 0，还是 2，其偏离期望值的幅度都是 100%。偏差很大，保险公司的经营不稳定。如果另一家保险公司承保了此地另外 10 000 座房屋，是前者的 10 倍，假设火灾损失的概率同是 0.1%，期望损失为 10 座房屋。同样，1 年内发生火灾的房屋也不一定为 10 座，可能是 9 座，也可能是 11 座，其偏差皆为 10%，较前者大为缩小。因此，这第二家保险公司的风险就小了。再假设损失服从二项分布,两家公司承保的两组保险标的的风险情况见表1-1。

表1-1 设想的承保同种房屋但数量不同的两家公司的风险情况

	第一家公司 (标的数量 $n=1\,000$)	第二家公司 (标的数量 $n=10\,000$)
期望损失数量($n\times0.001$)	1	10
标准差($\sqrt{n\times0.001\times0.999}$)	1	3.16
相对标准差(标准差÷期望损失数量)	1	0.316

从表1-1可以看出,尽管第二家公司的期望损失是第一家公司的10倍,但衡量风险的标准差只有前者的3.16倍,而相对标准差则更小。

那么,多大的量才算得上大量呢?这主要取决于保险人愿意承担的、偏离期望值的风险的大小。保险人所愿意承担的风险越大(实际结果与预期结果之间的差额越大),被保险的标的的数量可以越小;反之,保险人愿意承担的风险越小(实际结果与预期结果之间的差额越小),被保险的标的的数量就应当越大。

(二) 风险事故的发生具有偶然性

保险人所承保的风险必须是风险事故发生具有可能性,而不是确定性的,即事故发生具有偶然性的和非故意性。只承保事故发生具有偶然性的风险,主要原因有两点:一是为了防止道德风险的发生。如果对被保险人故意行为造成的损失进行赔偿,显然有失社会公平和正义;二是为了适应大数法则的要求,因为大数法则的应用是以随机(偶然)事件为前提的,只有当风险事故的发生具有偶然性时,依据大数法则预测保险损失才有效。

事实上,除了大多数自然界的风险事故的发生,不是人类直接控制和施加影响的结果外[1],一些社会中的风险事故的发生,很难不受

---

[1] 有趣的是,近年来我国一些地方在干旱的夏季实行人工增雨,给一些晾晒在室外的被保险财产造成损失。当保险合同中规定对雨水淋湿的损失负责赔偿时,对人工增雨造成的损失该不该赔,保险人与被保险人发生了争议。

人们的控制和影响。比如,有的人购买了车辆损失保险后,驾车时就可能不如未买保险时那么谨慎,如果附加了全车盗抢险就可能放松对丢车的警惕。这就是道德风险。对此,保险业务中通过采取一些办法加以防范,一方面重视了解被保险人的信用状况,另一方面可在签订保险合同时要求被保险人作出保证,制定免赔条款等。这些将以后面的章节中进行介绍。

(三) 损失的概率分布是可以被确定的

一种可以承保的风险,它的预期损失必须是可以被测定和计算的,这意味着必须有一个在一定合理精确度以内的可确定的概率分布。当损失的概率分布可以被确定时,相应风险的保险费率就可以较为合理准确地被制定。如果被保风险损失的概率分布不可能被确定,那么这个风险一般是不可保的。

由于损失的概率分布大多是对以往经验数据的总结得出的,当采用以往损失的概率分布作为未来期望损失和计算费率的依据时,要慎重行事。必须考虑引起未来风险事故发生的因素与以往有无变化,有多大变化。如果变化不大,则可以将以往的损失概率分布作为预测未来损失的依据;反之,则不可用。例如,近年来国家鼓励轿车进入家庭,鼓励私人购车,在许多城市私人汽车猛增,新司机猛增,交通事故也较以前大大增加。显然,在制定车险费率时,不能以10年前的车辆损失的概率分布作为现在的费率依据。

(四) 损失可以并且容易被确定和计量

这是指损失必须在时间和地点上可以被确定,在数量上可以用货币来计量。因为保险人一旦承保了某一风险标的,就承担了对所保标的在发生了风险事故时赔偿的义务。保险人在理赔时就要明确标的的损失是不是保险合同所约定的风险事故直接导致的,损失的时间和地点是否清楚,损失金额是多少。例如,一份有效海洋运输货物保险单,就必须约定损失发生在哪一期间、哪一航行区域。而且,一旦发生损失,可以鉴定损失的金额。假如这些都是捉摸不定的,那么,保险人的保险责任也就模糊不清。

强调损失容易被确定和计量,是考虑到保险人在理赔过程中易于鉴定损失的原因、程度和具体金额,使理赔顺利结案,否则就可能产生旷日持久的争议,导致很高的执行成本。执行成本过高,将降低保险人的效率。如果保险人通过增加保险费的形式将高昂的执行成本转嫁给投保人,又会损害后者的利益,降低保险消费者剩余。

强调损失可以被确定和计量的,还有一个原因,这就是保险人借此来预测和计算未来的损失。

(五)风险事故发生的概率小,但一旦发生对受害人造成的损失大

本书讨论的保险主要是商业保险。商业保险是一种交易,保险人在判断风险的可保性时,必须研究风险载体及其相关人购买保险的意愿。让我们考虑这样一种风险,风险事故发生的概率很小,但一旦发生对受害者造成重大损失。由于事故概率很小,期望损失也就小,承保时保险费率就低,由于一旦发生,损失大,因此人们就会想,与可能的损失相比,保险费是相对低廉,甚至微不足道的。这样的风险一般是可保的。飞机失事就是这样的风险。对航空旅客而言,飞机失事的概率是极小的,可一旦发生,往往机毁人亡,损失惨重。正因为面临这样的风险,许多乘客会主动购买航空旅客人身意外伤害保险。

让我们再考虑另一种情形的风险:风险事故的概率较高,发生后对当事人造成的损失不大。如果把患感冒看成风险事故,则许多人患感冒的风险概率是较高的,但一般的感冒对许多患者来说,影响不大,损失也不大。这样的风险一般是不可保的。事故概率高会使保险费率较高,从而使得保险费相对于可能的损失并不低廉,投保人购买此种保险并不经济,而且保险人理赔方面的成本也会很高。

(六)排除巨灾风险

巨灾风险主要包括两种情况:一是在某一特定地区,所有或大部分风险载体都面临同样的特大风险事故,可能造成特大灾害损失,如强烈地震、大海啸、全流域大面积洪水、大规模战争等;二是价值巨

大的风险载体可能发生的风险,如航天飞机失事、卫星发射时爆炸。如果这样的风险载体成为保险标的,一旦发生特大灾害事故,可能造成保险人无力赔付的后果。因此,在普通保险合同条款中,往往将战争、地震和其他巨灾风险作为除外责任。我国1997年修改后的财产保险条款也将地震从保险责任中剔除。对于金额巨大的保险标的如卫星、核电站等承保后,保险人通常及时分保,以减少万一保险标的发生巨灾给保险公司造成的巨大损失。

特大自然灾害往往使得风险载体的独立性不复存在。如果发生巨灾,保险人将面临系统性风险,严重时可能导致保险公司的财务危机。"巨灾风险不符合保险最基本的要求。保险人一般都可以通过统计上相互独立的风险单位汇集成一个大的集合来分散风险,从而降低该集合中风险单位的平均风险。但是,如果集合中的所有风险单位都有可能因为一项巨灾而遭受损失,这些风险单位就不再相互独立。此时,风险单位就被看作是相互依存或相关的。如果风险单位是相关的,在风险单位之间进行分散的效果就会大大地被削弱,这对保险市场可能会产生巨大的影响。例如,1992年安德鲁飓风给美国东南部造成164亿美元的承保损失,致使至少10家保险公司破产,其他保险公司也因此而遇到严重的财务危机。"[①]

以上介绍的是可保风险的理想条件,现实生活中,有些风险并不完全符合上述条件,保险公司仍然对其保险。比如,著名钢琴师的手指的风险、世界顶级足球运动员的脚的风险就不符合风险载体的大量性的要求,但保险公司仍对其承保;某种新出现的传染病的风险,并没有损失的概率分布,保险公司仍开发相关保险产品。之所以如此,一方面是因为市场上有需求,另一方面是因为保险公司需要开拓市场,需要营利,通过制定一些限制性条款使承保成为可能。另外,随着保险技术的进步和金融市场的发展,某些以前被认为不可保的

[①] 〔美〕小哈罗德·斯凯博等:《国际风险与保险:环境—管理分析》,机械工业出版社,1999年,第34页。

风险也成为可保风险。以至于保险业界有人说,没有不可保的风险,只有不可保的价格。虽然有些言过其实,但这一方面说明了价格在保险业务中的重要性,另一方面说明保险业界因为竞争和保险需求,有着不断开发新的保险产品、管理各种风险的激励。

复习思考题

1. 什么是风险?风险的特点有哪些?
2. 什么是风险因素、风险事故、损失和风险载体?它们之间有何关系?
3. 依据不同的标准,风险可分为哪几类?
4. 试举例说明一家制造高新技术产品的公司可能面临哪些风险?
5. 处理风险的基本方法有哪些?
6. 什么是风险管理?简述风险管理的一般程序。
7. 风险管理与保险有何关系?
8. 理想的可保风险应具备哪些条件?
9. 高考落榜的风险是否可保?为什么?

第二章 保险概述

第一节 保险的定义、特征与分类

一、保险的定义

关于保险,人们对它从不同的角度作了许多不同的解释。有的从组织和产品方面解释,有的从行为和制度方面定义。王效文和孔涤庵指出,保险即联合共抱同种危险之人而分担其间所生损失之经济组织。我国《保险法》(2009年修订)规定:保险是指投保人根据合同约定,向保险人支付保险费,保险人对于合同约定的可能发生的事故因其发生所造成的财产损失承担赔偿保险金责任,或者当被保险人死亡、伤残、疾病或者达到合同约定的年龄、期限时承担给付保险金责任的商业保险行为。林宝清认为,保险是集合具有同类危险的众多单位或个人,以合理计算分担金的形式,实现对少数成员因该危险事故所致经济损失的补偿行为。孙祁祥认为,保险是一种以经济保障为基础的金融制度安排。它通过对不确定事件发生的数理预测和收取保险费的方法,建立保险基金;以合同的形式,由大多数人来分担少数人的损失,实现保险购买者风险转移和理财计划的目标。至于从产品角度认识保险,则是将保险看作保险合同,是保险人供给的保险服务。

我们认为,组织和产品都只是保险的某种表现形式,而不是其本质,《保险法》对保险的解释不是严格意义上的定义。从制度层面上定义保险是合适的。鉴于本书讨论的保险主要是商业保险,我们对保险的定义是:保险是一种风险转移和损失补偿制度,这一制度通过专门机构以合同形式向具有同类风险的众多组织和个人收取一定费用,建立基金,对少数成员因发生约定风险事故导致的损失时或约定事件出现时,实行损失补偿或给付赔偿金。定义中的"专门机构"是指各类保险机构(保险人),最常见的是各种保险公司,保险机构依据合同收取的费用就是保险费,交费的组织和个人就是投保人。

根据定义,保险有以下几大要点:

第一,以合同的形式约定风险事故或风险事件,约定保险费和保险责任等。所以,保险人与投保人之间的关系实际上是合同关系,根据保险合同规定,投保人承担支付保险费的义务,换取保险人对被保险人因约定的风险事故或特定事件的出现所导致的损失负责经济补偿或给付的权利。意即借助于保险合同关系,投保人或被保险人的风险转移到保险人那里。

第二,集合多数组织和个人,向他们收取保险费,在保险机构建立保险基金。保险基金是保险人依据合同实行损失补偿和给付的资金基础。

第三,向投保人收取保险费应有科学的数理基础,即要运用现代数理方法进行风险的评估、测算,制定公平合理的保险费率。

第四,保险制度运行的微观结果是风险的转移和少数被保险人的损失由多数被保险人共同分担,客观上起到了保障经济生活安定和社会稳定的宏观效果。例如,我国"十一五"时期的五年间,保险业各项保险赔款和给付支出累计达1.26万亿元,是"十五"时期的2.95倍。2008年南方雨雪冰冻灾害、汶川大地震等重大自然灾害和突发事件,给灾区人民带来严重生命和财产损失,保险业发挥了经济补偿功能,对投保的灾害被保险人或受益人及时给予损失补偿,促进了受灾群众生产生活秩序的稳定和灾后重建。

下面,我们通过一个简单的例子进一步理解保险的概念。

假设某一地区有某类房屋1 000幢,每幢的价值为100 000元。根据以往的资料,每年此类房屋火灾的发生概率为0.1%,假定皆为全损。保险公司通过精算得出的此类房屋的火灾保险的保险价格是110元,即每幢房屋的主人每年缴纳110元,则由保险公司承担火灾所致的全部损失。

假如所有房主都同意并按要求缴纳了 110 元保险费,与保险公司签订保险合同,且当年发生的火灾事故与经验数据一致,我们通过简单的计算就可以了解保险公司如何进行风险分散(风险转移)和损失补偿。

$$所收金额 = 1\,000 \times 110 = 110\,000 \text{ 元}$$
$$预计赔款金额 = 1\,000 \times 0.1\% \times 100\,000 = 100\,000 \text{ 元}$$
$$赔后余额 = 110\,000 - 100\,000 = 10\,000 \text{ 元}$$

从上述计算中,我们发现:保险公司通过每个房主缴纳的 110 元(共 11 万元),建立起了此项房屋火灾保险的基金,合同期内一户家庭因火灾受损,受损家庭得到了约定的 10 万元火灾赔偿。这 10 万元的赔款,并不是保险公司施舍的,而是众多家庭缴纳的保险费通过保险这一机制转移实现的。从上面的计算中可以得知,保险公司还结余了 1 万元。这 1 万元正是用于公司开展此项业务的经营费用(未考虑税收等)。

正如奈特所说:"没有人能准确地预测哪幢建筑会失火,大多数业主也无需采取足够的(安全)措施将损失减到某个稳定值。但是,众所周知的是,保险的作用就是扩大投保人群的范围,将或然事件转换成固定成本。"[①]

二、保险的特征

根据以上对保险的定义和举例,可知保险具有以下特征。

(一) 互助性

保险具有"一人为众,众为一人"的互助特征。保险在一定条件下,分担了许多单位和个人难以承担的风险,使之构成了一种经济互助关系。这种经济互助关系通过保险人用多数投保人缴纳的保险费

---

① 弗兰克·奈特:《风险、不确定性与利润》,华夏出版社,2011 年,第 163 页。

建立的保险基金对少数遭受损失的被保险人提供补偿或给付而实现。

(二) 法律性

保险是根据法律规定或当事人双方约定,一方承担支付保险费的义务,换取另一方对其因意外事故或特定事件的出现所导致的损失负责经济补偿或给付的权利的法律关系。所以,保险又是一种合同行为,具有法律性。

(三) 经济性

保险体现了一种对价交换的经济关系,也就是商品经济关系。保险是通过经济补偿或给付而实现的一种经济保障活动。其保障对象财产和人身都与要素市场有关;其实现保障的手段,大多最终都必须采取支付货币的形式进行补偿或给付;其保障的目的是与社会经济发展相关的。这些都体现了保险的经济性。

(四) 科学性

保险是风险管理的制度。现代保险经营以概率论和大数法则等科学的数理理论为基础,保险费率的厘定、保险准备金的提留等保险精算都是以科学的数理计算为依据的,保险事故发生后,损失的查勘、定损也需要科学的理论、程序和方法,有时需要借助专业公估人的力量。

三、保险与银行储蓄、救济、赌博的区别

(一) 保险与银行储蓄的区别

长期人寿保险带有储蓄性质,与银行储蓄行为有共同点,都是投保人或储蓄者将现在收入的一部分,未雨绸缪,准备将来的需要,都是为了保障经济生活的安定。其他保险并没有储蓄性质。

总体上看,保险与银行储蓄的主要区别如下。

(1) 保险具有损失补偿或经济保障功能,银行储蓄则无此功能。如果在保险有效期内出现保险事故,被保险人或受益人一般能及时得到赔偿或给付,且可能比所交保险费多得多;而根据储蓄合同,银

行不承担储户的财产或人身伤害等损失的补偿。当然,如果保险有效期内没有发生保险事故,保险费不返还(储蓄性人寿保险除外),但储蓄到期必定还本付息。

(2)保险集合多数单位和个人的保险费,聚集资金,目的在于分散风险、分摊损失,具有互助共济性质,银行储蓄不具有互助共济性质。

(3)投保人所缴付的保险费原则上不能自由提取①,而银行储蓄者对其存款一般可自由提取。

(二)保险与救济

这里所讲的保险是指商业保险,救济是社会保障的内容之一。保险与救济都是为抗御灾害事故而实行的补救办法,在促进经济社会的安定和发展方面都起着有益的作用。但是,两者也有如下区别。

(1)在实施方式上,保险是保险人在收到投保人缴纳保险费之后才提供的保障,是有偿的;而救济是无偿赠与的。

(2)在法律关系上,保险关系中的保险人与被保险人之间,权利、义务相应对等,而救济是政府部门、社会团体和各界人士的赠与行为,它不要求权利义务的对等。

(3)在计算方法上,保险需要用科学方法确定保险费率,合理分摊;救济则通过财政拨款或者捐助,采用现金收付的方法,计算和分摊较为简单。

(三)保险与赌博

从表面上看,两者都是关于金钱得失,同样取决于偶然事件的发生与否,有一定的相似之处。但两者存在本质的区别。

(1)保险所管理的是纯粹风险,而赌博所面临的是投机风险。

(2)保险必须以保险标的对自己有经济利害关系为条件,赌博

---

① 寿险合同有现金价值时,保险人可通过合同约定给予被保险人在一定条件下提取;寿险合同签订初期一般有一个犹豫期规定(签订保单后7—10天不等),在犹豫期内投保人要求退保时能将所交保费的大部分退还。

则无此项条件①。

（3）保险是风险的转移，目的是谋求经济生活的安定；赌博是风险的制造，给家庭和社会带来不安定因素。古典名著《聊斋志异·赌符》有言："天下之倾家者，莫速于博；天下之败德者，亦莫甚于博。人其中者，如沉迷海，将不知所底矣。"

四、保险的分类

根据不同的标准，我们可以将保险分为不同种类。保险的主要分类有以下几种。

（一）财产保险、人身保险、责任保险和信用保险

这是根据保险标的不同来划分的。财产保险是以各种物质财产及其相关利益为保险标的的保险，具体又包括海上保险、火灾保险、运输保险、工程保险等。人身保险是以人的生命或身体为保险标的的保险，具体又包括人寿保险、年金保险、健康保险和意外伤害保险等。责任保险是以被保险人的民事赔偿责任为保险标的的保险，具体又包括公众责任保险、雇主责任保险、产品责任保险和职业责任保险等。信用保险是以信用关系为保险标的的保险。

（二）强制保险与自愿保险

这是根据实施形式不同来划分的。强制保险又称法定保险，是由国家颁布法令强制被保险人参加的保险。凡在法令规定的范围内的单位或个人，不管是否愿意，都必须依法参加保险。例如，世界许多国家都对汽车第三者责任险、雇主责任保险实行强制保险。

自愿保险是投保人和保险人在自愿协商的基础上，通过订立保险合同而实现的保险。在自愿的原则下，投保人是否购买保险，购买什么保险，什么时候购买，保险金额多少等都可自行选择决定。保险

---

① 在中古世纪，英国历史上曾出现过赌博保险。有人以与自己毫无利益关系的远航船只为标的进行保险。如果船只安全抵达，投保人丧失已付的保险费，如果船只灭失，则可获得保险赔款。这就是赌博保险。英国于1774年明令禁止赌博保险。

人也可以决定承保的风险、条件和金额，对不符合保险条件的可以拒保。

(三) 原保险与再保险

这是根据风险转移的层次的不同来分的。原保险是指保险人对被保险人因保险事故所致的损失承担直接的、原始的赔偿责任的保险。再保险是原保险人以其所承保的风险，再向其他保险人进行投保，与之共担风险的保险。

(四) 商业保险与社会保险

这是根据是否以营利为目的来划分的。商业保险是以营利为目的的保险。目前各保险公司开办的大多数保险业务都是商业保险。社会保险是不以营利为目的的。社会保险是通过国家立法的形式，以劳动者为保障对象，以劳动者的年老、疾病、伤残、失业等特殊事件为保障内容，由政府强制实施的一种社会保障制度。

(五) 其他分类

1. 个人保险与团体保险

这是早期人身保险的一种分类，至今沿用。早期的保险业务中，人身保险分为两大类：普通人寿保险与团体人寿保险。前者是指个人和家庭购买的人身保险，简称个人保险；后者是指由雇主、工会和其他团体为其雇员或成员购买的人身保险，简称团体保险。团体保险的投保人为集体，投保的集体与保险人签订一份总的保险合同，向集体内的成员提供保险。个人人身保险林林总总，团体保险也多种多样，在美国有团体人寿保险、团体健康保险、团体养老保险、团体年金等，在我国有团体终身保险、团体意外伤害保险、团体养老保险等。近年来，团体保险范围发生了变化，由过去的人身保险领域发展到财产保险、责任保险领域，如美国有些企业的雇员福利计划中就包括了团体私用汽车保险和团体房主保险。

2. 定值保险与不定值保险

这是适用于财产保险的一种分类。定值保险是这样一种保险：保险双方当事人事先确定保险标的的保险价值，并在合同中载明，以确定保险赔偿的最高限额。不定值保险就是不事先确定保险标的价值,损失发生后重新估价,确定损失的保险。有些物质财产,价值不易确定并且具有较大波动性,比如艺术品、矿石标本、古董等。如果对这些财产承保时不事先明确其价值,在保险合同有效期内发生风险事故时,就容易在损失的金额问题上产生争议。如果事先确定其价值,在保险事故发生后就不必对保险标的重新估价,理赔手续简单,也避免了损失金额的争执。对这类财产可采取定值保险。在定值保险合同中,除非保险人能证明被保险人有欺诈行为,否则,保险事故发生后,保险人不得以保险标的的实际价值与约定价值不符为由而拒绝履行合同义务。但是,如果对所有保险标的都要事先定值,工作量将非常大,而且,除非发生特大灾害事故,一定时期内承保的多数财产标的都不需要事后估价,所以对于汽车、房屋等容易估价的财产采取不定值保险是合理的。

3. 足额保险、不足额保险与超额保险

这也是适用于财产保险的一种分类,是根据保险金额与保险价值的关系来划分的。保险金额是保险合同载明的保险人的最高赔偿限额,保险价值是保险标的的实际价值。

足额保险是保险金额与保险价值相等的保险。在足额保险业务中,当保险事故发生造成保险标的的全部损失时,保险人应依据保险价值进行全部赔偿。如果保险标的物存有残值,则保险人对此享有物上代位权,也可以作价折给被保险人,在赔偿时扣除该部分价值;当保险事故发生造成部分损失时,保险人应按实际损失确定给付的保险金数额。如果保险人以提供实物或修复服务等形式作为保险赔偿的方式时,保险人于赔偿后享有对保险标的物的物上代位权,或者当修复增加了保险标的物的实际价值或其功能明显改善时,保险人在赔款中可扣除被保险人的增加利益。

不足额保险又称部分保险,是保险金额小于保险价值的保险。产生不足额保险合同的原因主要有以下三种。第一,投保人基于自己的意思或基于保险合同当事人的约定而将保险标的的部分价值投保。前者如投保人想节省保险费，或认为有能力自己承担部分损失而自愿承担一部分风险；后者如在共同保险中，被保险人按照共同保险条款的要求而自留部分风险。第二，投保人因没有正确估价保险标的的价值而产生的不足额保险。第三，订立保险合同以后，因保险标的的市场价格上涨而产生的不足额保险。由于不足额保险合同中所规定的保险金额低于保险价值，投保人并未将其差额部分的风险转移给保险人，因此，不足额部分应视为投保人自保。当保险标的发生全损时，保险按约定的保险金额给付保险金；当发生部分损失时，通常采取比例分摊原则，即保险人与被保险人就损失按比例分摊。

超额保险是保险金额超过保险价值的保险。产生超额保险的原因主要有以下四种。第一，出于投保人的善意，即投保人在未违反善良管理人的注意义务的情况下，不知保险金额高于保险价值。如投保人过高地估计了财产价值，或不了解市场行情。第二，出于投保人的恶意，即投保人明知或根据善意管理人的注意义务应该知道保险金额超过保险价值。其目的往往在于希望保险事故发生获得多于实际损失的补偿；或利用超额保险合同进行欺诈，以谋取不正当的利益。第三，经保险人允许，或根据保险提供的保险条款条件，经保险双方当事人特别约定按照保险标的的重置成本投保使保险金额高于保险标的的实际市场价格。第四，保险合同成立后，因保险标的的市场价格跌落，导致保险事故发生时的保险金额超过保险标的的价值。

由于超额保险极易诱发道德风险，对保险业的发展危害极大，因此各国的保险立法对超额保险合同均加以严格限制。例如，对重置成本保险的适用范围及保险赔偿都有严格规定和限制；基于投保人的善意而产生的超额保险合同，其超过部分无效。在保险事故发生前，投保人可以请求保险人返还无效部分的保险费；对恶意超额保险合同，各国法律一般都规定，凡投保人企图以此来获得不法利益的，保险合同全部无效。如果由此造成了保险人的损失，投保人应负损害赔偿责任。但也有例外，在国际海洋货物运输保险中，国际商会《1990年国际贸易术语解释通则》，对于以CIF价成交的国际货物贸易,"如买方要求时,卖方应提供由买方负担费用的可以投保的战争、罢工、暴乱和民变险。最低保险金额为合同规定的价款加 10%(即 110%),并以合同货币投保"。这就是超额保险。

4. 公营保险与私营保险

这是按经营主体的产权性质不同来分的。公营保险是由政府经营的保险,包括国家经营的保险和地方政府经营的保险,常见的组织形式是国有独资保险和国有控股保险。现在一些国家的公营保险主要是为了发展政策性保险业务。私营保险是由私人投资经营的保险,包括营利性质的保险和非营利性质的保险。前者常见的组织形式是股份有限公司,后者常见的组织形式有合作保险和相互保险。

此外,国际保险界在统计保险费时,是按照寿险与非寿险来分类的。

第二节 保险的功能和作用

一、保险的功能

(一)关于保险功能的不同观点

功能是事物本身所具有的职能,由事物的根本特征和地位决定,是事物本质的客观反映。有关保险的功能,理论界存在多种不同观点,主要有五种观点。

1. 单一功能说

单一功能说认为经济补偿是保险的唯一功能,即经济补偿是建立保险基金的根本目的,也是保险制度产生的根源。

2. 二元功能说

二元功能说认为保险具有经济补偿和给付两大功能,即财产保险具有经济补偿功能,人身保险具有保险金给付的功能。

3. 基本功能说

基本功能说认为分散风险和经济补偿是保险的两大基本功能,

两者相辅相成。保险业可以通过其特有的机制和技术手段分散社会上独立的、偶然的风险,同时达到补偿遭受风险事故者的经济损失的目的。

4. 多元功能说

多元功能说认为保险不仅具有分散风险和经济补偿两大基本功能,而且还具有积累资金、储蓄、融通资金、防灾防损等功能。

5. 保险功能新说

近年来,我国监管部门和保险理论界对保险功能提出了新的看法,认为保险具有三大功能说,即经济补偿、资金融通和社会管理。经济补偿是基本功能;资金融通是保险金融属性的体现;社会管理功能是保险业发展到一定程度并深入社会生活的诸多层面之后产生的一项功能。有保险监管部门的官员认为,保险的社会管理功能大体包括以下四个方面:(1)社会保障管理,即一方面商业保险可以为没有参加社会保险的劳动者提供保险保障,另一方面商业保险产品灵活多样、选择范围广,可以为社会提供多层次的保障服务;(2)社会风险管理,即保险公司与灾害事故打交道,具有识别和衡量风险的专业知识,而且积累了大量风险资料,为全社会风险管理提供了有力的数据支持;(3)社会关系管理,即通过保险应对灾害损失,不仅可以根据保险合同约定,对损失进行合理补偿,而且可以提高事故处理的效率,减少当事人可能出现的各种纠纷;(4)社会信用管理,即保险公司经营的产品实际上一种以信用为基础、以法律为保障的承诺,在培养和增强社会的诚信意识方面具有潜移默化的作用,同时保险在经营过程中可以收集企业和个人的履约行为记录,为社会信用体系的建立和管理提供重要的信息资料来源。

(二)保险的基本功能

保险的基本功能决定于保险产生和存在的理由。古往今来,人类的生产生活一直面临各种风险,风险事故发生时,财产和生命的损失不可避免。因此,人类需要有一种分散风险、补偿损失的制度。保险便是这样一种制度。

1. 风险分散

保险向社会提供了这样一种机制：具有同类风险的组织和个人（被保险人）被聚集，同时向聚集他们的人（保险人）缴纳一定的费用，被保险人约定的风险就转移给了保险人，或者说，后者承担了前者的风险。而后者能够承担前者的风险是以向众多的投保人（或被保险人）收取一定的保险费为基础的。因此，实际上不是保险人承担了被保险人的风险，而是同类风险的所有被保险人通过保险这种机制共同承担了少数的风险。

2. 损失补偿

保险以合同的形式向众多的投保人收取保险费，然后根据合同在少数被保险人发生约定风险事故所致损失时进行经济补偿，这就是保险的损失补偿功能。这也是"一人为众，众为一人"的保险的最基本的互助共济精神的体现。

风险分散与损失补偿是手段与目的的统一，是保险本质特征的最基本的反映。国学大师胡适曾有一段著名的论述："保险的意义只是今天作明天的准备；生时作死时的准备；父母作儿女的准备；儿女幼时作儿女长大时的准备，如此而已。今天预备明天，这是真稳健；生时预备死时，这是真豁达；父母预备儿女，这是真慈爱。能做到这三步的人，才能算作现代人。"

（三）保险的派生功能

保险的派生功能是在基本功能基础上产生的，它同样反映了保险的本质特征。派生功能有二：一是融通资金，二是防灾防损。

1. 融通资金

保险分散风险的功能决定了保险经营机构需要向投保人收取一定的保险费，形成用于损失补偿的保险基金。但是，集中起来的保险基金并不会立即全部用于赔偿或给付，总有一部分在一定时期内被闲置。现代社会，经营机构的资金总是要倾向于最有效的配置。通常可以投资于证券市场和某些实业部门。因此，保险经营机构一方面吸引资金，另一方面投放资金。这就是保险的融通资金的功能。

现代保险机构特别是人寿保险公司,其融通资金的能力非常强大。高效益的投资有助于保险基本功能更好地发挥。

2. 防灾防损

现代保险经营机构通常在承保前要仔细鉴别风险,防止逆向选择,承保后对被保险人提供防灾防损服务,以使具有同类风险的被保险人尽可能减轻保险费的负担,也使保险人减少可能的损失赔偿。防灾防损功能是损失补偿的基本功能的派生。我国台湾著名的长荣集团,长期与美国丘博保险公司合作,每年支付几千万美元保费,看中的就是丘博公司具有特色的保险服务——为长荣集团进行全面的安全检查,查出隐患,提出防范建议,以降低事故发生的可能性。又如,环境污染责任险的承保公司通常会对被保险企业提供详尽的风险查勘报告,进行环境污染责任专项风险评估,并提出风险管理的改进意见。

二、保险的作用

保险的作用是保险功能发挥出来的而产生的影响和效果。

(一) 保险在微观经济中的作用

1. 有利于受灾企业尽快摆脱困境,恢复生产经营

企业在运作过程中,难免会遇到各种自然灾害和意外事故,中断企业的正常营业,并使企业遭受损失。如果企业参与保险,与保险人约定,将企业可能遇到的一些风险转移给了保险人,在发生约定事故直接导致的损失后,将可以获得保险人依据合同进行的损失补偿。受灾企业便可以在一定程度上摆脱困境,恢复生产经营。

2. 有利于企业加强风险管理

保险经营机构在接受了众多的被保险标的之后,为了减少损失赔偿的机会,通常会利用多年积累的风险管理经验,对被保险企业进行风险调查,向其提供风险管理的方案,尽可能消除风险隐患,达到防灾防损的目的。保险公司还可以通过保险合同的约束和保险费率的杠杆作用调动企业防灾防损的积极性,共同搞好企业的风险管理工作。在一些大的风险事故发生后,保险公司通常会尽可能帮助被

保险企业抢救财产和伤员,尽可能减少损失。

3. 有利于安定人民生活

家庭是社会的细胞。在家庭生命周期内,难免遇到各种风险。家庭及其成员通过参与保险,同样可以将约定的风险转移给保险人,在发生约定的风险事故或风险事件后,可以从保险人那里获得损失补偿。面向家庭承保的保险公司及其相关业务,如同编织了一个巨大而无形的安全网,保障人民生活的安定。

从心理学角度讲,保险具有减轻人们焦虑的作用。一个人担心自己很快将失去生命、健康和财产时,会郁闷痛苦。但是,通过参与人寿、健康保险、财产保险,这样焦虑和痛苦的情绪会得到缓解,心境会变得平和宁静。因此,家庭保险又被形象地称为"安睡保险"。

4. 有利于民事赔偿责任的履行

人们在日常的生产活动和社会交往中,难免产生民事侵权或受他人侵权而发生的民事赔偿责任或民事索赔责任事件。在保险业务中,责任保险可以对一些民事责任承保。具有民事赔偿责任风险的组织和个人可以通过购买责任保险将此风险转移给保险人,有利于被侵权人顺利获得合法的民事赔偿。有些民事赔偿责任风险由政府采取立法的形式强制实施,例如许多国家将雇主责任险和机动车第三者责任险作为强制保险,以保障雇员和社会公众在责任事故中利益被损害时能及时得到赔偿。

(二)保险在宏观经济中的作用

保险在宏观经济中的作用主要体现在两个方面。

1. 保险在要素投入量增长方面的作用

在要素投入量的增长中,资本的增长取决于储蓄的增长,劳动的增长取决于人口的增长和劳动力的增长。经济学基本理论告诉我们,经济增长率与储蓄率正相关。而储蓄和储蓄率的提高在一定程度上归功于包括保险在内的金融机构和金融市场的发展。就保险而言,它在提高储蓄率的贡献主要有二方面。第一,保险的存在和发展为各类组织和个人管理自身风险提供了便利,投保人只要投入少量的货币资金(保险费)就可以获得一定的风险保险。随着经济增长和社会财富的增加,人们通过购买保险来转移风险的需求也增加,保险人的保险费收入不断增加。而且,人寿保险的保险收入中有相当一部分是带有储蓄性质的业务收入。对于保险人而言,保险费是负债,对于投保人或被保险人而言,则是储蓄。说得准确一点,保险费中的保险准备金是投保人或被保险人的储蓄。所以,保险人通过承保大量的分散的风险载体而积聚了大量的保险资金。第二,保险人积聚的大量保险资金,按照有关政策,其中一部分可用于投资,投资于实业或资本市场,从而增加社会资本量。例如,1993年美国货币和资本市场的总资金规模为78 050亿美元,其中商业寿险资金为14 370亿美元,占资金总供给的18.4%,仅次于共同基金和商业银行,成为美国国内货币和资本市场的第三大资金来源。可见,保险对资本投入量增长的作用表现在两个方面:一是提高了可用于投资的储蓄量;二是促进了储蓄向投资的转化。

保险对劳动投入的增长主要是通过促进就业量的增长体现出来的。一方面,保险通过促进资本形成的增长增加了就业机会;另一方面,保险的发展使得保险领域直接增加了大量的就业机会。就业的稳定增长也是一个国家宏观经济目标之一。

2. 保险在要素效率提高方面的作用

现代经济中,企业外部融资的比重逐渐提高,这是与金融市场的逐步发展相一致的。因为金融市场的发展为企业外部融资降低了交易成本,便利了资本的集中、转移和重组。在一个有效率的金融市场中,保险公司与其他金融机构一样,有利于提高资本配置效率,它们在履行投资者和贷款人的职责时,会收集大量的信息,以便对企业、项目和经理人员进行评估,从而保证稀缺的资金投向有效率的领域并获得较高的回报。而且,作为债权人或股东,在破产制度完善,存在有效的股东内部控制机制和竞争的法人控制市场的前提下,保险公司有权监督获得外部融资的企业的经营行为,因而有利于提高企业的内部治理结构和市场效率。所以,通过保险公司或保险产业发挥保险的功能过程中,在有关的市场环境完善和监管有效率的条件下,可以起到提高要素效率的作用,从而促进经济有效率的增长。

第三节 保险的产生与发展

一、保险的产生

我们知道,保险是风险管理的有效手段之一。风险和风险事故是客观存在的。据不完全统计,就拿自然风险来说,我国从西周至清代,共计发生较大的自然灾害5 168起,财产损失和人员伤亡不计其数,以至于历史上有"三岁一饥,六岁一衰,十二岁一荒"的说法。1970—1990年,全世界共发生了3 048起重大灾害和事故,平均两三天就发生一起,至少夺去了167万人的生命(另见表2-1)。为防范风险,人类早就产生了保险的思想和活动。据说早在公元前3000多年前,我国古代"船帮组织"在水流湍急的长江上运输货物时,为避免触礁翻船而致灭顶之灾,将一人的货物分装于几条船上,以达到分散风险的目的,这可看作是聪明的先人原始的保险活动[①]。在西周时期,积谷防饥的朴素保险思想已经存在。据《周书》记载:"国无三年之食者,国非其国也;家无三年之食者,家非其家也,此谓之国备。"《礼记·礼运》中说:"大道之行也,天下为公。选贤与能,讲信修睦,故人不独亲其亲,不独子其子,使老有所终,壮有所用,幼有所长,矜、寡、孤、独、废疾者皆有所养。"这无疑是我国古代社会追求经济生活安定的崇高理想,也是社会保险思想的萌芽。我国古代还有一种被称为镖局的组织。实际上它是一种货物运输保险的原始形式。镖局是一种类似保险的民间安全保卫组织,其经营的业务之一是承运货物。商人交镖局承运货物,俗称"镖码"(相当于保险标的作为保险对象的财产及其有关利益或者人的寿命和身体)。货物须经镖局检

[①] 参见吴申元、郑锟瑜编著:《中国保险史话》,经济管理出版社,1993年,第2页。而英国人维克多·多弗所著《海上保险手册》中则说是距今3 000年。

验,按贵贱分级,根据不同等级确定"镖力"(相当于保险费率),据此收费签发"镖单"(相当于保险单)。货到目的地,收货人按镖单验收后,在镖单上签注日期,加盖印章,交护送人带回,以完成手续。镖局的这些手续与现代保险的承保手续大致相同。

表 2-1 1970—1995 年全球重大灾难排行表(按死难者人数排列)

序号	国家或地区	事件	日期	死难人数
1	孟加拉	飓风	1970.11.14	300 000
2	中国	唐山大地震	1976.7.28	250 000
3	孟加拉	飓风	1991.4.29	140 000
4	秘鲁	地震	1970.5.31	60 000
5	伊朗	地震	1990.6.21	50 000
6	前苏联	亚美尼亚地震	1988.12.7	25 000
7	伊朗	地震	1978.9.16	25 000
8	哥伦比亚	火山爆发	1985.11.13	23 000
9	危地马拉	地震	1976.2.4	22 000
10	墨西哥	地震	1995.9.19	15 000
11	印度	决堤	1979.8.11	15 000
12	印度	洪灾	1978.9.1	15 000
13	印度	洪灾	1971.10.31	10 800
14	孟加拉	飓风	1985.5.25	10 000
15	印度	龙卷风	1977.11.20	10 000
16	印度	地震	1993.9.30	9 500
17	菲律宾	地震	1976.8.16	8 000
18	菲律宾	台风	1991.11.5	6 304
19	日本	地震	1995.1.17	6 000
20	巴基斯坦	地震	1974.12.28	5 300
21	伊朗	地震	1972.4.10	5 000
22	尼加拉瓜	地震	1972.12.23	5 000
23	印度尼西亚	地震	1976.6.30	5 000

续表

序号	国家或地区	事件	日期	死难人数
24	意大利	地震	1980.11.23	4 800
25	阿尔及利亚	地震	1980.10.10	4 500
26	伊朗	暴风雨、雪灾	1972.2.15	4 000
27	土耳其	地震	1976.11.24	4 000
28	巴基斯坦	洪灾	1992.9.8	3 800
29	法属留尼汪岛	龙卷风	1978.4.16	3 200
30	孟加拉	洪灾	1988.8.1	3 000

资料来源:《中国保险报》,1996年8月16日,第2版。

尽管保险的起源可追溯到久远的古代,但保险的大发展却是从近代开始的。大约在14世纪后半叶,海上贸易和海上保险活动在地中海一带已相当活跃。海上贸易在当时既是一种高预期收益的事业,又是一种冒险活动,海上运输过程中,船损和货损事件时有发生。于是,商人们在从事海上贸易活动的同时,以前所未有的热情关注着如何减少和分散风险损失。这一时期从事海上贸易和运输的商人(被保险人)与保险人开始以合同的方式稳定保险业务。合同关系的引进,对保险制度的发展,具有重大意义。15世纪末,美洲大陆和通往印度航道的新发现,标志着资本主义国家在更为辽阔的世界市场纵横驰骋的开始,甚至有学者认为这是世界经济国际化的起点。当资本家和冒险商们开始扬帆远航,寻找在他们看来极具诱惑力的海外市场时,海上风险如影随形。因为海上世界波谲云诡,变幻多端。于是,资本家、商人、保险界人士更加深入地研究保险、关注保险。近代保险制度就是在这种情况下应运而生的。下面我们按照时间顺序介绍五种主要保险的产生。

(一) 海上保险

大约公元前2000年,地中海沿岸已有了较为广泛的海上贸易,那时航海工具简陋,航海风险很大。初期,船主与货主常常身份合一，随着海上贸易的发展，两者逐渐分离。当船舶遇到海难时，为避免倾覆或沉没，经常采取的也是最有效的办法就是抛货入海，以减轻船舶载重量。但在决定抛货时常常会引起船货各方争议，任何一方都不愿将自己的财产为他人的利益作出牺牲。为避免争议，及时解除船货共同风险，逐渐形成一种习惯做法，即船舶发生风险时，由船长作出决定，同时规定因抛弃引起的损失，由获益的船货各方共同分摊。这就是保险业界著名的共同海损分摊原则。公元前916年，这一原则被罗地安海商法所采用，后来又被许多国家所采用。该商法规定"凡因减轻船只载重被抛入海中、为全体利益而牺牲的货物，应由全体分摊补偿"。因此，可以说，共同海损分摊原则是海上保险的萌芽。

随着海上贸易的发展，大约在公元前800—前700年间，古希腊兴起了一种船货抵押贷款制度，又称冒险借贷。所谓冒险借贷是指当船主或货主急需航海资金时，可以以船舶或货物为抵押向金融业者借款，若船舶、货物遭遇海难时，视其损失程度，可免除部分或全部债务责任；若安全到达目的地，则要偿还本金及利息。由于航行风险大，这种抵押贷款的利息特别高。通常为本金的1/4—1/3。除正常的利息外，其余则为补偿债权人承保航程安全的代价。冒险借贷可以被看作初级的海上保险形式。

进入14世纪中叶，海上保险获得了重大发展。其标志是保险单的出现以及海上保险法规的诞生。据考证，世界上最早的保险单是1347年10月23日由意大利热那亚商人乔治·勒克维伦签发的承保船舶的一张保险单。英文中的"保险单"一词就是源于意大利文"Polizza"。这一时期，意大利的商人和保险人非常活跃，足迹遍布整个欧洲。至今，英国伦敦保险中心的伦巴第街，就是由意大利商人伦巴第经常在那里经营保险业务而得名。1397年，在佛罗伦萨出现了保险单开始承保"海上灾害、天灾、抛弃、王子的禁止、捕捉"等内容。到15—16世纪，还制定了一系列法规。例如，1435年西班牙的巴塞罗那法规就取缔海上保险弊端、防止欺诈、禁止赌博等作出规定；

1523年的佛罗伦萨法规，在总结过去海上保险做法的基础上，制定了标准的保单格式，对承保责任范围的规定较为具体。

近代海上保险在英国得到了较大发展。美洲新大陆发现之后，英国的对外贸易获得了空前的发展，世界保险的中心由意大利转移到英国。1554年英国商人得到国王的特许，组织贸易公司垄断海上业务；1568年12月，伦敦市长批准成立了第一家皇家交易所，为海上保险提供交易场所；1575年，英国女王特许在皇家交易所内成立保险商会，保险商会的主要职能是制定标准保险和条款，同时也办理保险单登记；1601年，英国颁布了第一部有关海上保险的法律，以解决日益增多的海上保险纠纷案件；1720年，英国政府批准了"皇家交易"和"伦敦"两家公司独享海上保险经营权。

值得一提的是，英国海上保险发展过程中出现了一种叫劳合社的保险组织。1688年英国人劳埃德在伦敦开设了一家咖啡馆，成为船东、船长、商人、经纪人的聚集场所。这些人经常在咖啡馆交换航海信息，达成海上保险交易。该咖啡馆逐渐成为海上保险的中心。1696年他出版了一份小报——《劳埃德新闻》，报道船舶起航、到达时间、海难、货物运输等情况。1734年又出版了《劳合动态》，至今仍在出版。该出版物登载了有关海上保险的详尽的消息。随着保险业务的扩大，原有的咖啡馆已经无法满足交易者的交易需求。于是在1771年，79个劳埃德咖啡馆的顾客各出资100英镑，另择新址，专门经营海上保险业务。至此，一个专门经营海上保险的保险人组织出现了。1871年英国议会通过法案，批准劳合社为一个社团组织。劳合社从此有权获得财产并受议会的全权委托制定有关的单行法规。此后的100多年里，不断发展壮大，成为英国海上保险中心和世界上最大的保险组织[1]。

---

[1] 劳合社不是保险公司，而是一个保险市场。在这个市场中，劳合社会员是重要主体，是市场的承保人。2000年11月，劳合社在北京设立了办事处，2005年11月，劳合社获准在中国内地成立一家再保险公司。2007年4月16日起，劳合社正式以再保险公司形式在中国运营。

1906年英国制定了《海上保险法》，这部法令是参照各国商业习惯和判例而制定的。长期以来，它对世界各国的保险立法有着深刻影响，直到现在仍然是保险业界的重要法典。

（二）火灾保险

继海上保险之后出现的是火灾保险。近代公营火灾保险起源于德国。1591年，德国汉堡的酿造业者成立了火灾救助协会，凡加入者，遭遇火灾时，可获得救助。1676年，由46个协会在汉堡设立了火灾保险局，这就是公营火灾保险的开始。18世纪后，这种公营的火灾保险局在德国各地十分普遍。

私营的火灾保险始于英国。1666年9月2日，伦敦市皇家面包店由于烘炉过热而起火。大火失去控制，连烧了五天五夜，伦敦全城85%以上的房屋被烧毁，20多万居民无家可归。这场大火使人们开始思考如何解决火灾损失的问题。1667年，牙科医生巴蓬个人独资创办火灾保险业务。1680年，由于业务的发展，他邀请3人集资4万英镑，设立了一个火险合伙组织，开始按照房屋的租金和结构收取保险费。

18世纪末到19世纪初，英、法、德、美等国相继完成了工业革命，其直接的结果是物质财富的大量增加和集中，客观上增强了对火灾保险的需求。因此，火灾保险迅速发展，而且保险组织以股份公司为主。最早火灾保险股份公司是英国"太阳保险公司"，该公司是1710年由查尔斯·玻文在英国创办的。它不仅承保不动产，而且承保动产。这是英国至今仍然存在的最古老的保险公司之一[1]。

（三）人寿保险

人寿保险历史悠久。在古代一些国家中出现了某些类似于人身保险的原始互助组织。这些组织以互助的方式来分担人们所遇到的

---

[1] 该公司于1853年曾在上海开展业务，1992年在北京设立了第一家代表处，1996年与英国另一家历史悠久的皇家保险公司合并，组成皇家太阳保险集团，1998年10月，该集团在上海成立分公司。2008年该集团在上海成立了全资子公司——太阳联合保险（中国）有限公司。

经济上的困难,如丧葬费用。在古埃及,石匠中有一种互助合作组织,参加者缴付会费,建立分摊基金,在会员死亡时,该组织支付丧葬费用;在古希腊的城市中,有一种名为"公共柜"的组织,平时人们可以投币,在战时该组织则用其来救济伤亡者;古罗马有一种宗教性质的丧葬互助会,参加者入会时缴纳一定的会费,以后每月缴纳会费,当会员死亡时,由该互助会支付丧葬费,并救济其遗属。

随着商品经济的发展,应付人身风险的组织形式逐渐由互助形式转化为经营形式。由一个经营者负责组织应付人身风险的基金,在参加者与经营者之间产生债权债务关系。这样,就使互助行为转变为商业行为。到了15世纪,随着海上贸易的发展,海上保险逐渐发展起来了。当时奴隶贸易十分盛行,这些奴隶被当作商品通过海上进行贩运。为了保证所贩运奴隶的价值,出现了以奴隶的生命作为标的的人身保险,以后又发展到对船长和船员的人身保险。到16世纪,安特卫普的海上保险对旅客实行人身保险。

现代人寿保险的出现与死亡率被精确测定有关。1693年著名天文学家哈雷根据德国布勒斯劳市居民的死亡统计资料,编制了世界上第一张完整的死亡表,精确地计算出各年龄段人口的死亡率和生存率。18世纪中期,托玛斯·辛普森根据哈雷的死亡表制成了依据死亡率变化的保险费率表。后来,詹姆斯·多德森又根据年龄的差异制定了更为精确的费率表。1762年,英国创办了世界第一家寿险公司——伦敦公平保险公司。该公司以生命表为依据,采用均衡保险费的理论来计算保险费,并且对不符合标准的被保险人另行收费。对于缴纳保险费的宽限期、保单失效后的复效等也做了具体的规定,并于保单中详细载明。收取均衡保险费,使得投保人不因为年高(生命危险增加)、工作能力降低(收入减少)而多支付保险费。伦敦公平保险公司的成立,标志着现代人寿保险制度的产生。

(四) 责任保险

与前几种保险相比,责任保险的产生要晚得多。它最初出现于19世纪中叶的英国。1855年,英国铁路乘客保险公司首次向曼彻斯特和林肯铁路系统提供承运人责任保险,开责任保险之先河。此后,建筑工程公众责任保险、马车第三者责任保险、雇主责任保险、职业责任保险、汽车第三者责任保险、产品责任保险相继出现。进入20世纪以后,尤其是第二次世界大战结束以后,一方面,由于经济的发展和物质文明的进步,新的责任风险大量增加,另一方面,随着法制的不断完善,对责任人承担赔偿责任的规定更为详尽、具体,对责任事故受害者的法律保护加强。由于这两方面的变化,责任保险得到了很大的发展。

(五)信用保险

信用保险是随着资本主义商业信用风险和道德风险的频繁发生而发展起来的。1702年,英国开设主人损失保险公司,承办诚实保险。1842年英国保证保险公司成立。1876年美国在纽约开办了诚实保证业务,1893年又成立了专营信用保险的美国信用保险公司。第一次世界大战以后,信用危机使各国的信用保险业务大受打击。1934年,各国私营和国营出口信用保险机构在瑞士成立了国际信用保险协会,推动了国际信用保险的发展。

二、现代保险业的发展

18世纪以来,由于资本主义商品经济的发展,工商业日益兴旺,保险制度也随之得到了发展。进入19世纪以后,资本主义国家相继完成了工业革命,由此极大地促进了资本主义经济的发展,同时也刺激了经营保险业的公司的大量增加。19世纪中叶,保险公司大量成立,人们称之为保险公司的"洪水时代"。保险公司的滥设,导致了竞争的加剧,许多保险公司破产,造成社会混乱。于是,各国不得不采取措施,对保险业加强监管,使之走上正轨。现代保险业的发展,有以下六个主要特点。

(一)在许多国家,保险业已成为国民经济的重要产业

随着经济的发展,保险供给规模逐年扩大,筹集大量资金,其中一部分转化为经济建设的投资。1950年世界保险费收入为210亿美

元,1982年增长到4 660亿美元,1998年增长到21 553亿美元,2003年达到29 407亿美元。在许多市场经济发达国家,保险业已经成为重要的产业,吸纳了巨额资本,创造了大量的就业机会,为国家提供税收来源。

  1970年以后,金融业在世界各国经济发展中的地位与作用快速提升。如美国、英国、日本、加拿大和法国等七国集团金融资产总值占同期GDP的比例从1970年的399%增加到1998年的791%。从机构角度分,可以将金融业分为银行类金融机构和非银行类金融机构。1970年以后,非银行金融机构也获得了快速发展,其中保险业的发展又快于其他非银行金融机构,保险公司成为金融业日益重要的机构投资者。如在经合组织(OECD)国家保险公司的资产总额从1990年不到6万亿美元增长到1999年的12万亿美元,在非银行金融机构的金融资产构成中,增长快于养老基金公司和共同基金公司的资产总额。从金融资产的平均增长率来看,1990—1998年经合组织国家的保险公司在金融资产总额较大、金融资产平均增长率较高(8%—13%)的基础上,仍保持了年均近10%的增长速度。同期,在七国集团中,保险公司所控制的金融资产年均增长率基本保持在9%左右,与养老基金公司接近,低于共同基金公司。

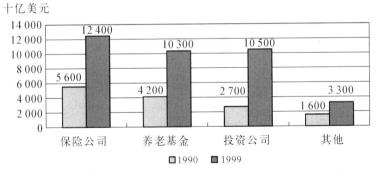

图2-1　1990—1999年OECD国家各类非银行金融机构金融资产分布情况

注：投资公司包含共同基金公司。

资料来源：OECD,*Institutional Investor Statistical Yearbook*, 2001。

（二）保险产品供给增加，保障范围扩大

随着保险公司之间竞争的加剧和社会对保险的需求的增加，最近几十年来，在传统的海上保险、火灾保险和人寿保险基础上不断产生新的保险品种，如汽车保险、航空保险、保证保险、信用卡保险、分红型保险、万能寿险，等等。传统的保险的内容也不断创新：在海上保险方面，扩充了各种内地水陆运输保险；在火灾保险方面，爆炸、雷击、消防及房屋倒塌时所造成的财产损失、房屋租赁双方当事人因火灾所遭受的损失以及防止损失费用的负担等，均可包括在火灾保险的保险责任范围以内。

随着保险产品的增多，全社会总的保险金额不断扩大，即保障范围扩大。保险深入千家万户，对一些大型活动，如奥运会，都有保险的保障。因此，总体上看，保险赔偿额也在增加。一些大的自然灾害和意外事故往往造成巨额的保险赔偿。例如，2001年美国"9·11"恐怖事件造成的包括寿险和非寿险在内的保险赔偿估计达700亿美元，2004年12月26日印度洋地震引发海啸造成的保险赔偿据估计超过270亿美元。

（三）再保险业务迅速发展，保险业逐步国际化

随着高新技术的发展和大规模的生活建设活动的产生，出现了越来越多的价值巨大的保险标的，如人造地球卫星、海上石油钻井平台、核电站、三峡工程等，这些标的的保险金额无疑非常高，任何一家保险公司都难以单独承担起如此标的的巨额的保险责任，于是以分散保险业风险为重要特征的再保险业务随之发展起来。另外，由于保险公司的资本金有限，而一段时期内如果承保了太大的保险责任，将可能使偿付能力不足。因此，也需要再保险。1846年，德国创立了科隆再保险公司，这是世界上最早的一家专营再保险业务的公司。此后，再保险业务在世界各地都有了发展。再保险的发展加强了国内外保险公司之间的联系，使保险业的发展出现了国际化的趋势，因为许多再保险业务是跨国业务。

保险业的国际化也是保险市场对外开放的结果。近些年来，世

界贸易组织已成为推动保险市场开放的重要力量。1997年12月13日世界贸易组织框架内的《全球金融服务贸易协议》达成。在该协议中,世界贸易组织102个成员国都作出了包括保险市场在内的金融服务市场开放的承诺。这个协议内容主要包括:允许外国在本国建立金融服务公司,并按竞争原则运行;外国公司享有同本国公司同等的进入金融市场的权利;取消跨边界服务限制;允许外国资本在金融服务贸易的投资项目中,所占比例超过50%。

(四)保险人对风险预防和管理更加重视

现代保险人从保险经营稳定性和社会安全出发,在事后补救的同时,还积极采取事前防范措施,以防止风险事故的发生。当前,世界上许多国家的保险条款都明确规定,被保险人对保险财产有妥善保护、保管以及出险后及时抢救的义务。有些保险人则直接参与风险的预防,拨经费资助风险预防的研究,或设立风险管理机构以预防风险事故的发生等。例如,德国最大的保险公司之一阿里昂兹保险公司在1932年就设立了技术中心,1938年又设立了防火服务中心,由这两个专职机构从事保险防损工作。

(五)保险监管制度建设受到重视

1855年,美国马萨诸塞州开始对保险实行监管。20世纪初,英、德、日等国就建立了保险业法规。1929年以后,世界上许多国家,尤其是西方发达国家普遍加强了对保险业的管理,设立专门的管理机构,管理制度也日益完善。通过保险业法规,对保险机构的设立、审批、开业最低的资本数额、财产的估值标准、账务处理、再保险、投资范围、利润的结算、偿付能力等都作了明确具体的规定。

(六)社会保险兴起与发展

社会保险起源于19世纪80年代的德国。在当时,德国通过了3部法律,对劳动者及其家属在遭遇到不幸时,由社会保险机构提供补助。后来,欧美各国根据本国实际,纷纷建立社会保险制度。进入20世纪80年代以后,世界上已有140个国家和地区建立起不同特点、不同保障水平和范围的社会保险制度。

三、中国保险制度发展简史

(一) 旧中国保险业的形成与发展

1. 外商垄断中国保险市场

1805年,英国商人在广州开设了"谏当保安行"(Canton Insurance Society),这是外商在我国开设的首家保险机构,主要经营与英国贸易有关的运输保险业务。鸦片战争结束后,中国逐步沦为半殖民地半封建社会,清政府与帝国主义国家签订了一系列丧权辱国的条约,为帝国主义对中国的侵略打开了方便之门,帝国主义的保险势力也随之侵入中国。英、美、德、法、日等国的保险机构相继进入中国经营水险、火险和人身险等保险业务。他们利用中国买办开展业务,完全垄断了我国保险市场。

2. 旧中国保险业的兴起与发展①

外商保险公司对中国保险市场的抢占及西方保险思想的影响,引起一些华商起而仿效。1824年广东某富商在广州城内开设张宝顺行,兼营保险业务,这是华人经营保险的最早记载;1865年中国第一家民族保险企业上海华商义和公司保险行创立,打破了外商保险公司独占中国保险市场的垄断局面,中国近代民族保险业正式诞生。

1872年,中国的洋务派在"先富而后能强"的呼声中,采取"官督商办"的经营方式,在上海创办了第一家国家经营的中国招商局,从事航运业。招商局为了拓展业务,出资20万两白银,于1875年12月创办了保险招商局。这就是中国最早的保险机构。保险招商局公布的第一批办理保险业务的地方,为镇江、九江、汉口、宁波、天津、烟台、营口、广州、上海、福州、香港、厦门、汕头等十三个国内口岸;第二批为台北、淡水、基隆、高雄这四个中国台湾省口岸,以及新加坡、吕宋(菲律宾)、西贡、长崎、横滨、神户、大阪、箱馆等国外口岸。

保险招商局仿照国外保险业章程,承办该局所有轮船、货栈和货

---

① 本节参考了双成所写《旧中国的保险与彩票》一文(载于《文汇报》2004年12月13日)。

物运输的财产保险业务。1885年,为了适应保险业务的需要,保险招商局改组为独立的"仁和"、"济和"两家保险公司。1887年,"仁和"、"济和"又合并组成了"仁济和保险公司",拥有资金股本100万两白银,业务范围也开始从海上转向陆地口岸,承办各种水险与火险业务。

自第一家保险公司创办后,经过数十年艰难跋涉,到20世纪30年代前后,各类性质的保险行业应运而生。从资金性质来看,既有官僚资本的,也有民族资本合股筹建的,还有中外合办的保险企业。这就形成了三足鼎立的格局,其业务则涉及工商、财产、人寿、运输等险种。

中国官僚资本开办的保险公司,由国民党政府直接控制下的中央分行、中国银行、交通银行、中国农民银行、中央信贷局、邮政储金汇业局和中央合作金库等投资。如1931年11月1日由中国银行投资500万元创办的中国保险公司,到1938年8月已扩展到海外,分别在香港和新加坡设立分公司,经营各种财产保险和人寿保险。中国保险公司旗下的子公司——中国人寿保险公司1940年由中国农民银行投资建立中国农业保险公司,主要业务由农本局投保,独家经营中国蚕茧保险,并对与农业有关的保险规章制度进行调查研究。中国农民银行还于1941年1月开办了太平洋保险公司。1935年10月,由中央银行拨款500万元,在上海成立的中央信托局保险部,除承办一般业务外,还开办了白银保险、盐运保险、集中再保险等几项特殊保险业务。1939年中央信托局保险部为配合抗日战争开办的战时陆地兵险和战时运输兵险两项特殊险种,是中国人在保险史上的创举。为了开办这两项特殊险种,财政部拨给保险部资金1 000万元作保险费。

当时民族工商业利用民族资本开办的保险公司发展也很快,由于其形式灵活,业务也十分活跃。其中1912年由吕岳泉在上海创办的华安合群人寿保险公司,是我国第一家寿险公司,也是我国规模最大,始终与洋人保险公司抗衡的寿险公司。它在国内外广设分支机构,招聘寿险专家,开拓寿险业务。在筹款赎回胶济铁路运动中,其举办"赎路储金保险",认缴赎路储金,有力地维护了中国人的权益。1929年11月,金城银行投资创办太平保险公司,经营各种财产保险业务。两年后,金城银行联合交通、大陆、中南、国华、东莱五家银行加入资本,1935年又联合平安、丰盛两公司,组成了实力雄厚的"太平保险集团"。这是当时中国人自营的规模最大、业务最多的保险公司,它在国外的马尼拉、雅加达、西贡、新加坡等地都设立了分公司。

当时外国"洋行"遍布于神州大地,列强不仅独自在中国开办保险企业,还与中国人合办保险公司。如1930年英国太古洋行与上海商业储蓄银行合资开办宝丰保险公司,1932年美商美亚保险公司与浙江兴业银行合股开办的泰山保险公司等。

还值得一提的是由民间集股筹资开办的保险公司,其中最有代表性的是乌江耕牛保险会和北碚家畜保险社。前者是中国现代保险史上最早由农民自发建立的相互保险组织。1933年上海银行与金陵大学农学院、农业试验所,将乌江镇开辟为农业试验区,为了保证在试验区发放农业贷款资金的安全,力主农民组织耕牛保险协会,承办耕牛保险[①]。北碚家畜保险社也是中国现代保险史上最早开办的为家畜保险的机构。

民国时期各类保险行业公司,都已具相当规模,其开办的险种已具备中国现代保险的各主要险种。尤其是由国民党政府直接控制下的官僚资本开办的保险公司,自成体系,分支机构遍及大江南北,具有垄断性。为了规范当时的保险市场,1929年12月30日,国民党政府公布了我国保险史上第一部专门法律——《中华民国保险法》,界定了各种财产保险、人身保险、复保险、再保险等契约签订、存续、中

---

① 黄炎培先生在1937年的文章中提到江西的耕牛保险,"尤可喜的是耕牛保险,先是村牛疫,牛死百分之六十以上,乃延兽医治疗,同时施行保险……结果去年仅死一头。""每头保险额为十元到三十五元,听牛主自认,包治牛疫。保险费取自百分之五。如保十元者,年纳五角。牛死赔百分之七十。"转引自熊培云:《一个村庄里的中国》,新星出版社,2011年,第159页。

止、恢复、失效等方面的有关规定以及保险双方的权利与义务关系。1938年11月,上海市保险业业余联谊会的《保联月刊》正式创刊。各类保险公司的建立,为中国后来保险业的发展奠定了一定的物质基础。

(二)新中国保险业的发展

1. 改革开放以前的中国保险业

1949年10月20日,经中央人民政府批准,中国人民保险公司成立,总公司设在北京,在全国各省市设有分支机构。1951年国家对上海的私营保险公司进行社会主义改造,将28家私营保险公司合并,国家投入部分资金,成立了新丰、太平两家公私合营保险公司。1956年这两家保险公司被进一步合并为太平保险公司,与中国人民保险公司一起经营涉外保险业务。

中国人民保险公司成立后,积极开拓保险业务。到1952年,该公司已有1 300多个分支机构,3.4万名职工,在全国开设了3 000多个代理网点。到1953年保险业务几乎覆盖全国。

1958年,由于极"左"思潮的干扰,国务院于西安召开的财贸工作会议通过了《关于农村人民公社财政管理问题的意见》,指出:"人民公社化以后,保险工作的作用已经消失,除国外保险业务必须办理外,国内保险业务应立即停办。"于是,从1959年5月起,除上海、哈尔滨两市保留部分国内保险业务外,中国人民保险公司停止了全部国内保险业务,改为专营海外保险业务的机构,在组织上成为中国人民银行国外局的一个处,编制只有30人。那时的海外保险业务,主要是进出口货物运输保险、远洋船舶保险、国际航线飞机保险、再保险等业务。1961年精简机构时,编制更压缩到12人。

1966年,"文化大革命"开始,受"左"的思潮影响,有人认为保险是私有经济的产物,已不再适应我国社会主义的经济基础。1967年7月,国内保险全部停办。国外保险业务也未能逃脱厄运。中保总公司被迫停办国外保险业务及分保业务。勉强保留出口保险业务,人员进一步减至9人。"文化大革命"使新中国保险史上的国内保险业务留下了 10 年的空白,也使中国保险业的发展水平与国际先进水平的差距进一步拉大。

2. 改革开放以后的中国保险业

实行改革开放政策以后,中国保险业面貌焕然一新。1979 年 4 月,国务院批转了《中国人民银行分行行长会议纪要》,作出"逐步恢复国内保险业务"的重大决策。同年 10 月,财政部、中国人民银行、中国农业银行联合发出《恢复办理企业财产保险的联合通知》。同年 11 月,全国保险工作会议在北京召开,会议肯定了保险对发展国民经济的积极作用。1980 年 1 月 1 日,经国务院批准,中国人民保险公司正式恢复国内保险业务,并逐步扩大国外保险业务。1981 年 4 月 13 日,人民银行总行颁发《关于保险公司管理体制的通知》,保险公司是在各级人民银行领导下办理保险业务的专业公司。各级保险公司受同级人民银行和总公司又重领导,业务上由总公司领导为主,实行独立核算。1984 年 11 月,国务院决定中国人民保险公司进行体制改革从中国人民银行中分设出来,作为国务院直属局级的经济实体,在国家规定的范围内,依照法律、政策经营保险及再保险业务。

随着经济改革的不断深入,新中国成立以来所形成的由中国人民保险公司独家垄断的格局被逐步打破。1982 年,香港民安保险公司在深圳特区设立分公司,作为办理外资、合资、合作、"三来一补"企业和特区内外公民、华侨港澳同胞的财产权益责任和人身保险业务的机构,其业务范围仅限于外币部分。1985 年 3 月,国务院颁布了《保险企业管理暂行条例》,规定只要具备了相关条件,经过国家保险管理机关批准,并向工商行政管理机关经营保险业务申请营业执照,便可设立保险机构,经营保险业务。据此,1986 年 7 月,新疆生产建设兵团农牧业生产保险公司成立,业务经营范围限于生产建设兵团所属单位的家庭农场和专业承包户的种植业、养殖业和其他财产保险,打破了中国保险市场由人保公司独家垄断的局面。1988 年 3 月,深圳平安保险公司成立。1991 年 4 月,由交通银行保险部发展而来的中国太平洋保险公司在上海宣告成立,这是第二家全国性的保险公司。1992年深圳平安保险公司更名为中国平安保险股份有限公司,也开展全国性的保险业务。至此,国内成立了三家全国性的较大的保险公司。1996年7月,根据1995年10月正式实施的《中华人民共和国保险法》的分业经营的要求,经国务院批准,中国人民保险公司改组为中国人民保险(集团)公司,下设中保财产保险有限公司、中保人寿保险有限公司和中保再保险有限公司,实行产寿险分业经营。1998年10月7日,国务院又批准撤销中国人民保险(集团)公司的方案,中保财产保险有限公司改为中国人民保险公司,经营人身保险以外的一切保险业务,中保人寿保险有限公司更名为中国人寿保险公司,中保再保险有限公司改成中国再保险公司。2003年这三家国有公司以集团控股股份有限公司形式完成改制。同年11月6日,中国人民财产保险股份有限公司股票在香港上市,12月18日,中国人寿保险股份有限公司股票在香港和纽约上市。此外,中国平安和中国太保也改制上市。

从1994年起国内陆续成立了多家区域性的股份制保险公司(如天安、大众、华安等)和全国性股份制保险公司(如华泰、新华、泰康等)。这些公司是专门经营财产保险或人身保险的专业性的保险公司。

1992年,美国友邦保险有限公司经批准在上海设立分公司,从此拉开了中国保险市场对外开放的序幕。1996年,中国人民银行批准加拿大宏利人寿保险与中国对外经济贸易信托投资公司合资成立中宏人寿保险有限公司,这是我国保险市场对外开放以来,批准设立的第一家合资保险公司。2001年中国加入WTO后,保险市场对外开放的步伐明显加快。按照"入世"的承诺,我国加入WTO后及时开放了上海、广州、大连、深圳和佛山5个城市,并在2003年开放了北京、天津、苏州、重庆、成都、福州、厦门、宁波、沈阳和武汉等10个城市。10年之后的2011年,中国境内的外资保险公司已达52家;外资保险公司总保费收入634亿元,总资产2 621亿元,分别是加入世贸组织前的19倍、29.3倍,但整个市场份额却不足5%。在上海、北京、广东、深圳等开放比较早、外资也相对集中的地区,外资保险公司市场份额分别是17.9%、16.3%、8.2%、7.9%。外资保险公司的进入促进了市场竞争,带来了先进的技术和管理经验。中资保险公司也积极拓展国际市场,中国人保公司、中国人寿公司、平安保险公司相继在海外上市,3家公司共筹集资金折合人民币480亿元左右,改善了资本结构,提高了偿付能力,使得我国保险业能在更高水平上参与国际资本市场,截至2010年底,我国在海外已设立了37个保险机构,整体竞争力和资本实力不断增强。

到2010年底,中国境内已有保险公司146家,保费收入达到1.45万亿元,保险业总资产达到5.05万亿元;全国共有保险专业中介机构2 550家(其中,保险代理公司1 853家,保险经纪公司392家,保险公估公司305家,分别占72.67%、15.37%和11.96%。全国保险专业中介机构注册资本达到90.80亿元;总资产达到135.91亿元),兼业代理机构18.99万家,营销员329万余人。全国保险公司通过保险中介渠道实现保费收入10 941.25亿元,占全国总保费收入的75.46%。

衡量一个国家或地区保险市场潜力的常用指标有两个,即保险密度和保险深度。保险密度是指一个国家一定时期内(通常为一年)人均保费收入;保险深度是指一个国家一定时期内保费收入占国内生产总值(GDP)的比例。2010年,我国保险密度为1 083.4元,保险深度为3.65%,而同期世界平均保险密度已达为469.6美元(约合3 887.1元人民币),平均保险深度已达8.06%。尽管我国保险密度和保险深度有了很大提高,但与世界水平相比,我国还存在较大的差距。

为规范和促进保险业的发展,国家加强了对保险业市场的监管。1998年11月18日,中国保险监督管理委员会在北京成立。它是国务院直属事业单位,是全国商业保险的主管机关,根据国务院授权履行行政管理职能,依照法律、法规统一监督管理保险市场。主要任务包括制定商业保险的政策法规;依法对保险企业进行监管,保护被保险人的利益;维护保险市场秩序,促进保险企业公平竞争;建立保险业风险的评价与预警系统,防范和化解保险业风险。

为依法监管,国家及有关行政管理部门出台了一系列法律法规。1995年《中华人民共和国保险法》的颁布实施,标志着我国保险体制在法制化、规范化的轨道上迈出了关键性的一步。之后,有关配套法规陆续出台。1996年2月中国人民银行制定了《保险代理人管理暂行规定》,同年7月公布了《保险管理暂行规定》(试行);1998年2月公布了《保险经纪人管理规定》(试行);1999年1月,中国保险监督管理委员会公布了《保险机构高级管理人员任职资格暂行规定》;2000年1月,中国保监会制定了《保险公估人管理规定》(试行)2001年11月16日,中国保监会在同一天同时颁布了《保险代理机构管理规定》、《保险经纪公司管理规定》、《保险公估机构管理条例》三项规定;同年12月公布了《中华人民共和国外资保险公司管理条例(草案)》;2002年10月28日修订的《保险法》在全国人大获得通过,2003年1月1日起实施;2002年10月19日,中国保监会发布《保险业务外汇管理暂行规定》;2003年3月,中国保监会发布了《保险公司偿付能力额度及监管指标管理规定》,对此前已试行了两年的《保险公司最低偿付能力及监管指标管理规定》进行了重大修订;2004年1月4日,中国保监会发布了《保险保障基金管理办法》,为保单持有人拉起了一道安全网。2006—2010年"十一五"期间,保险法规体系进一步完善,出台了《关于规范保险公司治理结构的指导意见》(2006年)、《保险公司偿付能力管理规定》(2008年)、《保险保障基金管理办法》(中国保监会与财政部、中国人民银行联合发布,2008年)、《保险公司管理规定》(2009年),完成了《保险法》第二次修订(2009年)。同时,监管机构引入保险公司治理监管制度,形成了偿付能力、公司治理和市场行为监管三支柱的现代保险监管框架,形成了以《保险法》为核心、以行政法规和部门规章为主体、以规范性文件为补充,基本覆盖保险经营和保险监管主要领域的法律法规体系。

复习思考题

1. 如何理解保险这一概念?
2. 保险的特征有哪些?
3. 保险与银行储蓄、救济、赌博有何区别?
4. 保险有哪些种类?
5. 你认为保险的功能与作用是什么?
6. 什么是冒险借贷?
7. 现代保险业发展的特点是什么?
8. 新中国成立后,保险制度有哪些重大变化?
9. 简述改革开放以来我国保险业发展的主要内容。
10. 什么是大数法则?它对保险公司经营有何重要意义?

第三章 保险合同

第一节 保险合同的概念与特征

一、保险合同的概念

合同,又称契约,是当事人为了实现一定的目的,以双方或多方意思表示一致设立、变更和终止权利义务关系的协议。

保险合同,又称保险契约,是合同的一种,是保险关系双方之间约定权利、义务关系的协议。根据当事人双方约定,一方支付保险费于对方,后者在保险标的发生约定的事故时,承担经济补偿责任,或者在约定的事件发生时,履行给付保险金义务。

二、保险合同的特征

保险合同作为合同的一种,具有一般合同所共有的法律特点。首先,保险合同是一种双方法律行为,必须具有双方当事人,而且当事人必须具有民事行为能力,法律地位平等。其次,保险合同是当事人发生保险权利义务关系的合意,换句话说,保险合同是双方当事人意思表示一致的行为,否则,合同不能成立。再次,保险合同是具有法律约束力的协议。合法的保险合同受法律保护,违反合同义务的当事人应承担法律责任。依照特别法优先于普通法的法律适用原则,在我国,《保险法》对保险合同已有规定的,适用《保险法》的规定;《保险法》没有规定的,适用《合同法》的规定;《合同法》没有规定的,适用《民法通则》的有关规定。

保险合同还有自身的特征。这些特征主要表现在以下五个方面。

(一) 射幸性

合同的效果在订约时不能确定的合同为射幸合同。保险合同当事人一方并不必然履行给付义务,而只有当合同中约定的条件具备或合同约定的事件发生时才履行。保险合同是一种典型的射幸合同。投保人根据保险合同支付保险费的义务是确定的,而保险人仅在保险事故发生时承担赔偿或给付义务,即保险人的义务是否履行在保险合同订立时尚不确定,而是取决于偶然的、不确定的保险事故是否发生。与射幸合同相对的是交换合同。交换合同是当事人具有等价交换关系的有确定效果的合同。

保险合同的射幸性特征是由保险人承保的风险事故发生的不确定性决定的,在财产保险合同中表现得尤为明显。财产保险合同中,当事人一方付出代价所获得的只是一个风险事故发生而受偿的机会,可能因此而获得"一本万利"的效果,也可能一无所获。而在长期人寿保险合同中,由于保险人给付保险金的义务是确定的,只是存在一个给付时间问题,因此,人寿保险合同的射幸性特点较弱,具有储蓄性。

需要指出的是,所谓保险合同的射幸性特点是就单个合同而言的。如果就保险人一定时期内全部承保的合同来看,保险费的收取与保险赔偿的关系以尽可能精确的数理计算为基础,理论上收入与支出保持平衡。因此,从承保的同类合同总体和长期看,保险合同不存在射幸性问题。

(二) 双务性[①]

根据合同双方当事人相互是否都负有义务,分单务合同与双务合同。单务合同是指当事人一方享有权利,另一方仅负有义务的合同,即单方承担义务的合同,如赠予合同。双务合同是指当事人双方

---

① 在国外,有些学者认为保险合同是一种单务合同,理由是:在保险合同成立时,仅有投保人一方负有缴纳保险费的义务;保险合同成立后,保险人一方承诺于保险事故发生后赔偿或给付保险金,而不能强制投保人有任何义务,因此是单务合同。持此观点者多为英美法系学者,而大陆法系学者一般认为保险合同为双务合同。

都享有权利和承担义务的合同。保险合同是双务合同。合同一经成立,保险双方当事人就必须履行各自承担的义务。投保人履行了缴付保险费的义务后,义务就转化为按保险条款享有请求保险赔款的权利(若投保人与被保险人和受益人为同一人);保险人收取保险费后,权利就转化为履行承担保险责任的义务。当然,保险合同与一般双务合同有所不同,例如,在买卖合同中,买方支付价金之后,卖方应按合同规定给付标的物。但保险合同中,投保人缴纳保险费之后,只有在约定的风险事故发生并造成损失后,保险人才履行保险赔偿或给付义务。因此,可以认为是附有条件的双务合同。

(三) 要式性

合同有要式合同与不要式合同之分。不要式合同是指法律不要求必须具备一定的形式和手续的合同,要式合同是指法律要求具备一定的形式和手续的合同。从各国的实践来看,各国的保险惯例均将保险合同作成保险单,而且在保险立法上亦有规定。我国《保险法》(2009年)第13条规定:"投保人提出保险要求,经保险人同意承保,并就合同的条款达成协议,保险合同成立。保险人应当及时向投保人签发保险单或者其他保险凭证,并在保险单或者其他保险凭证中载明当事人双方约定的合同内容。经投保人和保险人协商同意,也可以采取前款规定以外的其他书面协议形式订立保险合同。"这说明保险合同是采取书面形式的要式合同,或者说,保险合同是以保险单或保险凭证或其他形式作为保险合同的书面形式。尽管现代电子技术在保险业务中得以运用,国外保险公司允许电话投保和网上投保,但最终还要以出具保险单作为保险合同关系成立和有效的证明。

(四) 附和性

附和合同是与协商合同相对的。协商合同是双方当事人经过协商,在意愿一致的基础上订立的。附和合同又称格式合同,是指合同的条款事先由当事人的一方拟定,另一方只有接受或不接受该条款的选择,没有商议变更合同条款的余地。保险合同就具有这一特点。保险人根据保险标的的性质和风险状况,对不同的险种分别拟订了不同的保险条款,供投保人选择。投保人只有依照保险条款,表示投保或不投保,一般无权修改某些通用的条款,如果确有必要修改或变更保单的某项内容,也只能够采用保险人事先准备的附加条款或附属保单,而不能完全依照投保人的意思自由地作出规定。

由于保险标的的多样性和投保人风险和要求不同,实践中并非所有的保险合同都是附和性合同。有些特殊的保险,比如某些大型活动的人员和财产的保险,也采取双方协商的方法来签订保险合同。不过,从总体上看,这种协商议定的保险合同非常少。主要原因在于绝大多数的投保人并不了解保险业务,更不了解损失率等制定保险费率的关键数据,无力与保险人磋商保险合同的条款,也很难对保险人事先拟定的保险条款提出异议。由于保险合同的附和性,在司法实践中,保险合同双方对于保险合同条款歧义发生法律纠纷时,法院通常会作出有利于被保险人的解释,以保护被保险人的利益。

(五)最大诚信性

任何合同的订立,都应以合同当事人的诚信为基础。但是,由于保险当事人双方信息的不对称性及未来的不确定性,保险合同对诚信的要求高于其他合同。因为,保险标的在投保前或投保后均在投保方的控制之下,而保险人通常是根据投保人的告知来决定是否承保以及承保的条件,所以,投保人的无形风险因素,包括道德因素和信用状况,对保险经营来说关系极大。另外,保险经营的复杂性和技术性使得保险人在保险关系中处于有利地位,而投保人处于不利地位。因此,保险合同较一般合同更需要诚信,即保险合同是最大诚信合同。关于最大诚信问题,后面的章节还会专门介绍。

第二节 保险合同的要素

任何法律关系都包括主体、客体与内容三要素,保险合同关系也是如此。保险合同的主体是保险合同的当事人和关系人,保险合同的客体是保险利益,保险合同的内容是保险合同当事人和关系人所享有的权利和承担的义务。

一、保险合同的主体

保险合同与其他合同一样,必须有订立合同的当事人,即保险人和投保人,与其他合同的不同之处在于,保险合同除保险人和投保人之外,还涉及受益人和被保险人等关系人,这在人寿保险合同表现了尤为明显。人寿保险合同中,保险人和投保人以及受益人和被保险人都需要在合同中载明。

(一) 保险合同的当事人

1. 保险人

保险人是经营保险业务,向投保人收取保险费,在保险事故发生时对被保险人(受益人)承担赔偿损失或给付保险金义务的人。保险人又称承保人。各国法律一般都要求保险人为法人,且多采用股份有限公司的形式,只有个别国家允许可以以个人身份经营保险业务,如英国劳合社。我国《保险法》(2009年)第10条规定:"保险人是指与投保人订立保险合同,并按照合同约定承担赔偿或者给付保险金责任的保险公司。"第70条、第91条,又从保险公司的组织形式、设立条件与程序、保险公司的变更、保险公司的经营、保险公司的整顿、接管与破产六个方面对保险公司作了具体规定。

作为保险合同的当事人,保险人应具备以下条件:

第一,具有法定资格经营保险业务。要想经营保险业务,必须依法定程序申请获得保险监管机构批准,取得经营资格才行,而且还必须在规定范围内经营;

第二,保险人应以自己的名义与投保人订立保险合同。

2. 投保人

投保人是对保险标的具有保险利益,向保险人申请订立保险合同,并负有缴付保险费义务的人。投保人又称要保人,可以是法人,也可以是自然人。投保人通常要具备以下三个条件。

第一,具有完全的民事权利能力和行为能力。保险合同与一般合同一样,要求当事人具有完全的权利能力和行为能力。这对法人和自然人(公民)均相同。未取得法人资格的组织不能成为保险合同的投保人,无民事行为能力的自然人不能成为保险合同的投保人。对于限制民事行为能力的自然人,经其法定代理人同意可作为投保人订立保险合同。

民事权利能力是民事主体依法享有民事权利和承担民事义务的资格和能力;民事行为能力是民事主体以自己的行为享有民事权利和承担民事义务的资格和能力。民事权利能力是民事行为能力的前提。民事主体包括公民和法人。公民的民事权利能力始于出生,终于死亡。但公民的民事行为能力则因年龄和精神状态的不同而有所不同。依据我国《民法通则》,18周岁以上的公民是成年人,具有完全的民事行为能力,可以独立进行民事活动,是完全民事行为能力人;16周岁以上不满18周岁的公民,以自己的劳动收入为主要生活来源的,视为完全民事行为能力的人;10周岁以上的未成年人是限制民事行为能力的人;不满10周岁的未成年人是无民事行为能力的人;不能辨认自己行为的精神病人是无民事行为能力人,不能完全辨认自己行为的精神病人是限制民事行为能力人。

法人的民事权利能力和民事行为能力,从法人成立时产生,法人终止时消灭。凡依法取得法人资格的组织,都可以法人名义订立保险合同,成为投保人。

第二,对保险标的必须具有保险利益。投保人如对保险标的不具有保险利益,则不能申请订立保险合同;已订立的合同为无效合同。

第三,负有缴纳保险费的义务。保险合同为有偿合同,被保险人或者受益人获得经济保障是以投保人支付保险费为前提的。投保人可以为自己的利益,也可以为他人的利益与保险人订立保险合同,但无论如何,投保人均要承担缴纳保险费的义务。在为他人利益订立保险合同时,如果投保人未能按合同规定缴纳保险费,合同关系人可以代投保人缴纳,但这仅仅是代理。投保人只有在按合同缴纳保险费以后,才能成为法律意义上的投保人。

(二) 保险合同的关系人

1. 被保险人

被保险人是指其财产、利益或者生命、身体和健康受保险合同保障的,且有权按照保险合同规定向保险人请求赔偿或给付保险金的人。

在财产保险中,被保险人是保险标的所有人或具有利益的人,在保险事故发生并对其保险标的造成损害时,有权请求保险人赔偿;在人身保险中,被保险人是从保险合同中取得对其生命、身体和健康保障的人;在责任保险中,被保险人是对他人的财产损毁或人身伤亡依法负有赔偿责任,因此有权要求保险人代其赔偿,从而对自己的利益进行保障的人;在信用保险中,被保险人是因他人失信而有可能遭受经济损失的人,在保险事故发生后,有权要求保险人依照合同补偿因他人失信造成的经济损失。由此看来,被保险人的成立需要具备两方面的条件:一是被保险人是受财产或人身保险合同保障的人;二是被保险人是享有赔偿请求权的人。在财产保险中,保险事故发生后,若被保险人仍然生存的,由被保险人请求保险赔偿,若被保险人死亡,则由被保险人的继承人获得保险赔偿金。在人寿保险合同中,若被保险人死亡,由保险合同指定的受益人行使保险金赔偿请求权,若未指定受益人,保险金请求权由被保险人的继承人继承。

一般财产保险的被保险人可以是法人,也可以是自然人;人身保险中的被保险人不可以是法人,而只能是满足合同规定的年龄、健康状况等条件的自然人。为保护无行为能力人的生命安全,各国保险法通常规定,禁止为未成年人及精神病人等无行为能力的人投保死亡保险。我国《保险法》规定:"投保人不得为无民事行为能力人投保以死亡为给付保险金条件的人身保险,保险人也不得承保。父母为其未成年子女投保的人身保险,不受前款规定限制,但是死亡给付保险金额总和不得超过保险监督管理机构规定的限额。"

2. 受益人

受益人也称保险金受领人,是指由被保险人或投保人指定,当保险合同规定的条件实现时有权领取保险金的人。受益人一般存在于人身保险合同中,财产保险合同中的被保险人一般就是受益人。有时财产保险合同中也有特别约定第三人(一般为债权人)有优先受领保险金给付的权利,但该第三人并非是享有保险金给付请求权的受益人。

(1) 人身保险合同中受益人应具备的条件。

第一,受益人是享有赔偿请求权的人。也就是说,受益人是有资格享受保险合同利益的人,但他不负缴纳保费的义务,保险人不得向受益人追索保险费。需要注意的是,在人身保险合同中,受益人与保险人的法律关系只是在被保险人死亡时才发生的。如果规定被保险人为保单的所有人,那么,在被保险人死亡的情况下,受益人就成为保单的所有人。

第二,受益人是由投保人或被保险人(或保单所有人)所指定的人。自然人、法人及其他任何合法的经济组织都可作为受益人;自然人中无民事行为能力、限制民事行为能力的人,甚至活体胎儿等均可被指定为受益人。投保人或被保险人可以在保险合同明确规定受益人,也可以规定指定受益人的方法,如规定法定继承人为受益人。可以指定一个受益人,也可以指定多个受益人。受益人为多个时,被保险人或投保人可以确定受益人顺序和受益份额。另外,受益人可不受行为能力和保险利益的限制。凡是有权利能力的公民,哪怕不具备行为能力,也可以作为受益人,法人也可以作为受益人;也不受受益人与投保人或被保险人是否存在保险利益关系的限制。但投保人或被保险人必须对保险标的具有保险利益,也必须具备行为能力。我国《保险法》第39条规定:"人身保险的受益人由被保险人或者投保人指定。投保人指定受益人时须经被保险人同意。被保险人为无民事行为能力人或者限制民事行为能力人的,可以由其监护人指定受益人。" 第40条规定:"被保险人或者投保人可以指定一人或者数人为受益人。受益人为数人的,被保险人或者投保人可以确定受益顺序和受益份额;未确定受益份额的,受益人按照相等份额享有受益权。"

合同中的受益人有两种形式,一种是不可撤销的受益人;另一种是可撤销的受益人。前者是指只有在受益人同意的情况,保单所有人才可以更换受益人;后者是指保单所有人可以在保单有效期内变换受益人或撤销受益人的受益权。受益人的撤销或变更不必征得保险人的同意,但必须通知保险人。如果所有人在改变了受益人的情况下未通知保险人,后者在向原指定受益人作出给付后,不承担对更改后的受益人的义务。我国《保险法》第41条规定:"被保险人或者投保人可以变更受益人并书面通知保险人。保险人收到变更受益人的书面通知后,应当在保险单上批注。投保人变更受益人时须经被保险人同意。"

(2)受益人与继承人的区别。

受益人的受益权是基于保险合同产生的,当被保险人死亡,依受益权所取得的保险金不作为被保险人的遗产,其领受的保险金不纳入遗产的分配,也无须清偿被保险人的生前债务。但是,如果保险金是由继承人以继承的方式取得,则在其继承范围内有为被继承人偿还生前债务的义务。这是受益人与继承人的一点重要区别。

根据我国《保险法》(2009)第42条规定,被保险人死亡后,遇有下列情形之一的,保险金作为被保险人的遗产,由保险人依照《中华人民共和国继承法》的规定履行给付保险金的义务:第一,没有指定受益人的,或者受益人指定不明无法确定的;第二,受益人先于被保险人死亡,没有其他受益人的;第三,受益人依法丧失受益权或者放弃受益权,没有其他受益人的。受益人与被保险人在同一事件中死亡,且不能确定死亡先后顺序的,推定受益人死亡在先。根据我国《继承法》,遗产继承顺序是:第一顺序:配偶、子女、父母;第二顺序:兄弟姐妹、祖父母、外祖父母。继承开始后,由第一顺序继承人继承,第二顺序继承人不继承。没有第一顺序继承人的,由第二顺序继承人继承。

3. 保单所有人

保单所有人又叫保单持有人，是拥有保单各种权利的人。保单所有人一般是对人寿保险合同而言的。因为财产保险合同大多是一年左右的短期合同，保单没有现金价值。并且，由于绝大多数投保人都是以自己的财产作为保险标的来进行投保（成为被保险人）；在保险事故发生后得到保险赔偿（成为受益人）的，因此，投保人、被保险人、受益人和所有人通常就是一个人，所有人在这里没有多大的意义。但在人寿保险中，由于人寿保险所具有的储蓄性，所有人与受益人并不是同一个人情况，所有人的意义说显得十分重要了。

保单所有人是在投保人与保险人订立保险合同时产生的。他既可以是个人，也可以是一个组织机构；既可以与受益人或被保险人是同一人，也可以是其他的任何人。保单所有人通常具备以下七项权利：

（1）变更受益人。多数保单允许保单所有人有这项权利，但要受到诸如财产划分协议等因素的限制，同时变更时要履行一定手续。（2）领取退保金。（3）领取保单红利。保单所有人对分红有所有权，并有权选择支付红利的方式。通常方式有现金支付、降低保费、购买附加保险。（4）保单质押贷款。这是一种相对转让。（5）在保单现金价值的一定限额内申请贷款。（6）放弃或出售保单的一项或多项权利。这是一种绝对转让，一般需经不可撒销受益人同意才可实行。（7）指定新的所有人。

我国人寿保险合同中迄今尚没有保单所有人的概念。通常保单所有人的权利由投保人、被保险人和受益人单独或共有享有。如分红保险中的被保险人可领取保单红利，投保人可要求退保，获得退保金。

二、保险合同的客体

保险合同的客体是指保险合同的主体权利义务所共同指向的对象。一般认为，保险合同客体不是保险标的，而是指保险利益。保险标的是保险合同中所载明的投保对象,是保险事故发生的承受体。保险标的的内容十分广泛,主要包括作为保险对象的财产及其有关利益或者人的生命、身体和健康。保险利益是指投保人或被保险人对保险标的所具有的法律上承认的利益。

为什么说保险客体不是保险标的,而是保险利益呢?因为保险合同订立的目的并非保障保险标的本身,也不可能保证其不发生损失,而是希望在保险标的发生损失后,被保险人或受益人能得到经济补偿,而不是赔偿原来的保险标的。因此,保险合同中规定的权利义务所指向的对象是投保人或被保险人对保险标的所具有的保险利益,即保险合同的客体是保险利益。有关保险利益的具体问题将在后面的章节中详细讨论。

三、保险合同的内容与形式

保险合同的内容是保险合同全部记载的事项。不同的保险合同,内容有所不同,但大致都包括主体、客体、权利和义务以及其他声明事项。合同内容具体以合同条款的形式表现出来。保险条款是记载保险合同内容的条文、款目,是保险合同双方享受权利与承担义务的主要依据,一般事先印制在保险单上。

保险业发展初期,保险合同的内容完全由双方当事人自由约定。随着保险业务的发展,保险合同的内容和格式逐渐标准化。现代合同的保险条款一般可分为基本条款和附加条款。基本条款是关于保险合同当事人和关系人权利与义务的规定,以及按照其他法律规定一定要记载的事项;附加条款是指保险人根据投保人的要求增加承保风险的条款。

(一)保险合同的基本条款

保险合同的基本条款主要包括以下九项。

1. 当事人和关系人的姓名和住所

明确当事人和关系人的姓名和住所,是保险合同履行的前提条件。因为保险合同订立后,保费的缴纳、有关条款的变更、有关事件的通知、保险赔偿等均与当事人及其住所有关。现在的保险合同是保险人印制的,因此保险人的名称及住所已在上面,合同上需要填写的只是投保人、被保险人、受益人、保单所有人的姓名和住所。合同签订后,若有关当事人和关系人的住所变动,也需要通知保险人。

合同中规定被保险人的方法有以下三种。

(1) 在保险合同中明确列出被保险人的名字。被保险人可以是一个,也可以是多个,但均须列明。例如,在财产保险合同中,将夫妻两人均列为被保险人,当被保险人之一死亡,另一被保险人仍可继续享受财产保险的权利,直到保险期限届满。

(2) 以变更保险合同条款的方式确认被保险人。就是在合同中增加一项变更被保险人的条款。一旦该条款所约定的条件成立,补充的对象就自动取得了被保险人的地位。例如,某一房屋所有人将房屋投保时可将房屋未来的买主列入该房屋保险合同,当房屋卖出后,买主就自动成为被保险人。这一方式通常用于财产的买主、承运人、受押人或受托人。变更后的被保险人的资格应当与原被保险人相同。

(3) 采取订立多方面适用的保险条款确认被保险人。这种方式与第一种方式的不同之处是,它不具体指明被保险人的姓名;与第二种方式不同的是它不是用排序的方式确定被保险人,而是采用扩展被保险人的办法。例如,机动车辆第三者责任保险合同中,订明被保险人除汽车所有人外还扩展到车主的家庭成员或其允许而使用其汽车的对象等。由于有些国家或地区法律要求机动车所有人必须投保第三者责任险,而使用车辆的人往往不止一人,保险人可同意采用"多方面适用条款"的承保方式,当然,被保险人的扩展对象必须与被保险人有一定的关系。适用这种"多方面适用条款"的每个人都取得被保险人的相同地位。

2. 保险标的

当事人在订立保险合同时,必须将保险标的明确记载于合同中,这样才能判断投保人或被保险人是否对其具有保险利益。明确保标的也是确定保险金额以及保险事故发生后确定赔偿的基础。

保险标的如为财产及其有关利益,应记载该标的的具体坐落地点,有的还要记载利益关系;如为人的身体,应记载被保险人的年龄、职业、健康状况等。明确这些是为了确定适用的保险费率。

同一保险合同中并不限于单一的保险标的。在很多情况下,集合多数保险标的而订立一份保险合同是常见的,如集合保险合同。

3. 保险金额

保险金额是由保险合同的当事人确定,并在保单上载明的被保险标的的金额,它又可以被看作保险人赔偿或给付的最高限额。保险金额涉及保险人与投保人(被保险人、受益人)之间的权利与义务关系。对于保险人来说,它既是收取保费的计算依据,也是赔偿或给付的最高限额;对于投保人、被保险人和受益人来说,它既是缴纳保费的依据,又是索赔和获得保险保障的最高限额。

保险金额的确定应当既考虑到保险人利益,也考虑到被保险人的保障程度和合理负担。财产保险合同中,确定保险金额,应当遵循以下两个原则。

(1) 不超过保险标的价值原则。在财产保险中,以保险财产估价来核定保险价值。保险财产估价过低,保险金额会相应减少,保费也会减少,但保障效果也将随之降低,被保险人在保险财产遭受损失时得不到充分保障。反之,保险财产估价过高,保险金额会相应提高,投保人缴纳的保费也会相应增加。然而,当保险财产遭受损失时,保险人只能按照实际损失赔偿,超过保险价值的保险金额就得不到赔偿。因此,确定保险金额时,一般不要超过保险标的的价值。当然,许多国家的法律也禁止超额保险。

(2) 遵循保险利益原则。从价值量来看,当保险标的属于投保人全部拥有时,投保人对该保险标的的保险利益与保险价值是相等的。财产保险标的的价值是可分割的,如果保险标的为投保人部分所有,他对该保险标的就仅有部分保险利益。

在人身保险中,一般认为人的生命无法用货币价值来衡量,因此不存在保险价值问题。保险金额是在订立保险合同时,由当事人双方协议确定,它一般只受投保人支付保费的能力和被保险人健康状况以及道德风险因素的限制。

4. 保险费及其支付办法

保险费,简称保费,是投保人向保险人购买保险所支付的费用。它是建立保险基金的基础。保险人是否有赔偿能力,决定于他所收取的保险费总额是否能够弥补他所承担的全部赔偿责任。

保险费的数额是由保险金额与保险费率相乘所确定的。保险费率一般是保险合同必须记载的事项,但只要投保人同意支付保费,即使合同中没有载明,也不影响合同的效力。

保险费支付的办法是指约定的支付时间、支付地点和支付方式。财产保险等短期保险通常是一次性支付,长期寿险可以是一次性支付,也可以是分期支付。不管是一次性支付还是分期支付,都应明确缴费的时间。如果是分期支付,在支付到期日,依据法律,通常有宽限期。

5. 保险期限

保险期限即保险合同的有效期限,也就是保险合同从开始生效到终止的这一期间。保险期限既是计算保费的依据之一,也是保险人履行其赔偿或给付义务的根据。保险合同是承担风险的合同,风险的不确定性决定保险合同明确规定期限的必要性。只有在保险期限内发生保险事故,保险人才承担赔偿或给付的责任。

计算保险期限通常有两种方法:

(1) 按日历年、月、日、时计算。财产保险通常为一年,期满后可以续订新合同。如我国家庭财产保险条款规定:从约定起保日零时起到保险期满日的 24 时止,为保险期间。期满续保,另办手续。人身保险的存续期间较长,有 5 年、10 年、20 年甚至终身。例如,中国太平洋保险公司少儿乐(97)幸福成长综合保险条款规定:保险期限自保单生效日起至被保险人生存至男性 60 周岁、女性 55 周岁的保单生效日,或至本保险约定的终止性保险事故发生时止。

(2)以一项事件的始末为存续期间。如货物运输险、运输工具险等以一个航程为有效期。又如建筑、安装工程险的保险期限通常是从工程施工日起,到履约验收日为止,农作物保险以生长期为保险期间。

6. 保险责任

保险责任是保险人承担的风险项目,它规定保险人对被保险人承担经济赔偿或给付责任的范围。保险合同的责任条款通常由保险人事先制定。保险责任一般包括以下三个方面。

(1)基本责任。保险人依据保险合同的基本条款对被保险人所承担的赔偿或给付的责任。

(2)附加责任。附加于保险人基本责任范围之上的责任。这部分责任是由投保人提出要求并经保险人同意而增加的承保责任范围。附加责任一般不能单独承保,它们大多数是附加于基本责任之上的。

(3)除外责任。保险人不承担保险责任的风险范围,是对保险责任的限制性条款。规定了基本责任,还要规定除外责任是为了使保险人承担责任的范围更为明确,防止日后发生法律纠纷。除外责任因保险合同的种类的不同而有不同的规定,但道德风险适用于每一类保险合同的除外责任。例如,中国人民保险公司《1981年海洋运输货物保险》的条款规定,保险人对下列损失不负赔偿责任:被保险人的故意行为或过失所造成的损失;属于发货人责任所引起的损失;在保险责任开始前,被保险货物已存在的品质不良或数量短差所造成的损失;被保险货物的自然损耗、本质缺陷、特性以及市价跌落、运输延迟所引起的损失或费用;本公司海洋运输货物战争险和货物运输罢工险条款规定的责任范围和除外责任。

7. 保险金赔偿或给付的办法

这是对保险人履行保险责任的具体规定。不同的保险合同中对保险金赔偿或给付的规定有所不同。一般来说,对于财产保险通常被保险人在保险事故发生后,尽力救护并保存现场,同时立即通知保险人,被保险人向保险人申请赔偿时,应当提供保险单、损失清单、救护费用单据,以及公安部门或所在单位、街道组织等有关部门的证明,合同往往规定赔偿的计算方法。对于人寿保险合同,保险金的给付规定在约定的保险事件发生后向被保险人或受益人给付,如果是以被保险人死亡、伤残等事故为给付条件的,通常要求投保人等在知悉被保险人事故发生的一定时日内通知保险人并及时提供有关重要材料。

8. 违约责任和争议处理

当保险合同当事人因过错不履行合同规定的义务或不能完全履行合同规定的义务时所应承担的法律后果,就是违约责任。明确违约责任,使当事人预先知道自己的行为后果,从而有助于防范违约行为的发生。

争议处理条款是指用以解决保险合同纠纷适用的条款。争议处理的方式一般有协商、仲裁、诉讼等。

9. 订立合同的年、月、日

订立合同的年、月、日,通常是指合同的生效时间,以此确定投保人是否有保险利益、保险费的缴付期等。在特定情况下,订立合同的年、月、日,对核实赔案事实真相可以起到关键作用。

保险合同除了基本条款之外,有时还会有附加条款。附加条款又称批注或追加条款,是保险合同当事人在基本条款基础上,为增加或限制修改原基本条款中所规定的内容而制定的条款。采用附加条款通常有两种情况:一是补充合同的内容,以适应投保人或保险人的特殊需要;二是变更保险合同内容,例如变更承保范围、调整保险费率以及改正原保险条款错误等。附加条款可以用印制的小纸条粘贴于保险单上,也可以在保险单空白处书写而成为保险合同的组成部分。例如,企业财产保险中,当事人常在保险单上进行特别约定,指明"保险金额系根据投保人某月月报确定";在机动车辆险中,当事人在特别约定栏内对免赔额的增加或减少进行特别规定等。

(二) 保险合同的形式

从形式上看,保险合同是合同当事人之间约定的以书面形式表现的法律文书,主要有四种形式,其中保险单是最重要的合同形式。

1. 投保单

投保单又称投保书,是投保人向保险人申请订立保险合同的书面要约。

投保单由保险人准备,通常有统一的格式。投保人依照保险人所列项目逐一填写。项目主要包括被保险人姓名(或单位名称)和地址、保险标的和坐落地点、投保险别、保险金额、保险期限、保险费率等。投保单的填写,不论是出于投保人的主动,还是保险人(代理人或经纪人)的邀请,均不改变其要约性质。

在投保单中,投保人要向保险人如实告知投保风险的程度或状态等有关事项,这叫"声明"事项。"声明"事项通常是保险人核实情况,决定承保与否的依据。例如,在财产保险中,投保人需要如实填写被保险财产的所在地、内外部环境、营业性质、消防设备等情况;在人身保险中,投保人要如实填写被保险人的健康、职业、经济状况、被保险人与受益人的关系等情况。上述信息对于保险人估计风险,决定是否接受投保,是非常重要的。

投保单本身并非正式合同文本,但投保人在投保单中所填写的内容会影响到合同的效力。投保单上如有记载,保险单上即使有遗漏,其效力也是与记载在保险单上一样的;如果投保人在投保书中告知不实,在保险单上又没有修正,保险人即可以以投保人未遵循合同的诚信原则为由,而在规定的期限内宣布合同无效。

2. 暂保单

暂保单又称临时保单。它是正式保单发出前的临时合同。有时在保险代理人收到第一期保费后,即发给投保人作为具有暂保单效力的收据。它通常只记载保险单中的被保险人、保险标的、保险金额、保险险种等重要事项以及保险单以外的特别约定。经保险人或保险代理人签章后,交付给投保人。

暂保单不是订立保险合同的必经程序。使用暂保单的一般有下列三种情况：

（1）保险代理人在争取到业务但尚未向保险人办妥保险单之前，对被保险人临时开出的证明。

（2）保险公司的分支机构在接受投保时，需要请求总公司审批；或者还有一些条件尚未全部谈妥。在这种情况下，保险公司的分支机构开出暂保单。

（3）正式保单需由出单部门统一处理，而投保人又急需保险证明。在这种情况下，保险人在保单作成交付前先签发暂保单，作为保险合同的凭证。

暂保单在保险单签发前与保险单具有相同的法律效力，但暂保单有效期较短，大多数由保险人具体规定，一般为30天。当正式保单交付后，暂保单即自动失效。保险人亦可在正式保单发出前终止暂保单效力，但必须提前通知投保人。

3. 保险单

保险单，简称保单，是投保人与保险人之间保险合同行为的一种正式书面形式。保险单必须明确、完整地记载有关保险双方当事人的权利和义务，它所记载的内容是有关当事人履约的依据。

4. 保险凭证

有些保险业务，如我国国内货物运输保险普遍使用另一种形式的保险合同——保险凭证。所谓保险凭证是保险合同的一种证明，实际上是简化了的保险单，又称小保单，记载的内容较为简单。其法律效力与保险单相同。凡是保险凭证上没有载明的内容，以同种类的正式保险单所载内容为准，如果正式保险单与保险凭证的内容有抵触或保险凭证另有特定条款时，则以保险凭证为准。

此外，还有批单这一特别形式。批单是保险合同双方就保险单内容进行修改和变更的证明文件。通常用于对已经印制好的保险单的内容作部分修改，或对已经生效的保险单的某些条款进行变更。批单可在原保险单或保险凭证上批注，也可另外出具一张变更合同内容的便条附加在正式的保险单或保险凭证上。批单只是保险合同的一部分,而不是全部。批单一经签发,就自动成为保险合同的组成部分。当批单内容与保险单内容不一致时,以批单内容为准,如多次批注,以最后一次批注为准。

第三节 保险合同的订立与履行

一、保险合同的订立

保险合同的订立是投保人与保险人之间基于意思表示一致而进行的法律行为。它同订立其他合同一样,要经过一定程序。我国《保险法》第13条规定:"投保人提出保险要求,经保险人同意承保,并就合同的条款达成协议,保险合同成立。保险人应当及时向投保人签发保险单或者其他保险凭证,并在保险单或者其他保险凭证中载明当事人双方约定的合同内容。"可见,保险合同的成立,需要经过投保人提出保险要求和保险人同意承保两个阶段,即保险合同的要约与承诺两个阶段。

(一) 保险合同的订立程序

1. 要约

要约是合同的一方当事人以订立合同为目的而向相对方所作的肯定的意思表示。提出要约的人称为要约人。一个有效的要约应具备三个条件:提出合同的主要内容、明确表示订立的愿望、在有效期内对要约人具有约束力。

保险合同的要约又称为要保,除了具备以上三个一般合同的条件外,还有以下两个特点:

(1) 投保人通常是保险合同的要约人。现在保险代理人向人们推销保险的情况很普遍,但这种行为并不是要约,只能看作要约的邀请。只有在投保人提出投保申请,即填写好投保单并交给保险人或其代理人时,才构成要约。所以,保险合同的要约人通常是投保人。

(2) 保险合同的要约通常为投保单或其他书面形式。投保单前已介绍,一般是保险人事先印制好的,投保人根据要求如实填写各项内容。如果投保人有特殊要求,也可以与保险人协商,约定特约条款。有的国家允许口头形式投保,但"口说无凭",容易增加万一日后产生纠纷的解决难度。

2. 承诺

承诺是指受领要约的相对人同意要约的肯定的意思表示。作出承诺的人称为承诺人或受约人。有效的承诺须满足以下三个条件:承诺不能附带任何条件,即无条件承诺;承诺由承诺人本人或其合法的代理人作出;承诺在要约有效期内作出。要约一经承诺,合同即告成立。

保险合同的承诺也叫承保,通常由保险人或其代理人作出。当投保人递交填写好的投保单后,经保险代理人及保险公司的核保部门审核,认为符合可保条件,予以接受,即承保。若不符合可保条件的,保险人可以拒绝承保。若不完全符合可保条件的,保险人提出有条件的承保(比如健康保险中对有的投保标的加费承保),则不能视为承诺,只能看作反要约,俗称还盘,保险人提出反要约后,若投保人无条件接受,投保人就成为承诺人。保险要约承诺后,保险合同随即成立。合同成立后,保险人应当及时向投保人签发保险单或者其他保险凭证。

(二)保险合同的生效

保险合同生效是指保险合同对当事人双方发生约束力,即合同条款产生法律效力。合同的成立与合同生效是相互联系的,成立是生效的前提和基础,没有成立的合同无所谓生效;生效则是成立的结果,合同生效是成立合同的目的。一般来说,保险合同一经依法成立,即发生法律效力。但是,也有一些保险合同并非如此。这些合同约定,在合同成立后过一段时间才生效。在合同成立之后生效之前,若发生保险事故,保险人不承担赔偿或给付义务。当然,投保人与保险人也可以在保险合同中约定,合同一经成立即生效。

(三) 影响保险合同效力的主要因素

保险合同订立时,有关当事人的某些行为会对合同效力产生影响。这些行为包括告知、保证、弃权和禁止反言等。有关这方面的内容将在本书第四章第一节进行介绍。

二、保险合同的履行

保险合同的履行,是保险合同中当事人依照合同的规定,遵循最大诚信原则,正确行使权利和全面履行义务,以实现保险合同目的的行为过程。由于保险合同是双务合同,双方当事人都享有权利和承担义务,而且一方的权利就另一方的义务,为便于叙述,在此分别明确各自的义务。那么,双方当事人各自有哪些义务呢?

(一) 投保人的义务

1. 如实告知义务

投保人在合同订立之前、订立时及在合同有效期内,对已知或应知的与危险和标的有关的实质性重要事实向保险人作真实陈述。如实告知是投保人必须履行的基本义务,也是保险人实现其权利的必要条件。我国《保险法》(2009年)第16条规定,"订立保险合同时,保险人就保险标的或者被保险人的有关情况提出询问的,投保人应当如实告知"。这说明我国对投保人告知义务的履行实行"询问告知"原则,即指投保人只需对保险人所询问的问题作如实回答,而对询问以外的问题投保人因无需告知而未告知的,不能视为违反告知义务。

2. 缴纳保险费的义务

投保人必须按照约定的时间、地点和方法缴纳保险费。保险费通常以现金缴纳,但经保险人同意,也可以票据或其他形式缴纳。

根据保险惯例,保险费的缴纳可以由投保人为之,也可以由有利害关系的第三人为之。无利害关系的第三人也可代投保人缴纳保险费,但他们并不因此享有保险合同上的利益,保险人也不能在其缴纳第一次保险费,请求其继续缴纳,而只能向投保人作出请求。

3. 防灾防损义务

保险合同订立后,财产保险合同的投保人、被保险人应当遵守国家有关消防、安全、生产操作、劳动保护等方面的规定,维护保险标的的安全,保险人有权对保险标的的安全工作进行检查,经被保险人同意,可以对保险标的采取安全防范措施。投保人、被保险人未按约定维护保险标的安全的,保险人有权要求增加保险费或解除保险合同。

4. 通知义务

投保人通知义务主要有以下两类。

(1) 危险增加的通知义务。

危险增加是指在订立保险合同时,当事人双方未曾估计到的保险事故危险程度的增加。保险事故危险增加的原因主要有两个:一是由投保人或被保险人的行为所致。例如,在人身保险中,被保险人改为从事危险性较以前更大的工作。二是由投保人或被保险人以外的原因所致,与投保人无关。但即使如此,投保人也应当在知道危险增加后,立即通知保险人。

投保人履行危险增加的通知义务,对于保险人正确估价危险具有重要意义。因此,各国保险立法均对此加以明确规定。我国《保险法》第52条规定:保险标的的危险程度增加时,被保险人应及时通知保险人。保险人可根据危险增加的程度决定是否增收保险费或解除保险合同。若被保险人未履行危险增加的通知义务,保险人对因危险程度增加而导致的保险标的的损失可以不承担赔偿保险金的责任。保险法的这一条是在财产保险合同一节中出现的,所以,这里的被保险人也就是投保人。

保险人在接到危险增加的通知后通常采取提高费率和解除保险合同两种做法。在提高费率时,如果投保人不同意,则保险合同自动终止。保险人在接到危险增加的通知,或虽未接到通知但已经知晓的情况下,应在一定期限内作出增加保费或解除合同的意思表示。如果不作任何表示,则可视为默认,以后不得再主张提高费率或解除保险合同。

(2) 保险事故发生的通知义务。

保险合同订立后,如果保险事故发生,投保人、被保险人或受益人应及时通知保险人。保险事故发生,意味着保险人可能承担保险责任,要对被保险人进行赔偿或给付。因此,保险人需要及时了解保险事故发生的情况。这样,一方面可以采取适当措施防止损失扩大;另一方面,可以迅速组织调查,查明事实,确定损失,明确责任并准备赔偿金。

关于通知的期限,各国法律规定有所不同。有的几天,有的几周,有的无明确的时间限定,只是在合同中使用"及时通知"、"立即通知"等字样。

如果投保人未履行保险事故发生的通知义务,则有可能产生两种后果:一是保险人可以请求投保人(被保险人)赔偿因此而遭受损失,但不能解除保险合同;二是保险人免除保险合同上的责任。例如,中国太平洋财产保险股份有限公司机动车辆综合保险条款规定:保险车辆发生保险事故后,被保险人应当采取合理的保护、施救措施,并立即向事故发生地公安交通管理部门和保险人报案。对于未及时报案而致事故责任无法认定或损失无法确定者,对于保险人无法确定的损失及扩大的损失部分,保险人有权拒绝赔偿。

5. 避免损失扩大的义务

各国法律一般都规定,避免损失扩大是投保人或被保险人的重要义务之一。我国《保险法》第57第1款规定:"保险事故发生时,被保险人应尽力采取必要的措施,防止或者减少损失。"也就是说,在保险事故发生后,投保人不仅应及时通知保险人,还应当采取各种必要措施,进行积极的施救,以避免损失的扩大。投保人因此而支出的费用,由保险人负责赔偿。我国《保险法》第57条第2款规定:"保险事故发生后,被保险人为防止或者减少保险标的的损失所支付的必要的、合理的费用,由保险人承担;保险人所承担的数额在保险标的损失赔偿金额以外另行计算,最高不超过保险金额的数额。"这一规定也可打消投保人可能产生的麻痹心理:以为投保了就万事大吉,即使发生了风险损失,也可等着保险人赔偿。

6. 提供单证义务

保险事故发生后,被保险人或受益人向保险人提出索赔时,应当按照保险合同规定向保险人提供其所能提供的与确认保险事故的性质、原因、损失程度等有关的证明和资料,包括保险单、批单、检验报告、事故证明、死亡证明、事故责任认定书、事故调解书、判决书、损失清单和有关费用单据等。当然,不同的保险合同,要求的单证是不一样的。如果被保险人或受益人与投保人为同一个,则投保人就有此义务。

7. 协助追偿义务

在财产保险中由于第三人行为造成保险事故发生时,被保险人应当保留对保险事故责任方请求赔偿的权利,并协助保险人行使代位求偿权;被保险人应向保险人提供代位求偿所需的文件及其所知道的有关情况。

(二) 保险人的义务

保险人的主要义务就是在合同有效期内,一旦发生保险事故或出现规定的事件,由保险人负责补偿或给付。这是保险人应尽的最主要义务。保险人履行这一义务的根据是合同中明确规定的保险责任。

在责任范围内的保险事故发生后,保险人应依据有关法律、合同条款和有关原则(如损失赔偿原则、近因原则等)向被保险人或受益人赔偿或给付保险金。我国《保险法》第23条规定:"保险人收到被保险人或者受益人的赔偿或者给付保险金的请求后,应当及时作出核定;情形复杂的,应当在三十日内作出核定,但合同另有约定的除外。保险人应当将核定结果通知被保险人或者受益人;对属于保险责任的,在与被保险人或者受益人达成赔偿或者给付保险金的协议后十日内,履行赔偿或者给付保险金义务。保险合同对赔偿或者给付保险金的期限有约定的,保险人应当按照约定履行赔偿或者给付保险金义务。"保险人承担赔偿责任的行为主要包括赔偿或给付的内容以及赔偿或给付的方式。

赔偿的内容包括以下四个方面：

(1) 赔偿给付金额。在财产保险中,根据保险财产的实际损失而定,但最高以保险标的的保险金额为限；在人身保险中,则以约定保险金额为最高限额。

(2) 施救费用。在发生保险责任范围内的保险事故时,被保险人为了抢救以及保护、整理保险财产而承担的合理费用。

(3) 为了确定保险责任范围内的损失所支付的受损标的的检验、估价、出售的合理费用。

(4) 诉讼费用。

关于赔偿或给付的方式,保险人通常以现金的形式赔付损失和费用。但财产保险中,有时也以实物补偿或以恢复原状方式补偿,如在工程保险中,保险人按约定重置受损项目或予以修理等。

从订立保险合同到履行合同的全过程看,保险人的义务还有其他几项,主要是说明义务,即保险人在订立合同时向投保人说明、解释合同的条款内容的义务；及时签单义务；保密义务,即保险人或再保险人对在办理保险业务中知道的投保人、被保险人、原保险人的重要情况负有保密义务。

第四节 保险合同的变更与终止

一、保险合同的变更

保险合同的变更是指,在保险合同的存续期间,其主体、内容及效力的改变。保险合同依法成立后,当事人应认真履行合同规定的义务,不得擅自变更或解除合同。但是,有些保险合同是长期合同,由于主观和客观条件的变化,会产生变更合同的合理要求。各国法律一般都允许这种变更,我国也是如此。我国《保险法》第20条规定:"投保人和保险人可以协商变更合同内容。变更保险合同的,应当由保险人在保险单或者其他保险凭证上批注或者附贴批单,或者由投保人和保险人订立变更的书面协议。"

（一）保险合同主体的变更

保险合同主体的变更指保险人及投保人、被保险人、受益人的变更。

1. 保险人的变更

保险人的变更，是指保险企业因破产、解散、合并、分立而发生的变更，经国家保险管理机关批准，将其所承担的部分或全部保险合同责任转移给其他保险公司或金融机构。

2. 投保人、被保险人、受益人的变更

在保险实践活动中，投保人、被保险人和受益人的变更最为常见，而且在财产保险合同与人身保险合同中情况各不相同。

在财产保险中，主体变更的原因主要是由于保险标的的所有权变更而引起。保险合同不是保险标的的附属物，所以，当保险标的所有权发生变更时，保险合同不能随着保险标的所有权转移而转让。例如，被保险人将保险财产出售转让给别人，保险合同的转让只有征得保险人的同意才能生效。保险合同不能自动转让的原因是因为保险人在决定是否续保时，被保险人的个人因素也被考虑在内。但是，也有例外，如在货物运输保险中，保险合同（保险单）的转让可以不经保险人的同意而由被保险人背书随着货物所有权的转移而转让。这主要是因为货物运输，尤其是海洋货物运输，从起运地到目的地，货物可能几经易主，保险利益也随之转移。如果每次被保险人的变更都要征得保险人的同意，必然影响商品流通。鉴于此，各国的保险立法一般都规定货物运输保险的保单可随货权的转移而背书转让。我国的《保险法》和《海商法》也有类似规定。

在人身保险中，因为被保险人本人的寿命或身体是保险标的，所以被保险人的变更可能导致保险合同终止，因此一般不允许变更被保险人。

人身保险合同主体变更主要涉及投保人与受益人的变更：（1）投保人的变更。只要新的投保人对被保险人具有保险利益，而且愿意并能够交付保险费,即可转让人身保险合同,但必须告知保险人。但是,如果是以死亡为给付保险金条件的保险合同,必须经被保险人本人书面同意,才能变更投保人。(2)受益人的变更。受益人是由被保险人指定的,或经被保险人同意由投保人指定的,其变更主要取决于被保险人的意志。被保险人或者投保人可以随时变更受益人,无须经保险人同意。但受益人的变更,要书面通知保险人,保险人收到变更受益人的书面通知后,应当在保险单上批注。

(二)保险合同内容的变更

保险合同内容的变更是指保险合同主体享受的权利和承担的义务所发生的变更,表现为保险合同条款及事项的变更。根据我国《保险法》,投保人和保险人均有权变更保险合同内容。保险人变更保险合同内容主要是修订保险条款。但是,由于保险合同附和性的特征,在保险实践中,一般不允许保险人擅自对已经成立的保险合同条款作出修订,因而其修订后的条款只能约束新签单的投保人和被保险人,对修订前的保险合同的投保人和被保险人并不具有约束力。

保险合同内容的变更主要是由投保方引起的。具体包括:

(1)保险标的的数量、价值增减而引起的保险金额的增减。

(2)保险标的的种类、存放地点、占用性质、航程和航期等的变更引起风险程度的变化,从而导致保险费率的调整。

(3)保险期限的变更。

(4)人寿保险合同中被保险人职业、居住地点的变化等。

保险合同内容的变更,一种情况是投保人根据自己的实际需要提出变更合同内容;另一种情况是投保人必须进行的变更,如风险程度增加的变更。否则,投保人会因违背合同义务而承担法律后果。

无论是保险合同主体变更还是内容的变更,都要遵循法律、法规规定的程序,采取一定的形式完成。我国《保险法》第20条规定:"变更保险合同的,应当由保险人在保险单或者其他保险凭证上批注或者附贴批单,或者由投保人和保险人订立变更的书面协议。"

二、保险合同的中止

保险合同中止是指在保险合同存续期间,由于某种原因的发生而使保险合同的效力暂时失效。在合同中止期间发生的保险事故,保险人不承担赔偿或给付保险金的责任。保险合同的中止,在人寿保险合同中最常见。人寿保险合同大多期限较长,由数年至数十年不等,故其保险费的交付大都是分期缴纳。如果投保人在约定的保险费交付时间内没有按时缴纳,且在宽限期内(我国为60天)仍未缴纳,则保险合同中止。各国保险法均规定,被中止的保险合同可以在合同中止后的2年内申请复效。满足复效条件复效后的合同与原合同具有同样的效力,可以继续履行。当然,被中止的保险合同也可能因投保人不提出复效申请,或保险人不能接受已发生变化的保险标的(如被保险人在合同中止期间患有保险人不能按条件承保的疾病)或其他原因而被解除,而不再有效。

三、保险合同的终止

保险合同的终止是指保险合同成立后,因法定的或约定的事由发生,使合同确定的当事人之间的权利、义务关系不再继续,法律效力完全消灭的事实。

导致保险合同终止的事因很多,主要有以下五种。

(一) 因期限届满而终止

这是保险合同终止的最普遍的原因。凡保险合同订明的保险期限届满时,无论在保险期限内是否发生过保险事故以及是否得到过保险赔付,保险期限届满后保险合同按时终止。保险合同期满后,需要继续获得保险保障的,要重新签订保险合同,即续保。但是,这里所指的续保并不意味着保险期限的延长或是原保险合同的继续,而是另一个新的保险合同的签订。

(二) 因保险人完全履行赔偿或给付义务而终止

保险事故发生后,保险人完成全部保险金额的赔偿或给付义务后,如无特别约定,保险责任即告终止。例如,终身人寿保险中的被保险人死亡,保险人给付受益人全部保险金额后,保险合同即告终止;火灾保险中,被保险财产被火灾焚毁,被保险人领取了全部保险赔偿后,保险合同即告终止。

(三)因合同主体行使合同终止权而终止

这是指合同主体在合同履行期间,遇有某种特定情况,行使终止合同的权利而使合同终止,而无须征得对方的同意。我国《保险法》第58条规定,"保险标的发生部分损失的,自保险人赔偿之日起三十日内,投保人可以解除合同;除合同另有约定外,保险人也可以解除合同,但应当提前十五日通知投保人。合同解除的,保险人应当将保险标的未受损失部分的保险费,按照合同约定扣除自保险责任开始之日起至合同解除之日止应收的部分后,退还投保人。"这是因为财产保险中的保险标的发生部分损失后,保险标的本身的状态及面临的风险已经有所变化,允许双方当事人在法定期间内行使保险合同终止权。

(四)因保险标的全部灭失而终止

这是指由于非保险事故发生,造成保险标的灭失,保险标的实际已不存在,保险合同自然终止。如人身意外伤害保险中,被保险人生病而死亡,就属于这种情况。

(五)因解除而终止

这是指在保险合同有效期尚未届满前,合同一方当事人依照法律或约定解除原有的法律关系,提前终止保险合同效力的法律行为。保险合同的解除可以分为约定解除、协商解除、法定解除和裁决解除。

1. 约定解除

这是指合同当事人在订立保险合同时约定,在合同履行过程中,某种情形出现时,合同一方当事人可行使解除权,使合同的效力消灭。

2. 协商解除

这是指在保险合同履行过程中,某种在保险合同订立时未曾预料的情形出现,导致合同双方当事人无法履行各自的责任或合同履行的意义已丧失,于是通过友好协商,解除保险合同。

3. 法定解除

这是指在保险合同履行过程中,法律规定的解除情形出现时,合同一方当事人或者双方当事人都有权解除保险合同,终止合同效力。各国保险立法规定的保险合同解除条件一般都规定:在保险合同订立时,因隐匿、遗漏或不实告知足以影响保险人对风险的正确估计或保险费的计算,保险人有权解除保险合同;被保险人或受益人在未发生保险事故的情况下,谎称发生了保险事故,向保险人提出赔偿或给付保险金请求的,保险人有权解除合同;投保人、被保险人或者受益人故意制造保险事故的,保险人有权解除保险合同,不承担赔偿或给付保险金责任。

4. 裁决解除

这是指产生解除保险合同纠纷,纠纷当事人根据合同约定或法律规定提请仲裁或向人民法院提起诉讼时,人民法院或仲裁机构裁决解除保险合同。

在我国,对于投保人来说,除《保险法》另有规定或者保险合同另有约定外,保险合同成立后,投保人有权随时解除保险合同。但保险人不得解除保险合同,除非发现投保方有违法或违约行为。但是对于货物运输保险合同和运输工具航程保险合同,保险责任开始后,合同当事人都不得解除保险合同。

第五节 保险合同争议的处理

一、保险合同争议的含义

保险合同履行过程中,当事人之间发生争议在所难免。所谓保险合同争议是指合同双方当事人之间对某项权利、义务是否存在,或者对存在的权利、义务的内容发生分歧。

产生争议的原因多种多样,主要原因有三类:

（1）合同条款文字表达的意思不明确；
（2）当事人在解释条款时，认识上不统一；
（3）由于案件复杂，对造成损失的原因、程度等意见不一致。

争议发生后，就需要双方冷静对待，认真解决问题。解决问题的一个重要前提是正确理解双方的权利和义务，这就涉及对保险合同的解释。

二、保险合同的解释

（一）保险合同解释的含义

保险合同的解释是指由保险合同解释的主体根据有关事实，遵循一定原则，对合同内容的含义所作的说明，以使保险合同明确、完整和符合法律的要求，使保险合同顺利履行。

合同解释的主体有当事人解释、仲裁解释和法院解释。当事人解释是保险人和被保险人各自的解释，各自的解释非经对方同意，不能产生约束对方当事人的效力。仲裁解释是由仲裁机构所作的解释。法院解释是人民法院所作的解释。后两种解释具有法律上的约束力。

（二）保险合同解释的原则

保险合同的解释既要遵循普通合同解释的原则，又要根据保险合同自身的特殊性，进行公平、合理的解释。具体来看，必须遵循以下原则。

1. 合法原则

合法原则是指对保险合同的解释要符合法律规范的含义进行。当保险合同规定与法律强制性规范不同时，该规定应认定为无效，如在我国调整保险合同当事人权利、义务的实体法有：《保险法》、《合同法》、《民法通则》、《海商法》等。

2. 文义解释原则

这是指按照文句本身的普通意思进行解释，但对于某些特殊含义的文句，则应参照有关规定及保险惯例进行统一解释。例如，保险合同中的"保证"一词,不能理解为债法中的"保证",而是保险界的专门术语,具有特定含义。再如,保险合同中保险责任条款中的"暴雨"、"暴风"并非人们通常所说的"下得很大的雨"、"刮得很大的风",而是有具体衡量标准的,前者是指雨量每小时 16 毫米以上,或 24 小时降雨量大于 50 毫米的才称得上暴雨;后者是指风速每秒 17.2 米以上,相当于 8 级或高于 8 级的风。

3. 意图解释原则

对于含糊不清的规定,应当以当事人订立合同的真实意思表示为解释合同的依据。在实践中,应尽量以书面的客观标准为基础。当书面约定内容与口头约定不一致时,应当以书面内容为准;当保险单及其他保险凭证与投保单及其他合同文件不一致时,以保险单及其他保险凭证中载明的合同内容为准,合同的特约条款与基本条款不一致时,以特约条款为准;保险合同条款内容按照批单优于正文,后批注优于先批注,手写优于打印,加贴批注优于正文批注的规则解释。

4. 有利于被保险人或受益人原则

保险合同是附和合同,合同条款多为保险人经过反复推敲、事先制定,内容对自己有利,投保人只能就保险条款作出投保与不投保的选择,一般不能对它进行修改。而且,投保人对保险知识的掌握有限,不可能像保险人那样对合同内容进行仔细研究。因此,一旦发生纠纷,被保险人或受益人往往处于不利地位。为保证被保险人或受益人的利益,对保险合同的解释,应有利于被保险人或受益人。这是各国保险合同解释普遍采用的一项原则。但是,这一原则不能被滥用。如果合同条款语言文字没有歧义,意图清楚,即使发生争议,也应当依据有效合同的约定作出公平合同的解释。

(三) 保险合同条款的解释效力

对于保险合同条款的解释,在我国,依据解释者身份的不同,可以分为有权解释和无权解释。

1. 有权解释

这是指具有法律约束力的解释,其解释可以作为处理保险合同条款争议的依据。对保险条款有权解释的机关主要包括全国人大及其工作机关、人民法院、仲裁机构和保险监督管理部门。有权解释可以分为立法解释、司法解释、行政解释和仲裁解释。

(1) 立法解释。国家最高权力机关的常设机关——全国人大常委会对保险法的解释。全国人大是我国的最高权力机关，也是最高立法机关，因此，只有全国人大常委会对《中华人民共和国保险法》的解释才是最具有法律效力的解释，其他解释不能与此相冲突，否则无效。

(2) 司法解释。国家最高司法机关在适用法律的过程中对于具体应用法律问题所作的解释。国家最高司法机关是最高人民法院。对于保险合同条款中有关保险法的内容，在适用法律时，必须遵守司法解释。

(3) 行政解释。国家最高行政机关及其主管部门对自己根据宪法和法律所制定的行政法规及部门规章所作的解释。中国保险监督管理委员会是中国保险业的最高行政主管机关，其有权解释保险合同条款中有关规章类或视同规章部分，有权解释由中国保险监督管理委员会审批的保险条款。这些解释虽对法院的判决具有重要的影响，但不具有必须执行的强制力。

(4) 仲裁解释。保险合同争议的双方当事人达成协议把争议提交仲裁机构仲裁后，仲裁机构对保险合同条款的解释。仲裁机构对保险合同条款的解释同样具有约束力。当一方当事人不执行时，另一方当事人可以申请人民法院强制执行。

2. 无权解释

这是指不具有法律约束力的解释。除有权解释外，其他单位和个人对保险条款的解释均为无权解释。保险合同争议的当事人双方均可对保险条款作出自己的理解和解释。对于这些解释，法院在判决时可以参考，但不具有法律上的约束力。一般社会团体、专家学者等均可对保险条款提出自己的理解和解释。对于这部分的解释，一般称为学理解释。学理解释同样只能作为仲裁、审判过程中的参考，不具有法律效力。

三、保险合同争议的处理方式
保险合同争议处理的方式通常有四种。

（一）协商
协商解决是指当事人双方在相互谅解的基础上对争议事项进一步磋商，取得共识，在当事人都可接受的条件下达成和解，消除纠纷，以使保险合同得到履行。

（二）调解
调解是指在第三人主持下，根据自愿合法原则，在双方当事人明辨是非，分清责任的基础上，促使双方当事人互谅互让，达成和解协议，使保险合同等到履行。

根据调解时第三人的身份不同，保险合同的调解可分为行政调解、仲裁调解和法院调解三种。行政调解是由各级保险管理机关主持的调解。从法律效果来看，行政调解不具有法律强制执行的效力。仲裁调解和法院调解一经形成调解协议，即具有法律效力。

（三）仲裁
仲裁是指保险合同当事人的任何一方或根据双方当事人订立的仲裁协议，提交仲裁机构，对保险合同争议作出公断或裁决，以使保险合同得到履行。仲裁裁决为终局性裁决，当事人不得再法院起诉，必须严格执行。若一方当事人不执行，另一方当事人可申请法院强制执行。

（四）诉讼
诉讼是指保险合同当事人的任何一方将合同的争议提交有管辖权的法院，对保险争议进行审理和作出判决。合同争议一经法院审理作出判决，当事人必须执行，否则法院有权强制执行。

我国于1991年4月第七届全国人大第四次会议通过的《民事诉讼法》规定："因保险合同纠纷提起诉讼，通常由被告所在地或者保险标的物所在地人民法院管辖。"最高人民法院关于适用《中华人民共和国民事诉讼法》若干问题的意见中规定:"因保险合同争议提起诉讼,如果保险标的物是运输工具或者运输中的货物,由被告住所地或者运输工具登记注册地、运输目的地、保险事故发生地的人民法院管辖。"

我国现行保险合同纠纷诉讼案件与其他诉讼案一样实行的是两审终审制,且当事人不服一审法院判决的,可以在法定的上诉期内向高一级人民法院上诉申请再审。第二审判决为最终判决。一经终审判决,立即发生法律效力,当事人必须执行;否则,法院有权强制执行。当事人对二审判决还不服的,只能通过申诉和抗诉程序。

复习思考题

1. 解释名词

保险合同、保险人、投保人、被保险人、受益人、保单所有人、保险标的、保险金额、保险费、保险金。

2. 保险合同具有哪些重要特征?
3. 保险合同的主要条款包括哪些?
4. 受益人与继承人有什么区别?
5. 保险合同订立的一般程序是怎样的?
6. 投保人和保险人的义务各有哪些?
7. 什么是保险合同的变更?其变更的内容一般包括哪些?
8. 保险合同的解释应遵循哪些原则?
9. 在人寿保险合同中,被保险人未指定受益人,而被保险人在合同有效期内因保险责任范围内的事故死亡,那么,保险金应向谁给付?

第四章 保险的基本原则

随着保险理论的发展、政策法律的完善和保险实践的进步,保险理论和实践中逐步形成了一些基本的原则,主要包括最大诚信原则、保险利益原则、近因原则、损失补偿原则以及有利于被保险人和受益人的解释原则。

第一节 最大诚信原则

一、最大诚信原则的含义

"诚信"就是诚实与守信。当今社会,交易是人类生存的基本活动。交易必须诚实守信,这是人类社会的基本共识。保险是一种交易,也必须诚实守信。

诚信原则是所有民事活动都应当遵守的原则,也是世界各国立法对民事、商事活动的基本要求,是订立各种经济合同的基础。保险合同关系属于民商事法律关系,自然也必须遵守诚信的原则。我国《保险法》(2009年)第5条规定:"保险活动当事人行使权利、履行义务应当遵循诚实信用原则。"但是,在保险合同关系中对当事人诚信的要求比一般民事活动更严格,要求当事人恪守"最大诚信"。所以,保险合同是最大诚信合同。最大诚信的基本含义是指当事人真诚地向对方充分而准确地告知有关保险的所有重要事实,不允许存在任何虚假、欺骗、隐瞒行为。而且,不仅在保险合同订立时要遵守此项原则,在整个合同有效期间和履行合同过程中也都要求当事人恪守"最大诚信"。

保险合同的最大诚信原则可表述为:保险合同当事人订立保险

合同、合同有效期内及续保时,应依法向对方提供影响对方作出是否缔约及缔约条件的全部实质性重要事实;否则,受到损害的一方可以以此为理由宣布合同无效或不履行合同的约定义务或责任,还可以对因此而受到的损害要求对方予以赔偿。

这一原则,在英国《1906年海上保险法》中最先被确认,该法第17条规定:"海上保险合同以最大诚信为立约的基础,如果一方不信守诚信原则,另一方可以宣告合同无效。"

二、规定最大诚信原则的原因

在保险活动中,之所以规定最大诚信原则,主要是因为保险业务中的信息的不对称性和保险合同的附和性、射幸性。

(一)保险经营中信息的不对称性

信息不对称是保险活动及至一切商业活动基本事实。对于保险人而言,投保人转嫁的风险性质和大小直接决定着其能否承保与如何承保。然而,保险标的是广泛而且复杂的,作为风险承担者的保险人总是远离保险标的,而且有些标的受损情况难以进行实地查勘。投保人对其保险标的的风险及有关情况却是最为清楚的,因此保险人只能根据投保人的告知与陈述来决定是否承保、在什么条件下承保。因此,投保人的告知与陈述的情况无疑直接影响保险人的决策。所以,保险人有必要让投保人出于最大诚信履行告知义务,对保险标的的有关信息如实相告;对于投保人而言,由于保险合同条款的专业性与复杂性,一般的投保人难以理解与掌握,对保险人使用的保险费率是否合理、承保条件及赔偿方式是否苛刻等也是难以了解的,因此投保人主要根据保险人为其提供的条款说明来决定是否投保以及投保何险种。因此,也要求保险人基于最大诚信,履行其应尽的最大诚信义务。

(二)保险合同的附和性与射幸性

如前所述,保险合同具有附和性,为避免保险人利用保险条款中含糊或容易使人产生误解的文字来逃避自己的责任,保险人应履行其对保险条款的告知与说明义务。另外，保险合同又是射幸合同。按照保险合同约定，当未来保险事故发生时，由保险人承担损失赔偿或给付保险金责任。由于保险人所承保的保险标的的风险事故是不确定的，而投保人购买保险仅支付较少量的保费，保险标的一旦发生保险事故，被保险人所能获得的赔偿或给付将是保费支出的数十倍甚至数百倍（这在财产保险中尤为明显）。如果投保人不诚实守信，保险事故率和保险赔款势必高于预期的正常情况，这对保险人和其他诚实守信的投保人（被保险人）是不公平的，最终破坏保险市场的秩序、损害广大被保险人的利益。最大诚信原则是保险业赖以顺利发展的基本规则。

三、最大诚信原则的主要内容

最大诚信原则必须以具体的措施加以落实，实践中的措施主要包括告知、保证、弃权与禁止反言。

（一）告知

1. 告知的含义

告知（也称"披露"或"陈述"）是指合同订立前、订立时及在合同有效期内，要求当事人实事求是、尽自己所知、毫无保留地向对方所作的口头或书面陈述。具体而言，是投保人对已知或应知的与风险和标的有关的实质性重要事实向保险人作口头或书面的申报；保险人也应将对投保人利害相关的重要条款内容据实告知投保人。因此，告知义务的承担主体是投保人和保险人。

所谓实质性重要事实是指那些影响保险双方当事人做出是否签约、签约条件、是否继续履约、如何履约的每一项事实。对保险人而言，是指那些影响谨慎的保险人承保决策的每一项事实；对于投保人而言，则是指那些会影响其做出投保决定的事实，如有关保险条款、费率以及其他条件等。

2. 告知的内容

在保险合同中，对应于各自的权利和义务，保险双方当事人告知的内容各不相同。

（1）投保人应告知的内容。

投保人的告知通常称为如实告知。投保人应告知的内容包括：① 在保险合同订立前根据保险人的询问，对已知或应知的与保险标的及其危险有关的重要事实作如实回答；② 保险合同订立后，保险标的危险增加应及时通知保险人；③ 保险标的转移时或保险合同有关事项有变动时，投保人或被保险人应通知保险人；经保险人的确认后，方可变更合同并保证合同的效力；④ 保险事故发生后，投保人应及时通知保险人；⑤ 有重复保险的投保人应将重复保险的有关情况通知保险人。

（2）保险人的告知内容。

保险人的告知一般称为明确说明。保险合同订立时，保险人应主动向投保人说明保险合同条款的内容，尤其应当向投保人明确说明免责条款的含义和具体规定，不得有不实的解释，不得误导顾客。

3. 告知的形式

在保险合同中，投保人与保险人各自履行告知义务的形式也不同。

（1）投保人的告知形式。

按照惯例，投保人的告知形式有无限告知和询问回答告知两种：① 无限告知是指法律或保险人对告知的内容没有明确性的规定，投保人应将保险标的的危险状况及有关重要事实如实告知保险人；② 询问回答告知是指投保人只对保险人所询问的问题必须如实回答，而对询问以外的问题投保人可无须告知。在我国，保险立法要求投保人采取询问回答的形式履行其告知义务。

（2）保险人的告知形式。

保险人的告知形式有明确列明和明确说明两种：① 明确列明是指保险人只需将保险的主要内容明确列明在保险合同之中，即视为已告知投保人；② 明确说明是指保险人不仅应将保险的主要内容明确列明在保险合同之中，还必须对投保人进行正确的解释。

在国外，一般只要求保险人做到明确列明保险合同的主要内容。我国则对保险人的告知形式采用明确列明与明确说明相结合的方式，要求保险人对保险合同的主要条款尤其是责任免责条款不仅要明确列明，还要明确说明。

在保险经营活动中，投保人或被保险人违反告知义务情况有：告知不实即误告；不予告知即漏报；有意不报即隐瞒；虚假告知即欺骗等。保险人未尽告知义务的情况主要有未对责任免除条款予以明确说明；隐瞒与保险合同有关的重要情况，欺骗投保人，或者拒不履行保险赔付义务；阻碍投保人履行如实告知义务，或者诱导其不履行如实告知义务等。

（二）保证

1. 保证的含义

保险合同的保证是指保险人和投保人在保险合同中约定，投保人或被保险人在保险期限内担保对某种特定事项的作为不作为或某种事态的存在或不存在作出许诺。可见，保险合同保证义务的履行主体是投保人或被保险人。

保证是保险人接受承保或承担保险责任所需投保人或被保险人履行某种义务的条件。由于保险合同的生效是以某种促使风险增加的事实不能存在为先决条件，保险人所收取的保险费也是以被保险风险不能增加为前提，或不能存在其他风险标的为前提，如果被保险人未经保险人同意而进行风险较大的活动，必然会影响保险双方事先确定的等价地位。例如，某商店在投保企财险时，在合同内承诺不在店内放置危险品，此项承诺即保证。如果没有此项保证，则保险人将不接受承保，或将调整保单所适用的费率。因此，保证是影响保险合同效力的重要因素，保证的内容是保险合同的组成部分。

2. 保证的形式

保证通常分为明示保证和默示保证。

（1）明示保证。

它是在保险合同订明的保证。明示保证作为一种保证条款，必须写入保险合同或写入与保险合同一起的其他文件内,如批单。明示保证通常用文字来表示,以文字的规定为依据。明示保证又可分为确认保证和承诺保证。确认保证事项涉及过去与现在,它是投保人或被保险人对过去或现在某一特定事实存在或不存在的保证。例如,某人确认他从未得过某种重病,意指他在此事项认定以前与认定时他从未得过该种重病,但并不保证今后他是否会患该种重病。承诺保证是指投保人对将来某一特定事项的作为或不作为,其保证事项涉及现在与将来,但不包括过去。例如,某人保证今后不再吸烟,意为他承诺从现在开始不再吸烟,但之前他曾经吸烟则不予追究。

（2）默示保证。

它是指一些重要保证虽然未在保险合同中订明,但却为订约双方在订约时都清楚的保证。与明示保证不同,默示保证不通过文字来说明,而是根据有关的法律、惯例及行业习惯来决定。虽然没有文字规定,但是被保险人应按照习惯保证作为或不作为。默示保证实际上是法庭判例影响的结果,也是某行业习惯的合法化。因此,默示保证与明示保证具有同等的法律效力,对被保险人具有同等的约束力。例如,在海上保险合同中通常有三项默示保证：船舶的适航保证、不改变航道的保证和航行合法的保证。

（三）弃权与禁止反言

1. 弃权

弃权是指保险合同的一方当事人放弃其在保险合同中可以主张的权利,通常是指保险人放弃合同解除权与抗辩权。弃权有两个构成要件：一是保险人明知其权利的存在；二是要有弃权的意思表示。这种意思表示可以是明示的,也可是默示的。明示的弃权,如对投保人申明不解除合同或合同继续有效；默示的弃权,即保险人虽未申明不解除合同,但其行为可被推定为放弃解除合同的权利。下列情形,通常可认为保险人默示弃权：

（1）投保人违反保险单上载明的条件或保证事项,保险人仍然继续收取投保人缴纳的保险费。保险人收取保险费的行为,视为承认合同有效。

（2）保险事故发生之后，保险人自动行使了合同中的权利。例如，在财产保险中保险人行使物上代位权，占有受损财产的残余物。

（3）责任保险中，保险事故发生后，被保险人收到被害人追诉时，将该诉讼通知保险人，保险人出面为被保险人主动承担责任。

（4）保险事故发生后，保险人接受了投保人或被保险人提交的索赔单证，而不否认其赔偿责任。

一般而言，保险人在下列情形享有解除权或抗辩权：一是投保人申请时对保险标的说明不实；二是投保人或被保险人违反合同中约定的保证事项；三是投保人未按合同缴付保险费；四是投保人未履行保险标的风险增加时通知保险人的义务。因此，保险人或其代理人在知道上述情况之后，若没有行使其解除权或抗辩权，便构成弃权。

2. 禁止反言

禁止反言是指合同一方既然已放弃其在合同中的某项权利，则日后不得再向另一方主张这种权利。事实上，无论是保险人还是投保人，如果弃权，将来均不得重新主张。在保险实践中，它主要用于约束保险人。在保险合同中，禁止反言是指保险人知道其有解除权或抗辩权，但是保险人没有行使其权利，反而向投保人或受益人明示或默示保险合同仍然有效，以致投保人或受益人不知合同可被解除或保险人有抗辩权，因而履行了合同，保险人便不得再主张解除合同或拒绝承担赔偿责任。

禁止反言的适用，必须具备以下三个构成要件：一是保险人必须曾经向投保人或被保险人作出过合同仍然有效的表示。保险代理人的类似表示也视为保险人的表示。这种表示包括明确的承诺以及默示，即以一定的作为或不作为承认合同有效。二是就投保人而言，必须是信赖了保险人或其代理人的意思表示，因而继续履行合同。三是投保人或被保险人必须证明其因信赖保险人或其代理人意思表示而受到损失，才能构成保险人禁止抗辩。

下面几种情形,投保人或受益人可主张禁止反言:

(1) 保险人明知投保人有错误陈述、隐瞒或违反保证事项,可撤销保险单,却仍然签发了保单,投保人不知保险单有可撤销的原因,信赖保险合同存在,继续缴纳保险费,亦未另行订立其他保险合同,保险人便不能再主张合同无效。

(2) 保险代理人为了争取保险业务,使自己获得更多报酬,故意错误地答复投保人的询问,并协助投保人取得保险单,若投保人不知情,保险人也不得主张合同无效。

(3) 投保人要求保险人或其代理人在保单上批注准许投保人为某种未经批注准许便构成违反保证或条件的行为,若投保人取回保险单时被告知已获批准,即使代理人无权准许该行为,如果投保人因信赖代理人的陈述而做了该行为,结果构成违反条件或保证事项,也构成禁止反言。

弃权与禁止反言的规定,可约束保险人的行为,要求保险人为其行为及其代理人的行为负责,也维护了被保险人的权益,有利于保险双方权利、义务关系的平衡。

四、违反最大诚信原则的法律后果

(一) 违反告知义务的法律后果

由于告知义务的承担主体是当事人双方,所以双方违反告知义务都将承担法律后果。

1. 投保人违反告知义务的法律后果

各国保险法律规定不尽相同,主要有合同无效主义和合同解除主义。合同无效主义认为,履行告知义务是保险合同生效的要件,违反告知义务等于保险合同失去了存在的基础,因而保险合同应当"自始无效"。由于这种规定过分严格刻板,目前世界上采用这种规定的国家很少,仅有比利时、荷兰等少数国家。我国《保险法》采用了合同解除主义。投保人或被保险人违反了如实告知义务,并不产生保险合同无效的后果,仅导致保险人取得解除保险合同的权利。我国《保险法》对违反告知义务区分为故意和非故意，分别赋予不同的法律后果。

（1）故意违反告知义务的法律后果。投保人或被保险人故意隐瞒事实、不履行告知义务的，保险人在保险事故发生前可以解除合同，合同解除后发生事故，保险人自然不承担保险责任；若保险人在保险事故发生前没有解除合同，保险人在保险事故发生后仍然有权解除合同，并对合同解除前发生的保险事故不承担保险责任，也不退还保险费。在投保人或被保险人故意不履行告知义务的情况下，并不要求未告知的事项与保险事故的发生有联系，仅要求有故意不告知的事实即可。

（2）非故意违反告知义务的法律后果。如果投保人或被保险人因过失不履行告知义务，保险人在保险事故发生前可以解除合同。如果保险人在保险事故发生前没有解除合同，在保险事故发生后仍有权解除合同。如果未告知的事项对保险事故的发生有严重影响的，保险人对于保险合同解除前发生的保险事故，不承担赔偿或者给付保险金的责任，但可以退还保险费；如果非故意不告知的事项对保险事故的发生没有影响或有影响但不是严重影响，保险人对合同解除前发生的保险事故应承担保险责任。

2. 保险人违反告知义务的法律后果

保险人在订立保险合同时，如果未尽告知义务，特别是对免责条款未明确说明的，我国《保险法》规定，该免责条款不产生效力。因保险人的责任免除范围就是被保险人的自担风险范围，为防止保险人通过责任免除条款的规定而任意扩大责任免除范围，从而产生对投保人或被保险人不公平的条款，形成不公平竞争，各国保险法规对此都加以特别的限制。保险人未对其他合同条款明确说明的，对投保人或被保险人没有约束力。

（二）违反保证义务的法律后果

由于保险约定保证的事项皆为重要事项，是订立保险合同的条件和基础，因而各国立法对投保人或被保险人遵守保证事项的要求非常严格。凡是投保人或被保险人违反保证,不论其是否有过失,亦不论对保险人是否造成损害,保险人均有权自保证违反之日起解除保险合同。即使投保人或被保险人在损失发生之前已对其违反的保证作出了弥补,也不能以此为由为其违反保证的事实提出辩护。但是,保险人对违反保证之前所发生的保险事故,仍须承担赔偿责任。

第二节　保险利益原则

一、保险利益的含义与条件

(一) 保险利益的含义

保险利益是指投保人对保险标的(财产保险合同为财产及相关利益、责任和信用,人寿保险合同为被保险人的身体、寿命及健康状况)具有法律上承认的利益。这种利益表现为因保险标的完好、安全时,投保人或被保险人可以从中获益;当保险标的损毁、受害时,投保人或被保险人而遭受经济损失。

(二) 保险利益的构成条件

保险利益是订立保险合同的前提条件,也是保持保险合同效力的重要条件,因此保险利益的确立十分重要。投保人对保险标的的利益关系并非都可作为保险利益,它应该要符合以下三个条件。

1. 保险利益必须是合法的利益

保险利益必须是被法律认可并受到法律保护的利益,它必须符合法律规定,与社会公共利益相一致。它产生于国家制定的相关法律、法规以及法律所承认的有效合同。具体而言,投保人对保险标的的所有权、占有权、使用权、收益权、维护标的安全责任等必须是依法或依有法律效力的合同而合法取得、合法享有、合法承担的,凡是违法或损害社会公共利益而产生的利益都是非法利益,不能作为保险利益。例如,以盗窃、诈骗、走私等手段所获取的财物不能作为保险合同的标的物,因为非法获取者对它没有保险利益。

2. 保险利益必须是经济利益

所谓经济利益,是指投保人或被保险人对保险标的的利益价值必须能够用货币来计算、估价、衡量。因为保险的目的是为了弥补被保险人因保险标的出险所遭受的经济损失,如果被保险人遭受的不是经济损失,或无法用货币计算,则保险赔偿金或保险金的给付就无法实现。某些古董、名人字画可能是无价之宝,但可以通过约定的货币金额来确定其经济价值。人的生命或身体是无价的,难以用货币来衡量,但可以由保险人与投保人协商,按投保人的需要和可能负担保险费的能力约定一个金额来确定其保险利益的经济价值。在某些情况下,人身保险的保险利益也可以直接用货币来计算,如债权人对债务人生命的保险利益。

3. 保险利益必须是确定的利益

保险利益必须是已经确定或者可以确定的利益,包括现有利益和期待利益。已经确定的利益或者利害关系为现有利益,如投保人对已经拥有财产的所有权、占有权、使用权等而享有的利益即为现有利益。尚未确定但可以确定的利益或者利害关系为期待利益,这种利益必须建立在客观物质基础上,如预期的营业利润、预期的租金等属于合理的期待利益,可以作为保险利益。

二、保险利益原则的含义及规定这一原则的意义

(一)保险利益原则的含义

保险利益原则是指在签订并履行保险合同的过程中,投保人对保险标的必须具有保险利益。如果投保人以不具有保险利益的标的投保,保险人可以解除合同;保险合同生效后,投保人失去对保险标的的保险利益,保险合同随之失效(人身保险合同除外);保险标的发生保险责任事故,只有对该标的具有保险利益的人才具有索赔资格,但是所得到的赔偿或给付的保险金不得超过其保险利益额度,不得因保险而获得额外利益。

(二) 规定保险利益原则的意义

1. 从根本上划清保险与赌博的界限

从表面上看,保险和赌博都建立在不确定性基础上,都具有射幸性特点。但是,如果没有保险利益原则的规定,则投保人可以对任何标的进行投保,当保险标的发生损失时,投保人可获得高于保费支出数十倍甚至更多的保险赔偿,因此没有保险利益规定的保险就成为赌博。大约在中古世纪,英国历史上曾经出现过赌博保险。有的人以与其毫无利益关系的远航船只的安危为标的进行保险,如果船舶安全抵达,投保人丧失已付的保险费;如果船舶灭失,则可获得保险赔偿。这种行为严重地诱发并助长了不良行为的产生与发展,与"互助共济"的保险思想相违背,也不利于社会公共利益。英国在1774年明令禁止了赌博保险,保证了保险的健康发展。

2. 防止道德风险的发生

这里所谓的道德风险是指被保险人或受益人为获取保险赔款而违反道德规范,甚至故意制造保险事故或在保险事故发生时放任损失扩大。由于保险赔偿金额与保险费金额一般相差悬殊,如果不以投保人对保险标的具有保险利益为保险合同有效条件,将可能诱发投保人或被保险人为牟取保险赔款而故意破坏保险标的的道德风险。保险利益原则的规定,可以有效杜绝无保险利益保单的出现,从而控制道德风险产生,保护被保险人生命与被保险财产的安全。

3. 限定保险人承担赔偿或给付责任的最高限额

保险合同保障的是被保险人的保险利益,补偿的是被保险人的经济利益损失。保险保障就是要保证被保险人因保险事故而遭受经济损失时得到及时的赔付,但不允许被保险人通过保险获得额外的利益。也就是说,保险人的赔偿金额不能超过保险利益,否则被保险人将因保险而获得超过其损失的经济利益,这既有悖于保险经济活动的宗旨,也易于诱发道德风险,助长赌博、犯罪等行为。以保险利益作为保险人承担赔偿或给付责任的最高限额,既能保证被保险人能够获得足够的、充分的补偿,又不会使被保险人因保险而获得超过损失的额外利益。

三、各类保险的保险利益

一般来说，各国法律关于保险利益的规定，可以分为概括主义和列举主义两种。概括主义是指保险法仅对保险利益作概括或抽象的描述。列举主义是指保险法对于构成保险利益的各项利害关系做出明文列举。我国保险法规定，保险利益是投保人对保险标的具有的法律上承认的利益。可见，我国属于概括主义。但是，对于人身保险，《保险法》明文列举了保险利益的具体形态，采取的是列举主义。

（一）财产保险的保险利益

财产保险的保险利益是由投保人对保险标的具有某种利害关系而产生的，这种利害关系一般指的是因法律上或契约上的权利或责任而产生的利害关系。凡因财产发生风险事故而蒙受经济损失或因财产安全而得到利益或预期利益者，均具有财产保险的保险利益。

1. *财产所有人、经营管理人对其所有的或经营管理的财产具有保险利益*

例如，房屋主人对其所有的房屋具有保险利益；货物所有人对其货物具有保险利益。财产所有人对其财产的所有权必须是明确而肯定的，所有权不明确的，或所有权的形式受到限制的，其对该财产的保险利益也受到相应的限制。

2. *财产的抵押权人对抵押财产具有保险利益*

对财产享有抵押权的人，对抵押财产具有保险利益。抵押是债的一种担保，当债权不能得以清偿时，抵押权人有从抵押的财产价值中优先受偿的权利。但是，在抵押贷款中，抵押权人对抵押财产所具有的保险利益只限于他所贷出款项的额度，而且在债务人清偿债务后，抵押权人对抵押财产的权益消失，其保险利益也就随之而消失。

3. 财产的保管人、货物的承运人、各种承包人、承租人等对其保管、占用、使用的财产,在负有经济责任的条件下具有保险利益

财产的承运人或保管人对其负责运输或保管的财产虽不具有所有权,但他们具有法律认可的经济利害关系。承运人如果将货物安全运抵目的地,承运人可以向委托人收取运费;但若货物在运输途中遭受损失,则承运人必须对托运人赔偿损失。同样,保管人因其保管不当而使被保管的财产遭受损失,保管人负有向财产所有人赔偿的责任。因而,财产承运人或保管人对其负责运输或保管的财产具有保险利益。

4. 经营者对其合法的预期利益具有保险利益

预期利益是因财产的现有利益而存在确实可得的、依法律或合同产生的未来一定时期的利益。预期利益必须建立在现有利益之上,它包括利润利益、租金收入利益、运费收入利益等,如因营业中断导致预期的利润损失、租金收入减少、票房收入减少等,经营者对这些预期利益都具有保险利益。

在财产保险中,不仅要求投保人在投保时对保险标的具有保险利益,而且要求保险利益在保险有效期内始终存在,特别在事故发生时,被保险人对保险标的必须具有保险利益。如果投保人或被保险人在订立保险合同时具有保险利益,但在保险合同履行过程中失去了保险利益,则保险合同随之失效。对于投保时具有的期待利益部分通常还要转化为现实利益,被保险人才能获得赔付。在海洋运输货物保险中,保险利益在适用时限上具有一定的灵活性,即不要求投保人在订立保险合同时具有保险利益,只要求被保险人在保险标的遭受损失时,必须具有保险利益。英国《1906年海上保险法》第6条第1款规定:"被保险人在保险合同生效时,对保险标的可以不具有利害关系,但是,在保险标的发生损失时,被保险人对保险标的必须有利害关系。"因为货物在运输途中,其所有权是可以转移的,尽管在签发保单时,货物的买方可能还不具有保险利益,但从货物转让起,则具有合法的保险利益。财产保险的目的是补偿被保险人所遭受的经济损失,所以海上保险只要求被保险人在保险标的受损时具有保

险利益即可。

（二）人身保险的保险利益

人身保险的保险利益，指投保人对于被保险人的生命或身体所具有的利害关系，被保险人的伤残或死亡会给投保人造成经济上的损失，或者被保险人的身体健康或生命的延续会对投保人有经济上的利益。投保人对被保险人是否具有保险利益，是关系到人身保险合同是否生效的重要问题。人身保险合同要求投保人对被保险人的身体或生命必须具有保险利益的意义在于：防止投保人利用人身保险进行谋财害命的道德风险的发生，消除利用保险进行赌博的可能性，体现保险本身的补偿与保障功能。保险利益的存在，既充分体现了保险作为"补偿损失，分散风险"的特征，又为充分保护被保险人的安全与利益提供了保障。

人身保险的保险利益来源于投保人与被保险人之间所具有的各种利害关系，具体如下。

（1）人身关系。指投保人自己，任何人对于自己的身体或者寿命，有无限的利益。投保人以其本人的寿命或者身体为保险标的，在法律允许的限度内，可以任意为本人的利益订立保险合同，并可以任意约定保险金额。

（2）法律规定投保人与有亲属血缘关系的人具有保险利益。亲属血缘关系主要是指配偶、子女、父母。

（3）前项以外与投保人有抚养、赡养，或者扶养关系的家庭其他成员、近亲属。

（4）投保人对与其有经济利益关系的人具有保险利益。当投保人与被保险人之间既不存在法定义务关系，也未形成扶养、抚养或者赡养关系时，还可以依据其他法律关系而产生利益关系。根据目前国内外的保险实践，可以使投保人与被保险人之间产生利益关系的其他法律关系主要包括债权债务关系、雇佣关系和合伙关系等。由于债务人的生死存亡关系到债权人的切身利益，债权人基于实现债权的需要而对债务人的人身具有可保利益，在保险实践中，主要采取债权额与保费及利息总额作为保险金额确定的标准,保障债权人的利益。雇主因雇员对其经营业务的经济依赖关系而具有对雇员的人身保险利益。西方国家普遍存在公司对董事及股东的人身保险利益,尤其是高级职员,是关系到公司和企业经济发展的重要因素,一旦风险发生造成其人身损害引起雇主的经济利益损失,以人身保险作为保障方式,较为有效和可靠。合伙本身是2人以上共同出资、共同经营、共享利益、共担风险的协议,基于合伙关系,合伙人之间存在密切的经济依赖性,一方的人身健康、生死对合伙企业及对方合伙人的经济利益有重要影响,因而合伙人之间具有保险利益。

投保人以他人的生命或身体投保时,保险利益确定的依据各国有所不同。英美法系国家采取"利益主义原则",大陆法系国家采取"同意主义原则"。英美法系国家关于保险利益产生的依据采取"利益主义原则",把投保人与被保险人之间是否存在利益关系作为确定是否具有保险利益的唯一依据,而不要求必须经过被保险人的同意,如英国《1906年海上保险法》第5条规定:"依照本法的规定,凡对特定的海上冒险有利害关系的人有保险利益。"以上规定表明,投保人与被保险人之间存在的利益关系是投保人取得对被保险人的保险利益的唯一必备的法定要件,而且不论何种人身保险合同(一般包括意外伤害保险合同、健康保险合同和人寿保险合同等),皆以"利益主义原则"作为保险利益产生的判断依据。大陆法系国家采取"同意主义原则",即投保人要取得对被保险人的保险利益,只要求经过被保险人的同意。大陆法系国家所采取的这一"同意主义原则"正好与英美法系国家的"利益主义原则"相反,英美法系国家旨在通过法律对利益关系的确定,使保险利益能充分体现出保险的补偿与保障功能,而大陆法系国家则认为,人的生命、身体和健康具有人格,不能未经其同意即作为保险标的。我国《保险法》关于保险利益产生的依据,兼采众长,克服了两大法系的这些缺点和不足,采取"利益和同意"适当结合原则。我国《保险法》(2009年)第31条规定,投保人除对本人、近亲属等有利益关系的人具有保险利益以外,被保险人同意投保人为其订立合同的，视为投保人对被保险人具有保险利益。

人身保险强调投保人在订立保险合同时对被保险人必须具有保险利益，保险合同生效后，就不再追究投保人对被保险人的保险利益问题。在人身保险合同中有两种情况：一是当投保人与被保险人是同一人时，投保人(被保险人)自始至终具有保险利益，不发生保险利益的时效问题；二是当投保人与被保险人相分离时，法律只要求投保人在投保时具有保险利益，即使被保险人死亡时投保人的保险利益已经不存在了，这个人身保险合同仍然是一个有效的、可以强制执行的合同。人身保险合同中的保险利益原则要求投保人在订立保险合同时具有保险利益，主要是由以下四个因素所决定的：人身保险常常是为亲属取得的；大部分寿险既是作为保险，又是作为投资；既要保证合同自由，又要保证合同承诺的履行，使其在人身保险交易中得到统一；由于人身保险的保险期间较长，投保人与被保险人的关系难免不发生变化，如果仅以投保人失去保险利益为由，而使保险合同失效的话，就会使被保险人失去保障。正是基于以上理由，人身保险不要求投保人在保险事故发生时对被保险人必须具有保险利益。

（三）责任保险的保险利益

责任保险是以被保险人的民事损害经济赔偿责任或经过特别约定的合同责任为保险标的的一种保险。因被保险人的某些有过失的行为或不作为而给他人的财产或人身造成损害时，依法对受害人应负的经济上的赔偿责任可以产生保险利益；或者被保险人的行为虽无过失，但依照法律仍应对受害人承担经济赔偿责任的，也可产生保险利益。保险人承担的是被保险人的民事损害赔偿责任，这一点既不同于有形财产保险的物质实体，又不同于人身保险中自然人的生命或身体。根据责任保险险种的不同，责任保险的保险利益也不同。

1. 公众责任保险的保险利益

各种公众或非公众场所(如各种公共设施、工厂、影剧院、运动场所、工程建设工地等)的所有者或经营者，对因这些场所的缺陷或管理上的过失及其他意外事件导致顾客、观众等人身伤害或财产损失，依法应对受害人承担经济赔偿责任具有保险利益,均需要通过投保公众责任保险来转嫁其责任风险。

2. 产品责任保险的保险利益

产品在使用过程中因其缺陷而造成用户、消费者或公众的人身伤亡或财产损失时,依法应当由产品供给方(包括制造者、销售者、修理者等)承担民事损害赔偿责任,因而具有保险利益。

3. 雇主责任保险的保险利益

雇主对雇员在受雇期间从事业务时因遭受意外导致伤、残、死亡或患有与职业有关的职业性疾病,而依法或根据雇用合同应承担经济赔偿责任的(如医药费、工商补贴、家属抚恤金等),应具有保险利益。但是,雇主的故意行为列为除外行为。

4. 职业责任保险的保险利益

从事各种职业技术工作的单位或个人因疏忽或过失造成合同对方或他人的人身伤害或财产损失需承担经济赔偿责任,因而具有保险利益。医生、律师、会计师、经纪人、代理人、工程师等技术工作者均存在着职业责任风险,从而可以通过投保职业责任保险的方式转嫁其损失。

(四) 信用与保证保险的保险利益

信用与保证保险的保险标的是一种信用行为。权利人与义务人必须建立在合同的基础之上,双方之间具有经济利益关系。分为信用保险和保证保险两种。信用保险的保险利益是指权利人因担心义务人可能会无法履行合同义务而致使自身遭受经济损失,从而具有保险利益,要求保险人担保义务人(被保险人)的信用。例如,卖方(权利人)担心买方不付款或不能如期付款而要求保险人保险,保证其在遇到上述情况受到损失时,由保险人给予赔偿,如出口信用保险。保证保险的保险利益是指义务人对其自身的信用具有保险利益。义务人根据权利人的要求,请求保险人担保自己的信用。保险人代义务人向权利人提供担保,如果由于义务人不履行合同义务或者有犯罪行为,致使权利人受到经济损失,由其负赔偿责任。

第三节 近因原则

一、近因及近因原则的含义

近因原则是保险当事人处理保险案件，或法庭审理有关保险赔偿的诉讼案，在调查事件发生的起因和确定事件责任的归属时所遵循的原则。

当保险标的遭受损害时，保险人是否对保险标的进行赔偿，取决于损害事故发生的原因是否属于保险责任。若属于保险责任，保险人责无旁贷必须承担损失赔偿或给付保险金；若是除外责任，保险人可以免责。但是，在保险实践中，保险标的的损害并不总是由单一的原因造成的，有的是多种原因同时发生，有的是不间断发生，有的则是时续时断发生。而且，在这些原因中，有的属于保险责任，有的不属于保险责任，因此保险人就要依据近因原则来判断是否进行赔偿。

近因是指造成损失的最直接、最有效、起决定性作用的原因，不是在时间或空间上与损失结果最为接近的原因。例如，某商店着火，一部分店员救火，另一部分抢救财物，把从店里搬出的财物放在路边，不料路边的财物被人盗抢。那么，被盗抢的损失的近因就应是火灾，因为火灾是对财物被盗起决定性作用的因素，如果没有火灾，财物就不会被搬到路边。

近因原则是指造成保险标的损失的近因属于保险责任的，保险人承担损失赔偿责任；若近因不属于保险责任的，则保险人不承担损失赔偿责任，即只有当承保危险是损失发生的近因时，保险人才承担赔偿责任。英国《1906年海上保险法》第55条第1款规定："依照本法规定，除保险单另有约定外，保险人对于由所承保的危险近因造成的损失，负赔偿责任，但对于不是所承保的危险近因造成的损失，概不负责任。"坚持近因原则，有利于正确、合理地判定损害事故的责任归属，从而有利于维护保险双方当事人的合法权益。

二、近因的认定方法

(一) 顺推法

从最初事件出发,按逻辑推理,判断下一个事件可能是什么;再从可能发生的第二个事件,按照逻辑推理判断最终事件即损失是什么。如果推理判断与实际发生的事实相符,那么最初事件就是损失的近因。

(二) 逆推法

从损失开始,按顺序自后向前追溯,在每一个阶段上按照"为什么这一事件会发生"的思考来找出前一个事件。如果追溯到最初的事件且没有中断,那么,最初事件即为近因。

例如,暴风吹倒了电线杆,电线短路引起火花,火花引燃房屋,导致财产损失。对此,我们无论运用上述哪一种方法,都会发现此案例中的暴风、电线杆被刮倒、电线短路、火花、起火之间具有必然的因果关系,因而,财产受损的近因——暴风,也就随之确定了。

三、近因原则的应用

(一) 单一原因

单一原因指造成财产损失或人身伤亡的原因只有一个,这个原因就是近因。如果这一原因属于保险人承保的风险范围,保险人就应当承担赔偿或给付保险金的责任;若此原因不属于保险风险,保险人则不予赔偿。

(二) 多种原因

1. 多种原因同时发生致损

损失由多种原因造成,且这些原因几乎同时发生,无法区分时间上的先后顺序。如果损失的发生有同时存在的多种原因,且对损失都起决定性作用,则它们都是近因。保险人是否承担赔付责任,应区分两种情况:第一,如果这些原因都属于保险风险,则保险人承担赔付责任;相反,如果这些原因都属于除外风险,保险人则不承担赔付责任。第二,如果这些原因中既有保险风险,也有除外风险,保险人是否承担赔付责任,则要看损失结果是否容易分解,即区分损失的原因。对于损失结果可以分别计算的,保险人只负责保险风险所致损失的赔付;对于损失结果难以划分的,保险人一般不予赔付。

例如,某企业运输两批货物,第一批投保了水渍险,第二批投保了水渍险并加保了淡水雨淋险,两批货物在运输中均遭海水浸泡和雨淋而受损。显然,两批货物损失的近因都是海水浸泡和雨淋,但对第一批货物而言,由于损失结果难以分别计算,而其只投保了水渍险,因而得不到保险人的赔偿;而对第二批货物而言,虽然损失的结果也难以划分,但由于损失的原因都属于保险风险,所以保险人应予以赔偿。

2. 多种原因连续发生致损

损失是由若干个连续发生的原因造成,且各原因之间的因果关系没有中断。如果损失的发生是由具有因果关系的连续事故所致,保险人是否承担赔付责任,也要区分两种情况:第一,如果这些原因中没有除外风险,则这些原因即为损失的近因,保险人应负赔付责任;第二,如果这些原因中既有保险风险,也有除外风险,则要看损失的前因是保险风险还是除外风险。如果前因是保险风险,后因是除外风险,且后因是前因的必然结果,则保险人应承担赔付责任;相反,如果前因是除外风险,后因是保险风险,且后因是前因的必然结果,则保险人不承担赔付责任。

例如,有一艘装载皮革和烟草的船舶遭遇海难,大量海水浸入船舱,皮革腐烂。海水虽未直接接触包装烟叶的捆包,但由于腐烂皮革的恶臭,使烟叶完全变质。当时被保险人以海难为近因要求保险人全部赔付,但保险人却以烟叶包装没有水渍痕迹为由而拒赔。最后法院判决,本案烟叶全损的近因是海难,保险人应负赔偿责任。因为海难与烟草的损失之间存在着必然的不可分割的因果关系,所以烟草损失的近因也是海难,而非皮革的恶臭气味。

3. 多种原因间断发生致损

损失是由间断发生的多种原因造成的。事故的发生与损失之间的因果关系由于另外独立的新原因介入而中断,则该新原因即为损失的近因。如果该新原因属于保险风险,则保险人应承担赔付责任;

相反，如果该新原因属于除外风险，则保险人不承担赔付责任。

例如，战争期间，一艘轮船航行中遇到飓风，于是到中途港回避。五天后，天气放晴，船舶继续航行，结果被敌方潜水艇击中沉没。事后调查发现，如果船舶不作五天停留则能安全通过。因为此时敌方潜水艇还没控制该区域。那么，保险人是如何判断近因呢？保险人是否应该承担赔偿责任呢？根据近因原则，飓风和潜水艇的攻击，属于间断发生的多项原因，两者之间无必然联系，前因是飓风，独立新爆发的原因是潜水艇攻击，战争险不属于承保一般海上保险的保险范围，保险人不负赔偿责任。

第四节 损失补偿原则

一、损失补偿原则的含义

损失补偿原则的基本含义是当保险合同生效后，如果保险标的发生保险责任范围内的损失时，被保险人有权按照合同的约定，获得保险赔偿；但是，被保险人不能因损失而获得额外的利益。

据此，损失补偿原则包括两方面的要点：① 损失补偿是以发生在保险责任范围内的损失为前提的，这是损失补偿原则质的规定；② 损失补偿以被保险人的实际损失为限，达到通过保险补偿使被保险人的保险标的在经济上恢复到受损前的状态的目的，不允许被保险人因损失补偿而额外获益，这是量的规定。

损失补偿原则主要适用于财产保险以及其他补偿性保险合同。

经济补偿是保险的基本职能，损失补偿原则体现了保险的这一基本职能。

二、损失补偿原则的基本内容

(一) 被保险人请求损失补偿的条件

1. 被保险人对保险标的必须具有保险利益

在财产保险中，不仅要求投保人或被保险人在投保时对保险标的具有保险利益,而且要求在保险合同履行过程中,特别是保险事故发生时,必须对保险标的具有保险利益,否则就不能获得保险赔偿。

2. 投保人或被保险人只有受到保险责任范围之内的损失,才能得到保险补偿

在这里,所发生的风险事故应该是保险合同所约定的保险事故,受损害的标的物也必须是保险合同中所约定的保险标的。

3. 被保险人所受到的损失应可用货币进行衡量

如果无法用货币进行衡量,保险人就无法进行补偿。例如,对被保险人有着特殊纪念和珍藏意义的照片,如果损毁,保险人就无法进行赔偿。

(二)损失补偿原则的额度限制

1. 以被保险人所受的实际损失为限

实际损失是根据损失当时财产的实际价值来确定的,而财产的实际价值与市价有关,所以实际损失通常要根据损失当时财产的市价来确定(定值保险和重置价值保险例外)。

2. 以保险合同中所规定的保险金额为限

保险金额是保险人承担赔偿责任的最高限额,所以保险赔款不能超过保险金额,只能低于或等于保险金额。

3. 以被保险人对保险标的所具有的保险利益为限

保险人在保险利益的限度内支付保险金或保险赔款。例如,某银行开展住房抵押贷款,向某贷款人贷出款额 30 万元;同时,将抵押的房屋投保了 30 万元的 1 年期房屋火险。按照约定,贷款人半年后偿还了一半贷款。不久,该保险房屋发生重大火灾事故,贷款人也无力偿还剩余款额,这时由于银行在该房屋上的保险利益只有 15 万元,尽管房屋的实际损失及保险金额均为 30 万元,银行也只能得到 15 万元的赔偿。

(三)损失补偿方式

损失补偿方式是损失补偿原则的具体应用。

1. 第一损失赔偿方式

在保险金额内,按照实际损失赔偿。当损失金额小于或等于保

险金额时,赔偿金额为损失金额;当损失金额大于保险金额时,赔偿金额等于保险金额。此种赔偿方式是把保险财产的价值分为两部分:第一部分为保险金额以内的部分,这部分已经投保,保险人应当承担损失赔偿责任;第二部分是超过保险金额的部分,这部分保险人不给付赔偿。故称为第一损失赔偿方式。

2. 比例计算赔偿方式

计算公式为

$$赔偿金额 = 损失金额 \times \frac{保险金额}{损失当时保险财产的实际价值}$$

当保险金额越接近保险财产的实际价值,赔偿金额也就越接近损失金额。所以,被保险人若想得到足够的赔偿,就必须按财产的实际价值足额投保。

3. 免赔额(率)赔偿方法。

有的保险合同中有免赔额或免赔率条款,则赔偿时要考虑这一规定。免赔额(率)是指保险人对免赔额(率)以内的损失不予负责,而仅在损失超过免赔额(率)时才承担责任。特别是采用绝对免赔额(率)赔偿方法时,免赔额(率)以内的损失被保险人得不到赔偿。绝对免赔额(率)赔偿方法是指保险人规定一个免赔额或免赔率,当保险财产受损程度超过免赔限度时,保险人扣除免赔额(率)后,只对超过部分负赔偿责任。相对免赔额(率)赔偿方法是指保险人规定一个免赔额或免赔率,当保险财产受损程度超过免赔额(率)时,保险人按全部损失赔偿,不作任何扣除,未超过则不赔偿。

三、损失补偿原则的例外

(一) 人身保险

人身保险是以人的寿命和身体为保险标的的一种保险,而人的寿命和身体是不能简单地用货币衡量其价值的。在签订人身保险合同时,保险金额不是以保险标的的价值来确定的,而是根据被保险人对保险的需求程度和投保人的缴费能力,以及保险人的可承受能力来确定的。当发生保险事故时,保险人按照合同约定的保险金额承担保险费给付责任,不能有所增减。所以,人身保险的保险金给付属于约定给付。损失补偿原则不适用于人身保险(但人身保险中的医疗费用保险仍然适用损失补偿原则)。

(二)定值保险

定值保险是财产保险的一种,在订立合同时,双方当事人约定保险标的的价值,并以此确定为保险金额,视为足额投保。当保险事故发生时,保险人不论保险标的损失当时的市价如何,均按损失程度十足赔付。计算公式为

保险赔款 = 保险金额 × 损失程度

在这种情况下,保险赔款有可能超过实际损失。因此,定值保险是损失补偿原则的例外。

(三)重置价值保险

重置价值保险是指以被保险人重置或重建保险标的所需费用或成本确定保险金额的保险。由于通货膨胀、物价上涨等因素,有些财产即使按实际价值足额投保,保险赔款也不足以进行重置或重建。因此,保险人允许投保人按照超过保险标的实际价值的重置或重建价值投保。发生保险事故时,保险人按照重置或重建成本赔付,这样就有可能造成保险赔款大于实际损失的情况,所以重置价值保险是损失补偿原则的例外。

四、损失补偿原则的派生原则

损失补偿原则的派生原则主要有二:一是保险代位原则,二是重复保险的损失分摊原则。

(一)保险代位原则

1. 保险代位原则的含义

代位即取代他人的某种地位。保险代位指的是保险人取代投保

人对第三者的求偿权(又称"追偿权")或对标的的所有权。保险人以自己的名义行使代位求偿权。

保险代位原则是指保险人依照法律或保险合同约定,对被保险人所遭受的损失进行赔偿后,依法取得向对财产损失负有责任的第三者进行求偿(或追偿)的权利或取得对保险标的的所有权。保险代位原则包括代位求偿权和物上代位权。规定保险代位原则具有重要意义。

(1)防止被保险人因同一损失而额外获益。当保险标的发生的损害是由第三者的疏忽、过失或故意行为所造成,且该种损害的原因又属保险责任时,被保险人既可以依据民法向造成损害的第三者要求赔偿,也可以依据保险合同向保险人请求赔偿。这样,被保险人就会因同一损失而获得超过标的实际损失额的赔款,从而获得额外利益。同理,当保险标的发生保险事故而致实际全损或推定全损时,在保险人全额赔付情况下,被保险人将标的之损余物资价值进行回收处理后,最终所得款额亦可能超过其所遭受的实际损失额。这就违背了损失补偿原则。

(2)维护社会公共安全,保障公民、法人的合法权益不受侵害。社会公共安全在法律上要求肇事者对其因疏忽、过失所造成的损失承担经济赔偿责任。如果被保险人因从保险人处获得赔偿而不追究责任者的经济赔偿责任,就会使肇事责任者逍遥法外,这显然违背社会公平。

(3)有利于被保险人及时获得经济补偿,尽快恢复生产,安定生活。保险事故发生后,如果责任者限于经济能力而难以承担对被保险人的经济赔偿责任,将直接影响被保险人正常的生产和生活。而按照保险代位原则,保险人先向被保险人支付赔款,有利于被保险人及时获得经济补偿,尽快恢复生产,安定生活。被保险人向保险人请求赔偿也是保险合同赋予的基本权利。

2. 保险代位原则的内容

保险代位原则,主要包括代位求偿权(权利代位)和物上代位权。

(1) 代位求偿权。

代位求偿权，又称"代位追偿权"，是指当保险标的因遭受保险事故而造成损失，依法应当由第三者承担赔偿责任时，保险人自支付保险赔偿金之日起，在赔偿金额的限度内，相应取得向负有责任的第三者请求赔偿的权利。

在财产保险中，当保险标的发生损失，既属于保险责任，又属于第三者负有经济赔偿责任时，被保险人有权向保险人请求赔偿，也可以向第三者责任方请求赔偿，如果被保险人已从责任方取得全部赔偿，保险人可免去赔偿责任；如果被保险人从责任方得到部分赔偿，保险人在支付赔偿金额时，可以相应扣减被保险人从第三者已取得的赔偿。如果被保险人首先向保险人提出索赔，保险人应当按照保险合同的规定支付保险赔款，被保险人取得赔款后，应将向第三者责任方追偿的权力转移给保险人，由保险人代位形式向第三者追偿。被保险人不能同时取得保险人和第三者的赔款而获得双重或多于保险标的实际损害的补偿。

① 代位求偿权产生的条件。

第一，损害事故发生的原因及保险标的都属于保险责任范围。只有属于保险责任范围，保险人依据保险合同才有责任承担赔偿，即被保险人依据保险合同享有索赔权。否则，受害人只能向有关责任方索赔，与保险人无关，也就不存在保险人代位求偿的问题。

第二，保险标的的损失是第三者责任造成的。依据法律肇事者应该向受害人承担经济赔偿责任，这样被保险人才有权向第三者请求赔偿，并在取得保险赔款后将对第三者的请求赔偿权转移给保险人，保险人才有权代位求偿。

第三，保险人已履行赔偿责任。代位求偿是债权的转移，在债权转移之前是被保险人与第三者之间的债务关系，与保险人无关。当保险人依据保险合同履行赔偿责任后，才依法取得对第三者请求赔偿的权利。

② 代位求偿权的实施对保险双方的要求。

行使代位求偿权对保险双方都有一定的要求。就保险人而言，首先，其行使代位求偿权的权限只能限制在赔偿金额范围以内。如果保险人向第三者追偿到的款额小于或等于赔付给被保险人的款额，那么追偿到的款额归保险人所有；如果追偿所得的款额大于赔付给被保险人的款额，其超过部分应归还给被保险人所有。其次，保险人不得干预被保险人就未取得保险赔偿的部分向第三者请求赔偿。我国《保险法》第60条规定："保险人依照第一款行使代位请求赔偿的权利，不影响被保险人就未取得赔偿的部分向第三者请求赔偿的权利。"再次，保险人为满足被保险人的特殊需要或者在法律方面的费用超过可能获得的赔偿额时，也会放弃代位求偿权。

就投保人而言，不能损害保险人的代位求偿权并要协助保险人行使代位求偿权。首先，如果被保险人在获得保险人赔偿之前放弃了向第三者请求赔偿的权利，那么就意味着他放弃了向保险人索赔的权利。其次，如果被保险人在获得保险人赔偿之后未经保险人同意而放弃对第三者请求赔偿的权利，该行为无效。再次，如果发生事故后，被保险人已经从第三者取得赔偿或者由于过错致使保险人不能行使代位求偿权，保险人可以相应扣减保险赔偿金。最后，在保险人向第三者行使代位求偿权时，被保险人应当向保险人提供必要的文件和其所知道的有关情况。

③ 代位求偿原则的行使对象。

根据代位求偿权的一般原理，任何对保险标的损失负有赔偿责任的第三者都可以成为代位求偿权的行使对象。但是，在实践中各国立法都规定保险人不得对被保险人及其一定范围的亲属或雇员行使代位求偿权，除非保险事故是由上述人员故意造成的。因为，如果允许对上述对象行使代位求偿权，被保险人就得不到实际补偿，保险也就失去了意义。我国《保险法》第62条规定，除被保险人的家庭成员或者其组成人员故意制造保险事故造成保险标的损失以外，保险人不得对被保险人的家庭成员或者其组成人员行使代位请求赔偿的权利。显然,我国保险法规定的代位求偿权的限制对象为"被保险人的家庭成员及其他组成人员"。

④ 代位求偿权的行使范围。

人身保险的标的是人的寿命或身体,与财产的性质不同,其价值难以估量,因而不会发生多重获益的问题。所以,如果被保险人在保险事故中致残或身亡,既可获得保险金,也可获得肇事的第三者的赔偿。我国《保险法》第46条规定:"人身保险的被保险人因第三者的行为而发生死亡、伤残或者疾病等保险事故的,保险人向被保险人或者受益人给付保险金后,不得享有向第三者追偿的权利。但被保险人或者受益人仍有权向第三者请求赔偿。"但是,并非所有人身保险合同或人身保险合同中的全部责任都适用这一规定。在医疗保险中,保险人赔付的医疗费用保险金应属于对被保险人支出医疗费用的补偿,不仅有价值,而且还是可以确定的,因而保险人对于因第三者责任而支付的保险金仍可以进行追偿。

(2) 物上代位权。

这是指保险标的因遭受保险事故而发生全损时,保险人在全额支付保险赔偿金之后,依法拥有对该保险标的物的所有权,即代位取得受损保险标的物上的一切权利。

① 物上代位权的取得。

保险人物上代位权的取得是通过委付。所谓委付是被保险人在发生保险事故造成保险标的推定全损时,将保险标的的一切权益转移给保险人,而请求保险人按保险金额全数予以赔付的行为。委付是一种放弃物权的法律行为,在海上保险中经常采用。委付的成立须具备一定的条件:

第一,委付必须以保险标的的推定全损为条件。

第二,委付必须由被保险人向保险人提出。申请委付时,通常采用书面形式。委付书是被保险人向保险人做推定全损索赔之前必须提交的文件,被保险人不向保险人提出委付,保险人对受损的保险标的只能按部分损失处理。

第三，委付应就保险标的的全部。保险标的在发生推定全损时，通常标的本身不可拆分，因此委付应就保险标的的全部。若仅部分委付时，极易产生纠纷。但如果保险标的是由独立可分的部分组成，其中只有一部分发生委付原因，可仅就该部分保险标的请求委付。

第四，委付不得有附加条件。我国《海商法》第249条第2款明确规定："委付不得附带任何条件。"例如，船舶失踪而被推定全损，被保险人请求委付，但不得要求日后如船舶被寻回，将返还其受领的赔偿金而取回该船。若这样，会增加保险合同双方关系的复杂性，从而增加保险人与被保险人之间的纠纷。

第五，委付必须经过保险人的同意。被保险人向保险人发出的委付通知，保险人可以接受也可以不接受。因为委付不仅将保险标的的一切权益转移给保险人，同时也将被保险人对保险标的的所有义务一起转移给保险人。保险人在接受委付通知之前必须慎重考虑，看受损保险标的的残值是否能大于将要由此而承担的各种义务和责任风险所产生的经济损失。

被保险人提出委付后，保险人应当在合理的时间内将接受委付或不接受委付的决定通知被保险人。如果超过合理的时间，保险人对是否接受委付仍然保持沉默，应视作不接受委付的行为。

② 保险人在物上代位中的权益范围。

由于保险标的的保障程度不同，保险人在物上代位中所享有的权益也有所不同。我国《保险法》第59条规定："保险事故发生后，保险人已支付了全部保险金额，并且金额相等于保险价值的，受损保险标的的全部权利归于保险人；保险金额低于保险价值的，保险人按照保险金额与保险价值的比例取得受损保险标的的部分权利。"也就是说，在足额保险中，保险人按保险金额支付保险赔偿金后，即取得对保险标的的全部所有权。在处理标的物时，所获得的利益如果超过所支付的赔偿金额，超过部分归保险人所有；而在不足额保险中，保险人只能按照保险金额与保险价值的比例取得受损标的的部分权利。

(二)重复保险的损失分摊原则

1. 重复保险的损失分摊原则的含义

重复保险的损失分摊原则是指在重复保险的情况下,当保险事故发生时,通过采取适当的分摊方法,在各保险人之间分配赔偿责任,使被保险人既能得到充分补偿,又不会超过其实际的损失而获得额外的利益。

所谓重复保险是指投保人以同一保险标的、同一可保利益,同时向两个或两个以上的保险人投保同一危险,保险金额总和超过保险标的的价值。重复保险必须具备以下四个条件。

(1)同一保险标的及同一保险利益。若保险标的不相同,显而易见不会存在重复保险问题;若为同一保险标的,但保险利益不同,亦不会构成重复保险。例如,某房屋所有人投保火灾险和该房屋租赁人投保火灾险,虽两者都是对同一保险标的的投保,但两者的保险利益不同,不构成重复保险。

(2)同一保险期间。如果是同一保险标的及同一保险利益,但保险期间不同,也不构成重复保险。但是,保险期间的重复并不以全部期间重复为必要,其中部分期间重复,也可构成重复保险。

(3)同一保险风险。如果以同一保险标的及同一保险利益同时投保不同的风险,也不构成重复保险。

(4)与数个保险人订立数个保险合同,且保险金额总和超过保险标的的价值。如果只与一个保险人订立一个保险合同,保险金额超过保险标的的价值,称为超额保险;而与数个保险人订立数个保险合同,但保险金额总和不超过保险标的的价值,则为共同保险;只有既与数个保险人订立数个保险合同,保险金额总和又超过保险标的的价值,才构成重复保险。

重复保险在实际中是存在的,其原因通常是投保人或被保险人的疏忽,或者为了追求更大的安全感,或为谋取超额赔款的故意行为所造成的。因此,当保险事故发生时被保险人就可能就同一标的的损失从不同保险人处获得超额赔款,这就违背了损失补偿原则的要求。为了防止被保险人由于重复保险而获得额外的利益,故确立了重复保险分摊原则,是损失补偿原则的派生原则。

2. 重复保险的分摊方式

在重复保险的情况下,当发生保险事故,对于保险标的所遭受的损失,由各保险人分摊,分摊方式主要有比例责任分摊方式、限额责任分摊方式和顺序责任分摊方式。

(1) 比例责任分摊方式。

由各保险人按其所承保的保险金额与所有保险人承保的保险金额的总和的比例来分摊保险赔偿责任的方式。其计算公式为

$$某保险人赔款 = \frac{某保险人的保险金额}{所有保险人的保险金额之和} \times 损失金额$$

通过该种方法分摊赔偿责任,使赔偿总和等于被保险人的实际损失。比例责任分摊方式在各国的保险实务中运用较多,我国也是采用此种分摊方式。

例如:某公司投保价值 80 万元的物品,分别向甲、乙两家财产保险公司投保,保险期限相同。两家保险公司承保的金额分别为 60 万元、40 万元,属重复保险,当发生保险事故时,保险标的遭受损失 50 万元,则该公司所应获得的保险赔付金额总额为 50 万元。两家保险公司按比例责任分摊方式赔偿的金额分别为 30 万元和 20 万元。两家公司赔款总额为 50 万元,正好等于被保险人的实际损失。

(2) 限额责任分摊方式。

以假设没有重复保险的情况下,各保险人按其承保的保险金额独自应付的赔偿限额与所有保险人应负的该赔偿限额的总和的比例承担损失补偿责任。其计算公式为

$$某保险人赔款 = \frac{某保险人独立责任限额}{所有保险人独立责任限额之和} \times 损失金额$$

例如在上例中,在没有重复保险的情况下,甲公司应该承担 50 万元的赔偿责任;乙公司应该承担 40 万元的赔偿责任。若按限额责

任分摊计算,甲公司应承担 50×50/90＝27.778 万元;乙公司应承担 50×40/90＝22.222 万元。两家保险公司的赔款总额仍是实际损失 50 万元。限额责任分摊与比例责任分摊都是按照一定的比例分摊赔款责任,但前者是以赔偿责任为计算基础,后者是以保险金额为计算基础。

（3）顺序责任分摊方式。

由先出单的保险人首先负责赔偿,后出单的保险人只有在承保的标的损失超过前一保险人承保的保额时,才依次承担超出部分。被保险人的损失赔偿有可能由一家保险公司承担,也可能由多家保险公司赔偿。这取决于被保险人的损失大小和顺次承担的保险金额的大小。当被保险人的损失数额小于或等于在第一家保险公司投保的保险金额时,全部损失由第一家保险公司承担,其他家的保险公司则不必承担损失赔偿责任,否则由两家或两家以上的保险公司共同承担。例如在上例中,采用顺序责任分摊方式,先出单的甲保险公司承担赔款责任 50 万元,而后出单的乙保险公司则不必承担损失赔偿责任。若保险标的物遭全损,则由甲保险公司先赔款 60 万元,再由乙保险公司赔款 20 万元。两家保险公司共赔款 80 万元,等于被保险人的实际损失,既维护了被保险人的利益,也防止了被保险人获得额外利益的可能。

复 习 思 考 题

1. 简述最大诚信原则的含义。最大诚信原则的主要内容有哪些？
2. 简述违反最大诚信原则的法律后果。
3. 简述保险利益原则的含义及构成保险利益的条件。
4. 坚持保险利益原则有何意义？

5. 简述保险利益原则在各类保险中的应用。
6. 简述近因及近因原则。
7. 简述近因原则的应用。
8. 简述损失补偿原则及损失补偿原则的例外。
9. 简述代位求偿权产生所具备的条件。
10. 简述委付及委付成立的条件。

第二篇 财产保险

第五章 财产保险概述

第一节 财产保险的概念与分类

一、财产保险的概念

财产保险,又称产物保险或损害保险,可从狭义与广义两个角度来理解。狭义的财产保险主要是以有形物质财产为标的的保险;广义的财产保险是以物质财产及其相关利益和损害赔偿责任为保险标的的保险。也就是说,广义的财产保险包括以有形物质财产为标的的财产保险、以与物质财产有关的利益为标的的利益保险,以及以损害赔偿责任为标的的责任保险。

早期的财产保险标的只限于实体物质,即有形物质,如房屋、机器、货物等。随着社会的发展和科技的进步、法律制度的完善,财产保险的标的扩大到无形财产,即与财产有关的利益、责任和信用,如预期利润、运费、汽车第三者责任、产品责任等。

狭义角度理解的财产保险的标的的财产,具有以下三个方面的本质属性:第一,从存在的形式来看,它表现为客观的物质存在,即具有物质属性;第二,从经济学角度来看,它具有一定的价值属性,可以用货币来计价;第三,从法律角度来看,它表现为动产与不动产,投保人与之具有法律上承认的利益关系。

二、财产保险的分类

依照不同的标准,财产保险可分为多种不同的类型。

(一)有形物质财产保险、经济利益保险和责任保险

这是按照保险标的的内容的不同来分的。有形物质财产保险,如

火灾保险、货物运输保险、农业保险等。经济利益保险,如作为有形物质财产保险附加险的营业中断保险、利润损失保险、运费保险等。责任保险,如公众责任保险、产品责任保险、职业责任保险、雇主责任保险等。

(二)积极的财产保险和消极的财产保险

这是按照保险标的的性质来分的。积极的财产保险所保障的标的为具体的物质财产和经济利益,是一种已经存在的现实的利益。如果这种标的发生损失,则是被保险人的直接经济损失。人们对这类保险业务投保的直接动机,就是寻求对自己物质财产和经济利益的保障。消极的财产保险所保障的标的是,由于被保险人的社会行为对于他人的物质财产、经济利益和人身健康造成损失而必须承担的民事法律责任。责任保险就属后一类。

(三)财产损失保险、责任保险、信用保险、保证保险

这是我国常见的按照业务来进行的分类。本书第六章将对此进行介绍。

此外,还可以按照风险的不同进行分类,如火灾保险、地震保险、洪水保险等;按照保险价值确定方式的不同,分为定值保险和不定值保险。

第二节 财产保险的特点

财产保险作为保险的一个大类,有着自身的特点,主要有以下五点。

一、财产保险的保险标的必须是可以用货币衡量价值的财产或利益

在财产保险中,保险所能得到的最高经济赔偿额就是保险标的的价值。所以,作为保险标的的财产或利益的价值必须能够用货币衡量,像风景名胜、空气等无法用货币衡量价值的财产或利益是不能

作为财产保险标的的。财产保险中,保险金额以保险标的的实际价值为基础确定。

二、财产保险对于保险标的的保障功能表现为经济补偿

保险的基本功能是经济补偿。当保险标的遭受保险事故时,保险人必须依照保险合同赔偿被保险人的经济损失。当然,根据保险有关原则,被保险人不可以从保险赔偿中获得额外利益。因此,财产保险有代位求偿问题[①]。这一点不同于人身保险,由于人身价值无法用货币来准确计量,因此当人身保险标的遭受保险责任范围内的损害时,只能按照人身保险合同中约定的保险金额进行给付,寿险不存在代位求偿问题。

三、财产保险期限一般较短

与人寿保险相比,财产保险期限一般较短。除工程保险和长期出口信用保险外,财产保险多为短期(1年或1年以内)。由于期限较短,计算保费时一般不考虑利率因素,不具有储蓄性,这一点也有别于寿险。

四、财产保险中,投保人、被保险人与受益人通常是一致的

投保人对投保标的具有保险利益,在订立合同后转变为被保险人,并且在发生保险事故后又转变为享受赔偿的受益人。在人寿保险中,这几个不同角色是可以分离的。

五、防灾防损对于财产保险非常重要

人身保险中对风险的控制重在承保前和承保时,在承保期内无法控制风险;而财产保险不仅需要承保前控制风险,而且非常重视承保期间对风险的控制,因此防灾防损是财产保险业务中的一项重要内容。

---

① 关于代位求偿,在第四章已有介绍。

第三节　财产保险准备金

一、保险准备金及其种类

(一)保险准备金的概念

保险准备金是保险公司为保证其如约履行保险赔款或给付义务而提取的,与其所承担的保险责任相对应资金准备。保险合同签发后,保险公司应当能够预料到在一定时期内必有赔偿或给付的义务,为了顺利履行义务,保险公司必须有足够的资金准备。为了保障被保险人或受益人的利益,各国通常以立法的形式要求保险公司提留保险准备金,以使保险公司具备与保险业务规模相应的偿付能力。

(二)保险准备金的种类

按照不同的标准,保险准备金有不同的种类。

按照要求提留的约束力不同,可分为:(1)保险公司根据有关法律规定必须提留的准备金,如未到期责任准备金、赔偿准备金;(2)保险公司根据公司章程或主管机关规定提留的准备金,如保险保障基金;(3)保险公司任意提留的准备金。

按照准备金的性质不同,可分为:(1)属于股东所有的准备金,如总准备金、特别危险准备金、非常准备金、留存利润、未分配盈余等;(2)属于保险客户所有的准备金,如未到期责任准备金和赔款准备金;(3)属于有关资产账户备抵性质的准备金。以上三种准备金中,第一种实际上是公司资本的一部分;第二种是业务准备金,从保费收入中提取,数额较大,是保险公司准备金的最主要部分,实质是为保单所有人所有,是保险公司的负债,通常所说的保险准备金主要是指这一种;第三种一般用于抵销相应资产科目的部分余额,如坏账准备金对应于应收未收保费,投资损失准备金对应于投资。

按照提留基础不同,可分为:(1)税前列支准备金,它是以保险费或赔案数为计算基础,是保险公司未了责任准备,即业务准备金;(2)税后列支准备金,如总准备金、特别危险准备金等,均从税后利润分配中提留。

二、财产保险准备金的计提

财产保险准备金主要有赔款准备金、未到期责任准备金和总准备金。责任保险、信用保险以及短期人身保险的准备金与财产保险准备金的种类相似。

（一）赔款准备金

赔款准备金，是财产保险公司的一种法定准备金，是保险公司为会计年度决算以前发生赔案应付而未付赔款，在当年收入的保费中提存的资金。

在每个会计年度内发生的赔案中，总有一部分未能在当年结案。这主要有以下三种情况：

（1）被保险人已经提出索赔，但保险人尚未进行调查核实而不能确定是否赔偿；索赔成立，但赔款金额需要进一步核实、确定；保险人已查勘定损并确定赔款金额，但与被保险人在赔款的金额方面存在分歧，有待进一步协商或发生诉讼尚未结案；分保业务的未决赔案等。这类赔案称为未决赔案。

（2）保险人对索赔案件已经理算完毕，应赔付金额也已经确定，但尚未赔付，或尚未支付全部款项。这类赔案称为已决未付赔案。

（3）保险事故是在年内发生的，但索赔要到下一年才可能提出。这类赔案称为已发生未报告赔案。

保险人需对第一种赔案提取未决赔款准备金，对第二种赔案提取已决赔款准备金，对第三种情况提取已发生未报告赔款准备金。对已决未付的赔款，由于其数额已定，只需要留出相应的准备金就可以。因此，赔款准备金的提留主要是对另两类而言的。

1. 未决赔款准备金的提留

未决赔款准备金的数额可根据未决赔案的损失程度进行估算，通常采用以下三种方法进行。

(1) 逐案估计法。理赔人员逐一估计每起索赔案件的赔款额,然后记入理赔档案。到了一定时期,再把这些估计的数字进行汇总,并加以修正,提留准备金。为了估计准确,理赔人员往往要深入保险事故现场,查勘定损,工作量大。这种方法适用于索赔金额较为确定,各项索赔金额相差悬殊,难以估算平均赔付额的财产险业务,如火灾保险等。

(2) 平均值估计法。这种方法是根据保险公司近几年的损失数据计算出一个平均值,并根据对将来赔付金额变动趋势的预测来加以修正。然后,再将这一平均值乘以已报告赔案数目就能得出未决赔款额。这一方法适用于索赔案多但索赔金额相对并不大的业务。

(3) 赔付率法。这一方法是选择某一时期的赔付率来估计某类业务的最终赔付数额,从估计的最终赔付额中扣除已支付的赔款和理算费用,即为未决赔款额。这种方法简便易行,但有时假定赔付率与实际赔付率可能会有较大出入。

2. 已发生未报告的赔款准备金提留

这同样需要首先对未决赔款的估计,而且估计的方法较前者复杂。它需要同时估计尚未报告的索赔数目及金额。在实践中,一般以最近5—7年的经验数据为基础,然后根据各种因素的变化进行修正,如出险单位索赔次数、金额、理赔费用的增减、索赔程序的变更等,根据修正后的数据提留准备金。对于一个新开业的保险公司来说,由于没有过去的经验数据作为根据,因此很难作出准确的估计。在这种情况下,已发生未报告的赔款准备金一般可以定为赔款准备金的10%。

赔款准备金包括赔款额和理赔费用两个部分,应当将这两个部分分别提留。

(二) 未到期责任准备金

未到期责任准备金也是财产保险法定准备金的一种,是保险人在年终会计决算时,把属于未到期责任部分的保费提留出来,用作将来赔偿准备的资金。

由于财产保险合同大多数期限为一年。对于一年期的保险,当年签发的保单不可能都在当年到期,除非都集中在1月1日签发并生效。事实上,保险公司一年中的每一天都有保单签发,因此,除了当年第一天签发的保单外,其余保单均不能在当年内到期,而要转入第二年。因此,有一部分保单的生效期必然横跨两个年度。在这种情况下,保险人需要从当年所征收的承保保费中留出一部分来,用于下一个会计年度保险责任的履行。这一部分保费就是未到期责任准备金。也就是说,保险人当年的承保保费需要依据保险期限在两个会计年度所占的比例进行分配。留在当年的部分属于当年的收入,称为已赚保费,转入第二年度部分属于下一年度的收入,称为未赚保费。与未赚保费相对应的是保险公司在下一个会计年度内需要继续承担的保险责任。为了这一部分保险责任,保险公司需要建立相应的保险准备金,这就是未到期责任准备金。

最原始的未到期责任准备金的提留方法是,先计算出每份保单的未到期责任,按未到期责任的比重,求出应提留的准备金。这种方法比较简单,但工作量大,不易做到。目前采用的方法是近似计算,有以下四种方法。

1. 年平均估算法

这种计算方法是假定承保的所有保单是在自然年度的365天中逐日开出,每天开出的数量、每份保单的保险金额大体均等,每日收取的保费也大体相等(见表5-1)。

表5-1 年平均估算法解析

保险起期 月、日零时	保费收入	当年已尽责任天数	年终剩余有效天数 (即提取准备金天数)
1月1日	P_i	365天	0天
1月2日	P_i	364天	1天
1月3日	P_i	363天	2天

续表

保险起期 月、日零时	保费收入	当年已尽责任天数	年终剩余有效天数 （即提取准备金天数）
⋮	⋮	⋮	⋮
12月30日	P_i	2天	363天
12月31日	P_i	1天	364天

年度决算时应一次提留未到期责任准备金为

未到期责任准备金 = 全年保险费收入 × 未到期责任准备金提存比例

未到期责任准备金提存比例为多少？一般为50%。我国《保险法》规定："除人寿保险业务外，经营其他保险业务，应当从当年自留保险费中提取未到期责任准备金；提取和结转的数额，应当相当于当年自留保险费的百分之五十。"自留保费一般为保费收入加上分保费收入减去分出保费。

2. 季平均估算法

季平均估算法又称八分法，是假定每一季度中承保的所有保单是逐日开出的，每日开出的保单数量、每份保单的保险金额大体均等。本季承保时保单在当季内的有效期为半个季度。为方便计算，可以半个季度为单位将一年分为8个"半季度"（见表5-2）。

表5-2 季平均估算法解析

保险起期	保费收入	当年已尽责季数及比例	未尽责季数及比例
1	A_1	3.5 (7/8)	0.5 (1/8)
2	A_2	2.5 (5/8)	1.5 (3/8)
3	A_3	1.5 (3/8)	2.5 (5/8)
4	A_4	0.5 (1/8)	3.5 (7/8)
合计	A		

季平均估算法的计算公式为

$$\sum P_n = P_1 + P_2 + P_3 + P_4$$
$$= A_1 \cdot \frac{1}{8} + A_2 \cdot \frac{3}{8} + A_3 \cdot \frac{5}{8} + A_4 \cdot \frac{7}{8}$$
$$= \sum_{n=1}^{4} A_n \cdot \frac{2n-1}{8}$$

3. 月平均估算法

月平均估算法又称 24 分法,与季平均估算法相似,假定本月承保时保单在当月内的有效期为半个月,这样,可以将一年分为 24 个"半月"(见表 5-3)。

表 5-3 月平均估算法解析

承保月份	当月自留保费	当年已尽责月数（占全年比例）	下年负责月数（应提准备金月数）	应提准备金数额
1 月	A_1	11.5 个月(23/24)	0.5 个月(1/24)	$A_1 \cdot \frac{1}{24}$
2 月	A_2	10.5 个月(21/24)	1.5 个月(3/24)	$A_2 \cdot \frac{3}{24}$
3 月	A_3	9.5(19/24)	2.5(5/24)	$A_3 \cdot \frac{5}{24}$
4 月	A_4	8.5(17/24)	3.5(7/24)	$A_4 \cdot \frac{7}{24}$
5 月	A_5	7.5(15/24)	4.5(9/24)	$A_5 \cdot \frac{9}{24}$
6 月	A_6	6.5(13/24)	5.5(11/24)	$A_6 \cdot \frac{11}{24}$
7 月	A_7	5.5(11/24)	6.5(13/24)	$A_7 \cdot \frac{13}{24}$
8 月	A_8	4.5(9/24)	7.5(15/24)	$A_8 \cdot \frac{15}{24}$
9 月	A_9	3.5(7/24)	8.5(17/24)	$A_9 \cdot \frac{17}{24}$
10 月	A_{10}	2.5(5/24)	9.5(19/24)	$A_{10} \cdot \frac{19}{24}$

续表

承保月份	当月自留保费	当年已尽责月数（占全年比例）	下年负责月数（应提准备金月数）	应提准备金数额
11月	A_{11}	1.5(3/24)	10.5(21/24)	$A_{11} \cdot \dfrac{21}{24}$
12月	A_{12}	0.5(1/24)	11.5(23/24)	$A_{12} \cdot \dfrac{23}{24}$

计算公式如下：

$$\sum P_n = P_1 + P_2 + \cdots + P_{12}$$
$$= A_1 \cdot \frac{1}{24} + A_2 \cdot \frac{3}{24} + \cdots + A_{12} \cdot \frac{23}{24}$$
$$= \sum_{n=1}^{12} A_n \cdot \frac{2n-1}{24}$$

按月平均估算法计算未到期责任准备金比较精确，但计算较复杂。它适用于每月内开出的保单份数与保额大体相同，但月与月之间差异较大的保险业务。

4. 日平均估算法

这一方法是根据每张保单的第二年有效天数，计算未到期责任准备金。其计算公式如下：

$$未到期责任准备金 = \frac{第二年有效天数}{保险期天数} \times 保费收入$$

与前面三种方法相比，这种方法无疑是最为准确的，但工作量非常大。

(三) 总准备金

总准备金是保险人为了应付发生周期较长、后果难以预测的巨灾或巨额赔款而提留的一种法定财产准备金，它主要用于巨灾风险的赔付，因而又被称为巨灾风险准备金或特别风险准备金。

由于巨灾发生的周期长、损失规模很不确定，因此难以准确估计总准备金的需求数量。各国对巨灾风险承保方式不同,总准备金的提留方法也不一样。一般来说,总准备金的资金来源是按会计年度,在年终决算时,从年度利润中提留的。

提留总准备金并使它的积累达到适度规模,有助于保险公司发展的良性循环,对于保证保险公司的偿付能力;保障被保险人的利益都具有十分重要的意义。

复 习 思 考 题

1. 什么是财产保险?如何理解广义和狭义的财产保险?
2. 财产保险有哪些分类?
3. 财产保险有什么特点?
4. 什么是保险准备金?它有哪些类型?
5. 财产保险赔款准备金的提取方法有哪些?
6. 财产保险未到期责任准备金方法有哪些?

第六章 财产损失保险

从上一章我们知道,财产保险有狭义和广义之分。狭义的财产保险是指以有形物质财产为标的的保险。这类财产保险又称财产损失保险。本章着重介绍财产损失保险。它主要包括火灾保险、运输保险、工程保险和农业保险四类。

第一节 火 灾 保 险

一、火灾保险的概念与特点

(一) 火灾保险的概念

火灾保险,简称火险,是以存放在固定场所,并处于相对静止状态的财产物资作为保险标的的一种保险。早在17世纪中叶以后,火灾保险就在英国产生了,至今已有300多年的历史。

(二) 火灾保险的特点

1. 保险标的是处于相对静止状态的财产

火灾保险的标的主要是各种固定资产和流动资产,这些标的固定地坐落或存放于陆地上的某个位置,并处于静止状态。这就将处于运动状态的货物、运输工具和处于生长期的各种动植物排除在外,形成了火灾保险独有的特征。

2. 承保财产的存放地不得随意变动

火灾保险中,特别强调保险标的必须存放在保险合同列明的固定场所。除因风险威胁将屋内财产暂时运移他处外,不得随意变动。

3. 承保的风险有扩大的趋势

火灾保险的承保风险已由最初只承保火灾,逐渐扩大到承保各种列明的自然灾害、意外事故,甚至扩展到承保利润损失等间接损失。在火灾保险具体经营中,必须充分地认识到这一点,并做好各种保险风险的防损及控制损失工作。

二、火灾保险的一般内容

(一)火灾保险的保险标的的适用范围

火灾保险的保险标的适用范围非常广泛,包括动产和不动产。所谓动产,是指能自由移动而不改变其性质、形状的财产,如工厂里各种机器、设备、仪器及生产用具、原材料、低值易耗品、半成品、在产品或库存商品,居民住宅中的家具、家用电器等。所谓不动产,是指不能移动或移动后会引起性质、形状改变的财产,如厂房、办公大楼、建筑物以及一些固定资产等。如果投保的标的是一些市场价格波动大、价值难以估计的特殊物品,如字画、玉器等,则这些物品必须经过诸如鉴定等特定的程序后才能够承保。法律明确规定的不可保财产和应投保其他险种的财产不在火灾保险的承保范围之内,如汽车等运输工具应投保专门的运输工具保险。

从投保人来看,任何企事业单位、个人、组织都有着属于自己或是虽然没有所有权但拥有使用权的财产、物资,这样的财产物资在日常的使用、存储过程中均会遇到诸如火灾等一系列风险,从而需要向保险公司转嫁自身的风险。因此,各种企事业单位、团体、组织,均可以投保团体火灾保险,所有的城乡居民家庭和个人均可投保家庭财产保险。

(二)保险责任

传统的火灾保险只承担三种原因造成的损失:火灾、雷电和搬迁财产的损失。传统的火险单中虽没有对火灾作出定义,但现在国际上通用的解释是火灾必须符合两项条件:一是必须有火焰伴随的燃烧,因此没有火焰出现的烤焦、烫损等得不到赔偿;二是必须是敌意之火,敌意之火是指超越出正常范围的火。友善之火是故意点燃,在一定范围内燃烧的火。如果友善之火越出其正常范围,就会变成敌意之火。搬迁财产的损失,是指发生火灾后为了避免财产进一步遭受损失而搬迁财产所造成的损失。例如,投保人的办公地点失火,投保人把办公用品搬到户外而遭受雨淋造成的损失,而且传统的保险只对这些原因造成的直接财产损失负责。

到了现代,火灾保险承保的风险范围有了很大的扩展,尽管当今世界各国在火灾保险的保险责任范围方面的标准宽窄不一,但大体上包括以下四个方面。

(1)火灾及相关危险,包括火灾、爆炸、雷电。

(2)各种自然灾害,包括洪水、台风、龙卷风、暴风、泥石流、海啸、雪崩、滑坡、地震等。

(3)有关意外事故,包括飞行物体及空中运行物体的坠落,被保险人的电、气、水设备因火灾发生的意外等。

(4)施救费用,即采取必要的、合理的施救措施造成保险财产的损失,以及进行施救、整理所支付的合理费用。在这一点中,包括前面所提到的搬迁财产的损失。

经营火灾保险的保险公司除了以上可承保的风险之外,也有着以下除外风险:战争、军事行动、敌人攻击、入侵、骚乱、起义、内战、篡权行为;核辐射和污染;被保险人的故意行为及抢救财产时的疏忽,偷窃行为;保险标的物本身的缺陷和保管不善而导致的经济损失,以及自然条件下的各种化学变化及磨损等;各种间接损失。但是,每一火灾保险合同中的具体责任范围应视各具体合同条款中的规定而定,各项扩展责任亦应在保险合同中明确注明。

(三)火灾保险的保险期限和保险责任开始时间

火灾保险的保险期限明确了经营火灾保险的保险公司承担保险责任的起始时间,也是计算保险费的一个依据。保险人仅对保险期限内发生的保险事故所造成的损失承担赔偿义务,如企业财产保险的保险期限一般为一年。保险责任开始时间是保险责任期限的起始时间,一般由合同的双方约定,以年、月、日、时的形式在合同中注明。在我国保险业务中采用"零时起保"制,如家庭财产保险规定:保险责任从起保当日零时起,到保险期限满日的 24 时止。火灾保险的保险期限和保险责任开始时间明确了火灾合同开始与终止的具体时间,规定了合同双方享有权利和履行义务的期间。

(四) 火灾保险的保险金额

保险金额是保险人承担赔偿的最高限额。火灾保险的保险金额确定起来比较复杂,通常要分项确定。团体火灾保险的保险金额一般划分为固定资产与流动资产两大项,固定资产中又可划分为若干小项,每一项固定资产都对应着自己的保险金额。在确定团体火险的固定资产保险金额时,主要的方法有:(1) 按照账面原值;(2) 按照最近账面 12 个月的平均余额;(3) 按照固定资产的重置价值。在家庭火灾保险中,家庭财产也被划分为房屋、家用电器等若干项,保险金额一般由投保人自己确定。因此,虽然一份火灾保险合同只有一个总的保险金额,但在赔偿时却需要根据受损财产的具体情况逐项来计算赔款。

(五) 火灾保险的费率

火灾保险的费率通常以每千元保险金额所收取的保费来表示,费率的表达形式为千分率。在火灾保险的实际业务操作过程中,保险标的由于各种各样的原因导致了所面临的风险各不相同,因此,其具体费率的确定通常需要综合考虑以下因素。

1. 建筑、建筑物的质量和抗风险能力

这是保险人厘定火灾保险费率的首要依据。例如,如果其他条件相同,钢筋水泥结构的房屋发生火灾的概率必然比木质结构的房屋小,发生火灾后的损失也是不同的,理所当然,后者的费率应该比前者高。除了这些,还要对建筑物的高度、面积、有无防火隔层等因素进行具体的分析,以综合评价建筑物的质量和抗风险能力。

2. 建筑物的用途

就一种建筑物来说,可能存在着多种可能的用途,而每一种用途所面临的风险是完全不同的。例如,两栋质量相同的建筑物,一栋作为存放烟花的仓库,而另一栋作为生产的厂房,显而易见,存放烟花的建筑的火灾风险要大于用作生产厂房的建筑物的风险,所以前者的费率应该高于后者。

3. 环境与地点

火灾保险承保的标的必须存放在固定的场所,因此每一个标的都被其特有的环境所包围,此环境和地点是否适宜、周围有无特定的风险,对于保险标的的影响很大。例如,需要防潮的财产若放置于沿江、沿湖、沿海的位置,其遭受损失的风险会大大增加;易燃物品放置于烟花厂附近,所面临的火灾风险必然会高于其他地区。因此,环境与地点对于火灾保险费率的厘定有着重要的影响。

4. 防火防灾的措施

其他条件相同的情况下,投保人的防火防灾措施越完备,风险发生的概率就越小,保险人往往对此给予相应的费率优惠;反之,则风险会因为投保人的防火防灾意识薄弱或防灾措施不当而增加,相应的保险费率也应有所提高。

以上四点是厘定费率时必须考虑的基本因素,这四个因素中每一个因素项下的风险因素可以任意组合并共同被视为某一特定财产的内在风险。但除了这几点,像时间、以往承保业务的损失记录等也是确定具体费率的重要参考依据。诸多因素说明确定火险费率是一个复杂的过程,考虑这些因素,恰当地进行分类,然后为每一特定财产制定出大致反映其风险的费率,是火灾保险业务中必不可少的内容。

(六) 火灾保险的赔偿

发生火灾保险合同所约定的保险事故后,保险人应依据保险合同和相关法规,遵照近因原则、损失补偿原则等开展理赔工作。理赔工作中需注意以下具体事项:

(1) 对固定资产的理赔需依据分项计赔原则,每项固定资产对应着自身的赔偿限额。

(2) 残值和免赔额的处理。在火灾保险的理赔过程中,若保险人按照全部损失赔偿被保险人的损失,则保险标的的残值应该在赔偿款中予以扣除。如果合同中有免赔规定的,还应扣除免赔金额。

三、我国火灾保险的主要险种

当前,我国保险业界未采用国外的火灾保险的称谓,将与国外火灾保险类似的保险业务统称为财产保险。目前,我国国内保险公司开办的火灾保险业务主要有以下四种。

(一) 企业财产保险

企业财产保险是以各类企业及其他经济组织存放在相对固定地点的财产为保险标的的保险业务,它是我国财产保险业务中的主要险种之一。企业财产保险适用的范围很广,凡具有法人资格的从事生产、流通和服务性活动的独立核算的经济单位均投保企业财产保险。凡是被保险人所有或与他人共有而由被保险人负责的财产、由被保险人经营管理或替他人保管的财产,其他具有法律上承认的与被保险人有经济利害关系的财产,都可以作为企业财产保险的保险标的。对金银、珠宝、玉器、首饰、古玩、古书、古画、邮票、艺术品、稀有金属和其他珍贵财物,牲畜、禽类和其他饲养动物,堤坝、水闸、铁路、道路、涵洞、桥梁、码头、矿井、矿坑内的设备和物资等财产非经投保人与保险人特别约定,并且在保险单上载明,不在保险财产范围之内。对于价值难以估计、损失率大、道德风险大的物品,则属于不保财产,如土地、矿藏、货币、票证、违章建筑、危险建筑、非法占用的财产。企业财产保险还可以承保附加险,如附加盗窃险、营业中断险、橱窗玻璃意外险。

(二) 家庭财产保险

家庭财产保险是以城乡居民的个人财产及其家庭成员的自有财产,如房屋、家具、家电等作为保险标的的保险。代人保管或与他人共有的财产可特约承保;对于金银、首饰、珠宝、货币、有价证券、票证、邮票、古玩、古书、字画、文件、账册、技术资料、图表、家畜、花树、鱼鸟、盆景,以及其他无法鉴定价值的财产、正处于危险状态的财产,则属于不保财产。在我国,保险公司开办的家庭财产保险主要有以下三类。

1. 普通家庭财产保险

它是一种专门为城乡居民家庭开设的通用型财产保险业务,由投保人根据保险财产实际价值确定保险金额,以作为保险人赔偿的最高限额。

2. 家庭财产两全保险

它是在普通家庭财产保险的基础上衍生出的一种家庭财险业务,主要特点是它兼有经济补偿和到期还本双重性质。保险公司用被保险人所交保险储金的利息作为保险费收入,在保险期满时,无论是否发生保险事故或是否进行过保险理赔,原保险储金都将如数退还被保险人。例如,每份保险金额为10 000元的家庭财产两全保险,保险储金为1 000元,投保人根据保险金额一次性缴纳保险储金,保险人将保险储金的利息作为保险费。保险期满后,无论保险期内是否发生赔付,保险人都将如数退还全部保险储金。

3. 专项家庭财产保险

这是保险公司根据客户需要开办的、以家庭中某一特定财产为保险标的的保险业务,如专门的家用电器保险等。

除了以上三种主要的家庭财险业务,近几年来,我国各财产保险公司还推出了与系列附加险配套的家庭财产综合保险和投资型的家庭财产保险等新型险种。例如,投资保障型家庭财产保险。该保险不仅具有保障功能,还具有投资功能。投保人所交付的是保险投资金,按规定保险投资金必须按份购买。举例来说,每份保险金额10 000元需缴纳保险投资金2 000元,则被保险人不但可得到保险金额为10 000元的保险保障,而且在保险期满后,无论是否获得过保险赔偿,均可以领取保险投资金本金2 000元并获得一定的投资收益。

(三)机器设备损坏保险

机器设备损坏保险是以企业、矿山的各类机器、设备、机械、装置,如车床、电机、发电机组、电力输送设备、生产加工设备及附属设备等为保险标的的保险。投保人投保的机器、设备在运行过程中因突然发生的和不可预料的事故,包括因部分自然灾害造成的机器、设备的全损或零部件的损坏,由保险人负责经济补偿。它是从企业财产保险演变而来的又一种独立业务。

(四)利润损失保险

利润损失保险,又叫营业中断险,是对传统财产保险不予承保的间接损失提供补偿的保险。它承保由于火灾和自然灾害或意外事故,被保险人在保险财产从受损到恢复至营业前状况一段时期内,因停产、停业或营业受到影响所造成的利润损失和受灾的营业中断期间所需开支的必要费用。

在国外,利润损失保险既有单独承保的,也有作为团体火灾保险的附加险承保的。在我国,一般作为财产保险基本险或综合险的一种附加险承保。只有保险损失的原因与基本险的承保风险一致时,保险公司才负责赔偿因此引起的营业中断损失。利润损失险一般根据上一会计年度损益表中营业利润和期间费用总额来确定保险金额,也可根据企业生产、销售增长情况,在上年度营业利润和期间费用的基础上增加一定比例确定。利润损失险一般都规定了免赔额,由被保险人自己承担一部分损失。

第二节 运输保险

一、运输保险的概念与特点

(一)运输保险的概念

运输保险业务是财产保险的另一大类,它是指以流动状态下的财产为保险标的的一种保险,如在途中的货物、行驶中的运输工具。因此,它又包括货物运输保险和运输工具保险两大类。

(二)运输保险的特点

运输保险属于财产保险的范畴,因此它有着财产保险共同的特点,但由于运输保险的保险责任范围、保险标的、赔偿处理方式与其他财产保险的不同,运输保险又有着其自身的特点,具体表现在以下四点。

1. 保险标的具有流动性

不管是运输过程中的货物还是运输工具,都不是存放在固定的场所,而是不停或经常处于流动状态,这一点是运输保险最大的特点,同时它也决定了运输保险中风险的复杂性、广泛性和不可控性。

2. 保险标的出险的地点往往在异地

由于保险标的具有流动性,所以许多出险事件往往发生在远离保险合同的签订地或被保险人所在地。例如,韩国的飞机可能在中国的领空发生事故,日本的轮船可能在美国的水域沉没,货物出险更是多发生在运输途中。这大大增加了赔偿工作的难度,因此运输保险的保险人通常需要采用委托查勘理赔的方式来处理运输保险理赔工作。

3. 保险责任范围广泛且风险大

保险人在承保运输保险时,不仅需要承担标的物在固定场所可能遇到的风险,还要承担运行过程中的风险,以及发生事故时,为减少财产损失所支付的施救等费用,因此扩大了相应的风险责任。

4. 往往涉及第三方的利益

各种运输工具,特别是大型的运输工具,在运行过程中一旦发生保险事故会直接损害第三方的利益。例如,发生大型客机的坠机事件直接损害的就是公众的利益。在这种情况下,如果第三方索赔属于保险责任范围,则保险人需要承担起对第三方的赔偿责任。因此,虽然运输保险关系仅存在于保险人与被保险人之间,但往往会牵涉到第三方的利益。

二、货物运输保险

货物运输保险是以运输途中的货物作为保险标的,保险人对由自然灾害和意外事故造成的货物损失负赔偿责任的保险。在我国,收货人和发货人均可投保,通常在贸易合同中明确规定,保险费可以包括在货物价格之中。

(一)货物运输保险的特点

货物运输保险与其他财产保险相比,有以下三个特点。

1. 保险的责任范围比一般财产保险广泛

一般财产保险只负责保险财产的直接损失和为减少损失所支出的施救费用,而货物运输保险除此之外还对货物由于破碎、渗透、遭受盗窃或整体提货不慎所致的损失负责赔偿。

2. 保险期限以约定的运输过程为准

普通财产保险的保险期限一般为一年;而货物运输保险的保险期限,则是从货物运离发货人的仓库或贮存地开始直至到达收货人的仓库或贮存地结束,事先很难准确规定具体保险期限。

3. 被保险财产与被保险人相分离

一般财产保险的被保险财产,绝大多数情况下是在被保险人的直接控制之下;然而,货物运输保险则截然不同,被保险人的货物一般交由承运人,货物一旦起运,被保险人与被保险财产相分离,被保险人无法控制其财产。

(二)货物运输保险的主要内容

运输有水上运输、陆上运输、航空运输等几种方式。因此,货物运输保险也可以分为水上货物运输保险、陆上货物运输保险、航空货物运输保险和联合运输保险等几类。水上货物运输保险所面临的主要风险,是水上运输工具由于搁浅、倾覆、沉没而造成的货物损失。陆上货物运输保险所面临的风险,主要是陆上运输工具由于发生出轨、倾覆、隧道坍塌等事故造成的货物损失。航空货物运输保险的主要风险,则是飞机由于坠毁、失踪、空中抛弃等事故造成的货物损失。而联合运输在运输过程中往往是几种交通工具交替使用,因此它所面临的风险则是前面几大类风险的总和。

货物运输保险的保险责任范围因基本险和综合险而异,综合险的责任范围较前者要宽。一般来说,货物运输保险基本险的保险责任有如下五项:

（1）因遭受火灾、爆炸、雷电、冰雹、暴风、暴雨、洪水、海啸、地震、崖崩、滑坡、泥石流、地陷等自然灾害造成的货物损失；

（2）因运输工具发生碰撞、搁浅、触礁、沉没、出轨或隧道、码头坍塌、倾覆、坠落、失踪等事故而造成的货物损失；

（3）被保险货物在运输和装卸过程中，因遭受不属于包装不善或装卸人员违反操作规程所造成的损失；

（4）按照惯例应当分摊的共同海损费用；

（5）合理必要的施救费用。

货物运输保险综合险除了承保以上责任之外，还承保盗窃，液体货物因受震动、挤压致使发生渗漏，货物遭受雨淋等原因造成的损失。但以下情况造成的损失属于除外责任：

（1）战争或军事行动；

（2）核事件或核爆炸；

（3）货物本身的缺陷和自然损耗；

（4）被保险人的故意行为或过失；

（5）其他不属于保险责任范围内的损失。

就保险金额而言，货物运输保险采用"定值保险"的办法，即由投保人或发货人提出金额，在投保单或托运单上填明，经保险人同意，为确定的保险金额。此方法消除了保险货物市场价格变动的影响。一般情况下，保险金额可按照货价或货价加运杂费、保险费来确定。

货物运输保险的费率厘定，通常要考虑到所选用的运输工具、运输路径、运输方式、所经区域、货物的性质等诸多因素。保险人以此来综合评估风险，确定合适的费率。

当保险货物发生损失时，收货人应当在10日之内向保险人提出申请，并会同保险人检验受损货物。被保险人如需向保险人申请索赔，必须提供保险合同约定的有关单证，如保险单、运单、提货单、发货单、损失清单等。保险人在收到单证后需进一步审核，并迅速核定是否应赔偿。若损失是由承运人的原因造成，则保险人有权依法行使追偿权。

(三)货物运输保险的主要险种

依照不同的货物运输方式,货物运输保险也不同,主要有以下三种。

1. 海洋货物运输保险

海洋货物运输保险是以海上运输工具运载的货物为保险标的,保险人承担整个运输过程(包括内河、内陆运输)保险标的遭受自然灾害和意外事故的损失。在国际贸易中,大部分货物都要通过海洋运输来完成。而海洋运输一般时间长、距离远、范围广,风险较大,因此国际海运贸易中,海洋货物运输保险就成为贸易双方洽谈的重要问题之一和贸易合同的重要条款之一。海洋货物保险的基本险包括平安险、水渍险和一切险。除基本险外,海洋货物运输保险还有一般附加险和特殊附加险。

2. 陆上货物运输保险

陆上货物运输保险是以陆上交通运输工具,包括汽车、火车等运输的货物为保险标的的保险。它包括陆上货物运输险和陆上货物运输一切险。

3. 航空货物运输保险

航空货物运输保险是以航空货物为保险标的的保险。它包括航空货物运输险和航空货物运输一切险。

三、运输工具保险

运输工具是实现人和物空间位移的载体。随着经济的发展,人们生活节奏的加快,运输工具在人们的工作和生活中发挥着越来越大的作用,运输工具保险也因此获得了极大的发展。

运输工具保险是以各类运输工具,如汽车、船舶、飞机、火车、摩托车等作为保险标的的保险,主要包括以下三种。

(一)机动车辆保险

机动车辆保险始于20世纪初,目前已发展成为财产保险中最重要的险种之一。在这一保险中,保险人负责赔偿被保险人因自然灾害和意外事故而遭受的机动车辆的损失,以及对第三者应当承担的经济责任。在这种保险业务中,除了承保汽车之外,还包括摩托车、拖拉机及各种特种车辆(如起重车、油罐车、消防车等)。实际上在保险实务中,机动车辆保险是以机动车辆以及与之密切关联的有关利益为保险标的的多项保险业务的统称。其中,基本险主要分为车辆损失险、第三者责任险两种,附加险有全车盗抢险、乘客座位责任险等多种。车辆损失险主要对车辆因碰撞原因(两车相撞或与其他物体碰撞)和非碰撞原因(如自然灾害、意外事故)引起的损失,以及施救费用负责赔偿;第三者责任险是承保被保险车辆因意外事故造成第三者的人身伤害或财产损失,依法应由被保险人承担经济赔偿责任的风险。

(二)船舶保险

船舶保险是以各类船舶、水上装置为保险标的的保险,包括远洋船舶保险和国内船舶保险。远洋船舶保险是以远洋船舶及其利益和责任为保险标的,当保险责任范围内的灾害事故导致船舶本身发生损失,或与船舶有关的利益发生损失,以及应由船主承担的经济赔偿责任时,由保险人进行赔付的保险。国内船舶保险的保险标的是在中华人民共和国境内水域,依照中国的法律、法规和主管部门的规章进行登记注册,从事合法营运或作业航行的各种机动船和非机动船,包括建造中和修理中的船舶、适航船舶、特种专用船舶,具备航行能力的船舶和油轮、游轮和拖船等。在这一保险中,保险人主要承担因自然灾害和意外事故造成船舶本身损失以及由此支出的合理费用、船舶的碰撞损失、共同海损的分摊等。

(三)飞机保险

飞机保险是随着飞机制造业和航空运输业的发展而兴起的险种,亦称为航空保险。在这一保险中,保险人负责赔偿被保险人因飞机本身的损失、旅客意外伤害、货物损失和对第三者应负的赔偿责任,主要包括以下三类。

1. 基本险

（1）飞机机身险。这是以飞机机身,包括机壳、推进器、仪器及特别安装的附件等为保险标的的保险。国外保单将飞机损失分为飞行、滑行、地面、停航四个阶段,保险责任范围分为包括地面及飞行在内的一切险、不包括飞行在内的一切险、不包括飞行和滑行在内的一切险三种。

（2）第三者责任险。承保投保人依法应负的有关飞机对地面、空中或机外的人员造成意外伤害、死亡事故、财物损毁的损失赔偿责任。第三者不包括机上乘客及航空公司雇佣人员。

（3）航空旅客人身意外伤害保险。承保旅客在乘坐或上下保险飞机时发生意外事故,致使旅客受到人身伤害,或随身携带和已经交运登记的行李、物件的损失,以及根据法律或合同应由被保险人负担的赔偿责任。

2. 附加险

（1）战争、劫持险。凡由于战争、敌对行为,或武装冲突、拘留、扣押、没收、保险飞机被劫持和被第三者破坏等原因造成的保险飞机的损失、费用,以及引起的被保险人对第三者、旅客应负的法律责任及费用,由保险人负责赔偿。

（2）承运货物责任险。凡办好托运手续装载在保险飞机上的货物,如在运输过程中发生损失,根据法律、合同规定应由承运人负责的,由保险人给予赔偿。

3. 特种险

（1）机场所有人或经营人法定责任险。承保机场所有人或经营人因过失或疏忽造成第三者飞机的损失及人身伤亡的损失。

（2）飞机产品责任险。承保因飞机设计错误、制造不良、维修中的缺陷、零部件不合格所造成的飞机本身的损失,以及旅客或第三者的人身伤亡的损失。

（3）机组人员意外伤害险。承保在飞行过程中,飞机机组人员因意外伤害事故造成的损失。

第三节 工程保险

一、工程保险的概念与特点

（一）工程保险的概念

工程保险是针对工程项目在建设过程中可能出现的自然灾害、意外事故以及因突然、不可预测的外部原因和工人、技术人员缺乏经验、疏忽、恶意行为等而造成的物质损失和依法对第三者的人身伤亡和财产损失承担的经济赔偿责任提供保障的一种综合性保险。目前，工程保险主要包括建筑工程保险、安装工程保险和科技工程保险。

工程保险起源于19世纪，距今只有100多年的历史。在19世纪英国的工厂内经常发生锅炉爆炸事故，造成严重的损失。为了预防锅炉爆炸事故，一些工程师组成的公会负责对锅炉进行定期检查。以后该公会又作出这样一项保证：如果发生锅炉爆炸事故，由公会按约定的金额来赔偿其损失，公会就演变为锅炉保险公司，这项措施也就演变为早期的工程保险。随着各国经济及社会发展的客观需要，工程保险的内容有了较大的发展。

（二）工程保险的特点

与传统的财产保险相比较，工程保险有着以下三个特点。

1. 风险广泛

传统的财产保险中，保险的责任范围往往只包括条款中说明的少数风险；而工程保险则不然，工程保险的保险责任范围通常是条款中除外责任以外的一切风险，即通常冠以"一切险"的名称。这表明工程保险的可保风险相当广泛，一切"突然"和"无法预测"的外来原因所造成的损失都在可保风险之列。与此同时，因为工程项目数量有限，耗资巨大，一旦出现事故发生损失，赔偿也只是集中于几个项目之上。

2. 工程保险的各种业务相互交错

工程保险不像传统的财产保险那样单一，它的各种险种之间的内容可能相互交叉,出现在同一份保险合同中。例如,建筑工程保险中往往包括安装工程保险的安装项目,安装工程保险中也通常有建筑工程项目,科技工程中既有建筑工程也有安装工程,这一点增加了工程保险的复杂性。

3. 会牵涉到较多的利益关系人

在传统的财产保险中,一般被保险人都是单个的法人或自然人;但在工程保险中,保险标的会牵涉到多个利益关系人,如项目所有者、承包人、银行等。这些利益关系人对保险标的均有保险利益,都具有投保人资格,都可成为该工程保险的被保险人。

二、建筑工程保险

建筑工程保险承保以土木建筑为主体的工程,在整个建筑期间由于保险责任范围内的各种风险造成保险工程项目的物质损失和列明费用的保险。它适用于各类民用和公共事业的建筑工程,如道路桥梁、港口、机场、水坝、管道等均可投保建筑工程保险。与其他财产保险,如火灾保险、运输保险相比较,建筑工程保险在费率、保险期限、保险金额、保险责任等方面都有着明显的不同。

(1) 保险费率不同。普通财产保险通常有固定的保险费率,而建筑工程保险无固定的保险费率。

(2) 保险期限不同。普通财产保险的保险期限一般以年为单位,且可续保;建筑工程保险的保险期限以工程期为单位,在工程完毕交付使用后结束。

(3) 保险金额不同。普通财产保险在保险期限内可能受损的最大金额是不变的,为保险标的的账面价值或重置价值;但建筑工程保险在保险期限内可能受损的最大金额是可变的,随着工程的进展,可能受损的最大金额逐渐增加。

(4) 保险责任不同。其他财产保险一般不保工作人员因操作上的失误,以及因财产本身的缺陷和不完善而引起的损失;而建筑工程保险则承保工人、技术人员因缺乏经验、疏忽、恶意行为等造成的物质损失,以及因原材料缺陷或工艺不善而引起的损失。

此外,建筑工程保险还有一个特点,这就是保险公司可以在一份保单内对所有该工程的利益关系人都给予所需要的保障。因此,建筑工程保险的被保险人可以包括以下各方:建筑单位,又称业主或工程项目所有人;施工单位,又分为总承包人和分承包人;技术顾问,即由业主聘请的建筑师、设计师、工程师等专业顾问;其他关系方,如贷款银行。

为了避免各个被保险人之间相互追偿,保险公司一般都附加一个共保责任交叉条款,对每一个被保险人的被保险范围作出明确的规定。如果这些被保险人之间互相发生责任事故,均由保险公司进行赔偿,他们之间不用相互追偿。

建筑工程保险一般都同时承保建筑工程第三者责任与特种危险赔偿保险。所谓建筑工程第三者责任保险,承保的是在工程保险期内,因发生意外事故所造成的依法应由被保险人负责的工地上及邻近地区第三者的人身伤亡和财产损失,以及被保险人因此而支出的费用。所谓特种危险赔偿保险,承保的是保险单上列明的地震、洪水等特种风险造成的各项物质损失。

和其他财产保险一样,建筑工程保险的费率制定也是一项复杂的工作,在制定费率时必须综合考虑众多因素。其中主要有:承保责任范围的大小,责任范围越大,费率越高;承保工程本身的风险程度,工程面临的风险越大,费率越高;承包人及其他工程关系方的资信情况、经营管理水平及经验;保险公司以往承保同类业务的赔付记录等。

在建筑工程保险的赔偿处理中,保险人承担的赔偿责任则根据受损项目分项处理,并适用于各项目的保险金额或赔偿限额;如保险损失为第三者引起,适用于权益转让原则,保险人可依法行使代位追偿权。

三、安装工程保险

安装工程保险是专门承保新建、扩建或改造的工矿企业的机器、设备、钢结构建筑物,在整个安装、调试期间由于除外责任以外的一切风险造成财产的物质损失、间接费用,以及造成第三者财产损失或人身伤亡而依法应由被保险人承担的经济赔偿责任。这种保险主要适用于安装工程项目的所有人、承包人、分承包人、供货人等,也就是说以上各方均可以成为安装工程保险的被保险人。通常情况是一方投保,其他各方可以通过交叉责任条款获得相应的保险保障。

安装工程保险与建筑工程保险在形式和内容上基本一致,但也存在着一些区别:

(1) 建筑工程保险的标的是随着工程进度逐步增加的,风险责任也随标的增加而增加;而安装工程保险一开始就负有全部的风险责任。

(2) 建筑工程保险的标的多数处于暴露状态,遭受自然灾害损失的可能性较大;而安装工程保险的标的多数在建筑物内,遭受自然灾害的可能性较小,但技术性强,受人为事故损失的可能性大。

(3) 建筑工程保险不负责因设计错误而致的一切损失;而安装工程保险负责因设计错误所引起的其他财产损失,但因设计错误造成的财产本身损失除外。

(4) 安装工程保险有试车的风险,像机械、钢结构物的安装工程,为了检查完工,工程往往要进行试车,这就会遇到由于第一次开动从未启动的机器所带来的风险,即试车风险;而建筑工程保险无试车风险。

安装工程保险的可保标的也分为物质损失、特种危险赔偿和第三者责任三部分,其中物质损失部分又分为安装项目、土木建筑工程项目、场地清理费、所有人或承包人在工地上的其他财产等四大类。这四大类保险金额的总数为物质损失项目的总保险金额。特种危险赔偿和第三者责任保险项目与建筑工程保险相似。

安装工程保险的保险期限的确定方法与建筑工程保险大致相同,都是从工程开始到工程完工的整个工程期,只是多了一个试车考核期。

安装工程保险的费率厘定除了应考虑被装机器设备的质量、型号是否符合要求以外,其他与建筑工程保险相同。主要的费率构成项目有:

(1) 安装项目、土建项目、场地清理费、现有财产、所有人或承包人在工地上的其他财产为一个总的费率,是整个工期的一次性费率;

(2) 安装建筑用机器、设备、工具部分为单独的年度费率;

(3) 保证期费率,实行整个保证期一次性费率;

(4) 各种附加保障费率,实行整个工期一次性费率;

(5) 试车期为单独费率,实行一次性费率;

(6) 第三者责任费率,实行整个工期一次性费率。

一般小型的工程项目可开出平均一次性费率,对于大型复杂的安装工程项目,应根据上述分类分项开具费率。

四、科技工程保险

科技工程通常是高风险工程,一旦科技工程发生事故将导致严重灾难和巨大损失。科技工程保险是随着各种科技工程的发展而兴起的。目前,科技工程保险主要有海洋石油开发保险、航天保险和核能保险等。

(一) 海上石油开发保险

海上石油开发保险是以石油开发过程中的钻前普查、钻井勘探、油田建设和生产作业各个阶段的各类财产、利益、责任和费用等为保险标的的保险。主要包括:海上移动性钻井设备的保险,平台钻井机的保险,控制井喷费用保险,油田建设工程保险,溢油、污染及费用保险,第三者责任保险,各种工作船保险,租金保险,重钻费用保险,战争与政治风险保险,平台保险和油管保险等。这是一种综合性保险。如定义所述,该险一般被划分为四个阶段:钻前普查阶段、钻井勘探阶段、油田建设阶段和生产作业阶段。每一阶段均有若干具体的险种供投保人投保,以工期为保险责任起讫期,当前一个阶段完成并证明有开采价值时,后一阶段才得以延续,投保人才开始投保下一阶段的保险。所以,海上石油开发保险是分阶段进行的,在别的方面,海上石油开发保险与其他工程保险均类似。

(二)航天保险

航天保险是指保险人对火箭和各种航天器在制造、发射和在轨运行中可能出现的各种风险造成的财产损失和人身伤亡给予保险赔付的一种保险。在我国,航天保险主要是指卫星保险。从航天工业发展的模式来看,航天保险的承保又可划分为航天产品研制、航天产品运输安装、航天产品发射、航天产品正常运行四个阶段。在上述阶段中,除了第一阶段外,其他三个阶段的保险可以分别单独承保,也可以采用一揽子保险的方式。航天保险的险种很多,但主要有发射前保险、发射时保险、寿命保险三种。

(三)核能保险

核能保险是指以核能工程项目为保险标的、以核能工程中的各种核事故和核责任风险为保险责任的科技工程保险。它是随着原子能技术的发展而发展壮大起来的,是核能民用工业发展的风险保障措施。其他保险均将核风险排除在外,核能保险正好填补了这个空缺。由于人类利用核能的历史并不长,因此核能保险也是一项非常年轻的保险业务,主要有财产损毁保险、核能安装工程保险、核能工程责任保险和核原料运输保险。1986年4月26日发生在前苏联的切尔诺贝利核电站事故和2011年3月11日发生在日本的福岛核电站事故,造成了十分严重的人员伤亡、财产损失和生态灾难,使人们对核电技术和核电工程深感忧虑,核能保险也显得必要。

第四节 农业保险

一、农业保险的概念与特点

(一)农业保险的概念

农业是第一产业,是国民经济的基础产业,农业的发展是否顺利关系到整个国民经济的发展与稳定。由于农业生产受非人为因素的影响很大,抗风险能力弱,所以为了保障农业的顺利发展,农业保险应运而生。农业保险是对农业生产者在从事种植业、养殖业生产的过程中,可能遭受的自然灾害和意外事故所造成的经济损失提供经济补偿的一种保险。它的具体方式是在农业生产的各环节中,把面临类似风险的单位或个人组织起来,建立补偿基金,对保险责任范围内的各种灾害事故造成的损失进行经济补偿,使农业生产得以顺利进行。

(二)农业保险的特点

与其他财产保险相比,农业保险有以下五个特点。

1. 季节性

由于各种动植物都有自身明显的生长周期,如江南的油菜一般4月份成熟、家畜一般年底出栏,所以农业保险的季节性就表现得特别明显。这就需要我们对动植物的生理特征与自然生态环境有正确的认识,以便在农业保险的各环节中正确地评估农业风险,加强对农业管理的监督。

2. 地域性

每个地区都有自己独特的地形、气候、土壤等自然条件,再加上社会、经济、生产、技术水平的不同,形成了动植物地域性分布的不同,从而决定了农业保险只能根据各地区的实际情况确定承保对象、承保范围等保险要素,而不能强求所有地区承保条件的统一。

3. 连续性

动植物在生长过程中是紧密相连、无法中断的,因此农业保险人员要充分考虑到连续性这一点,使农业保险业务稳步发展。

4. 农业保险风险大,赔付率高

农业是利用动物、植物及微生物的生命活动进行生产的一种产业,其产出要受到生物自身生命力及自然力的强烈制约,还受到各种意外事故的影响。这些影响因素都很难预测,极不确定。农业风险还具有时间、空间的高度相关性及广泛的伴生性,风险单位一般很大。例如,山区的特大暴雨可能导致山洪泥石流,摧毁周边大量农田、夷平村庄;一次严重的畜禽传染病可能波及周围广大地区,导致大量畜禽染病死亡。因此,农业生产风险大,损失也大,费率厘定难度大,损失的鉴定、理赔的处理等都比其他财产保险困难、繁琐,赔付率高。

5. 农业保险在某种程度上属于准公共产品

农民购买农业保险,若遭受合同约定的风险损失,可以从保险公司获得一定的补偿,从这一角度看,农业保险属于私人产品,它具有排他性和消费上的竞争性。但是,考虑到农业风险主要是洪涝、干旱、台风、冰雹等自然风险,这类风险不是在个人控制之下,更不是由于个人过错造成的,且一般会导致大面积的灾害损失,农业保险客观上保障了社会稳定和社会秩序,从这个意义上说,农业保险具有正的外部性,具有公共产品的某些属性。所以,我们认为农业保险具有准公共产品的属性。正因为如此,农业保险在许多国家都得到了政府的扶持,带有政策性。我国《保险法》规定:"国家支持发展为农业生产服务的保险业。"

二、农业保险的分类

农业保险的范围非常广泛,按其保险标的的不同主要分为种植业保险和养殖业保险两大类。

(一)种植业保险

种植业是指栽培植物以获取产品的生产行业。种植业生产是人类生活资料的基本来源,生产的粮食、油料、糖料、蔬菜以及木材和果品等,是人们重要的生活资料或工业原料。种植业生产是在土地上利用天然的光、热、水、空气条件,通过植物生长机能去转化能量而获得产品,所以种植业深受大自然中气象灾害的影响,以及病虫害和火灾等意外事故的威胁。种植业保险,就显得十分重要。种植业保险是以农业生产单位或个人栽种的各种作物、林木果实为保险标的的保险,主要有农作物保险和林木保险两大类。

1. 农作物保险

以林木以外的人工栽培的植物为保险标的的保险,如小麦保险、棉花保险、西瓜保险等。按农作物的生长时期的不同,农作物保险又可分为生长期农作物保险和收获期农作物保险。生长期农作物保险,是指以各种农作物在生长期间因自然灾害造成收获量价值或生产费用损失为承保责任的保险,如小麦种植保险、水稻种植保险、玉米种植保险、棉花种植保险、烟叶种植保险等。收获期农作物保险是承保农作物收获后在进行晾晒、轧打、脱粒和烘烤加工过程中,因遭受水灾、洪水、暴风雨等灾害而造成农作物产品损失非故意的、非预期的、非计划的经济价值的灭失和人身的伤害。这是一种短期保险,保险期限一般从农作物收获后开始,到完成初加工离场入库前结束,如麦场夏粮火灾保险、烤烟水灾保险等。

2. 林木保险

林木保险的保险标的主要是指人工栽培的人工林和人工栽培的果木林两大类。原始林或自然林不属于保险标的范围,主要包括木材林保险和果树保险。木材林保险,又称林木保险,是指林木在生长期遇到的灾害有火灾、虫灾、风灾、雪灾、洪水等,其中火灾是森林的主要灾害。林木保险可以根据未来的生长期确定保险期限,也可以按 1 年定期承保,到期续保。林木保险的保险金额确定方式有两种:一是按照林木的成本确定;二是分成若干档次确定。果树保险根据承保地区主要树种的自然灾害选择单项灾害或伴发性的灾害作为保险责任,对于果树的病虫害一般不予承保。果树保险一般可分为果树产量保险和果树死亡保险两种。果树产量保险只保果树的盛果期,初果期和衰老期一般不予承保;保险期限是从出果时起到果实达到可采成熟时止。果树死亡保险的保险期限多以 1 年期为限。

(二) 养殖业保险

养殖业是利用动物的生理机能,通过人工养殖以取得畜禽产品和水产品的生产行业。由于养殖业的劳动对象是有生命的动物,它们在生产过程中具有移位和游动的特点,因此在利用自然力方面,比种植业有较大的灵活性。但是,养殖业也受到自然灾害和意外事故的影响,还会受到疾病死亡的严重威胁。养殖业保险是以有生命的动物为保险标的,对被保险人在饲养期间遭受保险责任范围内的自然灾害、意外事故所引起的损失给予补偿。养殖业保险主要有畜禽养殖保险和水产养殖保险两大类。

1. 畜禽养殖保险

畜禽养殖保险是以人工养殖的牲畜和家禽为保险对象的养殖保险。在畜禽养殖保险中,根据保险标的的种类,又可分为牲畜保险和家禽保险。

(1) 牲畜保险。以役用畜、肉用畜、乳用畜或其他用途的牲畜为保险标的,承保在饲养或役用期间因意外灾害或牲畜疾病造成的死亡、伤残,以及因流行疾病强制屠宰、掩埋而造成的经济损失的一种保险,如养牛保险、养马保险等。

(2) 家禽保险。为经人们长期驯化培育,可以提供肉、蛋、羽绒等产品或其他用途的禽类提供的一种保险。由于家禽在饲养过程中一般采取高密度的规模养殖方式,因此承保责任以疾病、自然灾害和意外事故等综合责任为主。

2. 水产养殖保险

水产养殖保险是指对利用水域进行人工养殖的水产物因遭受自然灾害和意外事故而造成经济损失时,提供经济补偿的一种保险。从水产养殖的水域环境条件来分,主要有淡水养殖保险和海水养殖保险两大类。

(1) 淡水养殖保险。淡水养殖保险的保险标的主要有养鱼、河蚌、珍珠等。淡水养殖保险主要承保因自然灾害或非人为因素造成意外事故所致保险标的的死亡,对因疾病引起的死亡一般不予承保。

(2) 海水养殖保险。海水养殖保险是指为利用海水资源进行人工养殖者提供的一种保险。海水养殖保险的保险责任主要是自然灾害造成的流失、缺氧浮头死亡等,对疾病引起的死亡风险一般需特约承保。

目前,我国开办的海水养殖保险有对虾养殖保险、扇贝养殖保险等。

三、农业保险的基本内容

(一)保险责任

农业生产所面临的风险广泛,风险损失率高,但并不是所有的风险都属于保险责任,因下列原因所造成的农业生产的经济损失,保险人负责赔偿。

1. 自然灾害

(1)干旱。干旱是农业生产中的主要灾害,其发生频率高、影响范围广,我国基本上每年在某些地区都发生不同程度的旱灾。具体操作上又把干旱根据程度不同分为大旱、小旱等几种。(2)洪涝灾害。洪灾是指因江河泛滥淹没田地、淹死家畜和家禽所造成的灾害;而涝灾则是指因长期大雨或暴雨而产生大量的积水和径流,淹没了低洼土地所造成的灾害。洪灾和涝灾一般同时发生难以区分。(3)寒灾。寒灾又分为气温在零度以上的冷灾和气温在零度以下的冻灾两种。发生寒灾时,农作物和牲畜会发生大批冻死、冻伤的现象。(4)风灾。风灾对种植业影响较大,往往会出现大批农作物和林木折枝拔根的现象。(5)冰雹灾害。冰雹是指雹云形成之后降落下来的一种固态降水,冰雹灾害对农作物的危害较大,容易砸坏农作物的茎和果实。

2. 病虫害

种植业出现过的病虫害数量种类繁多,它们直接危害植物的根、茎、叶、花、果、种子等,同时也直接危害种子及其他农产品的运输和贮藏,使其失去经济价值。养殖业中的病虫害主要是指发生在家畜、家禽身上的传染病、寄生虫以及一般疾病等,如禽流感、疯牛病等病毒。此外,为了防止疾病传染,当地政府或有关部门责令宰杀或掩埋造成的损失,也在保险责任范围之内。

3. 意外事故

动物触电、摔跌、互斗、碰撞、窒息、野兽伤害,以及建筑物倒塌等造成的农业生产的损失。

(二) 保险金额

农业保险的保险标的具有自然再生产与经济再生产相结合,风险大、损失率高的特点。在保险金额的确定方面与其他财产保险存在区别,总的要求即是实行低保额制,以利保险人控制风险。在具体的操作实务中,农业保险主要按下列四种方法来确定保险金额。

1. 平均成本法

保险人按照各地的同类标的在生长期、收获期、养殖期内投入的平均成本作为计算保险金额的依据,以此确定的保险金额即为保险人承担责任的最高赔偿限额。这种方法一般适用于生长期的农作物、森林保险和水产保险等。当保险标的发生全部损失的情况时,保险人应按事先确定的保险金额全额赔偿;若发生部分损失的情况,则保险人应赔偿保险金额与被保险人收益之间的差额。

2. 评定价值法与市场价值法

评定价值法是指由保险人与被保险人双方协商确定投保标的的保险金额,发生损失时,其赔偿金额则是根据保险公司账面上最后一次评定价值来核定的,它并不是标的发生损失当时的实际价值。按照市场价值来确定保险金额时,赔偿金额就要根据标的发生损失当时的市场价值来确定,但以不超过保险金额为限。这两种方法一般都用于牲畜保险。

3. 平均产量法

保险人按照各地同类标的的平均产量与预期售价,或者市场价值的乘积来确定保险金额。它适用于农作物保险、林木保险与水产养殖保险。生长期的农作物可以用农作物的预期收益量作为保险标的的价值,按照一定乘数确定保险金额;林木保险的保险金额,则可以按照单位面积林木蓄积量确定;水产养殖保险,则可以按照水产产品的养殖产量一定成数确定保险金额。

4. 定额投保法

保险人根据保险标的的各种性质分档次规定保险金额,根据被保险人投保时选定的档次给予定额赔付,不扣除残值。

(三) 保险费率

农业保险费率的种类很多,在确定的方法上各不相同,但一般综合责任险承担的风险责任要比单项责任险大,所以综合责任险的费率要高于单项责任险的费率。而且,农业保险费率除了考虑承保危险发生的可能性及其损害大小外,还要考虑到保险金额和投保人的交费承受能力,所以一般采取低费率。在保险费的收取上一般可按产量为单位,或按保险金额的比例计收。

四、国外农业保险的主要模式

世界上各国由于自身条件、所处环境、农业发展水平的不同,他们开展农业保险的模式也不尽相同,但总结起来大体分为三种模式。

(一) 美国模式

美国是世界上最发达的国家之一,它的农业也是高度发达的,农业机械化率、商品率、社会化率都是居于世界前列的,但由于农业发展的风险性与不稳定性,美国政府采取了很多措施来保证农业生产的平稳发展,其中就包括大力开办农业保险。美国的农作物保险最早可追溯到1788年美国总统关于农作物保险的指令。1922年,美国政府在财政部设立了农业灾害保险部,这标志着农业保险作为政策性保险在美国出现。1938年,美国颁布了《联邦农作物保险法》,为开展农作物保险提供了依据。

美国农业保险的特点,主要是国家和商业保险机构都经营农业保险业务,但经营的侧重点不同。在国家这一方,由联邦政府财政出资设立联邦农作物保险公司,专门经营政策性农业保险业务,同时接受商业保险机构的农业再保险业务。民间私营保险机构侧重于经营商业性农业保险业务,同时享受政府一些减税和财政补贴的优惠政策。

美国的农业保险实行自愿投保制,投保人可以任意选择联邦保险公司或商业保险机构投保;在险种方面,可以根据自身需要选择单一责任保险、综合责任保险或一切险责任的保险;在承保金额与赔偿方面,美国实行成数承保和比例赔偿制。

根据1994年美国《联邦农作物保险改革法案》,联邦农作物保险公司逐步退出直接业务,而是负责规划制定、稽核监督,并提供再保险。

(二)西欧模式

西欧模式是农业保险的另一个比较成熟的模式,西欧模式的特点是农业保险由互助保险社和商业性保险机构经营,两者可互相竞争,政府不参与农业保险的经营。作为一种政策性保险业务,政府对农业保险的支持主要体现在财政补贴上,西欧各国政府每年给予相互保险协会及农业再保险机构相当比例的财政补贴,其中以法国最为典型。法国政府除了免除农业保险的各项税收,还提供50%—60%的保险费补贴,并且支持设立农业保险专项风险基金,同时对经营强制性农业保险所造成的亏损予以补贴。在具体的保险业务操作中,农业保险主要由相互保险协会经办,农民根据自愿原则加入保险协会,缴纳保费实现投保。由于互助合作组织的规模不会太大,对于大规模风险的承保能力有限,因此在西欧国家的每个行政区内一般都有农业互助再保险机构,并且将业务分保给中央农业互助基金。

(三)日本模式

日本的国土面积小、人口多,因此农业生产经营规模一般较小,但日本却在较早的时间就建立了农业灾害补偿制度。1929年日本颁布了第一部《农业保险法》,1947年日本颁布了《农业灾害补偿法》,后几经修订,最终确立了独特的保险制度。

日本模式的特点是农业保险主要由民间非营利性的保险互助团体经营,政府只向农业保险提供补贴与再保险支持。在投保方式上,日本的农业保险也很特别,它采取的是强制保险与自愿保险相结合的方式。根据法律规定,若某地区建立了互助组织,所有该地区的种植人、养殖人只要其农作物耕种面积、家禽和家畜养殖数量达到法定规模,即被强制保险。对于未达到法定规模的种植人、养殖人,是否参加农业保险则根据自愿原则。农户参加强制保险或自愿保险,都可享受政府补贴。补贴比例较高,而且与费率挂钩,费率越高补贴比例越高。

复习思考题

1. 什么是火灾保险?它有何特点?
2. 我国目前已开办了哪几种火灾保险?
3. 什么是运输保险?它有何特点?
4. 什么是工程保险?建筑工程保险与安装工程保险有何区别?
5. 发展科技工程保险对于我国经济的发展有何意义?
6. 我国发展农业保险有何意义?
7. 为什么农业保险带有政策性?
8. 谈谈我国农业保险的发展现状和趋势。

第七章 责任保险

第一节 责任保险概述

一、概念

责任保险亦可称为第三者责任保险,是一种以被保险人的民事损害赔偿责任作为保险标的的保险。责任保险属于广义的财产保险范畴。广义的财产保险是以财产及其有关利益为保险标的的保险。它共包括三类:第一类是指狭义的财产保险,又称财产损失保险,指以特定的物质形态为标的的财产保险,如车辆损失险、家庭财产保险等;第二类是指以预期利益为保险标的的保险,如货物的托运人对货物到达目的地后应得的利润、收入可作为货物运输保险的标的;第三类是指以消极利益为保险标的的保险,如企业、团体、家庭或个人在进行生产、经营或生活的各种活动中,由于疏忽或过失等行为造成对他人的损害,依法应由被保险人负责的民事损害赔偿责任由保险公司来承担,即责任保险。

这种民事法律责任是指由于某种侵权行为或违约行为造成他方的人身或财产损害而依法或依合同应由致害人对受害人的损害承担一定的经济损害赔偿。民事法律责任主要分为侵权责任和违约责任两种。

侵权责任又可分为过错侵权责任、无过错侵权责任和故意侵权责任。过错侵权责任是由于被保险人的疏忽、过失行为对他人造成财产损失或人身伤亡,构成民事侵权行为。无过错侵权责任是指不论被保险人有无过失,均应对受害人的损害负经济赔偿责任。例如,许多国家的法律规定,雇员在工作时受到意外伤害,不论雇主有无过失,均应承担赔偿责任。故意侵权责任则不属责任保险承保的责任范围。另外,除非经过特别约定,责任保险一般不承保违约责任。

责任保险最早出现于19世纪中期的英国。1855年,英国铁路乘客保险公司向铁路公司提供意外事故责任保险。此后,责任保险业务随着社会的发展而不断地深入社会的各个领域。进入20世纪后,一方面,由于制造业、交通运输业等高度发展,随之而产生了许多新的风险,如飞机失事、火车相撞、产品缺陷等事故。另一方面,由于法律制度日趋完善,受害人利用法律保护自己的意识不断提高,这些都为责任保险的发展提供了良好的物质基础和社会基础。尤其是20世纪50年代以后,责任保险在世界各国都获得了很快的发展。我国的责任保险发展较为缓慢,现在责任保险的险种主要是机动车辆第三者责任保险,还有产品责任保险、公众责任保险和雇主责任保险等。

二、责任保险的特征

责任保险与其他财产保险相比有以下四个特点。

(一)责任保险产生的基础是客观存在的民事损害风险

由于人类社会的进步带来了法律制度的不断完善,人们在社会中的行为如触犯法律而造成他人财产损失或人身伤害应承担相应的责任,所以投保人需要通过投保责任保险来规避民事赔偿责任风险。而其他财产保险产生的基础是自然灾害和意外事故,使人们产生通过保险补偿其财产损失的需求。

(二)责任保险承保的标的是被保险人法律上的赔偿责任

责任保险标的是无形的,不是实体财产,因此没有保险价值可言,也没有超额保险之说。而其他财产保险标的通常是有形财产。

(三)责任保险合同是保险人与被保险人之间的合约,保险人并不会因此面对第三者产生法律责任

如果第三者因被保险人的行为或过失引起损失,他只能要求被保险人赔偿,不能直接向保险人要求赔偿。而其他财产保险只要因

保险事故造成损失,被保险人就可直接要求保险人负赔偿责任。

(四)责任保险的目的在于补偿因保险事故的发生所产生的被保险人在法律上对第三者的损害赔偿责任

责任保险不补偿由保险事故所导致的被保险人自己的财产损失。而狭义财产保险如财产损失保险,保险人所补偿的是被保险人自己的财产损失。

三、责任保险的承保形式

(一)责任保险作为财产保险的基本责任或附加责任予以承保

如在船舶保险中,船舶的碰撞责任、油污责任以及清除航道、打捞沉船等责任本来就包括在财产保险的保障内容之中。而在建筑、安装工程保险中,责任保险则属于附加险,投保人在投保建筑工程保险时,可加保第三者责任保险。

(二)责任保险作为与财产保险相联系的险种独立承保

如机动车辆第三者责任保险和飞机第三者责任保险中,投保人可以只投保财产保险或只投保责任保险,或两者均投保。虽然理论上投保人甚至可将财产保险与责任保险分别向不同的保险人投保,但由于责任保险往往与特定的有形财产相联系,所以习惯上与财产保险一起由同一保险人承保。

(三)责任保险作为完全独立的险种单独承保

如雇主责任保险、公众责任保险等,它与特定的有形财产没有任何联系,由保险人专门承担依法应由被保险人所负的经济赔偿责任。

四、责任保险合同的内容

(一)保险责任范围

保险人在责任保险中所承担的赔偿责任主要包括:负责被保险人根据法律规定,对造成第三者人身伤亡和财产损失应承担的经济赔偿责任。人身伤害责任赔偿金一般包括医疗费用、丧葬费用、收入损失和整容费用等。财产损失赔偿则仅负责被保险人对第三者造成的财产损失,对被保险人本身的财产损失则不属保险责任范围。另外,对第三者有形的身体损害和无形的财产损失的法律责任通常除外。

投保人与第三者因赔偿而引起纠纷时,一切由于要对诉讼进行调查和抗辩而引起的法律费用,保险人予以负责。

（二）除外责任

责任保险的除外责任一般包括:(1)战争、罢工;(2)核风险(核责任保险除外);(3)被保险人的故意行为;(4)被保险人的家属、雇员的人身伤害或财产损失;(5)被保险人所有、占有、使用或租赁的财产,或由被保险人照顾、看管或控制的财产损失。

责任保险的除外责任又因各险种的不同而有具体规定。有些经保险双方当事人特别约定的,可以加以承保。

（三）赔偿限额与免赔额

为了控制保险人的赔偿责任,责任保险单中都有赔偿限额和免赔额的规定。被保险人对第三者应负的赔偿责任超过最高限额时,超出部分由被保险人自行负担。责任保险的赔偿限额往往分为以下两种:

(1)每一次责任事故或同一原因引起的一系列责任事故的赔偿限额。它又可分为财产损失赔偿限额和人身伤亡赔偿限额两项。

(2)保险期限内累计的赔偿限额,它又分为累计的财产损失赔偿限额和累计的人身伤害赔偿限额。

但是,有时保险人只规定每次责任事故或同一原因引起的一系列责任事故的赔偿限额,而不规定累计赔偿限额,或者将财产损失和人身伤害损失合成一个限额。从发展趋势来看,大多数保险人现在已不再规定人身伤害损失的赔偿限额。

另外,责任保险一般还有免赔额的规定,而且通常是绝对免责赔偿,即保险人对第三者的损失赔偿超过了规定的限额责任以后,按超过部分的损失赔偿,未超过部分由被保险人自行负担。这样既可以提高保险公司的工作效率,减少零星赔款,又可以促使被保险人加强安全防范意识,防止发生意外事故。

(四)保险费率的确定

责任保险的保险费率是根据各险种的风险大小及损失率的高低而确定的,一般应考虑以下因素:(1)风险的类型,如被保险人的营业性质、产品的种类等;(2)承保地区的范围大小;(3)赔偿限额和免赔额的高低。赔偿限额增加,保险费也增加;免赔额增加,保险费则减少;(4)被保险人以往的事故记录。

(五)赔偿处理

被保险人和第三者之间有关赔偿责任的任何活动,都与保险人的保险责任密切相关。首先,在发生了被保险人对于第三人依法应负赔偿责任的损害事故后,只有被保险人受到第三者的赔偿请求时,保险人才会对被保险人负有赔偿责任。如果损害事故发生后,第三者不向被保险人请求赔偿,被保险人则无损失可言,当然保险人也不必承担赔偿责任。其次,保险人拥有处理赔偿损害事故的参与权。保险人为了自身利益的考虑,一般都会参与有关被保险人的赔偿责任的仲裁或者诉讼。对于被保险人的损害赔偿责任的承认、和解或否定,以及赔偿金额的多少,保险人均有发言权和抗辩权。这也是保险人最终应该支付损害事故的法律费用的原因。再次,如有其他方对被保险人的损害赔偿责任应承担相应责任的,保险人自向被保险人支付保险金之日起,在赔偿金额范围内代位行使被保险人对其他方请求赔偿的权利,被保险人应协助保险人向其他方追偿。因此,一旦发生保险责任内的事故,在索赔或诉讼时,被保险人应注意以下事项:

(1)被保险人或其代表应立即书面通知保险人。

(2)未经保险人书面同意,在发生任何事故或索赔时,被保险人不应拒绝责任、谈判或作出任何承诺、出价、议定或赔款。被保险人应提供一切有关情况协助保险人。

(3)被保险人如同时尚有其他保险承保同样责任或其中任何一

部分的责任,保险人对有关赔偿将按比例负责赔付。

(4) 保险内容如有变动或承保风险增加时,被保险人应立即书面通知保险人办理批改手续。否则,保险人对由变动或风险增加所致的损失概不负责。

(5) 被保险人与保险人之间的一切有关保险的争议应通过友好协商解决。如经协商达不成协议,可申请仲裁机构仲裁或向法院提起诉讼。除事先另有协议外,仲裁或诉讼应在被告方所在地。

第二节 公众责任保险

一、公众责任保险的概念

公众责任保险主要承保被保险人在各种固定的场所进行生产、营业或其他各项活动中由于意外事故而引致第三者身体受伤或财产损失,依法应由被保险人所承担的各种经济赔偿责任。公众责任保险的潜在需求普遍存在于各种公共场所和各种与公众发生联系的社会活动中。因此,公众责任保险适用范围相当广泛,工厂、办公楼、住宅、商店、旅馆、医院、影剧院以及展览馆等各种公共活动场所均可投保公众责任保险。

二、公众责任保险的基本内容

(一) 责任范围

(1) 承保保险期间内因被保险人或其雇佣人员的过失行为而造成第三者人身伤亡或财产损失,依法须由被保险人承担的经济赔偿责任。

(2) 因损害事故引起的诉讼费用和抗辩费用,以及经保险人事先同意支付的费用。

另外,公众责任保险的承保范围以被保险人从事的业务范围及所约定的保险场所为限。例如,在承保展览会的公众责任保险时,只限于在展览场所进行展出工作、装卸展品、运转机器等疏忽行为所引起的各项责任。对于导致他人财产损失或人身伤亡的其他事故,若与业务范围及约定的保险场所无关,则保险人概不负责。

(二)除外责任

(1)被保险人根据协议应承担的责任。

(2)对正为被保险人服务的任何人所遭受的伤害的责任。

(3)对被保险人、其雇佣人员或其代理人所有的财产或由其照管或由其控制的财产损失的责任。

(4)对被保险人、其雇佣人员或其代理人正在从事或一直从事工作的任何物品、土地、房屋或建筑物损失的责任。

(5)由于震动、移动或减弱支撑引起任何土地、财产或房产的损坏责任。

(6)由于有缺陷的卫生装置或任何类型的中毒、任何不洁或有害的食物或饮料而引起的损失责任。

公众责任保险的保险费一般是被保险人在受保年度之内的营业额或工资总支出和保险费率的乘积。保险费率由被保险人的职业性质和保障范围等因素决定,以反映意外事故发生的可能性,而营业额或工资总支出则反映被保险人商业活动的频繁程度。如果被保险人不是商业机构,则可以用受雇工作人员的人数为标准收取保险费。

目前,我国除少数附加在主险之上的公众责任保险,如汽车第三者责任保险、建筑安装工程第三者责任保险等之外,独立的公众责任保险发展缓慢,这一潜在市场有待开发。

三、公众责任保险的主要险种

(一)场所责任保险

这是公众责任保险中业务量最大的险别,适用于商店、办公楼、旅馆、饭店等公共场所。承保该场所因存在结构上缺陷或管理不当或进行业务活动时因疏忽行为而引起意外事故,造成第三者人身伤亡或财产损失所引起的赔偿责任,如旅馆责任保险、电梯责任保险、展览会责任保险和机场责任保险等。

（二）承包人责任保险

适用于各种建筑工程、装卸作业及修理行业等对象，主要承保被保险人在进行合同项目下的工程或其他作业时造成的损害赔偿责任。被保险人的分包人也可作为共同被保险人而获得保障。

（三）承运人责任保险

凡经营海上、陆上或空中运输业务的承运人运送旅客或货物，从承运人承运时起至到达目的地止的整个过程中，如发生损失，包括因延迟而造成的损失，根据法律或契约的规定应由承运人负责的，由保险人负责赔偿。

（四）个人责任保险

这是一种适合于个人和家庭需要的公众责任保险。承保被保险人在其所有、使用或支配的住宅内因安全防范或个人及其家庭成员的过失行为造成第三者人身伤亡或财产损失而引起的赔偿责任。

（五）综合公共责任保险

这是一种综合性的责任保险，以排除单独承保某一种责任而使被保险人不能得到充分保障的缺点。保险人承担的综合责任有产品责任、完工责任、业主预防责任、个人伤害责任和合同责任等。

第三节　产品责任保险

一、产品责任保险的概念

产品责任保险就是承保制造商、销售商或修理商因其制造、销售或修理的产品有缺陷使用户或消费者遭到人身伤亡和财产损失，依法应予负责的赔偿责任。如生产电视机、电冰箱、电热器，锅炉等的制造商，都可以投保产品责任保险。销售产品的批发商和零售商认为有必要时也可投保。在对产品责任事故负有法律责任的各方中，责任最大的是制造商，因为只要其他人没有将产品重新改装，产品原有缺陷引起的赔偿责任最终都由制造商承担。如果制造商在国外，批发商或零售商往往很难通过法律途径向制造商索回自己赔偿第三者的损失，在这种情况下，批发商或零售商只得自己投保产品责任保险。另外，所谓第三者是指除保险人及被保险人之外的任何人，不仅包括购买和使用该产品的消费者，也包括因产品的质量问题而遭受人身伤害或财产损失的其他人。

二、产品责任保险的特征

（一）承保的对象范围较广

产品责任保险是承保被保险人因制造、销售、处理或分配其产品时，造成用户、消费者或公众的人身伤亡或财产损失时应承担的民事损害赔偿责任。因此，被保险人可以是产品制造者、产品修理者、产品销售者或承运者等各行各业与产品相关的人。同时，销售商，尤其是产品上使用销售公司商标者，由于直接与消费者发生购销关系，承担的赔偿责任往往较大。因此，保险公司在核保时，对该险种的风险估计，以及事故发生后对损失的勘查等，往往需要各类专门技术人员的共同加入。

（二）产品责任保险以产品责任法为基础

如美国产品责任法使用绝对责任原则，对于产品缺陷对消费者产生的伤害，绝大多数情况下制造商、销售商等必须承担赔偿责任。因此，制造商、销售商等往往必须通过投保产品责任保险，由保险公司补偿产品责任所引起的经济损失。

（三）产品责任保险单通常规定保障产品已经离开原来生产或发售的地方而引致的人身伤亡或财产损失的法律责任，否则，该责任属公众责任保险的承保范围

（四）产品责任保险承保的地区往往具有跨国性

产品责任保险的承保地区多以产品销售地区为其范围。虽然有时限制于本国，但有时产品责任保险是应国外消费者的要求而投保的。当然，另一方面，投保人也藉此来促进该产品的国际行销。其他

责任保险承保的区域往往较狭窄,如场所责任保险一般仅保障被保险人在固定场所因赔偿责任所引起的经济损失。

三、产品责任保险的基本内容

(一)保险责任范围

在保险有效期内,由于被保险人所生产、出售或分配的产品或商品发生事故,造成使用、消费或操作该产品或商品的人或其他任何人的人身伤害、疾病、死亡或财产损失,依法应由被保险人负责的,保险人在约定的赔偿限额内,予以赔偿。

被保险人由于上述事故所支付的诉讼费用及其他经保险人书面同意支付的费用,也负责赔偿。

(二)除外责任

(1)根据合同或协议应由被保险人承担的其他人的责任。

(2)根据《劳工法》应由被保险人承担的责任。

(3)根据雇佣关系应由被保险人对雇员所承担的责任。

(4)被保险人所有、照管或控制的财产的损失。

(5)被保险人故意违法生产、出售或分配的产品或商品造成任何人的人身伤害、疾病、死亡或财产损失。

(6)被保险产品本身的损失及被保险人因收回、更换或修理有缺陷产品造成的损失和费用。

(7)产品仍在制造成销售场所,尚未转移至用户或消费者手中时所造成的损失赔偿责任。

(三)保险费

通常根据被保险人上一年度的生产、销售、分配产品或商品的情况估算出应预付的保费。保险期满后,被保险人应将保险期间生产、出售或分配的产品或商品的总值书面通知保险人,作为计算实际保险费的依据。实际保险费若高于预收保费,被保险人应补交其差额;反之,若预收保险费高于实际保险费,保险人退还其差额。但是,实际保险费不得低于所规定的最低保险费。另外,保险人有权在保险期内的任何时候,要求被保险人提供一定时期内所生产、出售或分配的产品或商品总值的数据。保险人还有权派工作人员检查被保险人的有关账册或记录,核实上述数据。

保险期间,被保险人若生产、出售或分配某种新产品,或被保险产品的化学成分若有所变动应在10天内书面通知保险人,并根据保险人的要求缴纳应增加的保险费,否则此保险将不扩展承保该产品。

(四) 保险期限

产品责任保险期限通常是一年,但有的产品由于使用年限较长,也可将投保期限定为3年或5年,甚至更长时间。

索赔的有效期应按保险单上的规定或以产品事故发生地有关法律规定为准,但一般有两种方式作为赔偿的条件:(1) 期内发生式:不管产品是何时生产或销售,也不管被保险人何时提出索赔,只要产品责任事故发生在保险期限以内,保险人均负赔偿责任;(2) 期内索赔式:不论保险事故发生在何时,只要被保险人在保险期限内要求赔偿,保险人即负赔偿责任。

(五) 赔偿限额

赔偿限额通常由被保险人与保险人根据实际情况协商后在保险单中载明,一般分为每一次产品事故的最高赔偿金额和保险有效期内的赔偿累计最高限额两种。如果生产、出售或分配的同一批产品或商品,由于同样原因造成多人的人身伤害、疾病、死亡或多人的财产损失,应视为一次事故造成的损失。

目前,产品责任保险在我国已有初步发展。国内已开办的产品责任保险有锅炉产品责任险、饮食业食物中毒责任险、食品卫生责任险、水电设备产品质量信誉保险、家电产品质量保证保险等。这些产品责任险的开展保护了消费者的利益,有利于促进产品质量的提高。在涉外业务中,产品责任保险主要与出口贸易相联系,它也是国际贸易的发展所必需的。另外,近年来有关产品责任事故及其损失赔偿的事件时有发生,生产厂家逐渐提高了产品责任意识,从而创造了产品责任保险的现实需求。

第四节 雇主责任保险

一、雇主责任保险的概念

雇主责任保险是以被保险人(雇主)的雇员在受雇期间从事业务工作时,因意外事故而导致伤、残、死亡或患有与职业有关的职业病而依法应由被保险人承担的赔偿责任为标的的保险。雇主责任保险始于19世纪80年代初期的英国,是责任保险中最早兴起并进入强制保险的险种。许多西方经济发达国家的雇主责任法或劳工赔偿法都规定,除非发现雇员有故意行为,不然雇员在工作中遭受的伤害应由雇主承担赔偿责任。为了转嫁风险,雇主往往都投保雇主责任保险。在我国,随着我国《劳动法》的实施,私营企业的增多和雇工人数的扩大,雇主责任保险已开始在一些经济发展较快的地区起步。

二、雇主责任保险的基本内容

(一)责任范围

(1)凡被保险人所雇用的员工,包括短期工、临时工、季节工和学徒工,在受雇过程中,从事与被保险人的业务有关的工作时,遭受意外而致受伤、死亡,被保险人根据雇用合同,须负的经济赔偿责任,由保险人负责赔偿。雇主对工人在工作时间内受伤或死亡的赔偿责任一般属绝对责任,即不论意外事故的发生是由于雇主的疏忽或工人的疏忽引起,雇主都要承担责任。雇主的疏忽包括设施不安全,没有给予工人足够的安全保障工具,如安全帽、安全带等。工人的疏忽,则指没有正确地使用或没有使用安全保障工具等。

(2)因患有与职业有关的职业性疾病而致雇员人身伤残、死亡的经济赔偿责任。职业病是指雇员在从事其职业活动中因接触职业性有害因素而引起的疾病。疾病与职业之间必须有一种因果关系,所有公众都可能得的普通疾病应排除在外。雇主责任保险单中含有职业病条款,且一般会提供职业病一览表,如职业中毒、尘肺、职业性皮肤病等。

(3)雇员在从事与职业有关的工作时遭受意外事故而致伤、死亡或患有与职业有关的职业性疾病时,保险人依法应承担雇员的医药费。当然,不是由上述原因引起的雇员的医药费,保险人不负赔偿责任。

(4)保险人员在处理保险责任范围内的索赔纠纷或诉讼时所引起的诉讼、律师费用及其他经保险人同意支付的费用。

(二)除外责任

(1)战争。类似战争行为、叛乱、罢工、暴动或由于核辐射所致的被雇人员伤残、死亡或疾病。

(2)被保险人的故意行为或重大过失。

(3)由于被雇人员自加伤害、自杀、犯罪行为、酗酒及无照驾驶各种机动车辆所致的伤残或死亡。

(4)被雇人员由于疾病、传染病、分娩、流产以及因这些疾病而施行内外科治疗手术所致的伤残废死亡。

(5)被保险人对其承包商雇用的员工的责任。

(三)保险费

根据被保险人估计在保险有效期内付给其雇用人员工资、加班费、奖金及其他津贴的总数,计算预付保险费。在保险单到期后的一个月内,被保险人应提供保险单有效期间实际付出的工资、加班费、奖金及其他津贴的确切数,凭此调整支付保险费、预付保险费多退少补。另外,被保险人必须将每一雇用人员的姓名及其工资、加班费、奖金及其他津贴妥为记录,并同意保险人随时查阅。

由于雇主责任保险的保费属于可调整的保费,一般地,如果不是故意的话,在投保期间即使有投保工资额不足的现象,若有意外事故发生,保险公司也不能以投保额不足为理由拒绝赔偿或按投保额与工资额的比例赔偿。

三、雇主责任保险的附加险

（一）附加医药费保险

本保险扩大承保对被雇用人员在保险有效期内，不论遭受意外伤害与否，因患疾病（包括传染病、分娩、流产）所需医疗费用，包括治疗、医药、手术、住院费用。医疗费的最高赔偿金额，不论一次或多次赔偿，每人累计以不超过保险单附加医药费的保险金额为限。

（二）附加第三者责任险

本保险扩大承保对被雇用人员在保险有效期内，从事与被保险人的业务有关工作时，由于意外或疏忽，造成第三者人身伤亡或财产损失，以及所引起的对第三者的抚恤、医疗费和赔偿费用，依法应由被保险人赔付的金额，保险人负责赔偿。

第五节 职业责任保险

一、职业责任保险的概念

职业责任保险是承保各种专业技术人员在提供各种职业服务时，由于工作疏忽或过失而引起的对第三者的民事赔偿责任的保险。

在西方发达国家，由于公众对专业技术人员的专业要求越来越高，所以以职业疏忽和过失为名的诉讼事件涉及许多领域和职业，法院判决的赔偿金额也往往使专业技术人员或其单位难以承受。因此，职业责任保险在这些国家里日益受到广泛的重视。在我国，虽然已开办了建筑工程设计责任保险等少数职业责任保险的险种，但却仅仅处于起步阶段，有待发展。

二、职业责任保险的基本内容

（一）保险责任范围

（1）被保险人及其前任、被保险人的雇员及其前任由于职业上的疏忽、过失所造成的经济损失。

（2）被保险人因责任事故而引起的诉讼费用及其他经保险人同

意的有关费用。

(二) 除外责任

(1) 因被保险人不诚实、欺诈或犯罪行为引起的索赔。如被保险人在投保时或保险有效期内不如实向保险人报告一些应报告的重要事实所引起的索赔。

(2) 因文件灭失或损失引起的索赔。

(3) 不属于职业责任范围的个人责任引起的索赔。如被保险人被指控有对他人诽谤或恶意中伤行为引起的责任。

(4) 被保险人故意行为所引起的责任。

(5) 被保险人根据合同或协议应对他人承担的责任。

三、职业责任保险的种类

(一) 医疗事故责任保险

医疗事故指具有赔偿可能的医疗事件,即指在诊疗护理工作中,因医务人员诊疗护理的过失,直接造成病人死亡、残废、组织器官损伤后导致功能障碍的事故。医疗事故责任的主体是医务人员,包括各级、各类医疗单位的卫生技术人员、从事医疗管理和后勤服务等人员及个体开业的医生。医疗责任事故保险承保医院医生在治疗病人时失误,或医院供应的药物、医疗器械或食物有问题而引起他人遭受伤害时,应负的损害赔偿责任。该类保险主要包括内科医生、外科医生和牙科医生责任保险,保险人的保障范围为医疗责任事故,而非病人身体受到伤害。因此,该条款保障范围广泛。

医疗责任保险与其他责任保险相比,有如下特征:

(1) 在医疗责任保险如果发生纠纷中,保险人若希望与原告庭外调解,必须事先征得被保险人即医院或医生的同意。虽然这种庭外调解的方式在其他责任保险中并不少见,但若在医疗责任保险中,保险人的这种做法很容易会毁坏被保险人的声誉。因此,虽然对保险人而言,可能庭外调解的费用更低,但被保险人却有权坚持要求保险人支持他在法庭上为自己辩护。

(2) 保险人并不把医疗责任保险中的责任范围限制在由"意外事故"引起的规定上。因为事实上，医疗事故责任往往为有意识的行为所造成的。例如，某医生为使病人止痛而让其服用某药后，该病人因过敏而死亡。虽说该结果是非故意行为造成，但让病人服用该药是该医生的有意识的行为。因此，医疗责任保险就能保障医生这方面的责任风险。当然，若有意识的行为属非法，则仍为除外责任。

(3) 被保险人在执业过程中对结果的保证是医疗责任保险的除外责任。如果医生向病人及其家属保证某一治疗的成功，但事实上结果却并非如此，那么医疗责任保险并不赔偿所造成的损失。因为保单仅负责由于医生在提供服务时因疏忽、过失和错误等所造成的损失。相反，普通商业责任保险则对此必须承担责任，如产品责任保险保障由于产品的质量问题而产生的损失。

(4) 医疗责任保险通常对被保险人照管、控制下的财产损失也给予赔偿，而普通责任保险则将之作为除外责任。当然，医疗责任保险中这种财产损失往往是很少的，它更多的还是赔偿人身伤害方面所造成的损失。

(5) 医疗责任保险在身体受伤和财产受损的赔偿方面往往并无区别，也无每次责任事故的限制，仅有每次索赔的责任限额。而在普通责任保险中，则要根据每次事故或每次事件来规定责任限额。

(二) 会计师责任保险

该险承保因会计师或其前任或该会计师对其负有法律责任的人因疏忽或过失违反业务上应尽义务，造成他人遭受经济损失时应负的赔偿责任。会计师的主要工作在于查账并且签署稽核报告、财务报表等。众多投资者往往会以报表上的信息作为投资选择的根据。因此，倘若会计师将不正确的信息误签为正确，将导致投资者作出错误的投资决策，引起财务上的亏损，投资者由此会要求会计师赔偿其经济上的损失。会计师投保会计师责任保险后，能将此赔偿责任转嫁给保险公司。

(三)律师责任保险

该险承保被保险人在提供职业服务时因被保险人或在法律上应负责的其他人的行为或疏忽行为所引起的损害赔偿责任。律师侵权,以过错为归责原则,即只有在律师有过错的情况下,才对其侵害行为所造成的损害后果承担民事责任。由于律师侵权造成的主要损害为财产损失,而诉讼上的失利最终大多可能转化为财产损失,因此律师侵权的主要民事责任形式应为赔偿损失。律师可能忽略了某些早期判决或现行法规中的某些方面,从而导致对其客户的误导并引起客户的经济损失,对此必须承担责任。一项律师责任索赔案的数额可以高达被告数年收入的总和,这就迫使律师事务所或律师本人必须投保律师责任保险。

(四)公司高级管理人员责任保险

公司的高级管理人员有可能因为作出错误判断而使其根据有关法律对公司或第三方负有责任。尽管在通常情况下,当事人也许会被迫引咎辞职,但更有可能其本人会因为个人过失而必须赔偿高额经济损失。此类保险因为其承保对象面临巨大的风险,保费也非常之高,但许多公司高层管理人员只得投保该险以保障可能出现的巨额经济损失。

(五)保险代理人和经纪人责任保险

保险代理人、经纪人可能在销售保单时,对于保险单的条款解释不当,或是任意夸大承保范围等,提供给客户错误的信息,使客户误解了保单保障的内容。当事故业已发生,客户向保险人索赔时,才了解到该事故原因不属保单承保责任范围。对于诸如此类的损失,客户有可能起诉其保险代理人或经纪人,要求代理人或经纪人因疏忽、过失责任赔偿其损失。若保险代理人、经纪人投保职业责任保险,虽然各保险公司的保单条款等有所不同,但绝大多数保险公司承担代理人或经纪人当其代理的保险公司可能因其疏忽或过失给该保险公司带来的经济损失的赔偿责任。无论代理人、经纪人的过失或疏忽是何时发生的,保单均规定客户或保险公司对经纪人的索赔若发生在保单有效期内,则给予赔偿。另外,为了更好地保护保险代理人或经纪人,保单一般还规定,如果保险人拒绝为代理人或经纪人续签该职业责任保单,那么他们原来投保的保单应可自动延续赔偿责任一年。

(六)建筑工程设计责任保险

这类保险承保因建筑设计单位的错误而造成建筑工程质量事故时,依法应由设计单位赔偿的损失,由保险人负责赔偿。

复习思考题

1. 责任保险有什么特征?
2. 为什么说责任保险是随着法律制度的不断完善而逐渐产生和发展的?
3. 责任保险中,保险人为什么一般都会支付损害事故的法律费用?
4. 请谈谈产品责任保险在促进生产健康发展和保障消费者权益方面的作用。
5. 我国目前是否应大力开发公众责任保险市场?为什么?
6. 雇主责任保障的保险责任和除外责任分别是什么?
7. 结合保险经纪人的责任和义务,谈谈保险经纪人投保职业责任保险的必要性。

第八章 信用保险与保证保险

第一节 信用保险

一、信用保险概述
（一）信用保险的概念与特点
1. 信用保险的概念

信用保险是以在商品赊销和信用放款中的债务人的信用作为保险标的,在债务人未能如约履行债务清偿而使债权人遭受损失时,由保险人向被保险人,即债权人提供风险保障的一种保险。

2. 信用保险的特点

与其他商业保险相比,信用保险具有以下三个特点。

（1）信用保险是国家为了活跃商品流通、促进出口贸易、鼓励对外投资而开办的,带有很强的政策性。信用保险一般承保商业信用风险,但政府支持开办的信用保险除承保商业信用风险外,还承保政治风险(又称国家风险或国家信用风险)。商业信用风险是指由于债务人本身原因致使债务不能履行或不能如期偿还的风险,包括买方破产、买方拒绝履行合同、买方不按期付款等。政治风险是指由于买方或出口人无法控制的事件而造成的债务不能履行或不能如期偿还的风险,包括外汇兑换困难、买方政府的延期支付、进口或出口许可证限制、战争、内乱等阻止合同履行以及政府的其他类似行为等。不管是商业信用风险还是政治风险,一旦发生,涉及面广,可能的损失巨大,是一般的商业保险公司难以承受的。因此,信用保险通常由政府部门或政府委托的保险机构办理。

（2）保险人、被保险人损失共担,有关信息共享。如前所述,信用保险承保商业信用风险和政治风险,保险人对这两类风险难以预料、难以控制,保险人期望控制风险,往往只能通过被保险人来实现,所以信用保险中一般规定被保险人应自负一定比例的损失,如政治风险为5%—10%,商业风险为5%—15%。此外,信用保险的标的特别,是个人、企业甚至国家的信用,因此资信调查在承保前就特别重要,但同时调查又比较困难,特别是被保险人是国外客户则更加困难,因此信用保险要求被保险人与保险人共享其掌握的所有有关客户的资信信息。另外,保险人一般还委托专业资信调查机构对国内外的客户资信情况做充分了解。

(3)信用保险不是以大数法则为基础制订保险费率和进行承保的,而是以获取有关风险的各方面信息并据以作出正确判断为前提的。信用保险承保的标的特别,易受人为因素影响,尤其是出口信用保险,所保障的政治风险一旦发生则波及面广,大多数保险标的将在同一时间发生保险事故,不适用大数法则。因此,保险人在承保时要充分调查有关风险的情况,了解各个债务人的特点,分别确定费率以及承保条件。

(二) 信用保险的产生

信用保险是在商业借贷活动中,商品赊销方赊销商品后不能得到相应的偿付,即赊购方出现信誉危机后产生的。在商品经济社会中,信用是维系工商业活动和金融活动正常运行的重要机制。但是,商品运动过程中使用价值的让渡和价值实现的分离以及商品生产的盲目性,又使得信用危机有可能产生。信用危机的出现,客观上要求建立一种经济补偿机制以弥补债权人遭受的损失,从而能够充分发挥信用制度对商品生产和商品流通的促进作用。信用保险便是这样一种重要的补偿机制。19世纪中叶,商品赊销方式在欧洲国家经济活动中已经较为普遍。同时,赊销方(卖方)常常因赊购方(买方)不按合同规定支付货款而遭受损失。于是,一些国家如法国、德国和瑞士的一些保险公司开办了国内信用保险业务,为商品赊销的卖方提供保险保障。

第一次世界大战以后,出口贸易在改善一国国际收支、增加就业、促进经济增长等方面的重要作用日益为各国政府所重视。1919年,英国出口信用担保局成立,标志着世界上第一个官办的出口信用保险机构诞生。20世纪30年代经济大危机以后,许多西方国家为了重振出口贸易,更多地由政府直接经营或由政府授权的官方或半官方性质的出口信用保险机构成立,为本国出口商提供收汇风险的保障。

进入20世纪70年代以后,许多发展中国家也纷纷开办出口信用保险业务。1988年,我国政府决定委托中国人民保险公司负责经营出口信用保险业务,以扩大机电产品出口,改变不利的贸易条件。1989年上半年,中国人民保险公司正式开办这一业务。到1998年6月,中国人民保险公司共计承保短期出口信用保险业务超过20万笔,中长期出口信用保险项目50余项,承保总金额超过140亿美元,支付保险赔款近7 000万美元。1998年10月,中国人民保险公司正式加入国际信用与投资保险人协会(简称伯尔尼协会),履行正式会员的一切权利和义务。

2001年12月,中国出口信用保险公司成立。公司由中国政府全资拥有,注册资本金40亿元人民币。这是我国唯一的政策性出口信用保险公司。2011年5月14日,国务院批复了中国出口信用保险公司改革实施总体方案和章程修订草案,进一步明确了公司的政策性定位,大幅补充了公司资本金,中央汇金投资有限责任公司注资200亿元人民币。该公司有15个职能部门,营业机构包括总公司营业部、18个分公司和6个营业管理部,已形成覆盖全国的服务网络,并在英国伦敦设有代表处。

(三) 信用保险的分类

1. 国内信用保险与出口信用保险

根据保险标的所处地理位置的不同,可以将信用保险分为国内信用保险与出口信用保险。如果保险标的是国内商人的信用,这种信用保险为国内信用保险;如果保险标的是国外(境外)商人的信用,这种信用保险则为出口信用保险。

2. 商业信用保险、银行信用保险与国家信用保险

根据保险标的性质的不同,可以将信用保险分为商业信用保险、银行信用保险和国家信用保险。如果保险标的是商品赊购(买方)的信用,这种信用保险为商业信用保险;如果保险标的是借款银行的信用,这种信用保险为银行信用保险;如果保险标的是借款国的信用,这种信用保险为国家信用保险。

二、国内信用保险

国内信用保险是以国内贸易中赊购方的买方信用、接受预付款的卖方信用、借贷活动中的借方信用等为保险标的的信用保险。据此,其主要类型有以下四种。

(一) 贷款信用保险

贷款信用保险是保险人对银行或其他金融机构与企业之间的借贷合同进行担保,以承保借款人信用风险的保险。这一保险是银行转嫁放贷款中的信用风险的手段。在市场经济条件下,由于有些企业经营管理不善或决策失误以及遭受自然灾害和意外事故等,银行贷款不能及时偿还的风险是客观存在的。因此,有必要建立起相应的贷款信用保险制度以维护正常的金融秩序。

在贷款信用保险中,贷款方(债权人)是投保人,又是被保险人,它对贷出的款项具有全额的保险利益。当企业无法归还贷款时,债权人可以从保险人那里获得补偿。贷款人获得保险人的补偿后,必须将债权转让给保险人,由保险人代位追偿。

贷款信用保险的承保金额是银行贷出的全部款项,其目的是保证银行信贷资金的安全性。保险人在制订保费时,应与银行利率相联系,并着重考虑下列因素:(1)企业的资信状况;(2)企业的经营管理水平与市场竞争力;(3)贷款项目的期限和用途;(4)企业所处的地区等。

(二) 赊销信用保险

赊销是商业信用的一种形式。它是卖方先向买方交付货物,经

过一定时期以后再收取货款的交易方法。收取货款时,可以一次性收取,也可以分期收取。赊销信用保险,又称消费信用保险,是为国内商业贸易中延期付款或分期付款行为提供信用担保的一种信用保险业务。在这种保险业务中,投保人(被保险人)是制造商或供应商,保险人所承保的是买方的信用风险。其目的在于保证被保险人即债权人能按时收回赊销款,以保障商业活动的顺利进行,维护正常的商品流通秩序。

赊销信用保险一般适用于一些以分期付款方式销售的耐用消费品,如汽车、船舶、住宅等。这类商品金额较大,一旦买方由于某种原因无力偿付分期支付的货款,就会造成供应商或制造商的损失。

赊销信用保险的特点是:期限较长、风险比较分散,承保业务手续较为复杂。保险人必须在详细考察买方的资信的前提下,才能决定是否承保。

(三) 预付信用保险

预付是商业信用的另一种形式。它是指购买者先向卖方交付货款,经过一定时期以后才能取得货物的一种交易方式。预付信用保险是保险人为卖者交付货物提供信用担保的一种信用保险业务。在这种业务中,投保人(被保险人)是商品的买方,保险人所承保的是卖方的信用风险。

(四) 个人贷款信用保险

个人贷款信用保险是以在金融机构对自然人进行贷款时,债务人的信用作为保险标的的信用保险。它所承保的是金融机构由于债务人的违约而遭受的风险。贷款信用保险是保险人面向个人的一种特别业务。由于各人的支付能力各不相同,信誉也有差异,因此,风险大小不一。保险人在开办这种业务时,必须对借款人借款的用途、经营情况、信誉、私有财产、固定收入等进行全面调查了解,必要时还可以要求借款人提供反担保或以私人财产作抵押。

三、出口信用保险

（一）出口信用保险的概念

出口信用保险是在商品出口或相关经济活动中发生的，保险人与被保险人（向国外买方提供信用的出口商或银行）签订的一种保险协议；根据该保险协议，被保险人向保险人交纳保险费，保险人赔偿保险协议项下被保险人向国外买方赊销商品或贷放货币后因买方信用及相关因素引起的经济损失。现在的一些出口信用保险业务不仅承保出口业务的信用风险，也承保对外投资、对外工程承包等业务的买方信用风险。

与其他保险业务相比，出口信用保险的一个显著特点是：政府的参与度高。政府对出口信用保险的支持和参与主要体现在以下四个方面：（1）财政上资助。为了充分发挥出口信用保险对国家出口的促进作用，各国政府都通过贷款、设立赔款准备金、贴现票据和再保险等不同方式，向出口信用保险注入大量资金。（2）规范经营和管理。在出口信用保险开办时，国家颁布专门的法律或政策，对办理出口信用保险的宗旨、经营目标和方针政策、财务核算办法、机构、人员的设置及归属均作出明确的规定，以便使出口信用保险符合国本国利益和达到支持出口的目的。（3）提供各种优惠政策。为扶持出口信用保险业务，几乎所有国家的政府都为此业务提供优惠政策，如免征一切税赋、赋予保险人较大的资金运用自主权限等。（4）参与重大经营决策。一些国家专门成立由有关政府部门如外交、工业、贸易、中央银行等官员组成部际委员会（咨询委员会），委员会定期召开会议，批准出口信用保险的方针、地区政策和进行重大经营项目的决策。有一些国家的出口信用保险机构还需向国会提交年度报告并通过议会审批。

（二）出口信用保险的种类

1. 短期出口信用保险和中长期出口信用保险

根据向买方提供信用期限长短的不同，出口信用保险可以分为短期出口信用保险和中长期出口信用保险。

短期出口信用保险是承保支付货款信用期不超过180天的信用保险,特殊情况下最长不超过一年。它一般适用于大批量、连续性出口的初级产品和消费性工业制成品。这是国际上出口信用保险适应面最广、承保量最大的一个险种。在实践中,短期出口信用保险通常要求被保险人必须在本国注册,按全部营业额投保,及时向保险人申报出口情况等。中期出口信用保险承保信用期一般在180天到3年之间。长期出口信用保险承保的信用期在3年以上。中长期出口信用保险是国家为了鼓励本国资本性货物如飞机、船舶、大型成套设备、机电产品等的出口以及本国企业参与国际投标或国外投资等开办的一种纯政策性业务。由于中长期出口项目的金额较大,合同执行期限较长,涉及的业务环节较多,运作复杂,而且项目很少重复,且所涉及的产品或服务均需要专门设计、专项制造,因此保险合同没有固定统一的格式,而是由保险合同双方当事人根据不同的出口产品或服务内容、不同的交付条件及支付方式等情况逐项协商拟定保险条件、保险费率和收费方法等。

2. 出运前出口信用保险和出运后出口信用保险

根据保险责任的起讫时间的不同,出口信用保险可分为出运前出口信用保险和出运后出口信用保险。

出运前出口信用保险主要承保出口贸易合同签字后,出口商在支付了产品设计、制造、运输及其他费用以后,由于国外买方的政治风险和商业风险所造成损失的风险。它的保险责任始于贸易合同生效日,止于货物出运日。

出运后出口信用保险主要承保在商品出运后,由于国外买方的政治风险和商业风险所导致的出口商的货款不能及时收回的风险。它的保险责任始于货物出运日,止于保险合同终止日。

3. 买方出口信贷保险和卖方出贷信用保险

根据贸易活动项下使用银行融资方式不同,出口信用保险可分为买方出口信贷保险和卖方出口信贷保险。

买方出口信贷保险适用于买方使用银行贷款项下的出口合同。

它是对卖方在向使用银行贷款的买方出口资本性货物时,由于买方所在国的商业风险和政治风险所导致损失进行承保的保险。

卖方出口信贷保险适用于卖方使用银行贷款项下的出口合同。它所承保的是在卖方信贷项下,卖方向买方出口资本品或半资本品时,由于买方所在国的商业风险和政治风险而使卖方遭受损失的风险。

4. 综合保单出口信用保险、特别保单出口信用保险和选择保单出口信用保险

根据承保方式的不同,出口信用保险可分为综合保单出口信用保险、特别保单出口信用保险和选择保单出口信用保险。

综合保单出口信用保险一般适用于大宗货物多批次、全方位的出口合同。它所承保的是出口商在一定期间出口全部货物后,由于买方所在国的政治风险和商业风险而使卖方遭受损失的风险。

特别保单出口信用保险适用于逐笔交易的资本性货物的出口合同。它是保险人对某一资本性货物进口国的政治风险和商业风险的承保。

选择保单出口信用保险是保险人有选择地规定承保风险范围的出口信用保险。例如,只承保买方国某种或某几种政治风险,或某种某几种商业风险,出口商根据自己的需要进行投保选择。

5. 服务保单出口信用保险、银行担保出口信用保险、保函支持出口信用保险、贸易展览会出口信用保险

这是根据出口合同标的的不同来分的。

服务保单出口信用保险是保险人对出口商在向国外客户提供服务后,由于客户所在国政治风险和商业风险所引起的损失进行承保的保险。

银行担保出口信用保险是保险人对银行在向出口商提供贷款后,由于买方国的政治风险和商业风险所导致的贷款不能按时收回所致损失进行承保的保险。

保函支持出口信用保险是在国际经济活动中,特别是项目招标、国际租赁、工程承包中,出口信用保险机构应投标人(或承租人、承包

人)的申请,向开立保函的银行出具反担保,以承保保函项下招标人(或招租人、发包人)的任何不公平索赔所造成的损失的保险。

贸易展览会出口信用保险是对本国出口商参加国外贸易展览会时,由于国外政治风险和商业风险所致损失进行承保的保险。

(三)出口信用保险的责任范围

出口信用保险承保的是出口商的出口收汇风险,主要是政治风险和商业风险。政治风险主要包括:买方所在国实行外汇管制,禁止或限制汇兑;买方所在国实行进口管制,买方的许可证被撤销;买方所在国或支付货款须经过的第三国颁布延期支付命令;买方所在国发生战争、骚乱、暴动、其他非常事件等,使买方无法履行合同。商业风险通常包括买方破产或财务状况恶化无力支付货款;买方收货后故意拖欠货款;买方违约拒收货物或拒绝付款。

出口信用保险不承保卖方出口货物已经存在的风险,或由于卖方或其代表故意违约而带来的风险。对于汇率变动引起的风险和其他保险中承保的风险也不予承保。

(四)出口信用保险的承保要求

1. 对被保险人的要求

它要求被保险人是具有良好资信、较好出口经验和管理水平、会计账册健全的出口商。

2. 承保范围

被保险人投保的出口货物应全部或部分是本国生产的产品,另有约定者除外。非本国产品或转口产品不予承保。

3. 赔偿限额

为了控制风险责任,保险人往往规定每一保单的最高赔偿限额。发生损失时,在该限额内赔付。短期信用保险中,一般规定对商业风险的赔付比例为90%,政治风险的赔付比例为90%或95%。赔偿限额因买方的资信情况和履约记录不同而不同。

4. 费率

出口信用保险是政策性业务,费率的厘定以赔付率加上适当的营业费用率为基础,不包括利润因素。费率厘定一般应考虑以下因素:(1)贸易合同规定的付款条件;(2)出口商的资信、经营情况;(3)出口商以往的赔付记录;(4)投保的货物种类及贸易金额;(5)买方国家的政治、经济及外汇收支状况;(6)国际市场的经济发展趋势。

(五)出口信用保险的经营原则

出口信用保险作为保险的一个种类,就要遵循保险的一般经营原则,如最大诚信原则、保险利益原则等,但同时又要考虑到出口信用保险本身的特点,依照其特点来经营。根据其特点,出口信用保险应遵循如下三项原则。

1. 买方信用限额申请原则

买方信用限额申请原则是指出口商根据保险条款的规定,为其对特定国外买方的信用销售向出口信用保险公司申请买方信用限额。买方信用限额具有以下特征:(1)它是保险人向出口商支付赔款的最高限额。如果出口商因国外买方违约而向出口信用保险机构提出索赔要求,保险机构支付赔款的上限不超过此买方信用限额。(2)买方信用限额可循环使用。出口商为某一国外买方申请的买方信用限额,经保险人批复,可以循环使用。该信用限额不受时间、出口商品性质的限制,除非保险人书面通知被保险人更改或终止此信用限额。需要指出的是,在买方信用限额中,有一个由被保险人自行掌握的信用限额,这个限额是在出口商投保出口信用保险时由保险人核定的。在该信用限额内,如果发生买方违约等保险合同项下的损失,保险人将负责赔付。保险人批复被保险人自行掌握的信用限额的依据是被保险人的经营历史、经营规模、盈利水平和经营作风等。

2. 买方风险控制原则

买方风险控制原则是出口信用保险人控制损失的原则。在出口信用保险中,特别是短期出口信用保险中,出口商的风险主要来自买方信用。而不同的买方违约对保险人所造成的损失是不同的。因此,这就要依据有关资料,对买方信用进行分析、归类,对可能造成重大损失的买方风险进行重点控制,对一般性风险进行一般管理。

3. 赔款等待期原则

该原则是出口信用保险定损核赔所应遵循的主要原则。其内容是:在被保险人提出索赔申请,并按照保险条款的规定提交有关损失已经发生的证明文件后,除条款规定买方被宣告破产或丧失偿付能力后即可定损核赔,对其他原因引起的损失,保险人不立即定损核赔,而是等待一段时间后再作处理。各国出口信用保险机构对赔款等待期的规定不同,一般为4—6个月。

之所以要规定等待期,是因为:(1)承保标的的风险已经发生,但出口商的货款仍有收回的可能性;(2)使出口商有动力协助保险人追讨债务人的欠款,从而减少损失;(3)有的国家法律对拖欠违约解释不同。

(六)出口信用保险的经营模式

1. 政府直接办理模式

在这种模式下,政府承担出口信用的一切风险,并且在其机构中设立一个特别部门,专门办理出口信用保险业务。它可以充分体现国家的出口政策,又有强大的财力作后盾,但易于产生官僚主义和效率低下问题。英国和日本是这种模式的代表。英国的出口信用保险机构即出口信用担保局,是政府的职能部门,它有两个经营账户:商业账户和国家利益账户。国家利益账户的经营受出口担保委员会的领导。出口担保委员会的成员来自财政部、工业贸易部、外交与联邦事务办公室、国防部、海外开发署和出口信用保险等部门。日本是由通产省国际贸易管理局下属的进出口保险课经营出口信用保险业务的。第二次世界大战结束以后,日本出口商的出口风险得到了政府的充分保障,出口保险课具体负责办理。

2. 政府成立全资公司模式

该模式的特点是,依照国家法律或政府命令由财政出资组建全资国有公司,专门办理出口信用保险业务。政府只负责制定经营方针政策,并不具体经营。这种模式采取商业方式进行经营,政府负担小,补贴少,这是它的优点。但是,对大额资本性货物和年限较长的出口贸易,显得支持力度不够。加拿大、印度、中国香港和韩国是这种经营模式的代表。

3. 政府机构控股办理模式

这种模式的特点是:办理出口信用保险业务的机构是一家股份公司,政府部门或公共机构占有该公司超过半数的股权,政府作为该公司最大的股东控制其经营。此类机构一般开立两个账户:国家账户和商业账户。在国家账户上记录风险大的业务,在商业账户上记录风险小的业务。此类公司的经营一般比较灵活,除经营出口信用保险业务外,还经营其他相关业务。法国、荷兰、葡萄牙等国均采取这种经营模式。

4. 政府委托私人机构办理模式

这种模式的特点是:政府制定政策,私人机构办理,国家承担最终风险。这种模式既体现国家的支持,又利用了私人机构经营机制,政府负担较小,但提供的保障不太充足。德国的赫尔梅斯信用保险公司和阿根廷出口信用保险公司是采取这一模式的代表。

第二节 保 证 保 险

一、保证保险的概念与特点

(一) 保证保险的概念

保证保险是一种担保性质的保险业务。它是在被保证人的作为或不作为致使被保险人(权利人)遭受经济损失时,由保险人承担经济赔偿责任的保险。它与信用保险的区别是:保证保险是被保证人(义务人)借保险人的信用向权利人提供担保,信用保险则是保险人根据债权人(权利人)的要求担保债务人的信用。

保证是一种古老的契约形式,是随着签订商业契约行为产生而出现的。早期的保证业务仅为"个人担保",后来逐渐发展成保险公司的业务之一,出现了保证保险。保证保险是随着道德风险的频繁发生而发展起来的。1876年,美国人在纽约开办了忠诚保证保险,1901年,美国马里兰州的诚实存款公司在英国提供契约担保,随后英国的几家保险公司也开办了该业务。1914年,诚实存款公司从欧洲撤出,几家英国的保险公司继续开辟了欧洲合同担保的保险市场。中国人民保险公司办理保证保险始于20世纪80年代初。

(二)保证保险的特点

与一般商业保险相比较,保证保险具有如下特点:

(1)一般商业保险只有两个当事人:保险人和投保人,而保证保险却涉及三方当事人:保险人(保证人)、权利人(被保险人)、义务人(被保证人)。例如,承包商向一家房地产公司保证,他将严格按照设计图纸来建造某一座大楼。在这里,承包商就是被保证人,他是保证保险中可能给权利人造成损失的一方,房地产公司是被保险人(权利人),保险人即保险公司。

(2)在保证保险中,被保证人未能依照合同或协议的要求履行自己的义务,由此给权利人带来损失,而被保证人不能补偿这一损失时,由保险人(保证人)代为赔偿。然后,保险人有权向被保证人追回这笔赔款。因此,保险人通常还要求被保证人提供可靠的反担保或签订偿还协议书,以便在向权利人支付赔款后,能确保向被保证人追回赔款。而一般商业保险中,保险人对投保人没有追偿权。

(3)从理论上讲,保证保险是没有风险损失的。被保证人对保险人支付给权利人的赔偿,承担偿还义务。[①] 保证保险的保险费实质上是被保证人因使用保险人的信誉而支付的一种手续费。

(4)国际上,保证保险必须由所在国政府批准的保险人或专营保证业务的保险人办理,禁止一般保险人开办此项业务。究其原因,

---

① 当然,实际上保险人一般难以从被保证人处追回全部赔款。

主要是:(1)保证保险风险难以评估,技术比较复杂,必须由专业人员办理;(2)保险人本身必须具备可靠的偿付能力。

保证保险的业务种类繁多,名称也不一致。不过,最常见的是两类:忠诚保证保险(Fidelity Bonds Insurance)和确实保证保险(Surety Bonds Insurance)。

二、忠诚保证保险

(一)忠诚保证保险的概念

忠诚保证保险,又称诚实保证保险,承保雇主(权利人)因其雇员(被保证人)的不忠诚行为而遭受经济损失时,由保险人作为保证人承担赔偿责任的保险。雇员的不忠诚行为包括欺诈、伪造、私用、贪污、侵占、盗窃、非法挪用、故意误用等。忠诚保证保险实质上是承保雇员的人品,投保人既可以是雇主,也可以是雇员。

(二)忠诚保证保险的种类

按承保方式不同,忠诚保证保险可分为四类:个人忠诚保证保险、指名忠诚保证保险、职位忠诚保证保险和总括忠诚保证保险。

1. 个人忠诚保证保险

个人忠诚保证保险是以某一特定雇员为被保证人的忠诚保证保险。该雇员的名字列在保单上。在其雇主遭受损失时,只要能够证明损失系该特定雇员的不忠诚行为所致,保险人负赔偿责任。如果该雇员离开了公司,这一保险责任终止。它并不适用任何接替该雇员的人,除非保单作了特别规定。

2. 指名忠诚保证保险

指名忠诚保证保险是以特定的正式雇员为被保证人的忠诚保证保险。与个人忠诚保证保险不同的是,它是对多个而不是某一个雇员保险。所以,又叫姓名表忠诚保证保险。同个人忠诚保证保险一样,每一个雇员的名字都必须列在保单上,并作出相应的保证金额规定。例如:

约翰逊,总裁·····················$10 000
史密斯,财务主任················$20 000
詹姆斯,出纳员···················$15 000

指名忠诚保证保险虽然要求被保险人指明所保证的每一个雇员的职位,但是,这种形式的保证保险是对人而言的,而不是对职位而言的。如果某指名的雇员换了新的岗位,指名忠诚保证保险对他仍然适用。在这种情况下,通常要求被保险人通知保险公司。因为如果新的职位的风险较以前增大的话,被保证人还需要缴纳额外的保险费。

3. 职位忠诚保证保险

职位忠诚保证保险是以各种职位及其人数作为被保证人的忠诚保证保险。它与指名忠诚保证保险的不同之处在于,它不列出被保证人的姓名,而只是列出各级职位及其人数。每一职位都有规定的保证金额。例如:

3 个会计·····················$20 000
4 个出纳员···················$25 000
5 个推销员···················$2 000

这一规定中,每个会计职位的忠诚保证保险为 20 000 美元,每个出纳员职位的忠诚保证保险为 25 000 美元,每个推销员职位的忠诚保证保险为 2 000 美元。

如果被保险人只投保某一特定职位中的若干被保证人,那么,只要在此职位的人,即属于被保证人,而不论何人在此职位。如果被保险人在同一保证保险合同中承保了多个不同职位,并且每一职位都有各自确定的保证金额,则为多职位忠诚保证保险。

如果某一职位中的雇员人数超过了忠诚保证保险中规定的人数,保险公司对于这一职位的责任就相应减少了。在这种情况下,它只承担保单上所规定的责任的一部分。例如,此类保险中,原有四个出纳员,对每人的保证金额是 25 000 美元,后来雇主增加了一个出纳

员,但没有通知保证人,假如有一个出纳员贪污,保证人的赔偿责任至多为20 000美元。计算公式为

$$\frac{\text{保单中规定的出纳员人数}}{\text{该职位实际雇佣的出纳员人数}} \times \text{该职位的保险金额}$$

4. 总括忠诚保证保险

总括忠诚保证保险是以全部在册正式雇员为被保证人,保证合同中不列姓名、职位,而是分别按人数的多少和职位的不同来计算保费的保证保险。只要认定损失是由雇员的不忠诚行为造成的,保险人就承担赔偿责任。这种保证保险省去了为决定哪些职位和哪些人需要保证的麻烦,而且可以自动承保新进入公司的员工,不须报告保险人,也不须在当年内另加保费。按照赔偿限额的方法不同,它又可以分为商业总括忠诚保证保险和职位总括忠诚保证保险。前者规定每一损失的赔偿限额,不论是一个雇员造成的,还是由几个雇员串通造成的,后者规定每一赔偿案件中的每个人的赔偿限额。

(三) 有关规定

(1) 雇主及其代理人若发现雇员中有某些欺骗和不诚实行为,可能造成经济损失时,应及时通知保险人。保险人收到通知,并不意味着表示认可或同意受理。

(2) 保险人有权审查雇主提供的索赔说明书、财务计算报表及其他单证。

(3) 雇主应积极协助保险人,向犯有欺骗和不诚实行为造成经济损失的雇员进行追偿。

(4) 忠诚保证保险一般都有发现期的规定,一般规定发现期为6个月,即最迟自有关雇员退休、离职或死亡之日起或保单终止后6个月内提出索赔。以其中先发生者为准。

(5) 凡变更雇佣条件或减少雇员报酬等情况,雇主均应事先征得保险人同意。

(6) 如果雇主没有按照安全预防措施和尽责督促检查而造成的

经济损失,保险人不予负责。

厘定忠诚保证保险的保险费率时,一般应考虑承保种类和被保证人的职业。保险费率与每人或每类人员的赔偿限额的乘积为保险费。以职位保证和总括保证方式承保的,可订平均年度费率,如规定 8‰,在此基础上,根据被保险人的素质、企业经营情况以及接触现金的人员多少进行调整,经调整的费率与累计赔偿限额的乘积即为累计保费。

中国人民保险公司承保忠诚保证保险,一般都采用指名方式,并规定对每一雇员的赔偿限额和保险期内的赔偿总限额。除外责任包括:(1)有关雇员的欺骗或不诚实行为超过发现期或雇员死亡、被解雇或死亡后超过 6 个月发现的;(2)雇主改变营业性质或者雇员的职责、条件发生变化或者减少雇员报酬,未对账目采取适当检查及安全防范措施的;(3)所赔金额超过每个雇员的赔偿限额和赔偿期内赔偿总限额的部分。雇主发现其雇员有欺骗和不诚实行为时应随时通知保险人。保险人支付赔款后,雇主应积极协助保险人向犯有欺骗和不诚实行为的雇员进行追偿,或者从其付给上述雇员的报酬中扣回该雇员所负责任项下的保险赔偿。

三、确实保证保险

(一) 确实保证保险的概念

确实保证保险,又称履约保证保险,是指在被保证人不按约定履行义务,从而造成权利人受损时,由保险人负责赔偿的一种保险。

(二) 确实保证保险的种类

确实保证保险种类较多,主要有以下四种。

1. 合同保证保险

合同保证保险是指为了保证被保证人能够履行他与权利人签订的合同的保证保险。最常见的是建筑工程承包合同保证保险。保险人在承保这类业务时,通常要审查承包商的信誉、财务报告、承包能力(经营管理水平、业务经验、技术和施工力量等)、与分包商的关系等情况。如果承包商的财务状况不好,还可要求第三者向保险人提供担保。对于既无财务报告又无第三者担保的投保人,保险人通常要求其提供抵押品。

它涉及以下几项保证:

(1) 投标保证。承保工程所有人(权利人)因中标人不继续签订合同而遭受的损失。

(2) 履约保证。承保工程所有人因承包人不能按时、按质、按量完成工程而遭受的损失。

(3) 预付款保证。承保工程所有人因承包人不能履行承包合同而受到的预付款损失。

(4) 维修保证。承保工程所有人因承包人不履行合同规定的维修任务而受到的损失。

2. 司法保证保险

司法保证保险是对被保证人因司法活动而产生的义务向有关权利人提供的保证保险。在司法程序中,原告或被告向司法部门提出某项要求时,司法部门根据具体情况,要求其提供保证。这时,法院面临着原告或被告违约的风险。司法保证保险就是对这种风险进行承保的一种保证保险。如保险人保证经由法院命令为他人利益管理财产的人能够忠实尽责。如有违约,由保险人来承担责任。司法保证保险主要包括两种:信托保证保险和诉讼保证保险。

(1) 信托保证保险。

信托是当事人为特定人的利益管理或处分其财产的一种法律制度。设立信托关系的人为委托人,经他人委托承担管理或处分信托财产的人为受托人。享受信托利益的人为信托受益人。信托的存在需具备以下条件:① 以一定的财产存在为前提;② 必须由委托人将财产权利转移给受托人管理或处分;③ 为了一定的目的,由受托人来管理或处分信托财产。

信托保证保险是保证由法院所指定的受托人能够履行自己职责的保险。像遗嘱执行人、财产管理人、遗产管理人、监护人等都属于受托人。受托人必须忠实地履行自己的职责。如果委托给他的财产出现了损失,受托人应当承担责任。

(2)诉讼保证保险。

法院应诉讼当事人(原告或被告)请求采取诉讼保全措施时,或涉及保释、上诉时,往往要求申请人提供担保。在这种情况下,就需要诉讼保证保险。诉讼保证保险主要有保释保证保险、上诉保证保险和扣押保证保险三种。保释保证保险是保证人保证被保释人在规定时间内出庭受审的保险。如果未能履约,保证人将缴纳罚款。上诉保证保险是指当上诉法院维持下一级法院的判决时,保证人要保证上诉人支付原判决金额及其利息和诉讼费用。扣押保证保险是保证人保证原告败诉时应当赔偿错误扣押财产而给被告造成的损失。原告为保证判决能够得到执行,会向法院申请扣押被告方的一定财产,而法院在进行扣押之前一般会要求原告方提供扣押保证。

3. 特许保证保险

特许保证保险是一种担保从事经营活动的领照人遵守法规或义务的保证保险。保证人保证领照人(被保证人)能够按照规定履行义务。在一些国家,从事某种经营活动的人在向政府申请执照或许可证时,往往需要提供此种保证,又称许可保证。常见的许可保证有两种:

(1)如果被保证人违反政府法令或其行为有损于国家利益和公众利益,由此造成的损害,由保证人承担其责任。

(2)保证领照人将依法履行纳税义务。

4. 公务员保证保险

这是一种为政府公务员提供的保证保险。保证人对由于公务员的不诚实或欺诈等造成的损失或者未能恪尽职守,给国家利益造成的损失,承担赔偿责任。

(三)确实保证保险与忠诚保证保险的区别

(1)忠诚保证保险一般是对雇主的保证,它只涉及雇主与雇员之间的关系;而确实保证保险则不限于此,它在工商业和社会活动各个方面都广泛使用。

（2）忠诚保证保险承保的风险是雇员的不忠诚行为，所以有时也称之为不忠诚保证保险；而确实保证保险所承保的风险是被保证人履行一定义务的能力或意愿，与忠诚不忠诚没有多大关系。

（3）忠诚保证保险可由被保证人投保，也可由权利人（被保险人）投保；而确实保证保险则必须由被保证人本人投保。

复习思考题

1. 什么是信用保险？它有何特点？
2. 国内信用保险包括哪几种？
3. 什么是出口信用保险？它可做哪些分类？
4. 厘定出口信用保险费率时应考虑哪些因素？
5. 简述出口信用保险的经营原则。
6. 简述出口信用保险的经营模式。
7. 什么是保证保险？它具有哪些特点？
8. 什么是忠诚保证保险？它包括哪些种类？
9. 什么是确实保证保险？它包括哪几种？
10. 确实保证保险与忠诚保证保险有何不同？

第三篇 人身保险

第九章 人身保险概述

第一节 人身保险的概念和分类

一、人身保险概念

人身保险是以人的生命和身体为保险标的,以被保险人的生、死、残废为保险事故的保险。当被保险人的生命或身体因意外事故、意外灾难、疾病、衰老等原因,以致死亡、残废、或丧失劳动能力、或年老退休、或保险期满时生存,保险人按照保险合同的规定,向被保险人或受益人给付保险金。

二、分类

按合同的性质分类,人身保险可以分为非赔偿性合同和赔偿性合同。就非赔偿性合同而言,被保险人对保险标的具有无限的可保权益,而赔偿性合同的被保险人对保险标的则只有有限的可保权益。一般而言,人寿保险和人身意外伤害保险是非赔偿性合同。因为被保险人对自己的生命有无限的可保权益。如果被保险人投保的是自己或别人的伤亡或疾病引起的财务上的损失,这样的保险合约就是赔偿性合约,赔偿是以被保险人实际的财务损失为计算标准的。例如,债权人投保人寿保险以保障自己因债务人的死亡而无法偿还债务的风险。这种保险的标的是债权人的财务损失,可保权益有限,故此是赔偿性合同。又例如,健康保险所保障的是被保险人因疾病引起的财务损失,包括医疗及住院费用等。根据赔偿原则,被保险人最多只可以向保险人要求赔偿所有的医疗开支。

按保障范围分类,人身保险可以分为人寿保险、年金保险、人身意外伤害保险和健康保险。这种分类方法是较常用的。

按保险期限分类,人身保险可以分为长期业务、一年期业务和短期业务三类。

按实施方式分类,人身保险可以分为自愿保险和强制保险两类。

按投保方式分类,人身保险可以分为个人保险和团体保险两类。

第二节 人身保险的特点

人身保险和财产保险有着共同的保障目的,都是为了弥补保险事故造成的损失,为被保险人解除经济上的困难和忧虑。但是,与财产保险相比,人身保险有其自身的特征。人身保险(特别是其中的人寿保险)具有如下四种主要特征。

一、人身保险的保险金额具有定额给付的确定性

人身保险的保险金额主要是由合同双方当事人(保险人与投保人)在订立保险合同时,根据被保险人的经济收入水平和风险发生后经济补偿的需求协商确定的。当保险事故发生后,保险人按照合同约定的保险金额给付。

在西方资本主义国家,有两种确定人身保险金额的分析方法。虽然它们并不被我们完全接受,但确实有一定的参考价值。美国教授休勃纳(S. S. Huebner)在1924年曾提出"生命价值"理论,认为人的生命价值是在其工作期间的工资收入减去其个人费用后所剩余部分的资本化价值,即是由某一利率下的现值来决定的。其生命价值的大小就是人身保险确定保险金额的依据。在此基础上,休勃纳教授又提出了"人身保险设计法",即根据死亡丧葬费、未来医疗费用、抵押贷款、子女教育费用和遗属生活费用等来估算出人身保险的保险金额。

二、人身保险的期限具有长期性

保险有效期往往可以持续几年或几十年,甚至终身,这既能降低保险公司的管理费用,增加保险人长期运作的资金,又能长期保障被保险人或受益人的利益。在保险合同有效期内被保险人可以申请保险合同的变更,如保险金额的增减、受益人的改变等,但保险人不能任意终止保险合同,或变更保险条款。

三、人身保险具有储蓄性

人身的死亡风险随着被保险人的年龄增长而逐年提高。人身保险的纯保险费一般分为两部分:风险保险费,即根据每年风险保险金计算出来的自然保险费;储蓄保险费,即投保人存放在保险人处的储蓄存款。所以,人身保险除意外伤害保险和少数定期死亡保险外,投保人可以享受财产保险所没有的储蓄权利。人身保险的投保人甚至可以在保险单的责任准备金内,用保单作抵押向保险人借款,也可在中途解除合同时要求返还储蓄存款。

四、人身保险风险的变动性和分散性

人们随着年龄的增大,死亡率也随着增高。若依照保险的公平合理原则,人的死亡率既然是随着年龄增长而逐步提高,则投保人身保险的保险费也逐年增大,显然这样将会使许多人因保险费增加太多而负担不起,以至于最终放弃参加保险,这对被保险人和保险人显然都是不利的。为了弥补这一缺陷,在人身保险费的计算上,保险人采用"均衡保费法"。当投保人开始投保时,支付的保险费必须超过当时应付的费用,而过了若干年后,由于以前多缴的保险费及其产生的利息,他所交纳的保险费会比实际应付的数额要低,这样可以使投保人经济负担均衡,也可以避免保险人失去已得的保险业务。另外,由于保险公司所承保的被保险人来自各行各业,风险是分散的,所以人身保险一般不进行再保险。

第三节　人身保障对个人和家庭的作用

一、维持不幸家庭生活的稳定性

当一个家庭由于某种不幸而失去一位家庭的重要成员时,可能也失去了重要的经济来源,这个家庭将面临经济拮据的困难。如果能获得人寿保险公司支付的保险金,至少该家庭能够在一段时间内维持日常生活上的开支,使家庭其他成员有充分时间谋求解决办法和适应新的环境。

二、养老保险和健康保险解除后顾之忧

人寿保险除了可提供死亡保障以外,当被保险人年老退休而又依然健在时,可以领取两种不同形式的养老金,既可一次性领取养老金,作为以后生活费,也可以分期从保险公司领取年金,以维持老年时经济生活的安定,解除后顾之忧。健康保险则可以为被保险人在患有保险合同约定的某种疾病时提供经济补偿。

三、保障少儿健康成长,协助积累教育基金

教育子女是为人父母的责任,但子女接受教育,特别是接受高等教育所需的资金也是很可观的。因此,若家长在子女幼年时为其投保寿险,就能未雨绸缪,准备一笔教育基金,以免将来因经济困难而限制了子女的发展。

另外,在人寿保险业发达的国家里,人寿保险还有其他一些特殊的用途。如在美国,人寿保险能享受在税务方面的多种优待。人寿保险单的现金价值逐年增加,但是保单持有人并不必因此而缴纳赋税。同样,人寿保险单的受益人在被保险人死亡后,所得死亡保险金也不必缴纳所得税。在美国大多数州,法律规定被保险人的债主无权要求被保险人或投保人以其人寿保单的现金价值偿还债务,也无权要求受益人以所获得的被保险人的死亡金偿还债务。

复习思考题

1. 什么是人身保险?
2. 人身保险有什么特点?
3. 人身保险可进行哪些分类?
4. 人身保险对个人和家庭有何作用?

第十章 人寿保险

人寿保险,亦称生命保险,是人身保险中最为主要的险种。人寿保险是以人的生死为保险事件,由保险人根据合同的规定负责给付保险金的保险。

人寿保险是投保人和保险人之间订立的合同,投保的标的(被保险人的生命)可以是投保人自己的生命,也可以是他人的生命。不过,投保人在投保他人的生命时必须有可保利益。当意外事故发生时,保险人须按照合同规定的保险金额给予被保险人,或合同指定的受益人。合同指定受益人的优点是当被保险人逝世时保险金会直接给付受益人,而不会作为被保险人的遗产。人寿保险的目的,主要是使被保险人的家属不致因为被保险人的逝世而影响生计。为了达到这个目的,人寿保险必须是长期合同,而且合同一经订立,只要投保人继续按期缴付保险费,保险人不可以取消合约。由于人寿保险的保障对被保险人的家人非常重要,故此类保险单的除外责任是各类保险中最少的。

在各国保险市场上,人寿保险是十分发达的保险业务。其中,美国、日本、西欧等经济发达国家的人寿保险最为普遍,几乎每个家庭、每个人都参加了人寿保险,保险公司的人寿保险费收入也相当可观。我国自1982年恢复办理国内寿险业务以来。经过多年的发展,寿险市场已初具规模。我国寿险业具有很大的市场潜力,也正面临着难得的机遇。这种潜力和机遇主要来源于众多的人口、经济体制的转轨、稳步增长的经济形势、人民生活水平的不断提高、人口结构和家庭结构的变化以及整个国家风险意识和自我保障意识的增强等。但是,我国的寿险业与西方发达国家相比还有很大差距。因此,如何借鉴国外的先进经验,找出差距,对我国寿险业开拓市场、面向世界、增强自身的竞争力,具有十分重要的意义。

第一节 传统的人寿保险

传统的人寿保险按不同的分类标准,可分为不同的种类。常见的分类有以下五种。

一、以保险事故为标准,人寿保险可分为死亡保险、生存保险和两全保险

（一）死亡保险

以人的死亡作为保险事故,在事故发生时,由保险人给付一定保险金额的保险。死亡保险所保障的是防止由于被保险人死亡而使其配偶、子女等家属的生活陷入困境。按保险期限的不同,死亡保险又可分为定期死亡保险和终身死亡保险。

1. 定期死亡保险

这是在一定时期内的死亡保险,如被保险人在这个期间内死亡,则保险人给付保险金,若被保险人到保险期限届满时仍然生存,则保险责任即告终止,其所缴保费也不退还。

定期保险对于需要较大保额数量的保障或在较短时期内需要保障的人适用,因为同一金额的保险,定期保险的保险费率要比其他险种低。保障期间可以是一年或一年以上,通常是五至二十年,在这段保险期间内对被保险人提供死亡保障。

2. 终身死亡保险

这是一种不定期死亡保险,亦是一种不附带生存条件的死亡保险,保险人要一直负责到被保险人死亡时为止,而且最终必定要给付一笔保险金。

终身死亡保险的费率虽然比定期死亡保险要高得多,但由于保险公司一般采用均衡保费法计算保费,所以,被保险人自投保日起直至死亡,投保人每年都付相等数目的保费,这就免除了被保险人年老时因为保费过高而付不起的忧虑。当然,终身死亡保险的保险金最终是由受益人所领取的。

(二) 生存保险

这是以被保险人在一定时期内继续生存为条件,由被保险人给付保险金的保险。生存保险以被保险人生存到某一时日为条件支付保险金,其保险费是根据被保险人在规定保险期限内生存的概率、利率和费用计算而得的。被保险人在期限内死亡不在保障范围内。期限内死亡的被保险人,其所缴纳的保险费作为积累部分,给付给到期生存的其他被保险人,即每个生存者的保险金不仅包括自己缴纳的保费及利息,同时也包括死亡的被保险人所缴纳的保费和利息。生存保险可以使被保险人到了一定期限后领到一定数额的保险金,以满足其生活各方面的需要。例如,投保人可为其年幼的子女投保生存保险中的子女婚嫁保险,使其子女在婚嫁时有一笔婚嫁资金。但是,更多的投保人是为了自己年老退休后,可以凭此保险给付的保险金来满足其生活上的需要,维持未退休以前的生活水准。一般地,生存保险往往以年金的形式承保。

(三) 两全保险

由死亡保险和生存保险组成,兼具保障和储蓄的双重性质。这是保险人对于被保险人在保险有效期间内死亡或生存到保险期满时,都须给付保险金的一种人寿保险。两全保险的保险费包含了风险保险费和储蓄保险费两部分,其数额又低于分别投保死亡保险和生存保险的两项保险费之和。现在保险公司开办的个人养老金保险、子女成长保险等均为两全保险。

二、以保险金的给付方法为标准,人寿保险分为资金保险和年金保险

(一) 资金保险

这是指保险人在保险事故发生时,向被保险人或受益人一次性给付全部保险金,故又称一次给付保险。普通的人寿保险如无特别约定的,均采用这一给付方法。

(二)年金保险

这是指从约定日期起,保险人按期支付一定的金额,直至某一固定时期终了或某一指定的人的生命终了之时为止。年金保险是为了避免寿命较长者的经济收入无法得到保障而进行的一种经济储备。

在国外,多数寿险保户通常都在储蓄的保单届满领回一整笔保险金后,再将这笔保险金投保年金保险,作为退休养老的生活费用,以保证年老丧失工作能力的时候,到期仍然有一笔固定的收入以维持一定的生活水平。

三、以被保险人的人数为标准,可分为个人人寿保险和团体人身保险

个人人寿保险是被保险人只有一人的人寿保险。一般普通的人寿保险都属于个人人寿保险。

团体人身保险是指用一张总的保险单对一个团体的成员提供人身保险保障的保险。它是一种以集体方式投保的人身保险。

(一)团体人身保险的特点

(1)成本低。保险费少。团体人身保险由于手续简化,采取集体作业方式,大大提高了保险公司工作人员的工作效率。同时,由于团体人身保险承保时已考虑到行业的危险因素,所以不必再体检,只要在职正常工作、年龄不超过规定标准的职工,都可参加。

(2)保障范围比较广泛。团体人寿保险多属于人寿保险中的两全保险险种,除了提供死亡和生存双重保障外,还提供残疾保障,因此相当于是一种综合性质的寿险。

(3)采用经验费率的手法。团体人身保险的费率可以从一个团体整体上来确定,并且根据整体情况的演变及时调整费率。在计算团体人身保险费率时既要考虑行业危险程度,又要考虑人均年龄。

(4)一般规定最低参加人数及比例。由于保险公司在承保团体

保险时以团体为对象,为防止投保人仅选择体格较差的员工作为被保障人投保,保险公司将会规定参加团体保险的最少人数,规定员工必须有一定的比例,如80%以上都必须参加等,以避免承担的风险过于集中。

(5)保障金额分等级制定。为了防止逆选择,即体格较差的员工选择较高的保险金额,团体寿险的被保险人不可以自由选择保险金额,而只能在一个团体内实行统一标准,或根据被保险人的工资等级、职位高低、工龄的长短等确定保险金额。

(二)团体人身保险的主要种类

1. 每年需续保的定期寿险

在该险中,雇员的保险金额往往是其年收入的倍数,而完全依据雇员所从事的职业和职位而定的情况很少。随着团体成员年龄的增加,定期寿险的成本也在提高,故一些雇主在雇员到达某一年龄界限时,将降低其保险金额。另外,若雇员愿意自己支付部分或全部保费,一些福利计划也可对雇员的配偶或子女提供这方面额外的保障。

2. 遗属收入给付保险

该保险可作为社会保险中的遗属津贴的补充。它与每年需续保的定期寿险的区别在于:死亡给付金仅给予符合条件的遗属;每月支付的保险金与死亡的雇员的收入有关;若遗属在保险金支付累积满最高额前去世,则保险金给付终止;该保险常常是由雇员支付全部或部分保费。

3. 团体保费缴清人寿保险

这种保险实质上是一次性趸缴保费的终身寿险和团体定期寿险的综合。在该险中,保单的储蓄部分的保费由雇员承担,而保障部分(等于定期寿险部分)的保费由雇主承担。雇员每年支付的保费用来购买保险金额较小的保单,只要雇员仍参加该计划,缴清保额每年将累积起来,总保险金额逐年递增。雇主的保费则购买定期寿险部分,以补充每年保障的差额。随着缴清保额的累积,定期保额愈来愈少,雇主的负担愈来愈轻。如果雇员需增购缴清人寿保险保单时,无须再提供可保证明,即不论当时投保人的年龄、健康、职业等状况如何,保险公司一概承保。因此,当雇员因年老、疾病或工作性质改变等因素而无法购买其他寿险时,该险便是提供额外寿险保障的途径之一。

4. 团体信用人寿保险

此险种属定期保险,是为分期付款制度而设计的。当债务人死亡或残废后无还款能力时,该险为债权人提供收回债权余额的保障。通常以每位债务人贷款额为保险金额,且随着贷款额的逐渐清偿,其保额逐渐减少。债权人既是被保险人又是受益人,也可以是商业银行、信托公司等金融机构,但保费一般由借款人缴纳。

5. 团体万能寿险。20世纪80年代中期以来,国外一些人寿保险公司开始推出以企业雇员退休后养老保障为主的团体万能寿险。该险种的特点与个人万能寿险大致相同,如可变的保险死亡金、利率敏感型储蓄及贷款方便等特点,保费均由雇员全额支付,即在雇员的薪金中加以扣除。然而,由于建立在销售给团体的基础上,保险人由此减少了营销费用和管理费用,故该险种在保费的定价上占有一定优势。显然,团体万能寿险是企业雇主将雇员退休期间的人寿保险责任加以转嫁的一种有效方式。

6. 团体意外伤害保险

该险种主要承保被保险人因遭受意外事故且在意外事故发生后90天之内伤残而造成的经济损失。自杀、疾病、精神不正常、感染、战争和除常规商业飞行外的飞行引起的死亡一般作为该险的除外责任。由于这些限制,该险种保费比常规团体定期寿险的保费低得多,但雇员一般得自己缴纳大部分或全部保费。

7. 医疗费用保险

该险可报销下列费用:(1)住院费用;(2)外科费用;(3)医生出诊费用;(4)X光透视和化验费用。

8. 医药费用保险和牙科、眼科治疗费用保险

绝大多数团体健康保险包括医药费用保险,但该保障往往会要求被保险人尽量使用普通药品和选择成本较低的供药商。例如,有

的不报销邮购的药品和长期使用的低成本的常规药品等。典型的牙科费用保险提供诸如诊断和日常清洗等费用的报销,但一般每年均有最多次数的限定和最高报销限额。最昂贵的治疗,如镶牙和矫正牙齿等,投保人一般需自付50%,且对矫正牙齿有最高给付额的规定。对眼科费用保险的规定与牙科的非常类似,一般允许每两年进行一次眼科检查和报销一副眼镜镜片,但镜架只能是报销由制造商提供的成本最低的一种。

9. 暂时丧失工作能力收入保险和长期丧失工作能力收入保险

暂时丧失工作能力收入保险又被称为团体意外伤害和健康保险,提供给被保险人由于丧失工作能力而引起的收入损失,一般每月的给付额为月收入的2/3,但通常有最高补偿额和给付期间的限制,如最高给付期间为13或26个星期等。由意外事故或疾病引起的丧失工作能力一般在给付时并无区别,只是由疾病引起的丧失工作能力一般需七天的观察期,而意外事故引起的可立即给付。虽然在工作场所受伤或患职业病不在此险种保障之列,然而,由于有时该险种的给付额会高于劳工险的给付额,因此有的雇主宁愿保险人将在工作场所受伤包括在该险的责任范围之内,然后将劳工险的给付额从该险中扣除。

长期丧失工作能力收入保险起先仅提供给公司管理层中的高级职员,现在则已被扩展到更多的雇员。每月给付金额一般为工资收入的60%—67%,但要扣除社会保险的给付额。有的会根据生活费用上升幅度增加给付金额,如每年增加2%—3%。给付期短则几年,长则可至雇员退休或死亡。

这两种险的费率主要以团体的年龄和性别组成来决定,一般采用经验费率,配合以追溯费率来调整。

除了个人人寿保险和团体人身保险以外,有的保险公司还推出了联合人寿保险,即把有一定利害关系的两人或两人以上的人视为一个被保险人整体,如父母、夫妻、子女、兄弟姐妹或合伙人等。联合保险中第一个人死亡,即将保险金给付其他生存的人;如果保险期限内无一人死亡,保险金即付给所有联合被保险人或他们指定的受益人。

四、以有无红利为标准,分为红利分配寿险和无红利分配寿险

(一) 红利分配寿险

这是指保险人收取固定的保险费,再以不固定的红利分配方式付还给被保险人的寿险。这种制度起源于保险互助组织,其参加者既是被保险人,又是保险互助组织的合伙人,因而有权享受盈利分配。后来,虽然保险互助组织逐渐发展成为股份公司,但由于这种制度有利于人寿保险的宣传、竞争和经营,故一直沿用至今。现在国际上的一般人寿保险合同,普遍使用红利分配的方式。当然,红利分配寿险的保险费一般要比无红利分配寿险高。

(二) 无红利分配寿险

这是指被保险人只能在约定的保险事件发生或保险期满时获得保险金,而不能得到任何保险人的盈利的寿险。

五、以承保技术为标准,分为普通人寿保险和简易人寿保险

普通人寿保险是以个人作为投保人和承保对象,以通常的技术方法经营的人寿保险。

简易人寿保险一般指保险金额小、保费低、交费期短、无体检的人寿保险合同。它通常为限期缴费的终身保险或生死两全保险。

第二节 新型人寿保险

继 1999 年中国平安保险公司开了中国内地投资类保险的先河,推出中国第一个投资连结保险之后,2000 年其他保险公司纷纷推出自己的投资型寿险产品,如中宏保险率先销售分红保险,太平洋保险公司的万能保险也隆重上市。投资连结保险、分红保险和万能保险等寿险产品是现代寿险业非保证型产品的主要类型,它们结合了投资与保障的双重职能,是寿险公司控制通货膨胀风险和利率风险的有效形式之一。这次产品的更新,使中国寿险业同世界先进国家寿险产品的经营实现了同步,表明我国寿险市场正从传统的利息敏感型向现代的投资收益型转变,我国寿险市场进入了一个新的转型时期。

一、新型人寿保险产生的原因

(一)传统寿险产品的开发和销售,已不能满足投保人多元化的需要

传统寿险产品大都采用以固定利率为基础的保险形式,由于人寿保险本身具有长期性的特点,所以,为了确保经营上的稳定性和具备足够的保险偿付能力,保险公司必须采取比较保守的定价方法和投资策略。这就使得保险本身并不具备投资的价值,缺乏抵御利率变动风险的能力,更无法抵御通货膨胀对保险金实际价值的侵蚀力。在我国,由于前几年国家连续多次调低利率,使寿险业出现了巨额利差损失。过去已售出的高预定利率保单仍将按照原有的高利率给付,导致利差倒挂严重,偿付能力恶化。虽然各家保险公司相继推出了许多纯保障型寿险产品作为应付对策,但在市场上并未掀起太大的波澜,各家公司的业务都出现了不同程度的萎缩。因此,仅用传统的基本险种及相互间交叉搭配已不能满足我国日益发展的寿险市场的需要。

(二)保险资金的运用逐渐取得了安全有效的投资渠道,为寿险公司研制和开发投资型寿险产品创造了条件

1998年10月,中国人民银行正式批准保险公司加入同业拆借市场,从事债券买卖业务;1999年10月,保险资金获准通过证券投资基金进入证券市场,可以说,这些举措都为我国发展投资型寿险产品提供了条件。同时,随着投保人投资理财意识的不断增强,寿险产品的投资功能越来越被看重。处于激烈的行业内外竞争的各家保险公司抓住机遇,在最短的时间内推出了一系列投资型寿险产品,这对寿险

公司缓解以往传统寿险产品带来的利差损压力、提高资金运作效率、吸引更多保险业务都将起到积极作用。种种迹象表明,中国寿险市场上的投资型寿险产品的销售将在各地逐步展开,成为今后寿险市场上的主角。

(三)从国际经验看,各国投资型寿险产品的发展速度都很快,在寿险市场中占有很重要的地位

西方国家的寿险产品已经由保障型和储蓄型产品向投资型产品发展,投资型产品在寿险业务中的比重逐渐提高。1956年,荷兰首先推出投资型寿险产品并很快被欧美一些国家推广开。英国在20世纪70年代初推出投资连结产品,在1987年至1997年的10年里,该产品占寿险产品销售额的比例由35%提高到51%。1976年,美国的公正寿险公司最早在美国开发了变额寿险(即投资连结保险),在过去的10年里,该险在美国平均年增长25%,到1998年寿险产品中有32%是该产品。在亚洲,投资型寿险产品虽然开发较晚,但发展迅猛。1970年,日本生命保险协会对欧美各国的投资型寿险产品进行了实地考察,经过反复论证,于1986年10月正式引进了变额寿险,其吸引力远远超过了日本原来利率最高的趸缴保费五年期养老保险。投资连结保险在香港和新加坡近年来也有很高的销售增长率,1992—1996年,香港的销售平均增长率达到50%,新加坡更是高达90%。毫无疑问,投资型寿险产品是当今世界寿险市场上最具生命力的保险产品,代表着寿险业的时代潮流和发展趋势。

二、新型人寿保险的特征

(一)人寿保险的投资功能大大加强

人寿保险保障功能的实现,原本应以货币价值稳定为前提,但通货膨胀的冲击,严重影响了寿险健康持续发展。因此,通过开办投资型寿险产品业务,保险公司可以将资金运用所取得的收益返还投保人,减轻物价上涨、通货膨胀等因素的影响,保护被保险人的利益。投保人也可把寿险保单作为一种金融资产,而非仅仅是保障手段。

销售投资型寿险产品的寿险公司均有大量的专业投资人员和投资顾问替投保人进行投资,保险公司往往为投保人设立专门独立管理账目下的资金,资金以投资单位来计算。资金一般投资于股票,以满足人们对资金增值的偏好。保险公司也可以将集中投资于相互独立的股票转向投资均衡的有价证券组合,实现资产组合的优势,加强投资型寿险产品作为一种投资选择的吸引力,达到最佳投资效果。

(二)保险人仅承担被保险人的死亡风险,对投资收益一般不承担风险

由于原先传统寿险产品所采用的预定利率较低,无法配合市场的变动,渐渐对人们失去吸引力。而投资型寿险产品的预定利率不是固定的,而是随市场利率的变动而变动。投资型寿险产品不保证一定的回报率和投保人固定的本金,购买投资型寿险产品的投保人需承担由于股票等价格下跌而引起的现金价值减少的风险。有时,保险人错误的投资决策甚至会造成保单的现金价值为零。因此,保险人的投资理财能力,将成为投保人选择保单的重要因素之一。

(三)保单构成要素更加灵活、变化类型日益增多

传统寿险产品由于受当时科技水平的限制,保费精算相当困难,费率等计算只能遵循某些固定公式与表格,因此产品只能局限于少数定型趸缴或平准保费的保单。但是,随着电脑技术在保险领域的运用,在寿险保单构成要素中允许投保人在遵循某些限制的前提下,按保险需求和购买力的变化而改变保费、保险金额、缴费期和保障期等保单构成因素已切实可行,可充分满足投保人的各种需求。同时,知识经济也为保险业提供了全新的技术设备、管理手段和服务手段,如网络化管理运用于投保、核保、单证、售后服务等一系列的保险日常管理事物,这些都为保险公司防范风险、稳健经营、开展投资型寿险产品的新业务打下了基础。

(四)投资型寿险产品在运作上是透明的

在设计传统寿险产品保单的保费时,投保人不知道所支付的保

费是如何分摊到各种收费中的,而在投资型寿险产品中,保费分派的各项用途都要向投保人说明,如各项费用的收取比例要分项列明,保费的结构、用途、价格均需要——列出。保险公司每月至少要向投保人公布一次投资单位价格。投保人每年也会收到年度报告,详细说明保单的各个项目、分立账户的投资收益、现金价值以及账户的财务状况、投资组合等情况。投保人也可以通过保险顾问或电话咨询服务热线,随时查询账户资产、投资表现等相关信息。由于这种方式工作量很大,费用较高,因此,投资型寿险产品的营业费用显然要高于传统寿险产品。

总之,投资型寿险产品是科学技术知识在保险业中的具体运用,积极有效地开发投资型寿险产品是目前我国保险业尤其是寿险业防范和化解经营风险的有效方式,也是减少寿险业受银行利率波动影响,使我国的寿险产品逐步与国际接轨的一剂良方。中国寿险业从传统寿险产品向投资型寿险产品的转型,将使中国这个世界上最大的寿险潜在市场变为现实市场。

三、我国新型人寿保险简介

(一)投资连结保险

这是将保险与投资结合在一起的险种。它除了具有保险的功能外,最显著的特点是投资功能强。投保人的保费进入独立的投资账户后,由保险公司的投资专家进行投资运作,投资收益全部归客户所有。但是,投资风险由客户承担,保险公司不承诺投资收益,所以风险较大。因此,有较大风险承受能力,且追求较高投资收益和资产增长效果的人,最适合选择投资连结保险。在产品设计上主要采取了前端收费的形式,并吸收了国外流行的投资连结产品的多种特色,如追加保险费、提取部分投资账户余额等。第1年保费全部用于费用及保险保障;第2年每份保费只有少量进入投资账户,其余用于费用及保险保障;从第3年起,每年绝大部分的保费进入投资账户。提供3个投资账户,包括低风险收入型的保证收益投资账户、稳健平衡型的发展投资账户和积极进取型的投资账户。对投资账户收取资产管理费。投资账户中的投资单位价格分为买入价和卖出价,投资单位买入价由公司决定。客户可以提取投资账户中的部分资金,可以随时追加保险费,并享有投资账户选择转换权。

(二) 万能寿险

该产品一方面在缴费、改变保额、资金运作等方面具有很强的灵活性,另一方面具有投资分红(即利差)的特点。首先是缴费灵活,只要保单的现金价值足以支付下一期的保费,投保人就可在任意时间缴纳任意数额的保单但首期保费要按时缴纳。其次,投保人可以随意减少或增加保险金额。此外,万能寿险因设有独立的投资账户,账户内的资金按银行同期的2年期储蓄存款利率计付利息。投保人在中途需要用钱时,还可以随意提取个人资金账户内的资金。因此,万能保险比较适合那些风险承受能力较低,希望资金运用灵活,且期望在有固定保险保障和稳定利息收入的基础上,得到一定投资回报的人。该产品的结构为定期寿险加上一个个人账户。投保人可约定期或不定期、定额或不定额缴纳保险费。在投保时约定基本保额外,投保人还可申请增加或减少保额。首期保费在扣除手续费、当季管理费用和保障费用后计入个人账户,每季度在个人账户里扣除下季管理费用和保障费用。在保单生效满2年后投保人可以申请提取部分账户余额。此外,该产品具有最低保证利率,为同期两年期银行定期储蓄存款利率,综合投资日回报率超过五年期银行定期储蓄存款利率的部分一般按80%左右的比例计入个人账户。

(三) 分红保险

这是指保险公司将其实经营成果优于定价假设的盈余部分,按一定比例向投保人进行分配的人寿保险产品。其以保险保障为主,投资收益为辅。当保险公司经营不善时,投保人所得分红可能极少甚至无分红,但投保人可以得到最低的保证利率,形成固定的保障收益。在保费缴纳、保额选择等方面没有太多的灵活性,一经确定就不得更改。因此,分红保险比较适合以下类型的投保人:以获取保险保障为主,不那么看重投资收益,对风险承受能力较低,但对保险公司的经营管理水平有较大信心的人。在分红产品设计上,各公司的分红策略有所不同。有的公司采用较为保守的定价假设,采取"高费率、高红利"的策略;有的则采用"低费率、低红利"的策略,保证利益部分较高。一般至少将分红业务当年度可分配盈余的70%分配给客户,保险公司每年的分红方案和结果须报送中国保监会备案,保监会将通过稽查的方式对分红的公正性和合理性进行监督。

第三节 寿险保单的常用条款

除了一般保险合同共有的一些条款以外,人寿保险合同还有以下十四种常见的条款。

(一) 犹豫期条款

犹豫期指投保人可以撤销保险合同全额、收回已交保费的约定期限,起算日期是自保单送达日,或接受邮局邮戳日期的次日。我国《健康保险管理办法》规定:长期健康保险产品应当设置合同犹豫期,并在保险条款中列明投保人在犹豫期内的权利,长期健康保险产品的犹豫期不得少于10天。

(二) 不可争议条款

规定在保险合同开始一段时间(一般为两年)后,除非投保人不缴付保险费,或保险人发现投保方有欺诈行为存在,否则保险人不得以被保险人违反诚信原则等原因为理由废除保险合同或拒绝赔偿。换而言之,在保险单生效后两年之内,即为保险单争议期,其间保险公司如发现投保人所报告的重要事实有误报或漏报情况,仍有权废除合同。若被保险人在此期间发生死亡事故,保险公司只须退还全部保险费,而无须负赔偿责任。总之,该条款旨在保障被保险人的利益,以防止个别不负责任的保险公司在有赔偿事故发生时,故意与被保险人为难,以逃避赔偿之责。

（三）年龄误报条款

投保人申报的被保险人年龄不真实，并且其真实年龄不符合合同约定年龄限制的，保险人可以解除合同，并在扣除手续费后，向投保人退还保险费，但是自合同成立之日起逾两年的除外。年龄误报条款实际上是不可争议条款的延伸。

（四）宽限期条款

由于人身保险合同多数是长期性的，投保人要在相当长的时期内持续不断地缴纳保险费。为避免投保人因故不能如期缴费而使保险合同轻易失效，保险公司通常都允许投保人有一个月的迟缴续期保费期限，过期限由保费到期日开始计算，称为宽限期。只要投保人在宽限期内补交到期的保费，保单就不会失效。假如保单已累积有现金价值，当宽限期已过，而到期保费仍未交纳，保险公司便会引用自动垫缴保费条款来使保单继续生效。宽限期条款是保险公司降低保险合同失效率的一个重要手段。

（五）保险合同效力的恢复条款

保险合同效力中止后两年内，投保人申请恢复合同效力的，在按保险人要求提供被保险人健康声明书或由保险人指定医疗机构出具的体检报告书后，经保险人审核同意，双方达成复效协议，自投保人补缴保险费及其利息次日起，合同效力恢复。自合同效力中止之日起两年内双方未达成协议，保险人有权解除合同。投保人已缴足两年以上保险费的，保险人按照合同约定退还保险单的现金价值；投保人未缴足两年保险费的，在扣除手续费后退还保险费。

（六）不丧失价值条款

该条款规定，即使保险单失效，保险单的现金价值所有权仍归投保人所有。投保人在交足两年以上保险费后，保单会积存一定的现金价值。这种现金价值不因保单效力的变化而丧失，其投保人若有退保，这部分现金价值应由寿险公司退还给投保人。

（七）保单贷款条款

这是指投保人以责任准备金为抵押，在其金额范围内向保险人申请贷款的一种行为。申请贷款时须出示保险单,以便保险人在批注栏内注明日期及贷款金额等,所以习惯上称之为保险单抵押贷款。保险单本身并无抵押价值,作为抵押标的的实质上是保险单的现金价值。在美国、日本等国家,保险单贷款金额以退保金为限,而一般以责任准备金为范围。保险单贷款按时收取利息,还债期限可依投保人的意思延长,但贷款本息超过责任准备金时,保险合同效力即终止。投保人或被保险人领取保险给付金或解约金时,如有保单贷款,保险人则先扣除贷款本息,保险单抵押贷款制度可使投保人以简便手续借款,有利于提高人寿保险的使用价值,从而吸引更多的潜在客户投保。对于人寿保险公司而言,可以运用的资金将相对减少。

(八) 保单提现条款

一般而言,除了定期死亡保险外,其他类型的人寿保险单只要投保人缴足两年保险费后,就开始具有现金价值,这是因为属于长期性质的人寿保险都具有储蓄性质,保险人为履行合同责任提存了责任准备金。如果被保险人中途退保,可以领取当时保险单应有的现金价值。如果被保险人有急需,可以持保险单向保险公司借款。当然,其最高额不能超过保险单的现金价值,但保单继续有效。

(九) 自动垫缴保费条款

投保人在宽限期满后仍未支付到期保费,如果其保险单已具有现金价值,同时其现金价值已足够缴付所欠保费时,除非投保人事先有不同意垫缴的声明,不然,保险人应自动垫缴其所欠缴的保费而使保险合同继续有效。如果此时保单的现金价值已不够缴付所欠保费,则从宽限期终了的翌日起,保险合同失效。该条款的主要目的是防止保单的非故意失效。

(十) 红利及保险金给付的选择条款

分红保险的红利有多种处置方式可以选择,它们是领取现金、累积生息、抵交续期保费、自动增加保额、自动购买定期死亡寿险、并入准备金以提前满期等。保险金任选条款规定,被保险人或者受益人在领取保险金时,可选择下列方式:收入利息(领款人死亡后,受益人领回本金)、定期收入(年金)、定额收入(年金)、终身收入(年金)。

(十一)除外责任条款

为了防止故意行为,违反道德或违法行为所造成的事故,以及危险难以预测的事故,寿险公司一般不予承保,称为"除外责任"或"责任免除"。寿险公司不是无所不保的。由于寿险种类繁多,险种各有特色,因此,即使是常用条款也会有所变化,所以,在购买寿险时一定要详细阅读条款的各项内容。

(十二)自杀条款

在保险合同成立之后两年内,被保险人自杀的,保险人不承担给付保险金的责任,但是对投保人已支付的保险费,保险人应按照保险单退还。自保险合同成立起两年以后,被保险人自杀的,保险人可以按合同给付保险金。自杀条款的目的既是为了防止道德危险的发生,也是为了保障受益人不会因为亲人的自杀而得不到生活保障。

(十三)受益人条款

受益人由被保险人或者投保人指定。投保人指定受益人须经被保险人同意。受益人可以是一人或数人;受益人为数人的,可以指定受益的顺序和受益的份额;未确定受益份额的,受益人按照相等份额享有受益权。如果没有指定受益人,或者受益人先于被保险人死亡没有其他受益人的或受益人依法丧失受益权或放弃受益权,没有其他受益人的情况下,被保险人死亡后的保险金视为被保险人的遗产,由继承人领取。

(十四)战争不包括条款

这是指保险公司无须对由战争引起的死亡负赔偿责任,战争不包括条款的产生是由于人寿保险的保费计算,是以非战争时期的死亡率为基础的,因为战争时期的死亡往往无法预测。有的保险公司在此条款基础上将之分为两种条款。第一种称为身份条款,规定只要被保险人在军队中服役,在此期间如发生死亡事故,不论死亡是否由战争所引起,保险公司一概不须负赔偿责任;第二种称为结果条款,规定只要被保险人的死亡是由战争引起的,保险公司就不负赔偿责任。当然,对于投保人所支付的保费,保险公司均须全部退还。

复习思考题

1. 人身保险和财产保险相比,有什么不同特征?
2. 不同年龄阶段的人适合购买哪些种类的人身保险?
3. 人身保险具有储蓄性,但与银行储蓄又有什么不同?
4. 什么是新型人寿保险?其种类主要有哪些?
5. 人寿保险的常用条款有哪些?

第十一章 年金保险

随着经济的不断发展、社会的日益安定、医疗技术的进步以及人们生活方式的转变和健康意识的提高,人类的平均寿命水平不断提高。根据中国老龄办发布的《2010年度中国老龄事业发展统计公报》,2010年中国60岁及以上老年人口已达1.7765亿,占总人口的比重达13.26%,与2000年第五次全国人口普查相比,上升了2.93个百分点。我国已进入人口老龄化和老龄人口高龄化阶段。老龄人口增加和人口预期寿命延长将带来一个新问题,就是长寿风险。所谓长寿风险,一般可以将其理解为当生存年龄超过预期年龄后所带来的风险。对不同的主体(个人、企业、国家)来讲,这种风险是不同的。仅就个人来讲,长寿意味着可以享受更多的晚年生活,但是年轻时的积蓄往往不足以支付这种更长时间的开支,并且长寿会带来很多医疗费用的支出。在目前中国的养老金体系还不完善和家庭结构小型化等形势下,老人面临的长寿风险更加突出。有风险就需要管理风险,年金保险就是管理长寿风险的一种保险制度。

第一节 年金保险的概念与特点

一、年金与年金保险的概念

年金,简言之,是指一系列固定金额的定期货币支付。

年金保险是指,在被保险人生存期间,保险人按照合同约定的金额、方式,在约定的期限内,定期地向被保险人给付保险金的保险。这种定期支付可以按年、半年、季度、月支付,但一般按月支付。

年金保险属于生存保险,只要被保险人生存,被保险人通过年金保险,都能在一定时期内定期领取一笔保险金,达到年金保险养老的目的。因此,年金保险可称为养老金保险。年金保险的保费有多种缴费方式,但在被保险人领取年金以前,投保人必须缴清所有的保费。

二、年金保险的特点

年金保险有以下四个特点:

(1) 投保人要在开始领取之前,交清所有保费,不能边交保费,边领年金。

(2) 年金保险可以有确定的期限,也可以没有确定的期限,但均以年金保险的被保险人的生存为支付条件。在年金受领者死亡时,保险人立即终止支付。

(3) 投保年金保险可以使晚年生活得到经济保障。人们在年轻时节约闲散资金缴纳保费,年老之后就可以按期领取固定数额的保险金。

(4) 年金保险给付可靠。因为保险公司必须按照法律规定提取责任准备金,而且保险公司之间的责任准备金储备制度保证,即使投保客户所购买年金的保险公司停业或破产,其余保险公司仍会自动为购买者分担年金给付。

三、年金保险的意义

从功能上讲,年金保险和人寿保险正好相反。人寿保险为被保险人因过早死亡而丧失的收入提供经济保障,而年金保险则是对被保险人因寿命过长而不能依靠自己收入和储蓄来维持生活的风险进行管理,是一种长寿风险管理的工具。如果一个投保年金保险的人,其寿命超过了预期寿命,那么他就获得了额外支付,其资金主要来自没有活到预期寿命的那些被保险人缴付的保险费以及保险公司可能的投资收益。所以,年金保险有利于长寿者。

此外,投保"延税型"年金保险的个人,还可以在缴纳个人所得税前列支保费,而个人所得税可累计至年金领取时再缴纳。

第二节 年金保险的基本种类

一、个人年金和联合生存年金

这是按年金领取人数不同分类的。只向一个人支付年金的称为个人年金保险,即以被保险人个人作为年金受领人的年金保险。向两个或更多的被保险人支付年金的称为联合生存年金保险。联合生存年金保险又有两种主要形式:一种是以联合投保人共同生存作为给付条件,如果联合投保人中有一个死亡,年金即停止给付;另一种方式是联合投保人中只要有一人生存,年金就照常给付,这种方式称为最后生存者年金。

二、趸缴年金和分期缴费年金

这是按照年金保险的购买方式不同分类的。趸缴年金就是年金购买者一次缴清保费,分期缴费年金又分为均衡缴费年金和浮动缴费年金两种。均衡缴费年金允许保单持有人按照规定的时间间隔缴纳保费,直到合同规定的缴费期间结束为止。浮动缴费年金允许合同持有人在规定期间定期缴纳保费,但各期保费可以在保单规定范围内变动。

三、按年给付年金、按季给付年金和按月给付年金

这是按给付频率来划分的。

四、即期年金和延期年金

即期年金是指投保人与保险人订立了保险合同,并支付了所有保费以后,立即从保险人那里领取年金的保险。这个"立即"的长度可因给付周期的不同而不同。例如,如果给付周期为半年一次,那么年金的领取人将在缴纳保费半年之后领取年金。

延期年金是指投保人与保险人订立合同后,迟延一段时间,或者年金领取者必须达到合同规定的某一个年龄才能从保险人那里领取年金的保险。理解延期年金,须了解以下五个概念。

(一)年金累积期间

从投保人购买延期年金之日起,到开始领取年金之日的这段时间称为累积期间。这一期间,保险人可以将保费进行投资。因此,在累积期间,延期年金会形成累积价值。年金的累积价值等于年金购买者缴付的净保费与已赚取的利息之和减去提现金额。

(二)年金给付期间

当年金累积期满,保险人就利用累积价值开始定期给付年金,这被称为年金给付期间或清偿期间。

(三)提现条款

提现条款允许合同持有人在累积期间提取全部或部分的年金累积价值。多数合同允许其持有人每年按累积价值的约定百分比提取现金而不收取费用。如果一年内提现金额超过规定的百分比,保险人通常要收取一笔提现手续费。

(四)退保金

许多合同规定,在年金的整个累积期间,合同持有人有权解除合同并领取退保金。如果年金购买者在规定年限内退保,合同持有人必须缴付退保手续费。手续费随保单持有时间的增加而减少。

(五)遗嘱给付

延期年金保单通常提供遗嘱给付。如果年金领取人在年金开始给付之前死亡,那么,年金的累积价值将由合同持有人所指定的受益人领取。当累积价值作为遗嘱给付时,保险人不收取退保手续费。

五、定期年金和终身年金

这是按照年金给付期限来分的。定期年金是指保险人在约定的期限内给付年金,约定期满给付终止的保险。如果被保险人在约定期内死亡,则自被保险人死亡时终止给付年金。终身年金是指保险人以被保险人死亡为终止给付年金条件。就是说,只要被保险人生存,被保险人将一直领取年金。对于长寿的被保险人来说,该险种较为有利。

六、无返还年金和返还年金

这是按照保费有无返还来分的。根据年金保险的一般规定,如果被保险人死亡,保险人即停止给付年金,因为年金保险是生存保险,这一年金保险形式称作无返还年金保险。显然,对于某些刚开始领取年金不久就去世的被保险人是不利的,为了弥补这种不足,产生了返还年金保险。返还年金保险即在年金领取人死亡的情况下,保险人继续向其指定的受益人支付年金领取人没有领完的年金的保险。返还年金保险又分两种:期限返还年金保险和保费返还年金保险。

期限返还年金保险是指不论被保险人寿命长短,年金给付至约定的保证期届满为止的保险。保费返还年金保险是指在年金的领取人死亡时,如果他所领取的年金数额小于他所缴纳的保费,其受益人可以领回这个差额的保险。

七、定额年金和变额年金

这是按照年金价值是否可变来分的。定额年金保险的年金给付额是固定的,不因为通货膨胀的变化而变化。变额年金保险,根据我国《变额年金保险管理暂行办法》,是指保单利益与连结的投资账户投资单位价格相关联,同时按照合同约定具有最低保单利益保证的人身保险。

变额年金为年金与变额保险相结合的产物。变额年金保险的年金给付额,随投资分立账户的资产收益变化而不同。保险公司把收取的保险费计入分立账户,主要投资于公开交易的证券,并且将投资红利分配给参加此年金保险的投保者。通过投资,此类年金保险有效地解决了通货膨胀对年金领取者生活状况的不利影响。变额年金保险一般具有以下特点：客户可自由选择投资工具；提供高报酬率可能性与自负投资风险；保费另设分立账户免于保险公司债权人追偿；变额年金保证最低死亡给付。

第三节 企业年金和我国企业年金制度

一、企业年金

企业年金是指企业在参加国家基本养老保险的基础上，依据国家政策和本企业经济状况建立的、旨在保障职工退休后生活水平、对国家基本养老保险进行重要补充的一种养老保险形式。它属于收入保障计划的范畴，是企业在工资、奖金、津贴、股权和期权之外，对员工收入分配的另一重要手段。

最早的企业年金计划是美国运通公司于1875年建立的企业补充养老保险计划。之后，随着西方各国的工业化不断发展，企业年金作为缓和劳资矛盾、稳定政治的历史产物得到了迅速发展。20世纪70年代，工业化国家普遍陷入因人口老龄化和经济衰退造成的社会保障危机之中。20世纪80年代以来，各国通过立法以及相应的税收优惠政策大力刺激企业年金的发展，弥补国家社会保障支出的不足。

1994年，为应对老龄化危机以及发达国家和发展中国家普遍存在的养老金资源严重短缺的问题，世界银行提出了可以普遍实施的办法，概括为养老保险制度的"三个支柱"，即养老保险应由国家主办的基本养老保险，企业年金以及个人储蓄性养老保险三个支柱构成。

养老保障领域的年金特征如下：（1）基于企业劳动关系而建立，可以强制建立或自愿建立，可由企业单方缴费或劳工双方缴费；（2）缴费人可自主决定管理模式，如建立共同账户或为受益人建立个人账户；按照确定缴费（DC）或确定待遇（DB）的原则，采用多样的、非均等的支付方式，以定期支付为主；（3）基金管理多样化，如企业或行业自我管理；委托专业养老金管理公司管理；或委托基金会、保险公司管理；（4）基金投资运营商业化、市场化。

二、我国企业年金制度

根据有关规定,我国企业年金是指企业及其员工在依法参加基本养老保险的基础上,自愿建立的补充养老保险制度,是企业员工福利制度的组成部分,是为了更好地保障企业员工退休后基本生活水平而建立的,是现代企业多层次养老保险体系之一。

我国企业职工的养老保险制度,经过20多年的不断探索与实践,目前已初步确立了由基本养老保险、企业年金和个人储蓄养老三者共同构成的"三支柱"体系。企业年金居于多层次的养老保险体系中的第二层次,是企业补充养老保险。

从我国企业年金制度的发展历程看,它是从企业补充养老保险逐步演变过来的。

(一) 1991—2000年:补充养老保险的探索阶段

1991年,国务院《关于企业职工养老保险制度改革的决定》(国发[1991]33号文)首次提出"国家提倡、鼓励企业实行补充养老保险"。对于当时争论的一个焦点问题——养老保险由社保部门还是商业保险公司运作管理,根据33号文的规定,基本养老保险费和补充养老保险基金均由社会保险管理机构经办,已由人民保险公司经办的养老保险业务,可以维持现状不作变动。此后,一些地方社保机构开始经办企业补充养老保险。

1994年颁布的《中华人民共和国劳动法》第75条关于"国家鼓励用人单位根据本单位实际情况为劳动者建立补充保险"的规定,为建立我国企业补充养老保险制度提供了法律依据。

1995年,国务院《关于深化企业职工养老保险制度改革的通知》确定了基本养老保险改革方案,其中提出"国家在建立基本养老保险、保障离退休人员基本生活的同时,鼓励建立企业补充养老保险和个人储蓄性养老保险。企业按规定缴纳基本养老保险费后,可以在国家政策指导下,根据本单位经济效益情况,为职工建立补充养老保险"。在经办机构的选择上,"企业补充养老保险和个人储蓄性养老保险,由企业和个人自主选择经办机构"。

1995年12月,原劳动部制定下发了《关于印发〈关于建立企业补充养老保险制度的意见〉(劳动部发[1995]464号文)的通知》,提出了发展企业补充养老保险的基本框架。对建立补充养老保险的实施主体和条件、决策程序和管理组织、资金来源、记账方式和计发办法、供款方式和水平、享受条件和待遇给付、经办机构和委托程序、投资运营、基金转移等,提出了指导性意见,确立了基本的政策框架。与33号文相比,464号文最明显的变动之处在于,补充养老保险既允许社保机构办,也允许商业机构办。

1997年7月,国务院发布的《关于建立统一的企业职工基本养老保险制度的决定》又一次提出,"各地区和有关部门要在国家政策指导下积极发展企业补充养老保险"。

(二) 2000—2003年:企业年金初步试点阶段

2000年,国务院《关于完善城镇社会保障体系试点方案》,将企业补充养老保险正式更名为"企业年金",明确提出年金的市场化管理这一政策要点,对试点地区企业年金的管理模式、资金筹集方式和税收优惠等方面进行政策引导,提出:"有条件的企业可为职工建立企业年金,并实行市场化运营和管理。企业年金实行基金完全积累,采用个人账户方式进行管理,费用由企业和职工个人缴纳,企业缴费在工资总额百分之四以内的部分,可在成本中列支。同时,鼓励开展个人储蓄性养老保险。"辽宁省率先试点,深圳、上海、淄博等城市随后陆续推出对企业年金的优惠税收政策。

此后的《中华人民共和国国民经济和社会发展第十个五年计划纲要》和《劳动和社会保障事业发展第十个五年计划纲要》等文件均沿用了企业年金这一概念。

(三) 2004年:企业年金开局年,企业年金制度建设整体框架初步形成

虽然企业年金在我国尝试运作已有十几年的历史,但在制度建设方面却长期严重滞后。进入2004年以来,一系列企业年金法规制度以前所未有地密度出台,一改十余年来我国企业年金在制度建设

方面严重滞后的局面，为企业年金的长足发展创造了制度基础，这将从根本上扭转此前企业年金运作无规可依的尴尬境地，2004年也由此被认为是企业年金的开局之年。

2004年4月份，劳动和社会保障部正式公布《企业年金试行办法》，规定企业年金基金实行完全积累，采用个人账户方式进行管理，企业年金基金可以按照国家规定投资运营，企业年金受托人应选择具有资格的商业银行或专业托管机构，作为企业年金基金托管人。原劳动部1995年12月29日发布的《关于印发〈关于建立企业补充养老保险制度的意见〉的通知》同时废止。同月，劳动与社会保障部、中国银监会、中国证监会和中国保监会等四部委联合发布《企业年金基金管理试行办法》，对企业年金基金的受托管理、账户管理、托管以及投资管理进行了规范，该办法自2004年5月1日起和《企业年金试行办法》同时施行。这两个办法的出台拉开了企业年金规范管理的序幕。

2004年8月12日，《企业年金管理指引》发布。指引依据《企业年金基金管理试行办法》，对各类金融机构操作全流程和全方位的共同规范，勾勒出了中国企业年金的制度特点和计划设立方式；关于运作模式，则以受托人为出发点，提出了法人受托和年金理事会受托模式的两大范畴和八个细分模式。该指引不仅是企业、基金管理机构的操作读本和业务指南，也是有关监管部门实施监管的标准和依据。

2004年11月10日，劳动保障部和中国证监会联合发布《关于企业年金基金证券投资有关问题的通知》，《企业年金基金证券投资登记结算业务指南》也同时发布。《关于企业年金基金证券投资有关问题的通知》对企业年金基金证券投资的开户、结算等有关问题进行规范，解决了企业年金直接入市的开户和清算等技术难题，为企业年金入市进一步奠定了制度基础。

2005年8月2日，劳动和社会保障部公布首批获得企业年金基金管理资格的37家机构名单，标志着企业年金市场运作开始启动。四类机构包括受托人、账户管理人、基金托管人和投资管理人。

2004年，中国工商银行企业年金进入银行间债券市场。此后，所有金融机构的企业年金都获准进入银行间债市投资。但是,非金融类企业年金基金一直被挡在门外。

2007年2月28日,千亿企业年金获准投资银行间债市,中国人民银行与劳动与社会保障部联合发布了《关于企业年金基金进入全国银行间债券市场有关事项的通知》,此通知的发布为企业年金基金在银行间债券市场安全、有序地进行债券投资、交易奠定了制度基础。

新修订的《企业年金基金管理办法》经2011年1月11日人力资源和社会保障部审议通过,中国银行业监督管理委员会、中国证券监督管理委员会、中国保险监督管理委员会审议通过。自2011年5月1日起施行。取消了原《办法》中规定的"投资股票的比例不得高于基金净资产的20%",要求"投资股票等权益类产品以及股票基金、混合基金、投资连结保险产品(股票投资比例高于或者等于30%)的比例,不得高于投资组合企业年金基金财产净值的30%",实则股票投资比例已升至30%。

从企业年金积累规模和投资收益看,1991—2005年的15年中,全国共积累企业年金基金680亿元,平均每年增加45亿元。而截至2009年底,全国企业年金基金规模已达到2 525亿元,2005—2009年的4年里,平均每年增加461亿元。2009年我国企业年金基金取得了7.78%的投资收益,较好地实现了企业年金基金保值增值的目标。

复习思考题

1. 什么是年金?什么是年金保险?
2. 年金保险有何特点?
3. 年金保险可分为哪些类型?
4. 什么是企业年金?
5. 简述我国企业年金制度的发展历程和未来的改革方向。

第十二章　人身意外伤害保险

第一节　人身意外伤害保险的概念与特点

一、意外伤害与人身意外伤害保险

(一)意外伤害的含义

意外伤害是指因意外导致身体受到伤害的事件,指外来的、突发的、非本意的、非疾病的使身体受到伤害的客观事件。人身意外伤害事故,主要由下列因素构成:

(1)外来原因。这是指直接外来因素造成的,外表可见的,且与被保险人内在疾病无关的伤害。

(2)达到剧烈程度。这是指人体受到猛烈而突然的袭击而造成的损害,伤的原因与结果之间具有直接瞬间的关系。

(3)当事人不可预见、不可抗拒的事故,它包括自然灾害和过去行为引起的偶然事故。由被保险人故意或过去所致的损害,由第三人故意造成的损害,以及当事人可以预见、可以抗拒的事件所造成的损害都不属于意外伤害。

(二)意外伤害保险的含义和特点

1. 含义

意外伤害保险是指被保险人在保险单有效期间,因意外伤害事故以致死亡或残废的,保险公司按规定给付全部或部分保险金的一种人身保险。

2. 特点

(1)短期性。意外伤害保险是短期险;通常以一年期为多,也有几个月或更短的。如各种旅客意外伤害保险,保险期限为一次旅程;

出差人员的平安保险,保险期限为一个周期;游泳者平安保险期限更短,其保险期限只有一个场次。

(2)灵活性。人身意外伤害保险中,很多是经当事人双方签订协议书,保险金额亦是经双方协商议定的(不超过最高限额),保险责任范围也相对灵活。投保手续也十分简便,当场付费签名即生效,无需被保险人参加体检,只要有付费能力,一般的人均可参加。

(3)保费低廉。一般不具备储蓄功能,在保险期终止后,即使没有发生保险事故,保险公司也不退还保险费。所以,一般保费较低,保障较高。

二、意外伤害保险与人寿保险的比较

(1)保险事故不同。意外伤害保险所指的死亡仅限于非故意的、外来的、突然的意外伤害所造成的死亡;而人寿保险中的死亡则可以是生命机能的停止,也可以是疾病引起的,或是外来伤害的结果。

(2)保险费的计算不同。意外伤害保险中保险人考虑的是被保险人职业、工种或所从事的活动等因素,根据以往各种意外伤害事故发生概率的经验统计来确定费率;而人寿保险则要以生命表为依据,根据各个年龄、不同性别的人的死亡率、生存率以及当时的利息率等因素来确定费率。

(3)保险期限不同。意外伤害保险的保险期限较短,常以一年为限,有时仅以被保险人的某一次活动期间为限,故其缴费也往往采用一次缴费方式;而人寿保险保险期限较长,少则几年,多则几十年,甚至终身,其缴费常采用分期缴费的办法。

(4)责任准备金的性质不同。意外伤害保险的责任准备金主要是来自到期责任准备金,没有任何储金性质;而人寿保险则由于通过均衡费率方式收取保险费,保险费缴付到一定时期后会形成储蓄存款,这种责任准备金属于被保险人的权益,为将来给付被保险人或受益人作准备。

(5) 对被保险人年龄的要求不同。意外伤害保险的承保条件一般较宽,高龄者也可以投保。对被保险人不必进行体格检查;而人寿保险对被保险人有一定的年龄限制。若保险金额超过一定标准,通常还需要体检。

人身意外伤害保险是人身保险中的短期险种,也是一种效益险种。这种险种是财险公司和寿险公司均可经营的险种。

第二节 人身意外伤害保险的分类及保险责任

意外伤害保险的分类标准很多,依据不同的分类标准可将意外伤害保险分为不同的种类。首先根据投保方式的不同将意外伤害保险分为个人意外伤害保险和团体意外伤害保险,现分述之。

一、个人意外伤害保险

个人意外伤害保险是指由一个自然人(即投保人)投保,被保险人通常为一人的意外伤害保险。个人意外伤害保险还可以进一步细分。

(一)按投保动因划分

根据投保动因的不同,个人意外伤害保险可以分为自愿意外伤害保险和强制意外伤害保险。自愿意外伤害保险的双方当事人在自愿基础上通过平等协商订立合同,投保人可以选择是否投保以及向哪家保险公司投保,保险人也可以选择是否承保及承保条件。强制意外伤害保险又称法定意外伤害保险,是指由国家机关通过颁布法律、法规强制施行的意外伤害保险。凡属法律、法规所规定的强制施行范围内的人,必须投保,无选择余地。有的强制意外伤害保险还规定必须由哪家保险公司承保,则该保险公司也必须承保。

(二)按保险危险划分

根据保险危险的不同,个人意外伤害保险可以分为普通意外伤害保险和特定意外伤害保险。普通意外伤害保险承保在保险期限内发生的各种可保意外伤害,而不是特别限定的某些意外伤害。实务中大多数意外伤害保险属于此类,比如个人人身意外伤害保险、团体人身意外伤害保险、学生团体平安保险等。特定意外伤害保险是承保特定时间、特定地点或特定原因发生的意外伤害的一类业务。例如,驾驶员意外伤害保险所承保的危险只限于在驾驶机动车辆中发生的意外伤害。

(三)按保险期限划分

根据保险期限的不同,个人意外伤害保险可以分为一年期意外伤害保险、极短期意外伤害保险和多年期意外伤害保险。一年期意外伤害保险的保险期限为一年,在实务中,这样的产品占大部分,比如个人人身意外伤害保险、人身意外伤害综合保险和附加意外伤害保险等等。极短期意外伤害保险是保险期限不足一年、往往只有几天、几小时甚至更短的意外伤害保险。航空意外伤害保险、公路旅客意外伤害保险、旅游保险、游泳池人身意外伤害保险、索道游客意外伤害保险等均属此类产品。多年期意外伤害保险的保险期限超过一年,但这类产品一般不多。

(四)按险种结构划分

根据险种结构的不同,个人意外伤害保险可以分为单纯意外伤害保险和附加意外伤害保险。单纯意外伤害保险是指一张保单所承保的保险责任仅限于意外伤害保险。保险公司目前开办的个人人身意外伤害保险、公路旅客意外伤害保险、驾驶员意外伤害保险等,均属单纯意外伤害保险。附加意外伤害保险包括两种情况:一种是其他保险附加意外伤害保险,另一种是意外伤害保险附加其他保险责任。

二、团体意外伤害保险

团体保险是指使用一份总保单向一个团体的多个成员提供人身保险保障的一类保险业务。团体意外伤害保险是以各种社会团体为投保人,以该团体的全部或大部分成员为被保险人,对被保险人因意外事故导致死亡、残疾或产生医疗费用的,保险人按合同约定给付保险金的意外伤害保险。

因为意外伤害保险的保险费率通常取决于被保险人的职业及其从事的活动,与被保险人的年龄、性别和健康状况关系不大,所以对于从事风险性质相同的工作的团体内众多成员而言,可以采用相同的保险费率。因此,相比保险费率主要依被保险人的年龄、性别和健康状况而定的人寿保险和健康保险而言,意外伤害保险最适合采用团体方式投保。在实务中,团体意外伤害保险业务确实占有相当大的比例。

团体意外伤害保险的保险期限一般为一年,期满可申请续保,保险费率根据投保单位的行业或工作性质来确定。由于是团体投保,能够有效降低逆选择和经营成本,通常团体意外伤害保险的费率要比个人意外伤害保险的费率低。

团体意外伤害保险的保险责任和给付方式等均与个人意外伤害保险相同,但保单效力方面有所不同。团体意外伤害保险中,被保险人一旦脱离投保的团体,保单效力对该被保险人即行终止,投保团体可以为该被保险人办理退保手续,而保单对其他被保险人仍然有效。

三、人身意外伤害保险的保险责任

由于下列原因所致被保险人的死亡或残废,保险公司不负给付保险金的责任:

(1) 被保险人的自杀或犯罪行为;

(2) 被保险人或其受益人的故意或诈骗行为;

(3) 战争或军事行动;

(4) 被保险人因疾病死亡或残废。

另外,被保险人因意外伤残所支出的医疗和医药等项费用,保险公司不负给付责任。

人身意外伤害保险的保险金额由被保险人按自己的需要而选定,保险费率则主要根据行业或工作性质分别订立。只要被保险人没有患上容易引致意外的疾病,费率与年龄和健康状况无关。

复习思考题

1. 意外伤害保险和人寿保险有什么不同?
2. 不同需要、不同职业的人士应如何购买不同的人身意外伤害保险?
3. 根据投保动因的不同,个人意外伤害保险可以具体分为哪些种类?
4. 决定意外伤害保险费率的因素有哪些?

第十三章 健康保险

第一节 健康保险的概念与特点

一、健康保险的概念

健康保险是以被保险人的疾病、分娩及其所致残废或死亡为保险标的的保险。在健康保险合同有效期内,被保险人因疾病、分娩及其所造成的残废或死亡,保险人按照合同的规定,承担给付保险金的责任。

健康保险原属社会医疗保险范围的内容,由于社会的发展,人们生活水平的提高,要求社会给予更多的保障,健康保险也成为商业保险的业务范围。虽然两者都是为被保险人提供医疗保障,但其运作方式、过程和目的却有所不同。前者是通过立法手段,在最大范围内强制实施,它强调的是强制性、普遍性、公平性,经营者不以营利为目的;而后者则是在协商自愿的基础上,在权利义务对等的条件下实施医疗保险服务,它强调的是自愿、有偿,经营者在实现社会效益的同时还谋求自身的经济效益。由此可见,社会医疗保险与商业性健康保险在经营对象、经营原则、经营方式等方面截然不同,属于两种不同的医疗保险。

当前,随着我国社会经济的快速发展,出现了多层次、多项目医疗保险的需求。虽然社会医疗保险的存在仍占主体地位,但仍然需要商业性健康保险作补充,使这两种医疗保险机制相辅相成,共同发展。商业性健康保险仍应坚持以市场为导向的原则,适应多层次、多项目、多标准的医疗需求,不断满足多层次日益增长的医疗保险需要。

二、健康保险的特征

（一）保险金额和保险期限

健康保险既有对患病给付一定保险金的险种，也有对医疗费用和收入损失补偿的险种，其给付金额往往是按照实际支出的费用或收入损失而定，因此健康险的一些险种有人寿保险的属性，另一些具有损害保险的属性。健康险中除了部分长期险种以外，以一年期或一年以内的短期险种居多。

（二）代位求偿

健康险种中保险人具有代位求偿权，防止被保险人通过保险而获取多余的额外利益。

（三）承保标准

健康险的承保条件一般比普通寿险的承保条件要严格得多，其对疾病产生的要素需要相当严格的审查，一般是依据被保险人的病历来判断。为防止已患病的被保人投保，保险合同中通常规定一个等待期或者称为观察期。

（四）成本分摊

健康保险有风险大、不容易控制和难以预测的特性。因此，在健康险中保险人对所承担的疾病保险金的给付责任往往带有很多限制和制约性条款。

第二节 健康保险的主要种类

一、按被保险人患疾病后的给付方式划分

（一）给付型

保险公司在被保险人患保险合同约定的疾病或发生合同约定的情况时，按照合同规定向被保险人给付保险金。保险金的数目是确定的，一旦确诊，保险公司按合同所载的保险金额一次性给付保险金。各保险公司的重大疾病保险等就属于给付型。

（二）报销型

保险公司依照被保险人实际支出的各项医疗费用按保险合同约定的比例报销，如住院医疗保险、意外伤害医疗保险等就属于报销型。

（三）津贴型

保险公司依照被保险人实际住院天数及手术项目赔付保险金。保险金一般按天计算，保险金的总数依住院天数及手术项目的不同而不同，如住院医疗补贴保险、住院安心保险等就属于津贴型。

二、按照健康保险承保损失的不同

（一）医疗费用保险

这种保险包括医疗费、住院费、护理费、医药费等项费用的给付。其给付方式有三种：(1) 按约定负担项目，实报实销；(2) 按预定金额限度范围支付；(3) 医疗及相关的费用均予以给付。

当然，医疗费用保险一般是指数额较大的医疗费用。被保险人由于感冒、发烧等所引起的医疗费用，属于被保险人的日常生活费用，而不属于承保范围。据此，医疗费用保障合同中往往规定一个免赔额，被保险人在此免赔额内的小额医疗费用支出由自己承担。

在此基础上，分摊医疗费用条款经常被采用。同时，医疗费用保险合同还常常规定最高给付金额，保险人在此保险金额的限度内支付。

（二）收入补偿保险

此类保险提供被保险人在残废、疾病或意外受伤后不能继续工作时所发生的收入损失之补偿的保险。领取这种给付，必须以实际上遭受工资的损失为条件，也必须是以丧失了工作能力，而又未领取任何疾病休息津贴，并能提供无法工作的证明书为条件。给付期限可以是短期的或长期的。短期给付是为了补偿在身体恢复前不能工作的收入损失，期限一般为一年到两年；而长期给付是补偿全部残废或不能恢复工作的被保险人的收入损失，通常规定给付到60岁或退休年龄或被保险人死亡。给付一般按月或按周进行。

(三) 长期护理保险

长期护理保险承保被保险人在医院或家中因接受各种个人护理服务而发生的相关护理费用。商业性长期护理保险险种于20世纪80年代首先在美国出现,由残疾收入保险发展而来,20世纪90年代在西欧相继出现,日本于2000年也开始实行名为"介护保险"的公共长期护理保险制度,属于社会保险。经过20余年的发展,长期护理保险在发达国家已经由纯粹的商业性质的保险产品逐渐发展成为一种全新形式的社会保障制度,在解决长期护理问题方面起到了显著效果。长期护理保险的特征如下:

(1) 具有多种形式的保险责任,充分满足被保险人的各种护理需要。长期护理保险的保险责任一般包括三种护理类型,即专业家庭护理、日常家庭护理和中级家庭护理。

(2) 提供抵御通货膨胀的保障措施,尽可能地避免其不利影响。

(3) 保单被保险人享有现金价值的权利,不因保险效力的变化而丧失。

(4) 承诺保单的可续保性,保证了长期护理保单的长期有效性。

尽管各保险公司销售各种样式的长期护理保险,但其主要条款基本上是一致的,年缴保险费一般也都随着承保方式、被保险人的年龄、保险金给付额、等待期等的不同而变化。现说明如下:

(1) 承保方式。有的保单的被保险人为指名被保险人,有的则将其配偶也作为被保险人,显然后者的保险费率要比前者的高。

(2) 被保险人的年龄。保险公司往往将被保险人投保时的年龄限制在50—70岁,承保期按照被保险人投保时的年龄和他们的实际需要分为40—84岁、50—84岁、55—85岁等年龄段。投保时被保险人年龄越低,则其费率越低。

(3) 保险金给付额。绝大多数保单标明每日最高给付额及给付日中给付的总额。给付额越高,费率越高。

(4) 等待期。当选择保单时,被保险人通常必须选择等待期,例如，有20天等待期的保险在护理室或其他合格的设备条件下受护理的前20天不属保障范围。等待期越长，保费越低。显然这也是一种免赔的形式，目的在于消除投保人的小额索赔，减少保险人的工作量。

近年来，发达国家都是在人口的老龄化而产生的长期护理需求的背景下，用长期护理保险制度来解决这一世界各国面临的难题。他们都建立了相应的长期护理保险法律制度，使整个体系的运行做到有章可循，从而充分发挥其维护老年人社会保障、缓解人口老龄化所带来压力的职能。目前，我国老龄化问题日趋突出，家庭养老将面临愈来愈严峻的经济压力，我国传统的家庭养老模式已无法适应新形势下人口老龄化迅速发展的需要，社会发展的未来趋势将是越来越多的问题要依靠社会保障，包括商业保险来解决。发达国家长期护理保险的发展及其成功经验为解决我国人口老龄化提供了借鉴。

复习思考题

1. 什么是健康保险？它有何特点？
2. 概述健康保险的不同类别及其特点。
3. 按被保险人患疾病后的给付方式划分，健康保险一般可分为哪些种类？
4. 什么是医疗费用保险？
5. 什么是收入补偿保险？
6. 长期护理保险出现的原因和特征分别是什么？

第四篇　保险经营

第十四章 保 险 精 算

第一节 保险精算概述

一、保险精算的概念

保险精算是依据经济学、金融学的基本原理和知识，利用现代数学方法对各种保险经济活动未来的财务风险进行分析、估价和管理的一门综合性的应用科学，如研究保险事故的出险规律、保险事故损失额的分布规律、保险人承担风险的平均损失及其分布规律、保险费率和责任准备金、保险公司偿付能力等保险具体问题。

二、保险精算的产生与发展

寿险经营需要了解被保险人的预期寿命，从而厘定寿险费率、计算责任准备金等。可是，人类个体的身体状况各不相同，寿命长短千差万别，似乎没有规律可循，也无法预测。但是，如果考察某地区大量人口如一百万人甚至更多的生命统计资料，就可以排除各种偶然因素，发现该地区人类寿命的内在规律。这就是概率论中的大数法则在寿险精算中的体现。所以，概率论是寿险精算的基础理论。17世纪后半叶，两位研究人员对寿险精算作出了开拓性贡献，也是概率论在年金和寿险领域的应用的体现。一位是荷兰的维德（Jean de Witt），另一位是英国的哈雷（Edmund Halley）。前者倡导了一种终身年金现值的计算方法，为国家的年金公债发行提供了科学依据；后者根据德国布勒斯劳市的人口统计资料编制了世界上第一份完整的生命表。18世纪四五十年代，辛普森根据哈雷的生命表，制作出依据死亡率增加而递增的费率表。后来，多德森（Jame Dodson）依据年龄制定了更为精确的费率表。

古典精算学认为，人寿保险所承保的风险具有稳定性，根据大数法则，投保人越多，未来实际发生的损失就与估计的期望值越接近，保险经营就越稳健。在此假定下，保险公司根据收支平衡的原则，即保费收入的现值总额应与未来支出的保险赔款的现值总额相等，确定纯保费。这是第一代即决定论的保险精算学理论。

然而，大数法则并不完全适用于保险经营的所有方面，比如规模较小的保险公司或难以预测的巨灾风险等。为了掌握这些新型风险，精算师们采用了风险理论、随机过程、概率微分方程等数学方法，随着时间的推移，预测未来损失的分布情况。保险精算学由此进入了第二代即随机论的发展阶段，并在非寿险领域得到了很大的运用。

随着统计理论及其不断成熟，保险人在确定保险费率、应付意外损失的准备金、自留限额、各种准备金等方面，都力求采用更精确的方式取代以前的经验判断。

近年来，随着财务和投资理论的发展，各种新型金融产品、投资方法不断出现，证券组合理论、资本资产定价模型、期权定价理论、资产负债管理理论等投资回报和风险平衡方法不断进入保险精算学的研究视野。

三、保险精算的基本任务

保险的基本职能是分散风险和补偿损失。为补偿损失就需要向投保人收取足够的保险费。保险公司所制定的保险费由纯保费和附加保费两部分组成。纯保费不含利润因素，附加保费由主要反映保险公司的费用和合理利润构成。所以，从理论上讲，只要保险公司按照大数法则出售保单，保险公司在每张保单上收取的纯保费应等于该保单所要承担的预期损失，即纯费率等于损失率。可见，保险定价中确定纯保费的关键是测定损失率。而测定损失率则是对各种风险的评估、测算。所以，保险精算最初的一个定义是：通过对火灾、盗窃以及人的死亡等损失事故发生的概率进行估算以确定保险公司应该收取多少保费。

在寿险精算中,利率和死亡率的测算是厘定寿险成本的两个基本问题。以前金融市场的利率常常是由政府控制的,所以在相当长的时期内,利率并不是保险精算关注的主要问题,而死亡率的测算即生命表的建立成为寿险精算的核心工作,现在也仍然是寿险精算研究的基本问题。

非寿险精算始终把损失发生的频率、损失发生的规模以及对损失的控制作为它的研究重心。现在,非寿险精算已经发展了两个重要分支:一是损失分布理论;二是风险理论。前者研究过去有限的资料条件下未来损失的分布情况以及损失和赔款的相互关系等问题;后者通过对损失频率和损失规模分布的分析,研究这种出险次数和每次损失金额大小的复合随机过程,以确定保险应具备多大的基金才可不破产。

四、保险精算的基本原理

保险精算最基本的原理可简单归纳为收支相等原则和大数法则。

所谓收支相等原则就是保险期内纯保费收入的现金价值与支出保险金的现金价值相等。由于寿险的长期性,在计算时要考虑利率因素,可分别采取三种不同的方式:(1)根据保险期间末期的保费收入的本利和(终值)及支付保险金的本利和(终值)保持平衡来计算;(2)根据保险合同成立时的保费收入的现值和支付保险金的现值相等来计算;(3)根据在其他某一时点的保费收入和支付保险金的"本利和"或"现值"相等来计算。

所谓大数法则,又称大数定律,是用来说明大量的随机现象由于偶然性相互抵消所呈现的必然数量规律的一系列定理的统称。概率论中的大数法则有多种形式。

(一)切比雪夫(Chebyshev)大数法则

设 $x_1, x_2, \cdots, x_n, \cdots$ 是由两两相互独立的随机变量所构成的序列,每一随机变量都具有有限方差,并且它们有公共上界:$D(X_2) \leq C$, $D(X_2) \leq C$, $\cdots$, $D(X_n) \leq C$, $\cdots$,则对于任意的 $\varepsilon > 0$,都有:

$$\lim_{n \to \infty} P\left\{ \left| \frac{1}{n}\sum_{k=1}^{n} X_k^* - \frac{1}{n}\sum_{k=1}^{n} E(X_k) \right| < \varepsilon \right\} = 1$$

假设有 n 个被保险人,他们投保是相互独立的行为,用 X_n 表示各被保险人的实际损失,设他们的损失期望值都相同,即有:

$$EX_1 = EX_2 = \cdots = EXn = \mu$$

且以此来计算纯保费。很显然,每个被保险人的实际损失与损失期望值不一定相等。然而,根据大数法则只要承保的标的数量足够大,投保人所缴纳的纯保费之和与所有被保险人实际发生的损失之和几乎是相等的。也就是说,只要我们知道了损失的期望值,那我们可以精确知道如何收取纯保费,来保证保险人在整体上的收支平衡。

(二)贝努利(Bernoulli)大数法则

设 M_n 是 n 次贝努利实验中事件 A 发生的次数,而 p 是事件 A 在每次实验中出现的概率,则对于任意的 $\varepsilon > 0$,都有:

$$\lim_{n \to \infty} \left\{ \left| \frac{M_n}{n} - p \right| < \varepsilon \right\} = 1$$

这一法则对于利用统计资料估算损失概率非常重要。在非寿险精算中,往往假设某一类标的具有相同的损失概率,为了估计这个概率的值,便可以通过以往有关结果的经验,求出一个比率——这类标的发生损失的频率。而在观察次数很多或观察周期很长的情况下,这一比率将与实际损失概率很接近。换句话说,当某个要求的概率不能通过等可能分析、理论概率分布近似估计等方法加以确定时,则可通过观察过去大量实验的结果而予以估计,即用比率代替概率。反过来,经估计得到的比率,可由将来大量实验所得的实际经验而修正,以增加其真实性。

(三) 泊松(Poisson)大数法则

假设某一事件在第一次实验中出现的概率为 P_1,在第二次实验中出现的概率为 $P_2,\cdots$,在第 n 次实验中出现的概率为 P_n。同样用 M_n 来表示此事件在 n 次实验中发生的次数,则依据泊松大数法则有:

对于任意的 $\varepsilon > 0$,成立:

$$\lim_{n \to \infty} P\left\{ \left| \frac{M_n}{n} - \frac{p_1 + p_2 + \cdots + p_n}{n} \right| < \varepsilon \right\} = 1$$

泊松大数法则的保险含义是:当实验次数无限增加时,其平均概率与观察结果所得的比率将无限接近。其保险含义是,尽管各个相互独立承保标的的损失概率各不相同,但只要标的数量足够多,仍可在平均意义上求出相同损失概率。

第二节 非寿险精算

一、保险费率的厘定

(一) 保险费率的概念

我们知道,投保人向保险人购买保险产品时,需要支付保险费。保险费是保险人建立保险基金的主要来源,是保险人履行赔偿或给付义务的经济基础。保险费是依据保险费率经计算确定的。保险费率,简称费率,是保险人按照单位保险金额,向投保人收取保险费的标准,通常用百分数或千分数表示。保险金额与保险费率的乘积就是保险费。

(二) 保险费率的结构

保险费率由纯保险费率和附加费率两部分构成。

纯保险费率,又称净保险费率,是用来支付赔款或保险金的费率。保险不同于救济,保险赔偿或给付的基础是投保人缴纳的保险费。从理论上讲,保险人应遵循"赔偿给付与缴纳相等"原则。建立赔偿给付基金正是根据纯费率计算出来的,即纯保费总额等于未来赔偿或给付保险金总额。纯保险费率的计算因险种不同而不同,财产保险纯费率的计算依据损失概率,人寿保险纯费率的计算依据预定的利率和相应生命表中的死亡率。

附加费率是保险公司一定时期内附加保费与保险金额的比率。它是以保险公司营业费用为基础计算的,用于保险公司业务各项费用支出,通常以占纯费率的一定比例表示。各项费用主要包括办公费、水电费、宣传费、印刷费、防灾费、员工工资、代理手续费、预期的营业利润和营业税等。

以上纯费率和附加费率相加所得到的保险费率,称为毛费率,又称总费率。

(三)厘定保险费率的基本原则

1. 充分保障原则

保险的基本职能是提供经济补偿,保险人收取的保险费应能充分满足保险人履行保险赔偿责任的需要,以保障被保险人的经济利益。保险费率是保险人收取保险费的依据,保险费率的确定必须保证保险人有足够的资金来源和偿付能力,能够补偿因风险事故发生所需要补偿或给付的金额,以及支付有关的业务费用。因此,从实现保险基本职能的角度看,保险费率水平应与提供充分保障的要求相适应。

2. 公平合理原则

公平是指保险费率的厘定必须考虑能适用于个别风险,使被保险人的保险费负担基本上按照保险标的风险程度的大小来分担。由于同种标的在不同地点、不同时间和不同主体所具有的风险水平不同,这就要求保险费率有所差异。但要做到完全公平是不可能的,因为承保标的的风险情况不可能完全一样。为了计算方便,通常将同一性质的风险归纳为若干类,然后计算分类费率,以适用于不同种类的保险标的。

合理是指保险费率水平应与被保险人的风险水平和保险人的营

业需要相适应。保险费率过低,必然会影响保险基本职能的实现,被保险人得不到保障;费率过高,特别是附加费用比例过高,会加重投保人的经济负担,也会使保险人在竞争中处于不利地位。

奈特曾说:"保费的大小取决于两条:一是必须确保他的业务正常运转不会招致破产;二是与投保人可能遭受的意外损失相比,加诸在他身上的负担不能太大。但是,仅仅做到这些还不够。……就是说,他是否公平承担了他的份额。"[1]

3. 相对稳定原则

保险费率一经确定,在一段时期内应保持相对稳定,不要过于频繁地变动。这对保险人和投保人都有好处。对投保人来说,稳定的费率可以使投保人的负担稳定。对保险人来说,稳定的费率有利于稳定成本核算和业务经营。

同时,稳定只能是相对而言的。就是说,在短期内应注意保险费率的稳定,从长远看又应根据实际情况的变动对其作出适当的调整。因为在较长的时间内,由于社会、经济、科技、文化的不断进步,保险标的的风险也会发生变动。

4. 促进防损原则

防灾防损在现代保险经营中非常重要。保险费率的厘定也应体现这一点,鼓励被保险人积极从事防灾防损的各项活动。这不仅是为了减少赔款,而且可以减少社会物质财产的损失。其方法通常是灵活调整保险费率。例如,投保防火建筑结构的房屋或具有较好消防设备和健全组织的单位,可以享受较低的保险费率。风险大的则要适当提高费率。又如,对安全无事故的被保险人,在期满后续保时给予费率优惠等。这些都可以在一定程度上提高被保险人防灾防损的积极性。

(四)保险费率厘定的方法

1. 判断法

判断法是在具体承保过程中,由业务人员根据每笔业务保险标

---

[1] 弗兰克·奈特:《风险、不确定性与利润》(中译本),华夏出版社,2011年,第185页。

的和以往的经验,直接判断风险频率和损失率,从而确定适合特定情况的个别费率。由于这种类型的保险费率是从保险标的个别情况出发单独厘定的,因此较能反映个别风险的特性。

但是,在现代保险业务中判断法往往因其手续繁琐,加之受业务人员的水平和被保险人的信用影响很大,不十分科学,通常用于海上保险、航空保险等。这些保险每因航程不定,气候变化或交替使用不同运输工具而遭遇无法统一分类的风险,这时就常用判断法。例如,我国保险公司承保波音747飞机时,就是采用判断法厘定费率的。另外,一些新的保险业务,开始时由于缺乏统计资料,又无可比情况,只好使用判断法。

2. 分类法

这是现代保险经营中经常使用的厘定费率的方法,它是根据若干重要而明显的风险标志,将性质相同的风险予以归类,并在此基础上依据损失率厘定分类费率。其准确程度,既有赖于分类适当性,又取决于各类别所包含的风险单位的数量。人寿保险、火灾保险以及大多数意外伤害保险通常使用分类法。如美国火灾保险以被保险财产所在地区的消防级别作为费率分类的基础,又如各种人寿保险以年龄、性别、健康状况来分类,适用不同的分类费率。

采用分类法是基于这样一种假设:被保险人将来的损失很大程度上由一系列相同的因素决定。因此,最理想的分类费率的条件是每一类别中各单位所有风险因素的性质完全一致,这样每单位的预期损失及费用都相同。但现实生活中的标的很难符合这一条件。

3. 修正法

修正法又称增减法,即在规定基本费率后,在具体承保中,根据损失经验就个别风险加以衡量后,在基本费率基础上进行增减变动而确定下来的费率。修正法兼具判断法的灵活性和分类法的广泛性,是一种科学适用的计费方法。

修正法通常又可分为表定法、经验法、追溯法。

(1) 表定法。

表定法是指保险人对每一具有相似风险的类别规定若干客观标

准,然后依照标准情况下的风险程度制订出来并以表格形式列示的一系列费率。当投保人投保时,核保人员以实际投保标的所具有的风险与原定标准相比较,若其条件比原定标准好,则按表定费率减少一部分;反之,则作适当增加。表定费率一般用于性质较为复杂的工商业风险,如火灾保险。例如,建筑物火灾保险,以砖造、具有一般消防设备的建筑物为基础,对影响建筑物火灾的四大因素——用途、构造、位置、防护设施分别确定调整幅度表,并规定调整幅度至多不超过基础费率的15%。

其优点是:第一,它适用于程度不等的风险和各种规模的投保单位;第二,可以鼓励被保险人加强防灾防损。因为费率的高低决定于客观标准的规定。如果防灾防损搞得好,则可规定平均风险以下的客观标准,厘定出较低的保险费率;反之,则厘定出较高的费率。

缺点是厘定费率费用太高,不利于保险人降低保险成本;同时,表定费率在实际运用中灵活性太大,业务人员在竞争激烈时,为争取承保更多业务而可能过度地降低费率,不利于保险公司财务状况的稳定。

（2）经验法。

经验法是指根据被保险人以往的损失经验,对分类费率进行增减变动而厘定出来的费率。也就是说,以过去一段时期(通常是三年)的平均损失为基础,厘定未来时期被保险人待用的保险费率。计算公式是

$$M = \frac{A - E}{E} \times C \times T$$

其中：M 表示保险费率调整的百分数；

　　　A 表示经验期(考察期)被保险人的平均实际损失；

　　　E 表示被保险人适用某分类费率时的预期损失；

　　　C 表示信赖因数；

　　　T 表示趋势因数。这里采用的趋势因数,主要是为了顾及

平均赔偿金额支出的趋势以及物价指数的变动等。

例如,某企业投保产品责任保险,按分类费率计缴保险费总额为5 000元,其中80%为纯保险费(预期损失),过去三年平均实际损失为3 000元,假定信赖因数为38%,趋势因数为1。则其费率调整幅度为

$$M = \frac{A-E}{E} \times C \times T = \frac{3\,000 - (5\,000 \times 80\%)}{5\,000 \times 80\%} \times 38\% \times 1 = -9.5\%$$

该企业投保时实际保险费率应比分类费率减少9.5%,所以调整后应缴保险费为5 000×(1-9.5%)=4 525元。

经验法的最大优点是厘定时,已考虑到影响风险发生的每一因素,而表定法仅考虑若干个重要因素。经验费率大多适用于主观风险因素较多、损失变动幅度较大的风险,如公众责任保险、汽车保险等。

(3) 追溯法。

追溯法是以保险期内保险标的实际损失为基础,并依此计算被保险人当期应缴的保险费。由于保险标的当期损失的实际数须到保险单期满后才能得知,这样,确切应缴的保险费只有在保险期满后才能计算出来。因此,在使用追溯法时,先在保险期限开始前,以其他类型费率确定预缴保险费,然后在保险期满后,根据实际损失对已缴保险费进行增减变动。

追溯法厘定程序繁琐,不利于保险人大规模地开展业务。实际中很少被采用。

(五) 非寿险费率厘定举例

非寿险费率包括纯费率和附加费率两部分。其厘定也要分别考虑这两种费率。

1. 确定纯费率

纯费率是纯保费占保险金额的比率。依纯费率计算所得的保险费理论上应等于保险合同约定的保险事故造成保险标的损失的金

额。其计算公式是

$$纯费率 = 保额损失率 \pm 均方差$$

保额损失率,又称保险损失率,是一定时期保险赔款总额与保险金额的比率,它是保险人根据大数法则,将以往若干年度(一般为5年)的统计资料,在平衡年度间风险的基础上,整理计算出来的平均值。

$$保额损失率 = \frac{赔偿金额}{保险金额} \times 100\%$$

均方差是各保额损失率与平均损失率离差平方和平均数的平方根。它反映了各保额损失率与平均保额损失率相差的程度,是说明平均保额代表性的指标。均方差越小,其代表性越强;反之,均方差越大,代表性越弱。

计算纯费率时,究竟加(或减)多少个均方差,则依据损失率的稳定程度。一般来说,损失率较稳定的,其概率要求不太高,概率度为1即可,而对于损失率不稳定的险种,则要求较高的概率,概率度为2或3。一般来说,损失率比较稳定的险种,如火灾保险,可加1个均方差;损失率不够稳定的险种,如机动车辆保险,可加2个均方差;损失率很不稳定的险种,如卫星保险,可加3个均方差。因为根据统计规定,若概率度 $t = 1$,则 $P(A) = 68.27\%$;$t = 2$,则 $P(A) = 95.45\%$;$t = 3$,则 $P(A) = 99.73\%$。

例如,某保险公司某类保险业务过去5年期间每年的保额损失率分别为 0.30%、0.25%、0.26%、0.24%、0.20%,请求出来年的纯费率。

首先,计算以往5年平均保额损失率为

$$平均保额损失率 M = \frac{\sum X}{N} = \frac{1.25\%}{5} = 0.25\%$$

其次,计算均方差。计算均方差可用统计学中的均方差公式,即

$$均方差\ \sigma = \sqrt{\frac{\sum (X-M)^2}{N}}$$

其中，X 表示每年的保险损失率；

　　　M 表示观察期内保险损失率的算术平均数；

　　　N 表示观察年数。

为方便计算，可列表如下：

表 14-1　均方差计算表　　　　　　　　单位：%

年份	保险损失率 $X(\%)$	离差 $X-M$	离差的平方 $(X-M)^2$
1	0.30	0.05	0.0025
2	0.25	0	0
3	0.26	0.01	0.0001
4	0.24	-0.01	0.0001
5	0.20	-0.05	0.0025
$N=5$	$\sum X = 1.25$	$\sum (X-M) = 0$	$\sum (X-M)^2 = 0.0052$

根据均方差公式，

$$\sigma = \sqrt{\frac{0.0052}{5}} = 0.032\%$$

第三，计算稳定系数。稳定系数是均方差与保额损失率之比，它反映保险损失率偏离算术平均数的程度。稳定系数越小，保险经营稳定性越高；反之，稳定系数越大，保险经营的稳定性越低。一般认为，稳定系数在 10%—20% 之间是较为合适的。稳定系数的计算公式是

$$V_\sigma = \frac{\sigma}{M} = \frac{0.032\%}{0.25\%} = 12.8\%$$

本例的稳定系数为 12.8%，比较小，说明过去五年间的保险损失

比较稳定。

第四,确定纯费率。

根据前面的叙述,本例的保险业务经营比较稳定,可考虑来年的同种业务的纯费率中加 1 个均方差,因此,纯费率 = 0.25% + 0.032% = 0.282%。

2. 确定附加费率

附加保险费率与营业费用有关。附加费率的计算公式是

$$附加费率 = \frac{营业费用总额}{保险金额} \times 100\%$$

通常情况下可以纯保险费率的一定比例来确定附加费率,比如规定附加费率为纯费率的 20%。这样计算更为简便,只是未必精确。若本例中以 20% 估算附加费率,则附加费率为 0.056 4%。

将纯费率与附加费率相加,即得出该险种的毛费率。本例中的毛费率为 0.338 4%。保险业务中,这一毛费率未必是最后的业务费率,还可能根据保险标的的风险状况适当加以调整,以更好地适应标的风险及其可能的损失率。

二、"大数"的测定

"大数法则"是保险经营的一个重要数理基础。某一个体标的面临某种风险的损失是不确定的。但观察大量的同类标的遭遇某种风险的损失时,其实际损失率与预期损失率的误差就很小,而且,观察的标的越大,二者的误差越小。这就是作为保险经营数理基础的大数法则的基本含义。其给保险经营的重要启示是,能将不确定的数量关系向确定的数量关系转化。那么,要多大的标的数量才能满足确定性的需要呢?或者说,如何测定一定确定性要求下的"大数"呢?

在一定的要求之下,"大数"由下面的公式来测定:

$$N = \frac{S^2 p(1-p)}{E^2}$$

其中：N 表示在一定条件下应具有的风险标的数。E 表示（相对于预期损失次数而言）实际损失变动次数与总数的比率，表示所需要的精确度。S 表示实际损失与预期损失相差的标准差的个数。S 的值可以说明对所获得的结果的信赖程度。如果 $S = 1$，由此公式所测定的损失次数具有 68% 的信赖度；如果 $S = 2$，具有约 95% 的信赖度；如果 $S = 3$，具有约 99.7% 的信赖度。p 表示某一特定风险标的发生损失的概率。

在"大数"的估算中，S 和 E 是两个重要因素。在 E 一定的情况下，S 的值越大，要求的风险标的数（即 N）越大。在 S 一定的情况下，E 的值越小，要求的风险标的（即 N）越大。

我们知道，S 值越大，说明对实际损失的范围把握性越大；E 值越小，说明实际损失变动的范围越小，也就是确定性越好。但 E 值并没有固定的，其大小一般以保证实际损失变动在预期损失 10% 的范围内为选择标准。

综上所述，"大数"是一个相对概念，一个数是否足够大，关键在于它是否满足一定的精确度和信赖度要求。正如本书第一章阐述可保风险条件中所说的那样，对保险公司而言，"保险人所愿意承担的风险越大（实际结果与预期结果之间的差额越大），被保险的标的的数量可以越小；反之，保险人愿意承担的风险越小（实际结果与预期结果之间的差额越小），被保险的标的的数量就应当越大。"

三、财务的稳定性

(一) 财务稳定系数的确定

假定某公司承保的某项业务有 n 个保险单位，每个保险单位的保险金额为 a 元，纯费率为 q。如果损失标准差为 σ，则称 $a\sigma$ 为赔偿金额标准差，用 Q 表示，即 $Q = a\sigma$。把 anq（即纯保费总额）称为保险赔偿基金，用 P 表示，即 $P = anq$。赔偿金额标准差与保险赔偿基金的比值，称为财务稳定系数，用 K 表示，即 $K = Q/P$。

一般而言，财务稳定系数 K 越小，财务稳定性越好；反之，财务稳

定系数 K 越大,财务稳定性越差。

假定有 n 个保险标的,每个标的的保险金额为 a 元,损失概率为 p,纯费率为 q,σ 表示损失均方差,X 表示纯保费总额,若损失服从二项分布,则有

$$K = \frac{\delta}{X} = \frac{a\sqrt{np(1-p)}}{anq} = \frac{\sqrt{p(1-p)}}{q\sqrt{n}}$$

在各个保险标的相同、风险相同、保险金额相同的情况下,财务稳定性分析很简单。但事实上,这些相同条件很少存在。在不相同的情况下,赔偿金额的标准差(σ),就会发生变化。为了分析方便,假定在同类业务中损失概率与纯费率相等。上式可改写为

$$K = \sqrt{\frac{1-q}{nq}}$$

假如同类保险业务(如车辆损失险)中分若干组,将不同组别的财务稳定系数加以综合,得出该业务(险种)的综合财务系数:

$$K_A = \frac{\sqrt{\delta_1^2 + \delta_2^2 + \cdots + \delta_n^2}}{X_1 + X_2 + \cdots + X_n}$$

同理,将一个公司若干种业务(险种)综合起来,可以计算公司全部业务的财务稳定情况:

$$K_T = \frac{\sqrt{\delta_A^2 + \delta_B^2 + \cdots + \delta_Z^2}}{X_A + X_B + \cdots + X_Z}$$

这里假设共有26种业务(A、B、$\cdots$Z),若有更多业务,还可以继续加下去。

例如,某保险公司有四种保险业务,某年的业务记录如下表,问该公司各类业务的稳定系数 K,K_{A+B},K_{A+B+C},$K_{A+B+C+D}$ 各为多少?(设纯费率与损失率相同)

表 14-2

业务序号	标的数(n)	保额(万元)(a)	纯费率(%)(p)
A	3 000	2	3
B	1 500	3	2
C	1 000	2.5	2
D	800	1	1

根据表 14-2，并依据前述公式，可得表 14-3 中数据。

表 14-3

业务序号	n	a	anp	σ	σ/X
A	3 000	2	180	18.69	0.103 8
B	1 500	3	90	16.27	0.180 7
C	1 000	2.5	50	11.07	0.221 4
D	800	1	128	22.17	0.173 2

根据表 14-3 可得：

$$K_{A+B} = \frac{\delta_{A+B}}{X_A + X_B} = \frac{\sqrt{18.69^2 + 16.27^2}}{180 + 90} = 0.091\,8$$

同理，$K_{A+B+C} = 0.084\,8$

$K_{A+B+C+D} = 0.078\,2$

由以上计算可知，在该公司经营的四类保险业务中，C 类业务的稳定性差(稳定系数为 0.221 4)，综合经营时，四类业务全部经营的稳定性最好($K_{A+B+C+D} = 0.078\,2$)。

（二）财务稳定系数的合理区间

由于 K 值是保险赔偿额的均方差与纯保费总额的比率，因此财务稳定性良好或不利的可能性各占 50%，也就是说，0.5 为中性。K 值为 0.4 时，则正负偏差 20%，那么，每 5 年保险业务中，有 1 年对保险人不利；K 值为 0.2 时，每 10 年中有 1 年对保险人不利；K 值为

0.1时,每20年中有1年对保险人不利。一般认为,K值小于0.1,即$0 < K < 0.1$,是比较理想的区间。

(三)财务稳定系数的影响因素

从以上公式可知,K值影响因素主要有两个,一个是保险标的数量(n),另一个是纯费率(q)。

(1)当n值不变时,q值越高,K值越小,经营越稳定;反之,则越不稳定。因为q为期望纯费率(期望损失率),其估计值越大时,积累的纯保险费总额就越大,保险公司的赔付能力就越强。

这里的q值是期望损失率,如果实际发生的损失率大于期望损失率,则以期望损失率积累的纯保险费总额就将大大小于实际损失率所要求的纯保费总额,其结果必然是期望的K值要大于实际所要求的K值,财务稳定性弱化。因此,承保业务时,使接受的标的的损失率与精算时的期望损失接近,非常重要。如果发生大的灾害事故,则实际损失率大于期望损失率,赔付增加,因此,公司的偿付能力非常重要。

(2)当q值不变时,n越大,则K值越小,经营越稳定;反之,越不稳定。所以,在保险标的相同,风险损失概率相同的前提下,承保的标的的数量越多,则保险公司的财务稳定性越好,这也是前面讲到的大数法则起作用的结果。但是,保险标的的件数的扩大(以纯保险费收入总额衡量)要受到保险公司承保能力的限制,不能无限扩大(可参见我国《保险法》的相关规定)。

第三节 寿险精算

寿险精算主要研究以生存和死亡为两大保险事故而引发的一系列计算问题。一般来说,与生存有关的问题由生存年金来处理,与死亡有关的问题由寿险(主要指死亡保险)来处理。

为讨论问题的方便,本节的计算一律作如下几个假定:

(1)被保险人的生死遵循预定生命表所示的生死规律;

(2) 同一种类的保险合同,全部于该年龄初同时订立;

(3) 保险金于每年度末同时支付;

(4) 保险费按预定利率复利生息,并假定年利率为 i;

(5) 假定保险金额均为 1 元(有特别说明者例外),因而所求得的纯保险费就是纯保险费率;

(6) 总是假定生命表中某一年龄的人都向保险公司投保了某种保险,而不管实际情况是否如此,因为这并不影响结论的正确性。

一、生命表

(一) 生命表的概念

生命表,又称寿命表、死亡表、死亡率表,它是根据一定的调查时期、一定的国家或地区、一定的人群类别(如男性、女性)等实际而完整的统计资料,经过分析、整理、计算出某一人群中各种年龄的人的生存和死亡概率,汇编而成的一种表格。在生命表中可以查出各种年龄的人在一年内的死亡人数和一定时期内的生存率和死亡率。生命表在寿险业务中处于十分重要的地位,寿险费率的厘定和责任准备金的计算,通常都是以适当的已有生命表为基础的。

(二) 生命表的种类

1. 完全生命表与简易生命表

按照反映程度详略性,可分为完全生命表和简易生命表。凡能够反映每一年龄的生命表称为完全生命表;只反映年龄组别的生死概率的生命表称为简易生命表。

2. 国民生命表与经验生命表

按照制表的资料来源又可分为国民生命表与经验生命表。以一般人口集团为对象的称为国民生命表,以人寿保险的被保险人这类特殊人口集团为对象的称为经验生命表。国民生命表一般根据政府机关的人口普查记录及死亡统计资料综合汇编而成,又称普通生命表;而经验生命表则是根据人寿保险业务中被保险人的死亡统计数据编制而成的,在寿险经营中更具有使用价值。

3. 寿险生命表与年金生命表

寿险生命表是为寿险合同服务的,寿险合同中所规定的给付利益是以合同持有人死亡为给付条件的。年金生命表适用于年金合同,年金合同中给付利益是以合同持有人到时生存为给付条件的。

4. 男性生命表与女性生命表

这是按不同性别来编制的生命表。事实上,对于不同性别同一年龄者的死亡率是不一样的。在年金业务中一般都分别编制男性生命表和女性生命表。

(三) 生命表的内容

生命表是根据分年龄死亡率编制的,反映一批人(通常以10万或100万人为单位)从出生后陆续死亡的全部过程,即从0岁算起,逐年计算每个年龄人的生存人数或死亡人数,直至表上人数全部死亡为止。现以日本第4次全公司生命表中男表一部分为例,了解生命表的内容(见表14-4)。

表14-4 日本第4次全公司生命表男表(节选)

年龄(x)	年初生存数(l_x)	年内死亡数(d_x)	生存率(p_x)	死亡率(q_x)
30	97 795	85	0.999 13	0.000 87
31	97 710	87	0.999 11	0.000 89
32	97 623	92	0.999 06	0.000 94
33	97 531	98	0.999 00	0.001 00
34	97 433	105	0.998 92	0.001 08
35	97 328	113	0.998 84	0.001 16
36	97 215	122	0.998 74	0.001 26
37	97 093	132	0.998 64	0.001 36
38	96 961	143	0.998 53	0.001 47
39	96 818	155	0.998 40	0.001 60
40	96 663	167	0.998 27	0.001 73

生命表包括的项目主要有：

（1）当年生存者的年龄，用符号 x 表示；

（2）年龄为 x 岁的人的生存人数，用符号 l_x 表示；

（3）一年内的死亡人数，即在 l_x 人中，从 x 岁至 $x+1$ 岁的一年中的死亡人数，用符号 dx 表示；

（4）生存率，x 岁的人到 $x+1$ 岁时仍然生存的概率，用符号 p_x 表示；

（5）死亡率，x 岁的人在到达 $x+1$ 岁前的死亡概率，用符号 q_x 表示。

此外，还有一个指标：平均余命，又称生命期望值，用 e_x 表示。是指现年 x 岁的人能再生存若干年的平均数，0 岁的平均余命即为平均寿命。

根据表 14-4，可归纳如下五点。

（1）$dx = l_x - l_{x+1}$ 或 $l_{x+1} = l_x - d_x$

如果计算自 X 年龄起连续 n 年内的死亡人数：

$$l_x - l_{x+n} = d_x + d_{x+1} + d_{x+2} + \cdots + d_{x+n-1}$$

（2）$p_x = \dfrac{l_{x+1}}{l_x}$

$_nP_x$ 常用来表示 x 岁的人生存到 $x+n$ 岁的生存人数与 x 岁的生存人数的比率，即

$$_nP_x = \dfrac{l_{x+n}}{l_x}$$

（3）$q_x = \dfrac{d_x}{l_x}$

$_nq_x$ 常用来表示 x 岁的人在 $x+n$ 岁以前死亡的人数与 x 岁的生存人数的比率，即

$$_nq_x = \dfrac{_nd_x}{l_x}$$

(4) $p_x + q_x = 1$ 或 $_np_x + _nq_x = 1$

(5) $e_x = \dfrac{l_{x+1} + l_{x+2} + \cdots + l_\omega}{l_x}$

ω 表示生命表中的最高年龄。

这样算得的平均余命为简单的平均余命。实际上,每一年内各死亡者的日期,一般会均匀地分于一年的各个月份内。也就是说,死亡者在其死亡的一年,平均尚生存半年,故又有完整生命余命 e'_x。

$$e'_x = e_x + \frac{1}{2} = \frac{l_{x+1} + l_{x+2} + \cdots + l_\omega}{l_x} + \frac{1}{2}$$

二、趸缴纯保费

(一)定期人寿保险的纯保费

假定 x 岁的人投保 n 年定期人寿保险,年初每个投保人应缴的纯保险费为 $A^1_{x:n}$ 元。依据收支相等原则,保险公司支付保险金的现值总和与期初纯保险费的总和应相等。即

$$l_x \cdot A^1_{x:n} = v d_x + v^2 d_{x+1} + \cdots + v^{n-1} d_{x+n-1}$$

其中,$v = \dfrac{1}{1+i}$ 为折现率。

如果令:$C_x = v^{x+1} d_x \qquad D_x = v^x l_x$

则可得

$$A^1_{x:n} = (C_x + C_{x+1} + \cdots + C_{x+n}) \cdot \frac{1}{D_x}$$

例如,假设投保人在 35 岁时为自己投保 5 年期寿险,保险金额为 10 000 元,又设 $i = 3\%$,以表 14-4 为依据,那么,趸缴纯保险费是多少?

根据定期死亡保险纯保费公式,应缴保费为

$$10\,000 \times \left[\frac{113}{1+3\%} + \frac{122}{(1+3\%)^2} + \frac{132}{(1+3\%)^3} + \frac{143}{(1+3\%)^4} + \frac{155}{(1+3\%)^5}\right]$$

$$\times \frac{1}{97\,328} = 62.2(元)$$

如果保险人向 97 328 名 35 岁男子各收取 62.2 元一次缴清纯保费,这些保费的总额及其利息的合计数将足以给付 5 年期内所有死亡索赔,即向每位受益人给付 10 000 元。

(二) 终身人寿保险的纯保费

终身人寿保险是仅于被保险人死亡时给付保险金的保险,它可以看作是一个长期的定期人寿保险。故其趸缴纯保费的计算,只须将一般定期人寿保险的纯保费中的 n 年作相应的变化即可。

假设生命表中所定最终年龄为 ω 岁,则有

$$A_x = (C_x + C_{x+1} + \cdots + C_\omega) \cdot \frac{1}{D_x}$$

如果令: $M_x = C_x + C_{x+1} + \cdots + C_\omega$

则定期和终身人寿保险的纯保险费可分别表示为

$$A^1_{x:n} = \frac{M_x - M_{x+n}}{D_x} \qquad A_x = \frac{M_x}{D_x}$$

(三) 纯粹生存保险的纯保险费

假定 x 岁的人投保 n 年定期生存保险,所缴的纯保险费为 $_nE_x$ 元。考虑利息因素,依据收支相等原则有

$$l_x \cdot {}_nE_x = v^n l_{x+n}$$

整理后得:

$$_nE_x = \frac{D_{x+n}}{D_x}$$

(四) 生死两合保险的纯保费

若以 $A_{x:n}$ 表示保险金额为 1 元、n 年期生死两合保险之趸缴纯

保费,则

$$A_{x:n} = {_nE_x} + A^1_{x:n} = \frac{D_{x+n} + M_x - M_{x+n}}{D_x}$$

三、年金保险的纯保费

年金分即期年金和延期年金。前者是指投保人在与保险人订立了年金保险合同,并支付了所有保费以后,立即从保险人那里领取年金的保险。后者是指投保人与保险人订立保险合同后,迟延一段时间以后,或者年金领取者必须达到合同所规定的某一个年龄,比如65岁时,再从保险人那里领取年金的保险。

(一)即期年金

假定 x 岁的人投保期限为 n 年的年金保险,保险公司每年初支付保险金分别为 l_x 元、l_{x+1} 元、$\cdots l_{x+n+1}$ 元。设投保人应缴的纯保险费为 $a_{x:n}$,将支付的保险金折算成现值,再假设在期初支付年金,则依据收支相等原则应有

$$a_{x:n} = \frac{D_x + D_{x+1} + \cdots + D_{x+n+1}}{D_x}$$

如果将给付周期改为终身,则可得

$$a_x = \frac{D_x + D_{x+1} + \cdots + D_\omega}{D_x}$$

令 $N_x = D_x + D_{x+1} + \cdots + D_\omega$
则上面两个公式分别为

$$a_{x:n} = \frac{N_x - N_{x+n}}{D_x}$$

$$a_x = \frac{N_x}{D_x}$$

用与上面同样的方法可以得到期末付定期年金的纯保险费为

$$a'_{x:n} = \frac{N_{x+1} - N_{x+n+1}}{D_x}$$

期末付终身年金的纯保险费为

$$a'_x = \frac{N_{x+1}}{D_x}$$

(二) 延期年金

x 岁的人投保期限为 n 年的年金保险，m 年后开始（在期首）给付，即延期 m 年。用 $m|a_{x:n}$ 表示 n 年定期期首延期年金的纯保险费，由收支相等原则有

$$l_x \cdot m|a_{x:n} = v^m l_x + v^{m+1} l_{x+m+1} + \cdots + v^{m+n-1} l_{x+m+n-1}$$

整理后得

$$m|a_{x:n} = \frac{N_{x+m} - N_{x+m+n}}{D_x}$$

用同样的方法可以得到期末付定期延期年金的纯保险费为

$$m|a'_{x:n} = \frac{N_{x+m+1} - N_{x+m+n+1}}{D_x}$$

期首付延期终身年金的纯保险费为

$$m|a_x = \frac{N_{x+m}}{D_x}$$

期末付延期终身年金的纯保险费为

$$m|a'_x = \frac{N_{x+m+1}}{D_x}$$

四、平准纯保险

事实上，大多数人寿保险单的缴费方式都不是一次缴清的，而是

分期缴付的。分期缴付又有多种方法,可以每月、每季度、每半年、每年等缴付,其中以每年缴付最常见。

按年交纯保险费又因寿险种类不同而不同。下面我们看看定期死亡保险的年度纯保险费的计算方法。以 $_mP_{x:n}$ 表示年度纯保险费,其中,m 为交费次数,x 表示投保时被保险人的年龄,n 表示保险期限。

如前所述,在趸缴保险费的条件下,每个投保人应交的纯保险费为 $A_{x:n}$ 元。所有投保人共交纯保险费的现值为 $l_x \cdot A_{x:n}$ 元。

在年度纯保险费的情形,各年所交纯保险费及其现值如下:

第 1 年所交纯保险费为 $l_x \cdot {}_mP_{x:n}$ 元,其现值为 $l_x \cdot {}_mP_{x:n}$ 元;

第 2 年所交纯保险费为 $l_{x+1} \cdot {}_mP_{x:n}$,其现值为 $v \cdot l_{x+1} \cdot {}_mP_{x:n}$ 元;

⋮

第 m 年所交纯保险费为 $l_{x+m-1} \cdot {}_mP_{x:n}$,其现值为 $v^{m-1} \cdot l_{x+m-1} \cdot {}_mP_{x:n}$ 元。

为了符合收支相等原则,这 m 次所交纯保险费的现值之和,就与一次缴清纯保险费的现值相等,故:

$$l_x \cdot A^1_{x:n} = l_x \cdot {}_mP_{x:n} + v \cdot l_{x+1} \cdot {}_mP_{x:n} + \cdots + v^{m-1} \cdot l_{x+m-1} \cdot {}_mP_{x:n}$$

整理后得

$$_mP_{x:n} = \frac{M_x - M_{x+n}}{N_x - N_{x+m}}$$

五、附加费率

人寿保险的附加费率是计算附加费的依据。人寿保险附加费可分为第一年费用和续年费用两类。第一年费用又称新合同费用,是保险合同签订前后保险公司所开支的费用,包括广告宣传费用、代理人费用、身体检查、核保员费用等。续年费用是保险公司为维持保单效力所开支的有关费用,如办公费、水电费、邮政费用、工作人员的工资等。

在计算方法上,主要有三种选择。

(一) 固定法

不论保险种类及被保险人年龄如何,均以同一金额作为附加保险费。这种方法的优点是简便,不足之处是缴费愈少,负担附加保险费反而愈多,有失公平。

(二) 比例法

不论保险种类与被保险人年龄,都以纯保险费的一定比例作为附加费。缺点是缴纯保险费越多,负担附加保险费就越多。

(三) 混合法

用这种方法计算附加保险费率时,是将它分成两部分:一部分按保险金额每千元附加一定金额,另一部分是按纯保险费率附加一定比例。这种方法也不考虑保险种类和被保险人年龄,但比前两种方法公平一些。

在实际业务中,各保险公司可以根据以往经验和业务竞争的需要来确定附加费率。通常要考虑以下三方面的因素:第一,为使人寿保险业务能够长期稳定发展,获得适当利润,制定具有弹性且能满足开支的费用率;第二,兼顾其他人寿保险公司的费用率;第三,考虑各种不同险种的性质,分别采用不同的费用率。

六、理论责任准备金及其计提

(一) 理论责任准备金的概念

寿险公司在经营中也要提取准备金,包括责任准备金、赔款准备金和其他任意准备金,1年期寿险、健康险和意外伤害保险需提取未到期责任准备金。诸种准备金中,未到期责任准备金和赔款准备金与财产保险中的这两类准备金相似,不再重复介绍,责任准备金是寿险业务中最主要的准备金,它是针对1年期以上的长期寿险保单计提的准备金,是保险公司预先估计的,用于支付未来到期的保险单所需的资金准备。

由于长期寿险产品具有储蓄性质,所以计算寿险责任准备金时要考虑货币的时间价值。计提寿险责任准备金因寿险保费的缴费方式不同而不同。在自然保费缴费方式下,自然保费收入恰好等于当年给付的支出。所以,从理论上讲,在自然保费缴费方式下,无须在营业年度末计提责任准备金。在趸缴保费方式下,由于期初缴费后不再缴纳保费,而保险人的给付责任并没有随缴费的结束而结束,它还将在以后保险期限内承担给付责任,所以,保险人对趸缴保费方式下的长期寿险合同,应在每个营业年度末计提长期责任准备金。在均衡纯保费(平准纯保费)方式下,保费数额在各缴费期限内是均衡的,但保险责任却是变动的。随着被保险人年龄的增长,死亡率在增加,死亡保险的给付可能性随之增加。也就是说,在保单生效初期,均衡纯保费高于自然保费,而在后期,均衡纯保费低于自然保费。因此,在保险期间的前期,均衡纯保费高于应付保险金支出后的余额,不应视为保险人的利润,而必须提取作为责任准备金,以备后期保费不足时支付的差额。

所以,寿险责任准备金是寿险公司以有效保单为依据,为将来发生的给付而提存的资金准备,是多收的纯保费部分及其利息的累积。

(二)理论责任准备金计计提方法

计算寿险责任准备金时,通常有三个基本假设:(1)保险人在年初收取保费,在年末支付保险金;(2)保险人提取责任准备金按照预定的利率复利生息;(3)被保险人在该时期内的死亡率与保险公司所采取的生命表所示一致。根据上述假设和收支平衡原则,一定时点上保险人收取的纯保费应等价于保险人支付的保险金,即

$$\frac{未来保险金}{给付的现值} - \frac{未来纯保费}{收入的现值} = \frac{已收取纯保费}{的终值} - \frac{已给付保险金}{的终值}$$

一般情况下,以上等式两端不为零,其差额即为应提留的寿险责任准备金。由这一等式还可以从理论上推演出责任准备金计算的两种方法:过去法和未来法。具体如下所示。

保险合同成立后,经过 t 年,

$$\left(\begin{array}{c}t\text{年前全部已收}\\ \text{纯保费的终值}\end{array}\right)+\left(\begin{array}{c}t\text{年后全部未收}\\ \text{纯保费的现值}\end{array}\right)$$

$$=\left(\begin{array}{c}t\text{年前全部已给}\\ \text{付的保险金终值}\end{array}\right)+\left(\begin{array}{c}t\text{年后全部未付}\\ \text{保险金的现值}\end{array}\right)$$

将以上四项分别用 A、B、C、D 代替,则:

$$A + B = C + D$$

整理之后,得:

$$\underset{\text{过去法}}{A - C} = \underset{\text{未来法}}{D - B}$$

所谓过去法是指保单生效后历年的纯保费收入的终值,减去死亡给付的终值,其余额即为年末责任准备金。第 1 年的期末责任准备金加上第 2 年所收的纯保费,即为第 2 年的期初准备金,依此类推,可计算得到各年应提留的责任准备金。所谓将来法是指预先确定将来可能死亡给付的现值减去将来可能流入的纯保费的现值,其余额即为应提留的责任准备金的数额。这两种计算方法是理论责任准备金的计算方法。

以上是以均衡纯保费为基础的责任准备金的计算方法。它隐含着附加费用足以支付各项实际费用开支,并且每年的附加费用相等。但事实上并非如此,某一寿险保单第一年的费用要比以后各年的费用大得多。因此,保险公司在实际提留责任准备金时,往往要将理论准备金加以必要的修正。这种修正后的准备金称为实际责任准备金。不论采用什么方式对理论责任准备金进行修正,在保单到期时的实际责任准备金应与理论责任准备金相等。

复习思考题

1. 解释下列名词:
保险费率、保险损失率、纯费率、毛费率、附加费率、生命表、复利、现值、终值。

2. 厘定保险费率时,应遵循哪些基本原则?

3. 厘定保险费率的方法有哪些?其中哪一种较为适用?

4. 假设某财产保险过去5年的保额损失率分别为3.1‰、2.9‰、3.3‰、2.8‰、3.4‰,纯费率在平均保额损失率基础上加1个均方差,附加费率为纯费率的20%,求毛费率。

5. 厘定人寿保险费率主要应依据哪三项因素?

6. 生命表主要包括哪些内容?

7. 厘定人寿保险纯保费时,通常有哪几点假设条件?

8. 确定人寿保险附加费率时,通常有哪几种方法?

第十五章 承保、核保、防灾与理赔

承保、核保、防灾与理赔是保险经营中的重要环节和业务。本章对这些业务进行介绍和分析。

第一节 承保与核保

一、承保的概念

承保是指保险人在投保人提出要保请求后,经审核认为符合承保条件,便对保险标的承诺受保,并订立保险合同的过程。这个过程,一般都要经过:(1)投保人提交投保单(即要约);(2)保险通过对保险标的的风险程度审查,决定是否承保以及承保的条件(即核保);(3)保险人接受承保(即承诺)这三个主要步骤。

二、承保的程序和内容

一项保险业务的接洽、协商、投保、核查、订立合同和最后收取保险费等,都是承保工作。由于承保工作既关系到保险合同双方当事人今后能否有效地履行保险合同,又关系到保险人自身经营的稳定性,因此它是保险人经营保险业务的重要环节,承保质量的好坏直接关系到保险公司的经营成效。

(一)要约

单位或个人要投保的话,既可以直接与保险公司的营业部联系,也可以通过保险代理人或保险经纪人提出购买要求。同样,保险公司既可以通过公司的外勤人员直接兜揽业务,寻找投保人,也可以由其代理人或经纪人招徕保险业务。不论通过以上哪种方式,投保人都必须配合保险人取得必要的信息,以便保险人作出是否承保的决定。这些信息往往来源于投保人的投保单、保险代理人或经纪人的意见、体检报告书(适用于人寿和健康保险)和公司职员的实地调查(适用于财产保险方面)。

由于保险市场竞争异常激烈,除少数投保方的风险因素估计会对保险人的经营造成严重损失的情况以外,承保人一般都会接受投保。当然,对有些不利于保险人的要约,保险人往往在承保时会附加一些条件,依据保险人自身的条件和能力,控制保险人自己的责任,以达到承保控制的目的。

目前,保险人往往采取以下一些方式,来达到承保控制的目的:

(1) 保险人在接受业务时,为了控制自身所承保的保险责任,必须根据本身的资金财力,对每一笔业务都要全面衡量其业务质量的好坏和本身可以承担的接受量,作为赔偿的最高责任额度。如在火灾保险中,保险人必须根据各个地段或建筑的环境、等级、消防条件等分别订出各地段或建筑物的限额;在海洋运输货物保险中,以 CIF 价成交的货物,通常以贸易价格的 110% 作为保险金额承保;对于人身保险的高额投保,保险人往往加以严格控制,以防止道德风险的发生。

(2) 保险人在承保风险较大的保险业务时,为了达到稳定经营,扩大市场的目的,往往要求投保人同时投保风险性较小的保险业务。

(3) 对于超过保险人自身承保能力的业务或风险比较集中、风险程度比较高的业务,通过再保险,转让出一部分给其他保险公司来承担,以达到分散风险的目的。

(4) 在保险损失发生时,被保险人必须首先承担一笔指定的不能索赔的款项,即免赔额。只有达到这个限度时,保险人才开始承担其保险责任,而且只承担超过这个限度的部分。规定免赔额的目的是激发投保人保护保险标的的责任心,与保险人一起共同控制风险发生。

(5) 控制逆选择的发生,避免投保人选择对自己有利的险种。

所谓控制逆选择是指对于不合格的被保险人和标的,应该一律排除,否则会影响保险经营的独立性。

(二) 核保

核保是指保险公司通过对保险风险的评估、分类和选择,来决定对投保人的申请是承保还是拒保,或是决定承保的条件,从而将其公司的风险控制在一定范围内。核保一般分为三个层次:一是业务人员核保。对于由代理人代为办理的业务,可由代理人作初步的核保;二是核保专业人员核保;三是主管经理核保。核保时需要着重审核道德风险、心理风险和集中风险,以达到保证承保业务质量,提高保险经济效益的目的。

1. 保险核保的主要内容

(1) 投保方资格的审核。如需审核投保人是否对保险标的有保险利益,投保人和被保险人的道德信誉和生产经营状况等。

(2) 投保标的的审核。保险标的不同,保险风险的种类和程度也不同。保险人对投保标的的风险性质、风险管理的情况、标的存放和坐落的地点和环境等,承保前都必须调查审核。

(3) 保险金额的审核。如财产保险中,保险金额的约定,不得超出保险标的的保险价值或者保险标的的实际价值。在人身保险中,保险金额应符合投保人的缴费能力或被保险人的实际需要。

(4) 保险费率的审核和确定。如核保时应就每笔业务的实际情况与制订它所适用的那类费率限定条件进行对比检查,以保证收费的合理性与科学性。

2. 这些审核资料一般由投保人在投保单中提供

核保人员也会参照保险业务人员或保险代理人和经纪人提供的情况。在财产保险的核保中,核保人员还会到实地去进行调查;在人身保险中如果被保险人曾去接受身体检查,核保人员会参考检查情况,甚至去曾经替被保险人治病的医生处查询被保险人以往的病史。

3. 在核保过程中,还应考虑各种不同的特点

尽可能地将风险排除

下面以汽车保险和人寿保险为例分别加以说明。

在汽车保险中,其核保的要素有三个。

(1) 检查保险车辆所处的环境。一般应注意了解保险车辆使用、停放的区域和该区域的人口密度、房屋建筑情况;车辆行驶的道路质量、人流量情况;本地区各种机动车辆的实有数和本地区流动车辆的情况等。

(2) 检查保险车辆的主要情况和主要风险隐患。一般应注意投保车辆的用途,如私人用车或商业用车;投保车辆的产地、厂家、新旧程度和维修情况;是否有挂车;是否有安全带和气囊等。

(3) 检查驾驶员的主要情况。一般应了解驾驶员的年龄、性别、婚姻状况。通常,年轻驾驶员由于经验不足、鲁莽等原因出车祸的可能性较大些;女性驾驶员比同一年龄组的男性驾驶员更为小心谨慎;已婚驾驶员比未婚驾驶员发生事故的可能性又低些。另外,驾驶员的受教育的情况以及个人驾驶记录,如是否有意外事故和违反交通规则的记录等,都是核保人员需要核查的。

在人寿保险中,其核保的要素有四个。

(1) 被保险人的年龄。根据生命表,人的年龄增加,其死亡率也相应增加,故不同的年龄所缴纳的保险费会有很大差异。另外,不同的人寿保险险种对被保险人的年龄都有不同的限制。

(2) 被保险人的身体健康状况。一般被保险人都要求属于能正常工作、学习的健康人。在投保时,投保人都需要在投保单上认真回答有关保险人身体健康状况的问题,如保险金额超过一定数额,还会被安排去体检。若被保险人的身体健康状况较差,则可能参加弱体保险,甚至可能被拒保。

(3) 投保人和被保险人的经济状况。由于人寿险的保险金额一般是由投保人的缴费能力或被保险人的需要决定,所以核保人员还会核查投保人或被保险人的收入情况、拥有的物业及其价值等情况。

(4) 被保险人的其他情况。核保人员还会注意被保险人的职业、嗜好、生活习惯、是否参与危险性活动等其他情况,以确保这些因素并无明显地对被保险人的生命构成威胁。

(三) 承诺

保险人在确认可以承保某种风险项目后,就可以与投保人签订保险合同,保险人的承保即告结束。

第二节 防灾防损

一、防灾防损

在任何社会里都存在着风险,防灾防损是风险管理的一项核心任务。通过防灾防损的一系列的有效措施,可以防患于未然,或减少风险发生的频率和造成的损失。社会上各个部门开展防损工作的出发点不同,对防损工作的要求也不相同,而每一企业或单位的防损工作主要应由主管部门去做。保险公司所做的防损工作,只能是参与和配合。

保险公司开展防损工作的具体做法是,一般通过保险公司对风险造成的损失进行评估以及风险控制等方面对各企业或单位提供指导。这一工作主要从以下七个方面开展:

(1) 投保前的现场查勘。主要是为保险公司搜集必要的资料,准确厘订合理的费率,以便使客户为其投保的风险支付合理的保险费。

(2 承保时进行安全评估、检查,随时注意和发现风险,分析研究风险并及时向投保人提出如何控制风险的措施和建议。

(3) 承保后的防灾防损服务。通过现场查勘,将有效地识别在设计、建造及运营中潜在的各种风险,并提出书面的改进方案。所有的查勘及改进建议均基于相应的法律、法规及技术规范,以保证改进方案的可操作性。现场查勘的范围涉及工艺、设计、操作、管理及风险控制的各个方面,仔细探讨其风险特点,进而提供改进风险的有效方法。这将有利于保护保险人及被保险人的共同利益。防灾防损服务是免费的。也可以根据客户的需要,提供其他的服务,诸如消防演习指导、建筑工程开始之前的图纸的消防设施的分布提供建议。

(4) 设立研究所和技术研究中心,专门从事损失原因分析、预防性安全检验、损失测定等研究工作,为企业提供可靠的防损资料和技术。

(5) 开展经常性的防灾防损宣传,通过宣传,提高企业和群众遵守安全法规的自觉性,以减少或避免危险的产生。

(6) 在赔偿条款里,确定免赔额,增加被保险人自己承担损失的份额,使其增强防灾防损的责任心。

(7) 资助和协助其他防损部门和被保险人的防灾工作。每年从保险费收入中按一定比例合理地提取防灾费,用于加强被保险人抵御自然灾害和意外事故的能力,树立保险公司良好的社会形象,促进保险事业的发展。

同样,防灾防损也是投保人必须履行的义务。投保人投保后只是意味着保险合同关系的开始,投保人只有在履行了保险合同规定的义务后,出险方能获得赔偿。根据《保险法》规定,投保人、被保险人应当遵守国家有关消防、安全、生产操作、劳动保护等方面的规定,维护保险标的安全;保险人有权对保险标的安全状况进行检查,及时向投保人、被保险人提出消除不安全因素和隐患的书面建议;保险事故发生时,被保险人有责任采取必要的措施,防止或减少损失,被保险人因此支付的合理费用,由保险公司承担。在国外,许多大企业参加保险,它们首先看中的是保险公司提供的防灾防损服务,其次才是保险损失补偿。一个精明的企业管理者购买保险的目的不仅在于转嫁风险,更要借助保险公司丰富的风险管理经验,尽量使企业避免风险,保证企业生产经营的连续性。因为一旦出险,企业很有可能陷入停产境地,这不仅使企业遭受财产损失,而且无法履行与客户签订的各种合同协议,很有可能使企业丧失一大批已建立良好关系的客户,严重者可以导致企业破产。另外,出险企业永久不能恢复生产和不能完全恢复生产的概率一般在80%以上,即使能在几年甚至一年半载后恢复生产,企业中断营业的损失也往往是保险给付金额的4—5

倍。可见,防范风险、避免损失比出险获得赔偿更为重要,这也是企业追求的最终目标。

第三节 保险理赔

理赔是指被保险人或受益人在保险合同有效期内发生保险事故后,向保险人提出索赔。保险人按合同约定的责任范围,履行赔偿或给付保险金义务的过程。

保险是一项服务,而理赔是提供这项服务的具体体现。在风险事故发生后,被保险人或受益人便可以向保险人索赔。当保险人接到被保险人的损失通知时,便须进行理赔的工作。理赔对保险业务的经营非常重要,必须迅速及公正地处理,若处理不当,会对保险公司的业务产生不良的影响。因为,如果赔偿未能迅速办理便会使被保险人觉得保险公司有故意拖延或拒赔之嫌,结果严重影响保险人的信誉。当然,赔款必须公正,如果处理赔偿过于宽大,保险人便会有入不敷出之虞。

保险人进行理赔工作通常至少要经过审核保险和调查损失两个程序。

一、审核保险

审核保险时,保险人必须首先确定以下的事项:
（1）保险单在损失时有效;
（2）损失是属于保险单承保的损失种类;
（3）损失是由被保风险造成而并非由除外风险造成的;
（4）被保险人有可保权益;
（5）意外事故在被保险地区内发生;
（6）被保险人已经遵守了最大诚信原则和保证;
（7）被保险人已经履行了保单上规定的被保险人的责任;
（8）保险单内所有的除外条款对有关损失都不适用。

上述各项必须全部确定,只要任何一项是否定的,保险人便没有赔偿损失的责任。

二、调查损失

保险人在初步确定有可能要赔偿后,便要进行调查损失的步骤。调查损失是要确定造成损失的原因和损失的程度,以便决定是否赔偿和具体计算应该赔偿的金额。

(一) 查勘损失原因

保险标的因遭受自然灾害或意外事故而发生的损失,原因一般往往不止一个,而是两个或两个以上。如果这些原因都在保险人所承保的责任范围之内,那么保险人自然应负责赔偿。要是几个原因中有的属于承保责任,有的却不是,问题就显得复杂,就需要保险人综合分析各种因素,在它们中间找出导致损失的主要的、起决定性作用的原因,而后以此判断保险人是否应承担赔偿责任,这个原因便是近因。所谓近因,是指在引起损失有多种原因且各个原因之间的因果关系尚未中断的情况下,对损失的发生起支配作用的、直接促成结果的或一直有效的原因,保险人负责赔偿的损失必须是以其承保责任范围内的风险为近因所引起的损失,由此被保险人可以向保险人索赔。所以,近因原则就是判明风险与保险标的损失之间的因果关系,以及确定保险赔偿责任的一项基本原则。

(二) 确认索赔权利

保险合同中都对投保方的义务有所规定,若有违背,被保险人或受益人则被确认失去索赔权利,保险人可拒绝赔偿。如保险标的危险程度增加时,投保方未及时通知保险人;保险事故发生时,投保方未采取合理的措施进行施救,防止或减少损失等,都足以使投保方丧失索赔权利。

(三) 估计损失金额

人寿保险和人身意外伤害保险的赔偿计算较简单,因为保险金额事先已经确定,并无事发后需要估价的问题。财产保险方面则以实际损失赔偿,故此需要对财物的实际损失估价。为了公平处理和使损失估价易于被合约双方接受,保险人往往会聘用独立的公估人评估损失。至于责任保险方面,因为涉及被保险人对第三者的法律责任问题,故保险人往往要请律师协助理赔。

(四) 给付保险金

当保险人确定赔偿损失的责任后,他便须迅速赔款,除非合约另有规定,否则赔款必须一次付足。保险合同上有给付的期限规定,保险人一般应于约定期限内给付保险金,其目的是为了防止保险人故意拖延,使被保险人或受益人处于十分不利的地位。另外,保险人在赔偿时还可以行使合约赋予的权利,如选择以重置、修理或重建被保险财物代替现金赔偿,或行使分摊权、代位求偿权和损余拥有权等。

总之,理赔在整个保险活动中具有重要的意义。能否正确理赔,关系到保险人和被保险人的切身利益。

复习思考题

1. 什么是承保?
2. 在人寿保险中,核保人员应着重审核投保人和被保险人的哪些情况?
3. 保险人如何进行承保控制?
4. 保险公司的防灾防损工作通常包括哪些内容?
5. 保险理赔的主要内容有哪些?
6. 保险人在调查被保险人的损失原因时,如何运用近因原则?

第十六章 保险投资

第一节 保险投资的必要性

一、保险投资的含义

保险投资是保险公司将其可用资金进行证券买卖和其他资产买卖的一种资金运用行为。与承保业务一样,保险投资已成为现代保险公司一项非常重要的经营活动。

在一些文献中,常将保险投资与保险资金运用混为一谈。其实,保险投资不等于保险资金运用。在会计上,资金运用专指企业资金占用和使用情况,它既包括企业拥有的各种财产,也包括企业的各种债权。保险投资主要是指增加公司债权或金融资产的活动,它是资金运用的一种主要形式,而不是全部。

保险投资也不等同于宏观经济学中的投资。投资是指经济主体对资本品的购买行为。资本品主要是指建筑物、机器设备和存货等。投资过程就是资本形成的过程,可以看作一定时期新增资本存量。保险投资既可能投资于实业,如购置不动产,也可能投资于债券、股票等,即金融投资。金融投资在宏观经济学中并不属于投资。"个人购买股票时,通常是从他人那里购买。某人作了一项投资,而另外某人作了一项'负投资'。变化仅发生在谁拥有这笔资产上。"[1]

---

[1] 〔美〕斯蒂格利茨著,姚开建、刘凤良、吴汉洪译:《经济学》(下),中国人民大学出版社,1997年,第113页。

二、保险投资的必要性

（一）从保险业务的特点看，除非发生支付危机，保险公司在任何时候总有一些闲置资金可用于投资

保险的主要功能是损失补偿，保险公司业务中向众多的投保人收取保费，然后按照合同规定在保险事故或约定事件发生后对被保险人进行赔偿或给付。然而，公司收取保费之后，并不立即进行赔付，一些长期寿险可能要在几十年之后才进行赔付。这样就有一部分资金暂时或长期闲置。这部分资金，保险公司要将其进行投资增值活动。这是作为经济人的保险公司最基本的经济行为。

（二）保险公司之间的竞争使得公司重视和加强保险投资

现代保险业的发展靠承保和投资双轮驱动。在保险业发达的国家，由于公司之间竞争十分激烈，承保的利润非常低，投资已成为保险发展的利润增长点。例如，1975—1992年，美、日、德、法、英和瑞士六国的承保盈利率分别为－8.2%、0.33%、0.05%、－11.6%、－8.72%、－8.48%，而投资收益率分别为14.44%、8.48%、8.72%、13.01%、13.29%和11.55%。在许多发展中国家，由于保险市场的对外开放和市场的发展，保险业之间的竞争也日趋激烈，保险投资已成为公司生存和发展的"必争之地"。

（三）投资型保险产品得到了普遍的发展，这为保险投资提供了大量可用资金

早在20世纪50年代初，荷兰一家保险公司进行产品创新，首次推出变额寿险产品，在西方世界引起了一场寿险产品的革命。到1996年，此类产品销售量已占美国寿险产品业务量的25%，而在英国更达到50%左右。在亚洲，变额寿险产品开发晚一些，但发展迅速。以中国香港和新加坡为例，1992—1996年4年里，中国香港此类保险产品的平均增长率高达51%，新加坡更高达90%。我国于1999年由中国平安保险公司率先推出"平安世纪理财投资连结保险"产品后，已有多家寿险公司推出类似新型保险产品，发展十分迅速。这些投资型保险产品的保费，绝大多数可用于投资。

(四)资本市场的发展和完善为保险投资提供了良好的渠道

从世界范围看,资本市场规模巨大,结构较为完善。资本市场的发展和完善,一方面为保险公司的投资提供了丰富的投资工具,保险公司还可以利用资本市场创新保险产品,如风险证券化产品,另一方面使得保险公司成为资本市场的重要机构投资者。以美国为例,保险公司持有股票的市值占总市值的比例,1950年为3.3%,1990年为5.1%,1995年为6%,1996年为6.2%。

(五)各国对保险投资管制政策的放松为保险投资提供了政策支持

近30多年来,世界许多国家都实行了放松保险投资管制政策。早在1983年,美国纽约州就在对《保险法》的修改中,大幅度提高了各项投资比例的限制额度,放宽了对保险投资子公司的投资限制,允许其进入投资银行业务、信用卡业务和寿险有关的信托业务,放宽了对保险产品分离账户的投资限制,除变额寿险要接受证券交易委员会的监管外,可以依据客户的约定,进行所有的投资。继英国1986年实施以金融自由化为核心内容的"大爆炸"(Big Bang)式金融改革之后,一向以严格管制著称的日本政府也于1996年实施"日本版"的"金融大爆炸"改革,美国于1999年通过了《金融服务现代化法》,进一步放松了对金融的管制。所有这些改革都或多或少地涉及对保险业务和投资管制的放松。许多发展中国家也正在步发达国家的后尘,逐步放松对保险投资的管制政策。

第二节 保险投资资金的来源

一、资本金

资本金是保险公司的开业资本。它是保险公司开业初期保险赔付的资金来源,也是偿付能力的重要组成部分。各国《保险法》都对保险公司设立时规定了明确的资本金要求。我国《保险法》规定,设立保险公司,其注册资本的最低限额为人民币2亿元,而且,最低限额必须为实缴货币资本。根据有关实施细则，设立区域性保险公司，注册资本金最低额为2亿元人民币，设立全国性保险公司，注册资本金不低于5亿元人民币。

各国保险法还要求保险公司以一定比例的资本缴存保证金，存入管理当局指定的银行，未经监管机构批准，保险公司不得动用。我国《保险法》规定："保险公司成立后应当按照其注册资本总额的百分之二十提取保证金，存入保险监督管理机构指定的银行，除保险公司清算时用于清偿债务外，不得动用。"

资本金是保险公司的自有资金，是所有者权益部分。在正常情况下，资本金除了上缴部分保证金外，基本上处于长期闲置状态。这部分资金具有较强的稳定性和长期性，一般可作为长期投资。

二、责任准备金

责任准备金是从保费收入中提存的，是保险公司的负债，将来要偿付给被保险人的资金。由于保险经营的特点，这部分资金并不需要立即支付，在一段时间内掌握在保险人手中，成为保险投资的资金来源。

责任准备金包括未到期责任准备金、赔款准备金、人寿保险的准备金。

此外，还有总准备金和存出（存入）分保准备金。前者已作介绍，属于所有者权益，从保险公司税后利润中计提。后者是指保险公司的再保险业务按合同约定，由分保分出人扣存分保接受人部分分保费以应付未了责任的准备金。存出（存入）分保准备金通常根据分保业务账单按期扣存和返还，扣存期限一般为12个月，至下年同期返还。

三、保险公司承保盈余

这是指保险公司平时的保险收支结余。财产保险和短期人身保险的承保盈余是保费收入减去保险赔款支出，再扣除各种准备金后的差额。人寿保险的承保盈余包括死差益、利差益、费差益以及解约收益等。

四、保险保障基金

这是由各保险公司从保费收入中提取的。我国规定按当年保费收入1%的标准单独提取,当保险保障基金达到公司总资产的6%时,停止提取。筹集的资金专户储存于监管机构规定的商业银行,也可以购买国债。寿险业务和长期健康险业务不提取保险保障基金。当保险公司出现偿付能力严重不足或濒临破产时,需要运用该项基金时,须报请保险监管部门,经批准后方可动用。

第三节　保险投资的形式

与其他投资类似,保险投资通常也要考虑安全性、流动性和收益性。在这三大原则的前提下,各公司可根据自身的情况选择投资形式。一般来说,保险投资的形式有以下七种。

一、银行存款

保险资金存入银行等金融机构的安全性和流动性都较高,但收益率相对较低。从国外保险公司的投资实践看,银行存款不是主要的投资形式。保险公司通常运用银行存款作为正常赔付或寿险保单期满给付的支付准备以及临时性的机动资金准备,而不是作为获取投资收益的投资形式。多年来,我国保险投资以银行存款为主。

二、债券

这包括政府债券、金融债券和公司债券。政府债券包括国家和地方政府发行的公债,定期偿还本金和支付预定利息,信用等级高,并有税收优惠。金融债券是由金融机构(主要是银行)发行的债券。公司债券是公司为筹集资金而发行的债务凭证。一般来说,债券的违约风险较低、流动性较高的特点使它成为合适的保险投资工具。各国保险公司都将它作为最重要的投资工具。1997年美国寿险公司投资于债券方面的资金占其总投资额的17%。

必须看到,债券投资存在着利率风险、信用风险和流动性风险。债券价格会由于利率变化导致其内在收益率变化而出现反向变动,使保险公司面临债券出售价格波动的风险。国债一般没有信用风险,金融债券和公司债券存在一定的信用风险。当前我国保险公司主要投资的债券是国债,但由于近年来国债利率持续走低,如2002年30年期国债曾出现2.9%的低利率,投资长期国债将使公司蒙受利率风险。流动性风险主要受债券市场规模影响。我国债券市场规模偏小,流动性较低。2003年末我国债券市场规模仅相当于同期GDP的29%,而美国债券市场规模相当于GDP的143%,日本为136%,欧盟为82%。我国债券市场规模太小,直接限制了我国保险业投资债券的规模。

三、股票

股票是一种高风险高收益高流动性的金融资产。国外的保险资金运用中,股票一般占比较高的比例。例如,1997年美国的寿险公司的投资资产中70%是股票,产险公司也有20%是股票;1996年日本的保险公司投资资产中50%是证券,其中股票占34%;同年英国的保险投资中有60%是股票。

我国已准许保险资金投资于股市,但我国股市波动性过大,股市投资风险超过世界上许多国家。如1991年至2004年6月,上证综合指数月度收益率标准差为21.20%,年度收益率标准差更高达57.26%。而在1802—1975年的173年中,纽约证券交易所股指月收益率标准差介于1.5%—8.8%,其中大部分时间处于3.5%—5.3%;1976—1991年,世界各国股指月收益率标准差的平均水平只有4%,其中美国、日本、欧洲等主要发达国家或地区股指月收益率标准差在5%左右,新兴工业化国家或地区股指月收益率标准差绝大部分低于15%。我国股市股指收益率标准差偏高,说明我国股市的波动性过大、投资风险很高。

四、证券投资基金

证券投资基金是指通过发行基金证券集中投资者的资金,交由专家从事股票、债券等金融工具的投资。它与股票市场一样,也存在着系统性风险和非系统性风险。

1999年10月我国保险资金获准进入证券投资基金市场,保险公司的基金投资不断增加,2001年末保险公司投资于证券投资基金134亿元,到2004年6月末保险公司投资于证券投资基金691.9亿元,占总资产的7.11%,但投资收益极不稳定。2001年,投资收益高达20%。2002年,受股市低迷的影响,基金业首次出现全行业亏损,其中保险资金的投资收益率跌到-21.3%。

五、抵押贷款

抵押贷款包括不动产抵押贷款、有价证券质押贷款和银团担保贷款等。选择恰当的抵押贷款种类可使保险公司获得较为安全、稳定的收益。国外一些保险公司对住宅楼宇长期抵押贷款往往采取分期偿还、本金递减的方式,收益较为理想。

六、保单贷款

保单贷款,又称保单质押贷款,是指保险公司以寿险保单为依据向保单持有人的贷款。贷款以寿险保单为质押,在保单现金价值一定比例内发放。保单贷款这种投资方式较为安全,在发达国家的保险公司较为常用。

七、不动产

投资于不动产是指保险资金用于购买土地、建筑物或修建住宅、商业建筑、基础设施的投资。不动产投资具有占用资金量大、投资期限长的特点,是比较适合于寿险资金的一种投资方式,收益一般较高,但流动性差。投资期限长就难以预期经济形势和宏观政策变化对投资于不动产的影响,因此这种投资形式存在着价格风险。各国保险法对投资于不动产有严格的比例限制。

第四节 中国保险投资的发展历程

自从1980年中国国内保险业务恢复以来,保险投资发展大致可分为四个阶段。

一、初步发展阶段

这一阶段从1980年到1987年。在这一阶段国家对保险公司的投资实行较严格的管理。1980—1984年,保险资金全部存入银行。1984年国务院批准从保险公司收取的保费中,扣除赔额、赔款准备金、费用开支和缴纳税金后,余下的部分可自己运用,但国家对投资规模采取的是计划控制的方法,对投资的方式也作了严格的限制。1986年中国人民保险公司的资金运用被限定为投资地方自筹的固定资产项目。1987年批准试办流动资产贷款和购买金融债券。这一阶段的资金运用率和投资收益率都较低。

二、无序投资阶段

这一阶段从1988年到1995年。由于保险业可用资金规模迅速增加,保险业竞争加强,加上国家对保险资金运用的政策法规不够健全,为防范通货膨胀风险、提高保险资金运营效率,各保险公司的资金运用异常活跃,房地产、有价证券、信托甚至借贷等投资无所不及,违规运用保险资金现象严重,如"以贷促保",形成大量不良资产。

三、逐步规范阶段

这一阶段从1995年到2004年。1995年国家颁布了《保险法》,

对保险资金运用作了严格规定,只允许用于在银行存款、买卖政府债券、金融债券和国务院规定的其他资金运用形式,并禁止用于设立证券经营机构和向企业投资。据此规定,保险公司的资金大多投资于银行存款。随着银行连续降息,保险公司的收益率下降,并出现利差损风险。业内人士呼吁要拓宽保险公司的投资渠道。1998年国务院批准,保险公司可在中国保监会申请、国务院批复的额度内购买信用评级在AA^+以上的中央企业债券,并可在沪深两家证券交易所交易此类上市债券。保险公司可进入银行间债券市场办理国债回购业务。1999年10月27日,国务院批准保险公司可以购买证券基金,间接进入股票二级市场,保险公司可在二级市场上买卖已上市的证券投资基金和在一级市场上配售新发行的证券投资基金。投资比例为公司资产的5%。2000年3月6日,保监会批准平安保险等5家保险公司将证券投资基金的比例提高到10%;6月,保监会批准太平洋保险公司证券投资基金比例提高到15%。2001年3月,保监会批复平安保险等3家寿险公司投资连接保险在证券投资基金的比例从30%放宽到100%。2002年10月修订的《保险法》对保险投资作了新的规定:"保险公司的资金不得用于设立证券经营机构,不得用于设立保险业以外的企业。"虽然新《保险法》并没有赋予保险公司直接投资股票的权利,但修改了原《保险法》中的禁止性条款,为国务院适时出台保险资金投资于股票等资本市场工具的政策扫除了部分法律障碍。

四、全面创新阶段

这一阶段始于2004年。2004年7月31日,保监会发布通知,允许保险公司投资可转债,可转债投资规模计入企业债券投资余额内,合计不得超过该保险公司上月总资产的20%。

2004年10月24日,中国保险监督管理委员会联合中国证券监督管理委员会正式发布了《保险机构投资者股票投资管理暂行办法》。该办法允许保险机构投资者在严格监管的前提下直接投资股票市场,参与一级市场和二级市场交易,买卖人民币普通股票、可转换公司债券及保监会规定的其他投资品种。同时规定,保险机构投资者不得投资下列类型的人民币普通股票:

(1) 被交易所实行"特别处理"、"警示存在终止上市风险的特别处理"或者已终止上市的;

(2) 其价格在过去12个月中涨幅超过100%的;

(3) 存在被人为操纵嫌疑的;

(4) 其上市公司最近一年度内财务报表被会计师事务所出具拒绝表示意见或者保留意见的;

(5) 其上市公司已披露业绩大幅下滑、严重亏损或者未来将出现严重亏损的;

(6) 其上市公司已披露正在接受监管部门调查或者最近1年内受到监管部门严重处罚的;

(7) 中国保监会规定的其他类型股票。

根据该办法,保险机构投资者持有一家上市公司的股票不得达到该上市公司人民币普通股票的30%。保险机构投资者投资股票的具体比例,由中国保监会另行规定。保险机构投资者为投资连结保险设立的投资账户,投资股票的比例可以为100%。保险机构投资者为万能寿险设立的投资账户,投资股票的比例不得超过80%。

2005年2月15日,保监会同证监会下发《关于保险机构投资者股票投资交易有关问题的通知》及《保险机构投资者股票投资登记结算业务指南》,明确了保险资金直接投资股票市场涉及的证券账户、交易席位、资金结算、投资比例等问题。

2005年2月17日,中国保监会联合中国银监会下发《保险公司股票资产托管指引(试行)》和《关于保险资金股票投资有关问题的通知》,明确了保险资金直接投资股市涉及的资产托管、投资比例、风险监控等问题。自此,我国保险资金进入包括股市在内的整个证券市场,已无法律障碍,余下的只是技术操作问题与风险规避问题。

2005年9月,中国保监会颁布《保险外汇资金境外运用管理暂行办法实施细则》,这标志着保险外汇资金境外运用进入实质性操作阶段。该细则规定,保险外汇资金投资境外股票,只限于中国企业在纽约、伦敦、法兰克福、东京、新加坡和中国香港证券交易所上市的股票;投资这类股票可采用一级市场申购和二级市场交易方式。一级市场申购包括配售、定向配售和以战略投资者身份参与配售等。同时在投资比例上,该细则规定,保险公司外汇资金投资中国企业在境外发行股票的总额,按照成本价格计算最高可达到国家外汇管理局核准投资付汇额度的10%,投资单一股票最高可达该股票发行总额的5%。另外,该细则还首次将结构性存款、住房抵押贷款证券(MBS)、货币市场基金等成熟投资品种纳入保险外汇资金投资范围,并对这些品种的信用等级和投资比例进行了规定。结构性存款的比例最高可达投资付汇额度的5%;住房抵押贷款债券的比例最高可达投资付汇额度的20%。此前出台的《保险外汇资金境外运用管理暂行办法》规定,保险外汇资金主要投资于银行存款;国际公认评级机构评定的信用级别在A级或者相当于A级以上的外国政府债券、国际金融组织债券、公司债券;中国政府和企业在境外发行的债券;信用级别在AAA级(含)以上的银行票据、大额可转让存单等货币市场产品。保险外汇资金境外运用的可投资总额不得超过该保险公司上年末外汇资金余额的80%。

2006年1月,保险业间接投资基础设施和渤海产业投资基金已获国务院批准。保险资金未来可以通过物权、产权、股权三种方式投资基础设施建设。相关试点管理办法除了规定投资重点、投资比例、投资方式、操作流程外,还将建立严格有效的风险控制机制。

2006年6月,国务院发布《关于保险业改革发展的若干意见》,对中国保险业改革发展做了全面规划。该意见明确表示,在风险可控的前提下,鼓励保险资金直接或间接投资资本市场,逐步提高投资比例,稳步扩大保险资金投资资产证券化产品的规模和品种,开展保险资金投资不动产和创业投资企业试点。支持保险资金参股商业银行。支持保险资金境外投资。根据需要不断拓宽保险资金运用的渠道和范围,为国民经济建设提供资金支持。

2007年7月,中国保监会会同中国人民银行、国家外汇管理局正式发布《保险资金境外投资管理暂行办法》,允许保险公司运用总资产15%的资金投资境外,并将境外投资范围从固定收益类拓宽到股票、股权等权益类产品,支持保险机构自主配置、提高收益,抵御人民币升值风险,标志保险资产管理步入新的发展阶段。

2008年12月,国务院办公厅发布《国务院办公厅关于当前金融促进经济发展的若干意见》(下称"金融30条"),以落实国务院关于进一步扩大内需、促进经济增长的十项措施,加大金融支持力度,促进经济平稳较快发展。在保险方面,"金融30条"提出"发挥保险保障和融资功能,促进经济社会稳定运行"。"金融30条"涉及保险业的细化措施中,除了积极发展"三农"保险,稳步发展与住房、汽车消费等相关的保险,积极发展个人、团体养老等保险业务,鼓励和支持有条件企业通过商业保险建立多层次养老保障计划外,还包括鼓励保险公司购买国债、金融债、企业债和公司债;引导保险公司以债权等方式投资交通、通信、能源等基础设施项目和农村基础设施项目。

2009年10月修订的《保险法》,对原有资金运用的禁止性规定作了修改。第106条第2款规定:"保险公司的资金运用限于下列形式:(一)银行存款;(二)买卖债券、股票、证券投资基金份额等有价证券;(三)投资不动产;(四)国务院规定的其他资金运用形式。"

根据《保险法》第106条的规定,2010年8月,中国保险监督管理委员会颁布《保险资金运用管理暂行办法》(以下简称《办法》)。《办法》依据修订后的《保险法》规定,系统总结了多年来保险资金运用改革发展的成果,吸收了现行有关规定,明确了保险资金运用的原则、目的、运作模式、风险管控和监督管理。《办法》共6章70条,主要内容包括四个方面。一是深化保险资金运用改革。确立了委托人、受托人和托管人三方协作制衡的保险资金运用管理模式,确定了三方的基本职责和法律关系,构建了决策、执行、监督有效分离的风控机制,明确了董事会和经营管理层的各自职责,推动保险机构完善公司治理,严格落实责任主体。二是细化保险资金投资渠道。依据修订后的《保险法》有关规定,允许保险资金投资无担保债、不动产、未上市股权等新的投资领域,整合并简化了保险资金投资比例,进一步扩大了保险资产配置的弹性和空间,有利于改善保险资产负债匹配状况,促进保险资金投资收益增长,支持保险市场稳健持续发展。三是确立保险资金运用托管制度。规定保险投资性资产实施第三方托管,确定托管资产的独立地位,充分发挥第三方监督作用,提高资金运作的规范度和透明度,进一步降低操作风险,防范道德风险,提升监管质量和效能。四是规范运用风险管理工具。严格限制保险资金参与衍生品交易,强化保险资金运用风险管控,《办法》规定衍生产品交易,仅限于对冲风险,不得用于投机和放大交易,具体办法由中国保监会制定。

2010年9月,中国保监会发布《保险资金投资股权暂行办法》和《保险资金投资不动产暂行办法》,允许保险资金投资未上市企业股权和不动产,并对投资主体、资质条件、投资方式、投资标的、投资规范、风险控制和监督管理等事项,进行了全面和系统的规定。

这两个《办法》的主要内容有四个方面。(1)明确投资主体。要求保险公司作为投资主体,应当在公司治理、内部控制、风险管理、资产托管、专业团队、偿付能力、财务指标等方面达到监管标准,体现了从严管理和能力优先的原则。为防范交易对手风险,办法对涉及的投资管理机构和中介服务机构的资质做了明确规定。(2)界定投资标的。明确保险资金只能投资处于成长期或成熟期的企业股权,不能投资创业风险投资基金,不能投资高污染、高耗能等不符合国家政策和技术含量较低、现金回报较差的企业股权;规定保险资金投资的不动产,应当是产权合法清晰、管理权属相对集中、能够满足投资回报的不动产,不能投资商业住宅,不能直接参与房地产开发,不能投资设立房地产企业。(3)规定投资方式。允许保险公司直接投资企业股权和不动产,但对投资团队、偿付能力、财务指标、净资产规模等提出了较高的资质要求;支持保险公司借助投资管理机构的特长和优势,通过间接投资方式,实现股权和不动产投资目标,防范道德风险和操作风险。(4)健全风控机制。针对股权和不动产的投资特点及风险特征,办法对风险控制做了系统性安排,要求保险机构完善决策制度,建立风控机制,规范操作程序,加强后续管理,持续监控风险,制订应急预案,防范操作风险和管理风险。办法明确了投资比例、退出机制、信息披露等事项,规定监管机构可以通过能力评估、监管检查、违规处罚、责任追究等方式,加强投资运作监管,防范系统性风险。

从保险投资的收益率看,我国保险资金投资收益率并不理想。2005年之前均在5%以下,2005年保险资金获准直接入市后,投资收益率有所提高,但波动率也随之增大。2007年,在股市牛市行情中虽然达到了12.2%的历史最高水平,可到2008股市转熊之后,投资收益率陡降。近几年收益率一直在4%—6%徘徊,2011年更是跌至3.5%的低谷,低于当年5.4%的CPI涨幅。由此可见,在保险投资政策大大放松,保险投资渠道不断拓展的背景下,保险公司加强保险投资研究,加强资产配置能力和抗风险能力的培养十分重要。

复习思考题

1. 简述保险投资的含义和必要性。
2. 保险投资资金的来源有哪些?
3. 简述我国保险投资发展主要阶段。
4. 保险投资对保险公司发展有何意义?
5. 如何进一步完善我国保险投资政策?

第十七章 再 保 险

再保险是保险人之间分散风险损失的一项经营活动。随着经济社会和科学技术的发展,社会财富日益增长,保险财产不断增加,保险金额和保险赔付额越来越高,保险人承担的风险也越来越大。因此,保险人有必要通过再保险分散风险,稳定保险经营。

第一节 再保险概述

一、再保险的概念

再保险,也叫分保,是保险人将其所承保的风险责任的一部分或全部,向一个或多个保险人再进行投保的行为。可以说,再保险是对原保险人的保险。

在再保险业务中,习惯上把分出自己承保业务的保险人称作原保险人,或分出公司;接受分保业务的保险人叫作再保险人、分入公司、分保接受人。原保险人的风险转移可以是一部分,也可以是全部。前者称为部分再保险,后者称为全部再保险。部分再保险,即原保险人须自留一部分所承保的业务,它的目的在于加强再保险人与原保险人之间的利害与共的关系。全部再保险,即原保险人将承担的保险业务全部进行再保险。这种情况下,原保险人无任何责任可负,他仅仅是赚取再保险佣金和手续费,其地位类似于保险经纪人。

在再保险关系中,原保险人转嫁风险和责任要向再保险人支付一部分保费,这种保费叫分保保费;而原保险人承保业务和经营管理要花一定的开支,因此要向再保险人收取一定的分保手续费,又称分保佣金。有时,再保险人还从分保盈余中支付一定比例的佣金给分保人,作为对分出人良好经营成果的酬报,这种佣金叫盈余佣金,又叫纯益手续费。盈余佣金按盈余多寡确定不同的百分比,盈余越多,比例越高,这样可促使分保分出人更加注意选择业务的质量。

再保险可以发生在一国范围内,也可以发生在国家与国家之间。尤其对于一些超过国内保险市场承受能力的巨额风险,如航天飞机、万吨巨轮、大型工程、核电站、卫星发射等在实验和运行中的风险,通常要进行跨国分保,这叫作国际再保险。例如,我国大亚湾核电站保险,其保险金额巨大,按照国际惯例,我国保险公司在国际保险市场上安排了再保险。

二、危险单位、自留额与分保额

在再保险中,自留额与分保额是决定再保险方式的两个核心因素,是确定分保双方责任的依据,它们都是根据危险单位来确定的。

(一)危险单位

危险单位是保险标的发生一次风险事故可能波及的最大损失范围。由于自留额和分保限额是按照一个危险单位来确定的,所以危险单位的划分非常重要。危险单位可分为两类:一是地段危险单位,即保险标的与其他标的毗连在一起,具有不可分割性。例如,数栋建筑毗连在一起,仅承保某楼层时应综合考虑该房的使用性质、周边环境及消防设施等因素再作出决定;二是一个单位为一个危险单位,投保单位按其账面余额投保时,可将这一单位作为一个危险单位看待。例如,一艘航行中的船舶、一架飞机、一颗卫星等,它们与其他标的没有毗连关系,可作为一个独立的危险单位予以承保。对巨灾事故危险单位的划分更为复杂,要根据不同方式,以及再保险合同的具体规定来确定。

危险单位也不是一成不变的。如两幢建筑物之间本没有通道,后来修建了天桥,使之相连,这就使互相分离的两个危险单位变成了一个危险单位。

(二) 自留额与分保额

自留额，又称自负责任额，是指对于每一个危险单位或一系列危险单位的保险责任或损失，分出公司根据其自身的财力确定的所能承担的限额。保险公司自留额的管理是再保险业务经营管理中的首要问题，一个公司根据它的资金力量确定对每一危险单位可以自留多少责任，超过部分就要办理分保。分保额，又称分保接受额或分保责任额，是指分保接受人所能承担的分保责任的最高限额。

自留额与分保额可以根据保险金额计算，也可以根据赔款金额计算。所依据的基础不同，决定着再保险的方式也不同。以保险金额为计算基础的分保方式属于比例再保险，以赔款金额为计算基础的分保方式属于非比例再保险。自留额和分保额可以用百分比或绝对数两种方式表示。百分比表示，如自留额和分保额各占保险金额的20%和80%；绝对数表示，如自留额为50万元，超过部分为分保额。保险公司确定自留额大小时，主要考虑三个因素：一是保险公司实力，资本金越大，保险基金越多，自留额就可以越大；二是承保业务的风险程度，发生损失的风险越大，自留额就应越小；三是保险人经营能力及管理水平，保险人经营能力及管理水平越高，对保险标的物的情况掌握越充分、经验越丰富，就越能合理准确地确定自留额。

为了确保保险公司的财务稳定性和具有足够偿付能力，世界各国都对再保险的自留额作出了严格规定。我国《保险法》（2009年）第102条规定："经营财产保险业务的保险公司当年自留保险费，不得超过其实有资本金加公积金总和的四倍。"第103条规定："保险公司对每一危险单位，即对一次保险事故可能造成最大损失范围所承担的责任，不得超过其实有资本金加公积金总和的百分之十；超过的部分应当办理再保险。"

三、再保险与原保险的关系

(一) 再保险与原保险的联系

再保险是保险人将原保险业务分给其他保险人的过程。当原保险合同约定的保险事故发生时,再保险人按照再保险合同的规定对原保险人承担的损失给予补偿。可见,再保险与原保险具有十分密切的关系,两者是相辅相成、相互促进的。

1. 原保险是再保险的基础,再保险是由原保险派生的

从保险发展的历史进程上看,先有保险,而后才有再保险。再保险的产生和发展,是基于原保险人分散风险的需要。从业务关系看,再保险是以原保险人承保的风险责任为保险标的,以原保险人的实际赔款和给付为摊赔条件的。所以,其保险责任、保险金额、保险期限等都必须以原保险合同为基础,没有原保险就没有再保险。

2. 再保险是对原保险的保险,再保险支持和促进原保险的发展

保险人将自己所承保的一部分风险责任向再保险人分保,从而也将一部分风险责任转移给再保险人。当原保险人承保的保险标的发生损失时,再保险人必须按保险合同的规定分担相应赔款。原保险人从再保险人那里摊回分保部分的赔款,有利于保障原保险人经营的安全和稳定。可见,再保险作为原保险的保险,是对原保险人所承担的风险的进一步分散,原保险人通过再保险可以降低自己的保险责任,扩大承保能力,从而支持和促进原保险的发展。

(二) 再保险与原保险的区别

原保险和再保险都是为了分散风险、补偿损失,但在保险经营中,两者还是有很大区别的。

1. 保险关系的主体不同

原保险关系的主体是保险人与投保人或被保险人,原保险体现的是保险人与被保险人之间的经济关系;而再保险关系的主体是原保险人与再保险人,再保险体现的是保险人之间的经济关系。

2. 保险标的不同

原保险的保险标的包括财产、人身、责任、信用以及有关的利益,既有财产保险、人身保险,也有责任保险和信用保证保险;而再保险的保险标的则是原保险人所承担的风险责任,是一种具有责任保险性质的保险。

3. 保险赔付的性质不同

原保险人在履行赔付责任时,对财产保险是损失补偿,而对人身保险则是给付性的,所以原保险合同包括补偿性合同和给付性合同两种;而再保险人对原保险合同的分摊,无论是财产再保险还是人身再保险,都是对原保险人承担的风险损失的分摊,所以再保险合同均为分摊性合同。

(三)再保险是独立于原保险的保险

再保险是在原保险的基础上产生的,没有原保险就不可能有再保险,再保险合同必须以原保险合同的存在为前提。但是,再保险与原保险没有必然的连续性,再保险是一项独立的保险业务。首先,再保险合同不是原保险合同的从属合同,而是独立的合同,它与原保险合同没有任何法律上的继承关系。其次,再保险是原保险人与再保险人之间订立再保险合同的经济行为,体现原保险人与再保险人之间的经济关系或法律关系,再保险合同只对原保险人和再保险人具有法律的约束力,再保险人只对原保险人负责,而与原保险合同中的投保人或被保险人没有任何法律关系。图 17-1 描述了原保险与再保险的关系。

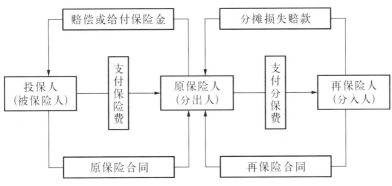

图 17-1 原保险与再保险的关系图

四、再保险的作用

再保险的产生,主要是基于保险人分散风险的需要。如果说保险是社会的稳定器,那么再保险则是保险经营的稳定器,从而也是社会的稳定器。所以,再保险的作用可以从微观和宏观两个方面来看。

(一)再保险的微观作用

再保险的微观作用,是指再保险对保险公司经营管理方面所产生的作用,具体体现在以下四个方面。

1. 分散风险

随着经济的发展、科学的进步,生产、生活中的巨额风险和巨灾风险相应增加。巨额风险,如大型飞机、航天飞机、核电站、万吨油轮、海上石油开发、卫星发射等,其财产价值和责任风险巨大。一架新型波音飞机价值超过1亿美元,旅客四五百人的伤亡责任可达5亿美元。巨灾风险,如地震、洪水、飓风、大火等,一次灾难可以使区域广泛的、众多的风险载体同时遭受巨大损失,形成高额责任积累。在这种情况下,运用再保险的方法可以适当转移一部分的风险责任,使之在多个保险人之间分散,保持保险经营的稳定。例如,标准—普尔公司的报告显示,尽管美国的保险公司在"9·11"事件中遭受巨大损失,但是由于有全球的再保险巨头作其后盾,美国的保险公司并没有受到根本性的损伤,这场灾难导致的巨额赔偿由全球许多保险人和再保险人承担。

2. 限制责任

保险业要实现稳健经营,要求承保的每一危险单位的风险责任比较均衡,不能悬殊过大。客观上,保险标的的价值有大有小。若是重大保险事故发生,就会严重影响保险公司的财务稳定,发生亏损乃至破产。通过再保险,每个保险公司和再保险公司都可根据自己的承保能力,科学地制定自留额和责任限额,来控制自己的风险责任,包括一个危险单位的风险责任、一次事故的积累风险责任和全年的风险积累责任,把超过自己承担能力的风险责任转移出去。这样做既增多了危险单位的数目,又达到了保险金额均衡的目的,使预期的平均损失与实际损失更加接近。

3. 扩大承保能力

根据大数法则，保险人只有接受尽可能多的投保人投保，集合尽可能多的危险单位，才能平衡风险责任，增加保费收入。可是，保险人的承保能力受其财务状况的限制。许多国家为保护被保险人的利益，也都立法规定保险公司的业务量对资本额（包括公积金）有一个适当的比例，一般不得超过10∶1。也就是说，保费收入不得超过资本额和公积金总和的 10 倍。我国规定，不得超过 4 倍。因此，保险公司特别是那些财力较小的中小保险公司，在发展业务时会受到一定的限制，遇到保险金额较大的保险标的就会无力承担。由于保险公司业务量的计算不包括再保险费，因此，通过再保险就可以在不增加资本的情况下扩大承保能力。

4. 被保险人获得更为可靠的保险保障

再保险分散了原保险人的责任，表面上被保险人得到的赔偿来自原保险人，实际上是由原保险人和再保险人共同分担的，显然这种保障比原保险人单独承担要更加安全、可靠。对于大额保险业务的投保人来说，再保险使其投保过程大大简化。投保人只需向一家保险公司投保即可，节省人力物力，便于投保人对投保的管理，节省相应的管理费用。同时，因为有了原保险公司和再保险公司的保障，投保企业更能得到银行信赖，从而提高企业信用，获得融资便利。

（二）再保险的宏观作用

再保险的宏观作用是指再保险对社会经济总体所产生的效果，主要有以下四个方面。

1. 促进保险业的竞争

再保险的存在和发展使得小型保险公司得以生存，由此促进保险业的竞争，增强保险市场的活力。保险产业与其他许多工业产业的一个不同之处是：小企业所提供的产品与大企业所提供的产品往往是同质的，它们并不是互补产品。如果没有再保险，小企业就很难在与大公司的竞争中生存下去，最终由大公司完全操纵市场。而一个缺乏竞争的市场，往往不是有效率的市场。

2. 形成巨额联合保险基金

通过再保险可以将各自独立的、为数较少的保险基金联合起来，形成巨额保险基金。虽然这种联合并不是以正式明文规定的形式将众多保险公司的基金联合起来，但通过再保险的分出、分入业务，将超过自身承担能力的风险责任相互转移和分散，这实际上是起到了联合保险基金的作用。

3. 再保险业是了解及拓展国际保险市场的有效途径

通过直接业务拓展国际保险市场时，往往会受到诸如人才、信息、法规等方面的制约，而再保险不会有这种限制。通过国际分保，可增进与国外同业的联系，掌握市场动向，提高业务数量和质量。这样无须增设国外常设机构，国内保险人就能够较容易地进入并拓展国际市场，加强国际保险合作。

4. 促进国际贸易和经济全球化的发展

随着世界经济的发展，各国之间的经济往来日益频繁，在经济交往中，无论是国际贸易还是人员技术交流都离不开保险，货物运输保险和运输工具保险已成为国际贸易和经济全球化发展的重要保障，而再保险作为保险的保险自然不可或缺。同时，国际再保险本身也是一项国际经济活动，是国际经济合作与交流的体现，对世界经济一体化具有重要的支持和推动作用。

五、再保险的分类

再保险是原保险人将其所承担的保险责任部分或全部转移给再保险人的过程。由于原保险人转移保险责任的方式方法不同，也就形成了不同类别的再保险。

（一）按分保安排方式分类

按分保安排方式分类，再保险可以分为临时再保险、固定再保险和预约再保险。

1. 临时再保险

临时再保险是最早采用的再保险方式，是指在保险人有分保需要时,临时与再保险人协商,订立再保险合同,合同的有关条件也都是临时议定的。

临时再保险的优点是:不论是分出公司还是分入公司都具有较大的灵活性,选择余地大,针对性强。缺点是:必须逐笔安排业务并到期续保,手续较繁琐、费用较高;由于分保业务须征得分保接受人的同意,只有在临时分保业务安排完毕后,原保险人才可能对保户承保,因此有可能失去机会,影响业务的开展。该保险方式目前主要适用于超过固定再保险合同限额的业务,或数量少、业务不稳定的新业务。

2. 固定再保险

固定再保险也称合同再保险,是由原保险人和再保险人事先签订再保险合同,约定分保业务范围、条件、额度、费用等。在合同期内,对于约定的业务,原保险人必须按约定的条件分出,再保险人也必须按约定的条件接受,双方不必逐笔洽谈,也不能对分保业务进行选择,合同约定的分保业务在原保险人与再保险人之间自动分出和分入。

由于固定再保险的长期性、连续性和自动性,对于约定分保的业务,原保险人不需逐笔办理再保险,从而简化了分保手续,提高了分保效率。同时,通过固定再保险,分保双方建立了长期稳定的业务关系。这一方面使原保险人能及时分散风险,从而增强了原保险人的承保能力;另一方面也使再保险人获得稳定的业务来源。因此,目前国际再保险市场广泛使用这种方式安排再保险。

3. 预约再保险

预约再保险,也称临时固定再保险,是一种介于临时再保险和固定再保险之间的再保险。它规定对于约定的业务,原保险人可以自由决定是否分出,而原保险人一经决定分出,再保险人就必须接受,不能拒绝。也就是说,对于合同约定的业务,原保险人有选择是否分出的权利,而再保险人则没有选择的权利。

预约再保险的特点是,对原保险人没有强制性,而对再保险人则具有强制性。因此,预约再保险对原保险人来说是有利的,既可以享有临时再保险的灵活性,又可以享有固定再保险的及时分散风险的优点。但对于再保险人来说则较为不利,一方面再保险人业务来源的稳定性差,另一方面再保险人没有对分入的业务进行选择的权利,业务的质量难以控制,因而预约再保险并不受再保险人的欢迎。该保险主要使用于某些有特殊风险的业务,或者因某种原因必须与其他业务分开的业务。

(二) 按分保对象分类

针对不同的责任或风险,分出公司可以与分入公司订立不同的再保险合同,由此可以形成以下五种类型的再保险。

1. 财产风险的再保险

财产风险的再保险是指对分出公司承保的坐落于某一地点或存放在某一场所的企业或居民家庭等主体的财产的火险责任提供保障的再保险。当分出公司承保的企业或家庭等主体的财产因火灾、爆炸等一般性灾害事故发生损失,且分出的赔偿责任已经发生时,由分入公司按比例承担赔偿责任;或分出公司的赔偿责任超过其自负责任时,由分入公司对超过的部分承担赔偿责任。

2. 责任风险的再保险

责任风险的再保险是指对分出公司承保的责任保险的赔偿责任提供保障的再保险。当分出公司承保的责任保险业务的赔偿责任已经发生时,由分入公司按比例承担赔偿责任;或分出公司的赔偿责任超过其自负责任时,由分入公司对超过的部分承担赔偿责任。

3. 运输风险的再保险

运输风险的再保险是指对分出公司承保的运输货物保险和运输工具保险的赔偿责任提供保障的再保险。当分出公司承保的运输货物或运输工具保险业务的赔偿责任已经发生时,由分入公司按比例承担赔偿责任；或分出公司的赔偿责任超过其自负责任时，由分入公司对超过的部分承担赔偿责任。

4. 人身风险的再保险

人身风险的再保险是指对分出公司承保的人身保险的给付责任提供保障的再保险。当分出公司承保的人身保险业务的给付责任已经发生时，由分入公司按比例承担给付责任；或分出公司的给付责任超过其自负责任时，由分入公司对超过的部分承担给付责任。

5. 巨灾风险的再保险

巨灾风险的再保险是指对分出公司承保的巨灾保险的赔偿责任提供保障的再保险。当分出公司承保的地震、洪水等巨灾保险业务的赔偿责任已经发生时，由分入公司按比例承担赔偿责任；或分出公司的赔偿责任超过其自负责任时，由分入公司对超过的部分承担赔偿责任。

(三) 按分保责任的分配方式分类

按分保责任的分配方式分类，可以将再保险分为比例再保险和非比例再保险。

1. 比例再保险

比例再保险是指按保险金额的一定比例确定原保险人的自留额和再保险人的分保额，同时也按该比例分配保费和分摊赔款的再保险。比例再保险包括成数再保险、溢额再保险和成数溢额混合再保险。

2. 非比例再保险

非比例再保险是指以赔款金额为基础，当原保险人的赔款超过一定额度或标准时，由再保险人承担超过部分的赔款的再保险。也就是说，非比例再保险是通过分割未来赔款来确定原保险人的自负责任和再保险人的超赔责任的一种再保险方式。非比例再保险有超额赔款再保险和赔付率超赔再保险之分，而前者又分为险位超赔再保险和事故超赔再保险。

第二节 比例再保险和非比例再保险

一、比例再保险

如前所述比例再保险是以保险金额为基础,来确定原保险人的自负责任和再保险人的分保责任的再保险方式。在比例再保险中,分出公司的自负责任和分入公司的分保责任都表示为保险金额的一定比例。分出公司与分入公司要按这一比例分割保险金额、分配保险费和分摊赔款。它又按比例计算方式的不同分为成数再保险、溢额再保险和成数溢额混合再保险。

（一）成数再保险

成数再保险是分出人以保险金额为基础,将每一危险单位划出一个固定的比例,即一定成数作为自留额,然后把其余的一定成数转让给分入人。在这种方式下,原保险人将承保每一保单的保险金额按固定比例（一定成数）分给再保险人,有关分保费的计算和赔款的分摊都按固定比例办理。

成数再保险的再保险人数可多可少,各再保险人接受分保的比例也不必相等。同时,为了限制双方承担的风险责任,在签订成数再保险合同时一般要规定每一危险单位或每张保单的最高限额,即合同限额。分出公司和分入公司只在合同限额内分割保险金额,确定自留责任和分保责任。

例如,某保险公司组织了一个成数再保险合同,每一危险单位的最高限额规定为 500 万元,自留责任为 45%（即 55% 的成数再保险合同）,则合同双方的责任分配见表 17-1。

表 17-1 成数再保险责任分配表

单位：万元

业务序号	保险金额	自留责任(45%)	分出责任(55%)	其他
1	80	36	44	
2	200	90	110	

续表

业务序号	保险金额	自留责任(45%)	分出责任(55%)	其他
3	500	225	275	
4	600	225	275	100

本例中，前三笔业务的保险金额都在成数再保险合同限额内，因此每笔业务的全部保险金额都按合同规定的比例在分出公司与分入公司之间进行分割；第四笔业务的保险金额为600万元，超过合同限额，分出公司与分入公司只能按合同规定的比例分割等于合同限额的部分，超过合同限额以上的100万元由分出公司自己承担或另行安排。

成数再保险的优点：一是分出人与分入人有共同的利害关系，具有合伙经营的性质；二是保费和赔款的计算等手续较简单。缺点：一是过于僵化，缺乏弹性，对于分出公司而言，不论业务好坏，都要按比例分出，所以优良的业务不能多留，较差的业务不能少留，相当于放弃了自留额的决定权；二是由于不论金额高低，一律按固定比例划分责任，所以针对各危险单位的保险责任不能均衡化。因而，资本雄厚的保险公司一般不愿采用这种分保方式，目前主要适用于新公司、小公司、新的险种或风险性高的业务。

(二) 溢额再保险

溢额再保险是分出公司以保险金额为基础，规定每个危险单位的一定额度作为自留额，并将超过自留额的部分，即溢额转给分入公司。该方式下，分入公司按照所承担的溢额占总保险金额的比例收取分保费和分摊分保赔款。

与成数再保险不同，在溢额再保险合同下分出公司是否分出业务，取决于实际业务的保险金额是否超过分出公司的自留额。只有实际业务的保险金额超过分出公司的自留额，超过的部分才分给分入公司。但分入公司分入的保险金额，并非无限制，而是以自留额的一定倍数为限。这种自留额的一定倍数，称为线数(Lines)。自留额与线数的乘积为分入公司的最高分入限额。超过这个限额的部分，由分出公司自己负责或自行安排。合同规定的自留额的大小，决定分出公司承担责任的大小。同样，在自留额一定的条件下，线数的多少，决定着分入公司可能承担的责任的大小。

保险人为了便于处理保险金额巨大或性质特殊的业务，可在第一溢额合同的基础上，再组织第二、第三，乃至第四溢额合同作为第一溢额合同的补充。

第一溢额再保险，是原保险人把超过自留额的部分责任分让给其他保险人；第二溢额再保险，是原保险人把超过自留额及第一溢额限度的保险责任进行分保；第三溢额再保险，是在超过自留额及第一、第二溢额的限度时进行分保。然后依次类推。通常分保在5—20线范围内，过少失去再保险的必要，过多则手续繁琐，不如增加溢额层次。

例如，某保险公司组织了一个溢额再保险合同，合同规定原保险人对每一危险单位的自留额为10万元。现有5笔不同保险金额的该类保险业务，保险金额的分配见表17－2。

表17－2　溢额再保险责任比例计算表

单位：万元

业务序号	保险金额	原保险人		第一溢额	第二溢额	第三溢额
		自留额	比例(%)	(3线)	(2线)	(2线)
1	8	8	100			
2	10	10	100			
3	40	10	25	30		
4	50	10	20	30	10	
5	80	10	12.5	30	20	20

溢额再保险的优点是：分出公司可以根据不同的业务种类、质量确定不同的自留额，对于每一危险单位的责任以自留额为限，因此有利于发挥大数法则的作用；分出公司对自留额以内的业务可全部自留，从而可以减少保费的支出。这种再保险的方式的保费及赔款的计算较成数再保险繁琐，因为它是按逐笔保险单计算自留比例和

分出比例的,并按各自比例计算保费和赔款的分配。溢额再保险特别适用于业务质量不齐、保险金额不齐的保险业务,是国际再保险业务中较受欢迎的形式之一。

(三) 成数与溢额混合再保险

成数与溢额混合再保险是指在一个合同中既有成数再保险,又有溢额再保险,并根据需要,将两者有机地组合在一起的比例再保险方式。它包括以下两种情况。

1. 成数分保合同之上的溢额分保合同

分出公司先安排一个成数分保合同,规定合同最高限额,当保险金额超过该限额时,再按照另外订立的溢额分保合同处理。例如,分出公司规定成数分保的最高限额为100万元,100万元以内的保险金额原保险人自留40%,其余60%分给若干家分入公司。保险金额超出100万元的部分通过溢额分保处理,溢额分保的最高限额为10线,即1 000万元。该混合再保险的最高承保金额为1 100万元。100万元内成数分保,100—1 100万元部分溢额分保,如表17-3所示。

表17-3 成数分保合同之上的溢额分保合同责任分配　　单位:万元

保险金额	成数分保部分			溢额分保部分
	金　额	保留(40%)	分出(60%)	
60	60	24	36	0
100	100	40	60	0
500	100	40	60	400
800	100	40	60	700

2. 溢额分保合同之内的成数分保合同

分出公司先安排一个溢额分保合同,确定自留额,并对自留额部分通过成数分保处理。例如,一个自留额50万元、责任限额为5线的溢额合同,规定对于自留额部分,分出公司有权另订成数分保合同。如将其中的60%分出,则分出公司实际上只保留了成数即原溢额合同自留部分40%的责任。在这种混合合同中,成数部分限额即溢额的自留额称为优先额,即表示这一部分业务在溢额合同分配之前由参加成数合同的接受公司优先接受。参加成数合同的接受公司是否也参加溢额合同的接受公司,实际操作中没有限制。此例中假定成数分保最高限额为50万元,溢额合同限额为4线,则分配责任情况见表17-4。

表17-4 溢额分保合同之内的成数分保合同责任分配 单位:万元

保险金额	成数分保部分			溢额分保部分
	金额	自留(40%)	分出(60%)	
10	10	4	6	
50	50	20	30	
100	50	20	30	50
200	50	20	30	150
250	50	20	30	200

成数分保合同之上的溢额分保合同和溢额分保合同之内的成数分保合同从实质上说是一致的,都是对一定的保险金额进行成数分保,对超出部分进行溢额分保;两者区别在于,业务先后顺序不同。成数和溢额混合再保险合同并无固定的形式,可视具体情况决定,一般使用于转分保业务和海上保险业务。

二、非比例再保险

非比例再保险,又称超额再保险,是一种以赔款为基础,计算自赔限额和分保责任限额的再保险。其责任分配由分出公司和分入公司协商规定一个赔款限额或赔款限度,由分出公司自行赔付,超过限额部分则由分入公司按照协议负责承担赔款的全部或部分责任。其保险责任、分保费计算和赔款分摊与原保险金额没有比例关系,费率也不按照原保险的费率,分保费按以往赔款记录由双方协议规定的办法计算。非比例再保险可分为超额赔款再保险和赔付率超赔再保险两种方式。

(一) 超额赔款再保险

超额赔款再保险简称超赔再保险,是指原保险人在一次事故中对各个险位的个别赔款或多个险位的总赔款,在超过再保险合同中约定的自负责任额时,再保险人就超过部分负责至约定的最高责任限额的再保险方式。超额赔款再保险可以根据计算赔款的基础不同分为两种方式:险位超赔再保险和事故超赔再保险。

1. 险位超赔再保险

险位超赔再保险,是以一次事故中每一危险单位所发生的赔款金额为基础,来确定分出公司的自负责任额和分入公司的最高责任限额的再保险方式。每一危险单位即险位。假如总赔款金额不超过自负责任额,全部损失由分出公司赔付;反之,赔款金额超过自负责任额,则超过部分由分入公司赔付,但不超过合同中规定的最高责任限额。

在险位超赔再保险合同项下,对分入公司的赔款的计算,通常有两种方法:一是按危险单位的赔款分别计算,分入公司对每一危险单位的赔款不超过最高责任限额,但其对一次事故的总赔款没有额度限制;二是按危险单位的赔款分别计算,分入公司对每一危险单位的赔款不超过最高责任限额,而且对分入公司每次事故的总赔款有额度限制。在后一种情况下,分入公司每次事故的总赔款一般限定为险位限额的2至3倍。

例如,有一超过50万元以后500万元的火险险位超赔分保合同,其险位限额为50万元。在一次事故中有3个危险单位遭受损失,每个危险单位损失分别为100万元、150万元和80万元。如果每次事故对危险单位没有限制,则赔款的分摊如表17-5。

表17-5 (无限额)险位超赔赔款分摊表　　单位:万元

危险单位	发生赔款	分出公司承担赔款	分入公司承担赔款
1	100	50	50
2	150	50	100

续表

危险单位	发生赔款	分出公司承担赔款	分入公司承担赔款
3	80	50	30
共计	330	150	180

但如果每次事故有危险单位限制,比如为150,则赔款分摊的方式如表17-6。

表17-6　(有限额)险位超赔赔款分摊表　　单位:万元

危险单位	发生赔款	分出公司承担赔款	分入公司承担赔款
1	100	50	50
2	150	50	100
3	80	80	0
共计	330	180	150

由于分入公司承担的赔款已达上限,所以对第3个危险单位的赔款不再承担,80万元的赔款只能由分出公司自己负担。

2. 事故超赔再保险

事故超赔再保险,是以一次事故发生的赔款总额为基础,来确定分出公司的自负责任额和分入公司最高责任限额的再保险方式。该保险方式主要用于巨灾事故的保障,避免一次事故造成过大的责任积累,因此,它又称为巨灾超赔保障再保险。

事故次数的划分是事故超赔再保险合同项下分摊金额计算的关键。在再保险合同中,应针对不同的灾害事故对一次事故持续的时间作出明确的规定。例如,规定台风、飓风、暴风雨连续48小时为一次事故,地震、洪水、火山爆发连续72小时为一次事故,暴动、罢工持续72小时为一次事故,等等。

对于巨灾业务,可进行分层次的超赔分保办法。例如,一笔1 000万元的事故超赔再保险业务分三层安排:第一层为超过100万元的200万元,表示发生事故后原保险人负担100万元赔款,赔款超过100万元的部分由第一层再保险人承担,但最多负担200万元;第二层为超过300万元的300万元,表示总赔款超过300万元的部分由第二层再保险人负担,但最多负担300万元;第三层为超过600万元的400万元,表示总赔款超过600万元的部分由第三层再保险人负担,但最多负担400万元。如果发生赔款1 000万元,则原保险人和第一、第二、第三层再保险人分摊的赔偿金额分别为100万元、200万元、300万元、400万元。

由于超额赔款再保险能弥补比例再保险的不足,所以它得到了广泛的应用,尤其是在火灾保险、海上保险、意外伤害保险等方面。

(二)赔付率超赔再保险

赔付率超赔再保险,又称损失中止分保或赔付率超赔分保,是以一定时期(通常为一年)的责任的累积为基础,计算赔款的一种再保险方式。当赔付总额过高致使其赔付率超过规定的赔付率时,超过部分由分入人负责。这种分保形式只有在原保险人某一部门业务的赔付率超过约定的比率时,再保险人才对超过比率部分进行摊赔,直到指定的上限赔付率或一定的限制金额(两者以较低者为准)。

赔付率超赔再保险中,原保险人和再保险人的保险责任是根据赔付率标准划分的,因此合理制定赔付率标准是经营这种再保险业务的关键。合理的赔付率要满足的条件是,既要对原保险人起到保障作用,又不能使原保险人有机会从中获得不当利益。一般当营业费用率为20%时,再保险的起点赔付率规定为80%。

例如,有一份赔付率超赔再保险合同规定,赔付率标准为80%,再保险人的责任限额为60%,同时规定再保险人赔付金额以100万元为限,两者以较小者为准。这表示当赔付率在80%以下时,所有赔款由原保险人承担,当赔付率超过80%并小于140%时,超过80%的部分由再保险人承担,且赔付金额不超过100万元。如果总赔款金额经过再保险人分摊后仍不能全部赔偿,剩余部分由原保险人负担。假设净保费收入为100万元,则不同赔款额的分摊如表17-7所示。

表 17-7　赔付率超赔再保险赔款分摊表　　　　单位：万元

赔款额	赔付率	原保险人承担额	再保险人分摊额
50	50%	50	0
120	120%	80	40
150	150%	90	60

赔付率是赔付率超赔再保险的核心，所以确定合理适当的赔付率是开展该保险业务的关键。常用的赔付率计算方法是按照已发生赔款与满期保费的比例计算的，表示为

$$赔付率 = \frac{已发生赔款}{满期保费} \times 100\%$$

其中：已发生赔款＝本年度已付赔款净额＋本年度未决赔款准备金－上年度未决赔款准备金；

满期保费＝本年度保费＋上年度未满期保费准备金－本年度未满期保费准备金。

赔付率超赔再保险主要适用于农作物雹灾保险和年度变化较大、经营很难稳定的业务。

第三节　再保险合同条款

再保险与原保险一样，也是通过合同的方式来明确保险人和再保险人之间的权利和义务关系的。基本内容包括：缔约当事人的名称、地址；保险期限；执行条款，包括再保险的方式、业务范围、地区范围及责任范围；除外责任；保险费的计算、支付方式及对原保险人的税收处理；手续费条款；赔款条款；账务条款，即账单编送及账务结算事宜；仲裁条款；保险合同终止条款，规定终止合同的通知，订明特殊终止合同的情形；货币条款，规定自负责任额、分保责任额、保费和赔款使用的货币以及结付应用的汇率；保险责任的分担及除外责任；争议处理，包括仲裁或诉讼条款 ；赔款规定等。

再保险合同通常要签订如下条款。

一、共同利益条款

再保险人与原保险人在共同利益的基础上，收取保险费，分摊损失，必须对共同承担责任的权利和义务在合同中加以明确。这项条款，也称共同命运条款，意即原保险人和再保险人在利益和义务上有着共同命运。凡是有关保险费收取、赔款支付、向第三者追偿、法律诉讼或申请仲裁等事宜，原保险人在维护双方共同利益的前提下，有权单独处理，因此而产生的一切费用由双方按比例承担。但是，原保险人为它单方面的利益而产生的费用，再保险人概不承担。条款还规定再保险人不负责超过合同规定限额以上的赔款和费用，以及合同规定责任范围以外的灾害事故损失。

二、过失或疏忽条款

此条款规定在执行合同条款时，如果不是由于原保险人的故意过失或疏忽而造成的差错或失误，再保险人仍应负责。例如，由于分出公司工作人员的疏忽，漏报应该列入报表的业务，对在发现这一失误之前所发生的赔款，再保险人不能因此而减轻责任，仍需按比例承担赔款。当然，原保险人一旦发现差错或失误，应立即采取相应措施向再保险人补报或纠正。

三、双方权利保障条款

双方权利保障条款是原保险人与再保险人应保证对方享有其权利，以使合法利益得到保护。原保险人应赋予对方查校账册，如保单、保费、报表、赔案卷宗等业务文件的权利；再保险人则赋予原保险人选择承保标的、制定费率和处理赔款的权利。

复习思考题

1. 什么是再保险?
2. 阐述再保险与原保险的联系与区别。
3. 从宏观和微观两个方面阐述再保险的作用。
4. 再保险的种类有哪些? 各有什么特点?
5. 什么是成数再保险? 它有何优缺点?
6. 什么是溢额再保险? 它有何优缺点?
7. 险位超赔再保险与事故超赔再保险有何异同?
8. 简述赔付率超赔再保险的特点及应用。
9. 简述再保险合同中的共同利益条款、过失或疏忽条款和双方权利保障条款。

第五篇　保险市场与政府监管

第十八章 保险市场

第一节 保险市场概述

一、保险市场的概念

市场是商品交换的场所,它本质上反映着复杂的商品交换关系。现代市场经济中,市场机制对资源配置起基础性作用,在经济社会发展中发挥着重要作用。同样,保险市场是保险产品交换的场所,是保险交换关系的总和。它是完整的市场体系中的一个组成部分。完善的保险市场结构对保险资源的有效配置和保险效率的改善至关重要。

著名的保险市场英国伦敦保险中心伦巴第街,是一个场所的概念。随着保险活动范围的扩大和交易方式的进步,保险市场已不是固定的交易场所所能涵盖的。现代保险交易可以通过网络、电话等方式完成。现代保险市场反映了保险交易主体及其背后错综复杂的关系。

二、保险市场的构成

保险市场的构成要素可分为主体和客体两部分。保险市场的主体是指与保险供求有关的各类组织和人员,包括保险产品的供给者、保险产品的需求者和保险市场的监管者;保险市场客体是保险产品。保险产品的供给者可形象地表述为保险产品的生产者,即提供保险产品的保险公司,保险产品的需求者即保险消费者,包括投保人、被保险人和受益人,保险市场监管者即依法设立的保险监管机构,如我国的保险监督管理委员会及其派出机构,保险市场的特别之处在于它还有一类主体——为保险产品供给和需求服务的各种保险中介商，包括保险代理人、保险经纪人和保险公估人。

保险产品通常被认为是一种服务产品。从供给角度看，保险产品以合同形式提供的，是一种承诺。承诺在投保人尽到如实告知、缴纳保费以及必要时的通知义务等前提下，发生了保险事故后，保险公司就必须按保险合同约定向被保险人或受益人赔偿损失或给付保险金。

从需求角度看，保险产品是源于风险规避和风险转移，是有效用的。投保人购买保险后，虽然拿到的是一纸合同，其实是购买了一种期望，一种安全感。期望在万一发生不幸（约定的风险事故）导致损失时能从保险公司获得经济补偿。保险产品是保险功能的具体化。

从中介角度看，保险产品是"非寻求性产品"（Unsought product），需要保险中介的沟通和服务。所谓非寻求产品，是指消费者不知道或者即使知道通常也不会主动购买的产品。保险产品是管理风险的产品，交易时不可避免地谈及死亡、伤残、疾病、灾害等事故。对此，人们往往不愿正视，或讳莫如深，或谈之色变。因此，对保险产品人们一般不愿主动购买，不会像逛商场选购商品一样去保险公司购买保险产品，除非一些突发性事故促使人们正视风险，在事发后的短时间内产生主动购买动机。多数情况下，保险产品都需要保险代理人员去推销。

三、保险市场的信息不对称

市场上的信息不对称通常是指交易双方的一方拥有而另一方缺乏相关信息的情形。经济学理论认为，只有在完全市场中，交易双方的信息才是对称的。事实上，完全市场在现实世界中是不存在的，也就是说，信息不对称是各类市场的常态。保险市场也不例外。

保险市场的信息不对称问题早已成为微观经济学和信息经济学分析的范例。2001年诺贝尔经济学奖得主阿克洛夫、斯彭斯和斯蒂格利茨就对保险市场信息不对称问题进行过深入的研究，并开创了非对称信息理论。

保险市场的信息不对称主要表现在两个方面：一是在保险标的、保险利益及有关风险方面，投保人比保险公司更有信息优势；二是在保险经营信息方面，保险公司比投保人更有信息优势。在信息不对称的情况下，容易产生逆向选择和道德风险。例如，体质不是很好的人比身体健康的人更希望购买健康保险；一个驾车常出事故的人比谨慎驾车极少出事故的人更愿意投保车辆损失险和第三者责任险。这就是逆向选择。从理论上讲，由于逆向选择的存在，将会出现高风险的投保人把低风险投保人"驱逐"出保险市场的结果。假设市场上只有两类投保人，一类是损失率高的高风险者，另一类是低风险者。如果保险人清楚地知道每一类投保人的情况，就可以分类收取公平精算保费。事实上这是无法区分的，只好根据高风险者与低风险者的损失率收取平均保费。这样，高风险者乐于接受这一水平的保费，低风险者则相反。于是，市场上只剩下高风险者与保险人进行交易。保险人知道低风险者不会投保后，就会提高保费。逆向选择的结果是低风险者选择离开保险市场。针对逆向选择，保险公司除了尽可能从投保人那里获得更多的信息以对投保人进行准确的分类外，还可以设计不同的保险合同以鼓励风险不同的人购买适合自己的保险产品。

在信息不对称的情况下，还容易产生道德风险，即保险公司观察不到的投保人的个人行为造成保险公司赔付率高于预期赔付率的可能性。例如，购买了车险的投保人就可能比未购买车险时驾车的谨慎性降低。对付道德风险的一种常用做法是在保险合同中规定免赔条款和共保条款以及奖励防损有效的投保人（被保险人）。

保险市场中另一种逆向选择产生于另一种信息不对称。当市场上充斥着高风险者，而一些信誉低的保险公司急需资金周转，或者无视履行保险合同的责任时，会以极低的保费来吸引投保人。由于信息的不对称，投保人只看到低保费而不知道保险公司内部经营的真实信息，也不十分了解保险合同的主要内容，就会纷纷向低费率的保险公司投保。而一些信誉好的保险公司收取的保费一般高于信誉低者,往往投保者寡。逆向选择的结果使信誉好的保险公司被"驱逐"出市场,并最终损害广大保险消费者的利益。这就是现代市场经济中监管机构对保险公司实行严格监管,要求信息披露的根本原因。

四、保险市场的结构模式

经济学家罗宾逊(J. Robinson)将产业市场结构分成四类,即完全竞争、垄断竞争、寡头垄断、完全垄断。这一分类已成为经济学理论的经典。据此,保险市场也可如此分类。

(一) 完全竞争市场

从理论上讲,这一模式应具备如下条件:(1)该市场有大量的保险供给者和保险需求者,其中任何人都只占市场的很小份额,任何人都不可能影响市场价格;(2)所有保险供给者提供的保险产品一致,需求者对保险产品的需求也没有差异,供给者与需求者的产权独立、明晰;(3)保险供给者和保险需求者对保险市场充分了解,信息是对称的;(4)任何公司都可以自由进入和退出保险市场;(5)交易成本为零。

以上条件十分苛刻,实际上不可能都实现。所以,完全竞争市场是一种理想化的市场。一般认为,实际生活中的完全竞争保险市场是指市场上存在大量的供给者和需求者,市场规律能够充分地发挥作用,保险产品价格基本上由市场自发地调节。在这种保险市场中,市场是开放的,外国保险公司可以比较自由地进入该市场;保险公司的数量基本上自行调节;政府对保险公司的监管相对宽松,保险行业协会在市场管理中发挥重要作用。

从经济学意义上讲,完全竞争市场是资源配置最优的市场。

(二) 垄断竞争市场

这是一种既有垄断趋势又有竞争的成分的市场模式,是一种常见的市场形态。其主要特点是:(1)保险供给者数量多,彼此之间竞争激烈;(2)保险供给者提供的保险产品有差别,营销方式也有不同;(3)市场集中度低。

一般来讲,在完善的市场监管下,垄断竞争市场中的各保险公司可充分利用自己的优势,规划有竞争力的保险产品,制定合理的费率,开展保险宣传和促销活动,并树立自己良好形象,从而提高市场竞争力。

从经济学意义上讲,垄断竞争市场的效率次于完全竞争市场的效率。

(三)寡头垄断市场

寡头垄断型保险市场是这样一种市场模式:市场上只存在少数相互竞争的保险公司,这少数几家保险公司所占的业务、资产、利润等方面的集中度很高,市场的垄断势力很强,市场进入和退出的壁垒较高。有经济学家认为,在寡头垄断市场中,仅有的少数几家大公司为了避免相互竞争造成两败俱伤,往往采取公开或不公开的"合谋"行为,控制产量,操纵价格,形成市场垄断,从而损害消费者的利益。

随着竞争的激烈,保险市场出现了越来越明显的垄断趋势,占比较小的少数大公司却占据保险市场的大部分份额。例如,英国保险市场有保险公司800多家,根据1983年统计,最大的12家垄断了61.3%的份额,其中,寿险业务占54%,非寿险业务占87.8%。2007年我国财产保险市场四家最大保险公司的市场占有率(依保费计算)为72.7%,寿险市场四家最大公司的市场占有率(依保费计算)为72.9%。

(四)完全垄断市场

保险市场完全垄断模式是指一个国家或地区保险市场完全由一家保险公司所控制的市场状况,进入壁垒非常高。这家公司可以是国营公司也可以是私营公司。20世纪80年代以前,我国的保险市场基本上处于这种状况。其他一些发展中国家也采用过这一模式。在这种市场状态下的保险公司,由于没有竞争的压力,也就缺乏改善保险产品、提高服务质量、降低保险费率的动力,垄断者可以凭借其垄断地位获得垄断利润。这一市场模式还有两种变形:一是专业型垄断模式,即在一个国家的保险市场上,虽然存在着两家或两家以上的保险公司,但它们各自垄断某类保险业务;另一种是地区型垄断模式,即在一个国家保险市场上,同时存在两家或两家以上的保险公司,但它们各自垄断某一地区的保险业务,相互间业务没有交叉。

经济学理论认为,完全垄断市场是最缺乏资源配置效率的。

第二节 保险公司与保险中介

保险公司与保险中介是保险市场中的两种重要经营主体,本节对其作一介绍。

一、保险公司

保险公司是向投保人提供保险产品,并按合同承担经济赔偿或给付责任的专门的组织机构。

(一)保险公司的类型

保险公司的分类在不同的国家略有不同,但多数是按照业务范围来分类的。一般来说,保险公司可分为直接保险公司与再保险公司两类,前者又可分为人寿保险公司与财产保险公司两种。

1. 人寿保险公司

人寿保险公司通常向消费者提供各种寿险、健康险和意外伤害险产品,如定期寿险、终身寿险、变额寿险、万能寿险、年金保险、疾病保险,等等。

2. 财产保险公司

财产保险公司通常可以向消费者提供火灾保险、运输保险、工程保险、农业保险以及各种责任保险等保险产品。我国《保险法》规定,财产保险业务包括财产损失保险、责任保险、信用保险等保险业务;同一保险人不得同时兼营财产保险业务和人身保险业务;但是,经营财产保险业务的保险公司经保险监督管理机构核定,可以经营短期健康保险业务和意外伤害保险业务。

3. 再保险公司

再保险公司是经营再保险业务的商业保险机构。再保险业务可以由再保险公司经营,但许多国家也允许由直接保险公司兼营。

(二) 保险公司的组织形式

保险公司的组织形式在不同国家也有不同。总体来看,组织形式主要有保险股份有限公司、相互保险公司、相互保险社、伦敦劳合社、保险交易所、国家或政府保险公司等。其中,前两种形式是保险市场的主流形式,伦敦劳合社是英国独特的组织形式,保险交易所是美国保险市场仿效伦敦劳合社模式的一种组织形式,国家或政府保险公司在世界范围内已逐渐减少。我国《保险法》规定,保险公司组织形式是股份有限公司和国有独资公司。不过,我国曾有的国有独资保险公司如中国人民保险公司、中国人寿保险公司、中国再保险公司和中华联合保险公司都已改制成股份有限公司,国有的成分淡化了。在此着重介绍股份保险公司和相互保险公司两种。

1. 保险股份有限公司

保险股份有限公司依法成立且全部注册资本分为等额股份,股东以其所持股份为限对公司承担责任,公司以其全部资产对公司债务承担责任。保险股份有限公司与其他行业的股份有限公司本质上并无区别。根据我国《公司法》,股份有限公司的组织机构为:股东大会、董事会、监事会和经理。股东大会由股东组成,是公司的权力机构。董事会由股东选举产生,向股东大会负责。董事长是公司的法定代表人。公司经理由董事会聘任或解聘,对董事会负责,组织实施董事会决议。经理是公司的代理人,有权以公司名义签约,但应当遵守公司的章程,忠实履行职务,维护公司利益。经理列席董事会会议。监事会由股东代表和适当比例的公司职工代表组成,成员不得少于3人。监事会的主要职权有:检查公司的财务;对董事、经理执行公司职务时违反法律、法规或者公司章程的行为进行监督;当董事和经理行为损害公司的利益时,要求董事和经理予以纠正;提议召开临时股东大会。监事列席董事会会议。

保险股份有限公司一般都规模较大,资本雄厚,产权明晰,运行效率较高,是现今保险市场上主要的组织形式。

2. 相互保险公司

相互保险公司是由投保人自己设立的法人组织,是基于投保人之间的相互保障而开办的保险机构。这类保险公司的特点是公司成员既是保险经营者又是被保险人。

从理论上讲,相互保险公司是一种非盈利性公司。它没有股东,也不发行股票,人们通过购买保单而成为公司的社员。公司的目的不在于盈利,而在于为投保人提供较低价格的保险产品。保单所有人的地位与股份公司的股东地位相类似,表决权掌握在保单所有人手中。保单所有人选举董事会,由董事会任命公司的高级管理人员。它的经营方式是,由公司社员事先缴纳一定资金,用来支付各项运营费用;同时社员还得按时缴纳保险费。当公司的经营有利润时,其中的一部分可以红利的名义分配给保单所有人,其余充实公司财务。在相互人寿保险公司中,如果死亡率、营业和投资收益理想,分配的红利实际上是退还多余的保费。如有亏损,则由保单所有人追缴保费,或者减少公积金予以弥补。

相互保险公司有许多种形式,常见的有以下三种。

(1) 纯摊收保费的相互保险公司。这种类型的公司事先不预收保费,而是在发生损失后,将风险损失额分摊给每个保单所有人。由于在损失发生后再来收缴保费,在实践中有困难,因此,这种公司目前存在的数量较少。

(2) 预付补缴保费的相互保险公司。这种类型的公司每年向投保人预收包括各项赔款费用、经营费用在内的保费。如果公司的赔付和费用开支比预计的小,投资收益比预计的高,那么投保人就能够以红利的形式分享其经营成果;如果公司的赔付和费用开支比预期的大,则保险公司将向投保人征收额外的保费,投保人有责任履行其义务。

(3) 预付非补缴保费的相互保险公司。这种类型的公司每年向投保人预收包括各项赔款费用、经营费用在内的保费。从这一点看,它与预付补缴保费的相互保险公司是相同的。如果已收保费不足以弥补亏损,公司将动用公积金来弥补亏损,而不是由投保人来补缴。大多数这种形式的人寿保险公司每年给付投保人红利,而这种形式的财产和责任保险公司一般都不支付红利,代之以收取较低的保费。这种形式的相互保险公司较为常见。

保险股份有限公司与相互保险公司的区别主要是:

第一,从公司的主体看,股份公司由股东组成,相互保险公司由社员组成。股份公司的股东并不限于投保人,但相互保险公司的社员必为投保人,社员与投保人同为一人。

第二,从经营的目的来看,保险股份公司是为了追逐利润;而相互保险公司是为了向社员提供较低保费的保险产品。

第三,从经营资金来看,保险股份公司的资金来源为股东所缴纳的股本;相互保险公司则为基金,其来源并不限于社员,公司初创时可以向社员以外的人借入,以后再偿还。

第四,从保费来看,股份保险公司大多采用定额保费制,而相互保险公司则大多采用不定额保费制。股份保险公司经营结果,有剩余时计入营业利润,若有不足应由股东设法填补,不得摊还和追补;相互保险公司则不同,剩余部分可摊还,不足时可临时向社员征收。

第五,从权力结机构来看,保险股份有限公司的权力机构为股东大会,股份公司的董事与监事一般仅限于股东;而相互保险公司的理事并不以社员为限。

第六,从所有者与经营者的关系来看,保险股份有限公司中所有者对经营者的控制程度相对较高,而相互保险公司中所有者的控制程度就较弱。

第七,从来自被保险人的道德风险可能性高低来看,保险股份有限公司由于股东和投保人基本上是分离的,而相互保险公司的投保人就是公司所有人,两者通常是重合的,因此,比较而言,保险股份公司比相互保险公司更容易受到来自投保人或被保险人的道德风险的不利影响。

第八，从公司规模和业务规模扩展难易来看，保险股份公司可以通过发行股票筹资以及兼并收购等资本运作手段来扩大公司规模和业务规模，在资本市场较为成熟的国家这样做较容易。而对相互保险公司而言，除非它动用盈余和借款，否则难以快速扩大公司规模和业务规模。

(三) 保险公司的设立与内部组织结构

1. 保险公司的设立

世界各国一般都对保险公司的设立实行准入制，符合条件并经管理部门批准的才可经营保险业务。以我国为例，根据《保险法》规定，设立保险公司，必须经保险监督管理机构批准。有关我国设立保险公司应当具备的条件、申请设立保险公司应当提交下列文件和资料、设立保险公司的申请经初步审查合格后申请人进行保险公司的筹建应当向保险监督管理机构提交正式申请表和下列有关文件和资料，将在本书第十九章《保险监管》一章介绍。在我国，保险公司自取得经营保险业务许可证之日起6个月内无正当理由未办理公司设立登记的，其经营保险业务许可证自动失效。

2. 保险公司内部组织结构

保险公司内部组织结构并无统一规定。以寿险公司为例，一般来说，包括市场营销部、精算部、核保部、客户服务部、理赔部、投资部、财务部、法律部、人事部、信息系统管理部等部门。

市场营销部的主要职责是进行市场调查，协同公司其他部门一起开发新产品和改革现有产品以适应市场需求，准备营销策划活动，建立和维持公司产品的销售体系。

精算部门的主要职责是负责确保公司在精算的数理基础上运作。寿险公司的精算部要在研究预测死亡率和发病率的基础上厘定费率、确定各种准备金，确定公司的盈利水平。

核保部门的主要职责是确保公司被保险人的死亡率或发病率不超过费率厘定时预定的水平，以保证公司经营的稳定性。在寿险公司,该部门通常在精算部和医务主任的配合下根据被保险人的年龄、体格、体重、个人和家庭病史、个人身体状况、职业、经济状况等因素来确定被保险人的风险程度,决定是否承保。核保部门通常还参与公司的再保险计划的制订和管理。

客户服务部的主要职责是为公司客户,包括保险代理人、经纪人、保单所有人和受益人等提供服务。具体工作多种多样,比如解释保险条款、按投保人的要求变更保单的内容如变更被保险人的住址和变更指定的受益人等,回答客户的咨询,等等。有些公司的客户服务部还负责处理公司代理人的代理手续费的支付,寄送缴纳保险通知,收取保费,进行理赔等。

理赔部门的主要职责是负责审查保单所有人或受益人提出的索赔申请,确定索赔的有效性,将保险赔款或保险金交给被保险人或受益人。如果公司对客户的索赔有异议而引起诉讼,理赔人员要在法庭上代表公司出示证据。

投资部门的主要职责是负责调查研究金融市场的行情,向公司投资委员会提供信息,并对公司的投资项目进行管理。投资部门的授权职员可以买卖股票、债券等金融资产,可以进行不动产和其他资产的交易。当公司计划兼并或收购业务时,他们可以担任总经理或董事会的顾问。

财务部门主要负责保持公司的全部财务记录,编制财务报表,控制公司的收支差额,监督公司预算的执行,核定公司的工资金额并协同法律部门确保公司的一切财务活动符合法律和税法的规定。

法律部门的主要职责是确保公司的经营活动符合法律和保险监管部门的要求,研究现有的和即将颁布的法律以确定它们对公司运作的影响。当理赔出现争议时,向理赔人员提供建议,与财务部门一道确定公司的纳税责任,在有关公司的诉讼中代表公司,处理投资协议、保单转让和所有权的确认,协助设计保单格式等。

人事部门主要负责处理与公司员工有关的事务,包括制定员工的聘用、调动、培训、解聘等方面的制度,决定员工的福利水平,确保公司遵守政府的劳动法,管理员工的福利计划等。

信息系统管理部门主要负责开发和维护公司的计算机系统,运用电脑档案保存公司记录,帮助提供准备财务报表所需数据,对公司所使用的各类程序和系统进行分析。

财产保险公司的部门设置与寿险公司基本相同,各部门职能也相似,只是更适合于财产保险业务的特点。

二、保险中介

保险中介是指介于保险经营机构之间或保险经营机构与投保人之间,专门从事保险业务咨询与招揽、风险管理与安排、价值衡量与评估、损失鉴定与理算等中介服务活动,并从中依法获取佣金或手续费的单位或个人。保险中介人的主体形式多样,主要包括保险代理人、保险经纪人和保险公估人等。此外,其他一些专业领域的单位或个人也可以从事某些特定的保险中介服务,如保险精算师事务所、保险咨询公司、保险索赔公司、事故调查机构和律师事务所等。本书主要介绍我国的保险代理人、保险经纪人和保险公估人三种主要的保险中介。

(一) 保险代理人

保险代理人是根据保险人的委托,向保险人收取代理手续费,并在保险人授权的范围内代为办理保险业务的单位或者个人。有权代理的事项,通常包括招揽业务、查勘、签发保单、收取保费、处理赔款等。其权利依据保险代理合同中保险人的授权。

代理的行为通常视同其所代理的保险人的行为,因此在所规定的权力范围内,代理人的行为对其所代理的保险公司有约束力。但是,若超出规定的权力范围,由代理人的行为而导致的损失须由代理人负责赔偿。

保险代理人多种多样,依照不同的标准可分为不同的形式。按照授权的范围不同可分为总代理、分代理和特约代理;按照业务范围不同可分为展业代理、检验代理、理赔代理等;按照代理性质不同可分为兼职代理、专职代理;按照代理对象不同可分为独家代理、独立代理。

我国的保险代理人分为专业代理人、兼业代理人和保险营销员三种类型。

专业代理人是指向保险公司收取佣金,在保险公司授权的范围内专门代为办理保险业务的机构。根据2009年中国保监会《保险专业代理机构监管规定》,保险专业代理机构应当采取有限责任公司和股份有限公司两种组织形式。保险专业代理公司的注册资本不得少于人民币200万元;经营区域不限于注册地所在省、自治区、直辖市的保险专业代理公司,其注册资本不得少于人民币1 000万元。保险专业代理公司的注册资本必须为实缴货币资本。我国保险专业代理机构可以经营下列保险代理业务:代理销售保险产品;代理收取保险费;代理相关保险业务的损失勘查和理赔;中国保监会批准的其他业务。

兼业代理人是指受保险公司委托,在从事自身业务的同时,指定专人为保险公司代办保险业务的单位,兼业代理人只能代理与本行业直接相关,且能为投保人提供便利的保险业务,党政机关及其职能部门不得兼业从事保险代理业务。根据《保险兼业代理机构管理规定》(2000年),保险兼业代理人需经过中国保监会核准后,才能取得保险兼业代理资格,中国保监会对经核准取得保险兼业代理资格的单位颁发《保险兼业代理许可证》。保险公司只能与已取得《保险兼业代理许可证》的单位建立保险兼业代理业务关系,委托其开展保险代理业务。《保险兼业代理机构管理规定》还对保险兼业代理人的营业场所、展业禁止行为、兼业代理合同、代收保费的专户管理、手续费结算、业务台账和业务档案、定期接受培训等方面做出了明确规定。

保险营销员,根据我国2006年《保险营销员管理规定》,是指取得中国保险监督管理委员会颁发的资格证书,为保险公司销售保险产品及提供相关服务,并收取手续费或者佣金的个人。从事保险营销活动的人员应当通过中国保监会组织的保险代理从业人员资格考试,取得《保险代理从业人员资格证书》。保险营销员应当在所属保险公司授权范围内从事保险营销活动,自觉接受所属保险公司的管理,履行委托协议约定的义务。保险营销员代为办理保险业务,不得同时与两家或者两家以上保险公司签订委托协议。

(二) 保险经纪人

保险经纪人是基于投保人的利益,为投保人与保险人订立保险合同提供中介服务,并依法收取佣金的人。根据我国2009年《保险经纪机构监管规定》,保险经纪人可以采取有限责任公司和股份有限公司两种组织形式。保险经纪公司的注册资本不得少于人民币1 000万元,且必须为实缴货币资本。根据此规定,保险经纪人可以经营下列保险经纪业务:为投保人拟订投保方案、选择保险公司以及办理投保手续;协助被保险人或者受益人进行索赔;再保险经纪业务;为委托人提供防灾、防损或者风险评估、风险管理咨询服务;中国保监会批准的其他业务。保险经纪机构应当自办理工商登记之日起20日内投保职业责任保险或者缴存保证金。

与保险代理人相比,保险经纪人具有如下三个特点。

(1) 保险经纪人是投保人或被保险人利益的代表。保险经纪人受投保人的委托,为投保人提供防灾、防损或风险评估、风险管理咨询服务,安排保险方案,办理投保手续,并在出险后为投保人或受益人代办检验、索赔等事务。保险代理人则是保险人的代表[①]。

(2) 专业化要求高。对于被保险人,由于保险合同是一种附和合同,其条款与费率都是保险公司单方面预先制定的,被保险人只需附和,合同即可成立。这需要从事保险经纪业务的人必须是保险方面的专家,经过一定的专业训练,凭借其专业知识,对保险条款的精通、对理赔手续的熟悉,以及对保险公司信誉、实力、专业化程度的了解,根据客户的具体情况,与保险公司进行诸如条款、费率方面的谈

---

① 在德国,保险代理人被称为保险人"延长的手",而保险经纪人则有被保险人的"同盟者"之称。

判和磋商,以使客户支付最少的保费获取最大的保障。

(3) 承担的风险较大。作为独立的专业机构和投保人的代理人,法律规定因保险经纪人在办理保险业务中的过错,给投保人、被保险人造成损失的,由保险经纪人承担赔偿责任。世界各国一般都强制保险经纪人为其可能产生的这种职业伤害责任缴存保证金或(和)购买职业责任保险,以使保险经纪人承担其业务失误产生的民事赔偿责任。

(三) 保险公估人

保险公估人,又称保险公估行、保险公估机构,是指接受委托,专门从事保险标的或者保险事故的评估、勘验、鉴定、估损理算等业务,并按约定收取报酬的机构。

依据我国 2009 年《保险公估机构监管规定》,保险公估机构可以采取有限责任公司、股份有限公司、合伙企业三种组织形式。保险公估机构的注册资本或者出资不得少于人民币 200 万元,且必须为实缴货币资本。保险公估机构可以经营的业务包括:保险标的的承保前和承保后的检验、估价及风险评估;保险标的的出险后的查勘、检验、估损理算及出险保险标的的残值处理;风险管理咨询及中国保监会批准的其他业务。保险公估机构应当自办理工商登记之日起 20 日内投保职业责任保险或者缴存保证金。接受委托对保险标的或保险事故进行评估和鉴定的机构和人员,应当依法、独立、客观、公正地进行评估和鉴定,任何单位和个人不得干涉。保险公估机构和人员,因故意或者过失给保险人或者被保险人造成损失的,依法承担赔偿责任。

保险市场中,保险人与被保险人因损失和赔偿问题引起的争议,时有发生。为了公平合理地解决纠纷,就需要一个精通保险业务,特别是保险理算业务,又处于中立地位的第三者提供这方面的服务。这第三者就是保险公估人。保险公估人凭借其专业特长可以公正地对保险标的进行查勘、定责、检验、鉴定、估损与的理算工作,并出具证明。保险公估人制度的建立可以提高赔案处理的公正性、科学性和规范性。随着经济和科学技术的发展,保险公估人逐渐参与到承保中来。承保公估主要体现在两个方面：一是对保险财产的现时价值作出评估，即对保险标的进行查勘、检验、鉴定，经过科学的分析、研究、计算，对其现时价值作出评估，以确定合理的保险价值和保险金额；二是对承保风险进行评估，保险公司一般都要对保险标的进行风险评估，对一些超出保险公司评估能力之外的特殊标的的风险评估可以委托保险公估人。保险公估人对保险标的客观存在的风险在承保前进行查勘、鉴定、分析、预测，以对承保标的的性质、条件及风险程度、责任范围作出科学的判断。

保险公估人根据不同的标准可以分为不同的种类。根据执业的顺序，可分为核保时的公估人和理赔时的公估人。前者主要从事保险标的价值评估和风险评估，后者是在保险事故发生后，受托处理保险标的检验、估损和理算的专业公估人。根据执业性质的不同，可分为保险型公估人、技术型公估人和综合型公估人。保险型公估人主要解决保险方面的问题，英国的保险公估人多属此类；技术型公估人主要解决技术方面的问题，德国的公估人多属此类；综合型公估人则综合解决保险和技术多方面的问题。根据执业的内容不同，可分为海上保险公估人、火灾及特种保险公估人、汽车保险公估人。海上保险公估人主要处理海上、航空运输保险等方面的业务；火灾及特种保险公估人主要处理火灾及特种保险方面的业务，汽车保险公估人主要处理汽车保险方面的业务。

第三节 保险需求与保险供给

一、保险需求

（一）保险需求与预期效用

保险需求是指消费者在一定时期内各种可能的价格下愿意购买且有能力购买的保险产品的数量。

根据经济学的基本原理，消费者的消费需求总是在预算约束下追求预期效用最大化。保险需求也不例外。假设消费者是理性经济

人,且是风险规避者,其预期效用函数是指各种可能性结果下所得效用的加权平均数。公式表示如下:

$$EU = \sum_{i=1}^{n} p_i U(X_i)$$

上式中,EU 为一组风险事件的期望效用;P_i 为第 i 种风险事件发生的概率;$U(X_i)$ 为从 X_i 的财富水平中的效用值。

风险规避者的效用函数特点是:财富增加时总效用增加,即满足程度上升;财富增加时,其边际效用递减,效用函数是严格凹函数。

假设某人有一幢 15 万元的房屋位于地震多发地区,此外还有 5 万元金融资产(比如存款)。假定房屋所在地每年发生地震的概率是 10%,地震时房屋全毁。此人可以在某保险公司投保,一旦发生地震损失就可以获得全额赔偿(假设没有免赔规定)。保险公司收取的保险费等于损失的期望值,这种保费被称为公平精算纯保费。

根据上式,公平精算保费为 $E = 0.1 \times 150\,000 + 0.9 \times 0 = 15\,000$(元)。

在收取公平精算纯保费情况下,此人该不该投保呢?

图 18-1 中,EU_I 代表投保后的预期效用;EU_{NI} 代表未投保时的预期效用。

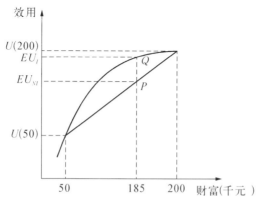

图 18-1　公平精算纯保费下的保险预期效用举例

面对保险,此人有两种选择:(1)投保,花 15 000 元投保地震保险,把损失的风险转移给保险公司;(2)不投保,自己承担全部损失的风险。如果选择投保(假设年初投保),无论该年是否发生地震,年底时他的资产都是 185 000 元(150 000 + 50 000 − 15 000,不考虑资产增值或贬值)。他的预期效用是:

$$EU_I = 0.1 \times U(185\,000) + 0.9 \times U(185\,000) = U(185\,000)$$

如果选择不投保,不缴纳 15 000 元保费,那么年底时他的财富要么是 20 万元(无损失),要么是 5 万元(房屋全损)。因此,其期望效用是

$$EU_{NI} = 0.1 \times U(50\,000) + 0.9 U(200\,000)$$

在图 18−1 中,不投保时的两个效用点之间的连线代表了两个点的所有线性组合,称为期望效用线。它与期望效用财富线相交于 P 点,代表不投保时的期望效用。投保后的期望效用(Q 点),大于不投保时的期望效用(P 点)。此符合詹森不等式。所谓詹森不等式是指:$E[f(X)] < f[E(X)]$,即对于任何随机变量 X 和任何严格的凹函数 $f(X)$,其期望值总是严格小于 X 的期望值的函数值。此例中,$E[f(X)]$ 为不投保时的期望效用 EU_{NI},$f[E(X)]$ 为投保时的期望效用 EU_I,因为 EU_I 正好等于他的资产期望值 185 000 元的效用,即 $U(185\,000)$。

假如期望效用函数是他的财富的平方根,则 $EU_I = 430$,$EU_{NI} = 424$。前者大于后者。

詹森不等式又称贝努利定理。其经济含义是:只要保险是按照公平精算纯费率执行,投保后的期望效用总是大于不投保时的期望效用。

(二)影响保险需求的因素

影响保险需求的因素很多,其中主要有以下五个方面。

1. 风险因素

我们知道,保险需求源于风险的存在,没有风险,就不需要保险。

一般来说,在某一经济发展阶段,某一种风险损失发生的概率越大,人们对管理该风险的保险的需求量就越大;反之,就越小。

2. 收入因素

收入水平越高,人们的保险购买力就越高。因此,收入因素与保险需求成正相关关系。对于个人和家庭来说是如此,对于企业来说也是如此。国家的经济发展水平越高,国内的家庭和企业等组织的保险需求也就越高。

3. 保险费率

一般来说,就同一保险产品而言,费率越高,需求量就相对少;反之,就多。当然,不同的保险产品,价格的需求弹性有所不同,即费率对需求的影响程度不同。有些保险产品有替代品,因此保险产品还会受替代品价格高低及其变化的影响,即保险需求存在交叉弹性。

4. 人口因素

保险需求归根结底是人对它的需求。在相同发展水平和经济结构的两个地区,人口多的地区,一般来说,保险需求要高一些。人口因素对寿险产品需求影响明显。第一,人口总量对寿险需求的影响。一个国家或地区的人口总量越大,寿险需求量就越大;反之,就越小。第二,人口结构对寿险需求的影响。人口结构包括年龄结构、职业结构、文化结构、地区结构等。人口老龄化是当前许多国家人口结构的现实状况,也是一个世界性趋势,人口老龄化无疑将增加养老保险、护理保险、疾病保险等寿险和健康险产品的需求。职业结构对保险需求的影响,主要表现在有职业者或从事现代职业者在总人口的构成中所占的比例越大,寿险需求量就越大;反之,无职业者或从事传统农业的人口越多,寿险需求量就越少。文化结构对保险需求的影响,表现为文化程度越高的消费者,越容易接受寿险以及各种保险产品。文化结构还通过文化背景对保险需求产生影响。如果消费者的文化价值观与保险的核心功能越吻合,则越容易接受和购买保险产品;反之则反是。中国、韩国、日本等亚洲国家和地区的文化倾向于储蓄,结果带动了市场上某些具有储蓄性质的寿险产品的需求。在有的文化背景下,寿险被认为是无需求甚至负需求。在伊斯兰国家,有些穆斯林认为寿险与伊斯兰教义相抵触,结果抑制了寿险的需求。

5. 政策因素

一国的财政、金融、社会保障、收入分配以及产业发展政策,都不同程度地对保险需求产生影响。例如,一国的社会保障制度完善,则在其他条件不变的前提下,国民的商业保险需求就会受到抑制。以财政政策中的税收政策为例,美国的税法规定:保单所有人的现金价值增加时不须缴纳所得税(中途退保者除外),保单贷款未导致合同终止,对其不予征税;用于投资的资金在不同账户间调剂时,不予征税;不对获得的死亡收益征收所得税。这些税收政策有利于刺激保险需求。

二、保险供给

(一) 保险供给的概念

保险供给是指在保险市场上保险公司在一定时期内各种可能的价格下愿意提供并且能够提供的保险产品的数量。

(二) 影响保险供给的主要因素

影响保险供给的因素主要有以下五种。

1. 保险经营资本量

保险经营资本量主要包括投入资本和公积金两部分。投入资本是指公司股东实际投入的资本金;公积金是指公司基于增强自身财务能力,为扩大经营规模及预防意外亏损,按照法律和公司章程的规定,从公司税后利润中提取的部分资金积累。一般来说,保险资本量越大,保险供给的能力就越强;反之,则越弱。我国《保险法》规定:经营财产保险业务的保险公司当年自留保险费,不得超过其实有资本金加公积金总和的四倍;保险公司对每一危险单位,即对一次保险事故可能造成的最大损失范围所承担的责任,不得超过其实有资本金加公积金总和的百分之十;超过的部分,应当办理再保险。这从法律上规定了保险供给量的上限。

2. 保险从业人员的数量

一般来说,保险从业人员的数量越多,保险供给能力就越强;反之,则越弱。但是,在一个竞争的保险市场中,从业人员的素质(包括业务素质和道德素质)更加重要。对保险公司而言,保险经营所需的专门人才如精算师、核保核赔人员和高级管理人员是重要的人力资本。

3. 保险业的经营技术和管理水平

现代保险经营中,经营技术和经营管理水平十分重要,它往往代表着保险业竞争的总体水平。经营技术和经营管理水平越高以及服务水平,就越能为社会提供有竞争力的保险产品,提供更多的保险供给量。

4. 保险费率

保险供给是保险费率(价格)的递增函数。保险产品的价格与一般产品的价格有很大不同,保险产品的价格主要由损失率和营业费用率决定,寿险产品还要考虑预定利率。

5. 政策法律因素。

政策法律在一定程度上决定着保险业的发展方向、保险业的市场结构,从而影响保险供给能力。例如,如果政府对保险业采取鼓励发展的政策,社会流入保险业的资本量可能增加,在保险监管有效和市场秩序正常的情况下,保险业的人力资本和经营技术会不断提高,保险供给能力得以增强。

第四节 部分国家的保险市场

本节主要介绍几个保险业发达国家的保险市场。

一、英国的保险市场

英国是世界最发达的保险市场之一。英国保险业是从海上保险发展起来的。早期海上保险由商人作为副业来经营。16世纪末至

17世纪,英国开办了保险商社,并据此设立了保险仲裁法庭,负责办理海上保险单,处理海上保险的争议案件。18世纪初,海上保险发展成为一项专门的行业。英国人寿保险和火灾保险也随着海上保险发展而发展。早期的人寿保险人是海上保险的保险人,他们通常将海上贸易的商人的生命与货物在同一保险单中进行承保。17世纪末,英国著名天文学家哈雷研究死亡率,编制了生命表,辛普森又根据它制成了按死亡率增加而递增的费率表,此后,又有人按年龄差异计算保险费,使死亡保险成为可能。1762年成立的伦敦公平保险社是第一个以保险技术为基础的人寿保险组织。英国的私营火灾保险在世界上是最早的,1667年出现了第一家火灾保险公司。

目前,英国保险市场分两大部分:伦敦劳合社市场和保险公司市场。前者由经劳合社董事会批准的劳合社社员及经纪人组成,后者则由劳合社以外的保险公司组成。

劳合社是英国保险市场的一大特色。它是一个社团组织,不是经济实体,只是为它的成员在其处所内经营保险业务提供方便,是世界上仅有的允许个体承保人经营保险业务的市场。它是世界上最古老的市场,迄今有300多年的历史。

劳合社是个人承保商的集合体,其成员全部是个人,各自独立,自负盈亏,进行单独承保,并以个人的全部财力对其承保的风险承担无限责任。在劳合社市场,保险业务是在承保大厅办理。保险人只接受由劳合社保险经纪人作中介的业务。经纪人得到客户后,首先为客户设计好保险或分保条件,然后出具写有被保险风险详细情况的承保条给客户。经纪人则拿着承保条在大厅里寻找合适的领头承保人,即在市场有较高声望的或在某方面有专长的承保人或辛迪加。在领头承保人开了价并承担一部分责任后,经纪人再去寻找普通承保人,直到风险被全部承担。经纪人编制备忘录通知其客户。最后经纪人根据承保条出具正式的保险单并与承保条一起交到劳合社的保单签发办公室,经审核并代表承保的辛迪加签字后,保单即生效。这样,交易才算达成。(这就是为什么underwriting叫承保的由来)劳合社的格言是:"分开来我们是保险商,合起来我们是劳埃德协会。"

1995年,劳合社有个人会员15 000人。会员承保时组成不同的组合(辛迪加)拥有自己的承保人,他们按照不同的险种分类形成四个不管理委员会:水险、非水险、航空及汽车险。

相比之下,英国的保险公司市场的形成则较晚,但在市场中所处地位却不容忽视,它承保了伦敦保险市场的大部分业务。这些公司按其经营性质可分为:经营某一种保险业务的专业保险公司;经营多种保险业务的综合性保险公司;专门经营再保险分入、分出业务的专业再保险公司;专为其母公司提供保险服务的专业自保公司。

至今,英国伦敦保险市场以其雄厚的承保能力、一流的承保技术、广泛的信息联系、不断推出新的保险品种而在世界保险市场建立起卓越的信誉,当之无愧地成为国际保险业和再保险业的中心。

英国保险市场中,保险中介是一支非常重要的力量。英国的保险中介人以经纪人为主。劳合社市场的保险业务必须通过经纪人来办理。在公司保险市场上,经纪人代表被保险人办理大量的保险业务。英国市场共有800多家保险公司,有3 000多家经纪人公司。

英国保险市场是一个开放的市场,各国保险机构只要符合条件,均可在英国从事保险业务,可自由选择经营方式。同时,英国的保险机构也在世界许多国家开展业务。1991年英国保费收入中,有40%来自国外,劳合社的保费收入中来自国外的则高达60%。2008年,英国保费总收入为4 501.52亿美元,居世界第三位,人均保费8 658美元,居世界第一位。

二、美国保险市场

美国保险市场在当今世界保险市场占有举足轻重的地位。无论是公司数量、业务种类,还是业务规模在世界上都是首屈一指的。目前美国有5 000多家保险公司,1997年世界最大的50家保险公司中(按净资产排名),美国独占22家。然而,其历史并不长。在英国殖民统治时期,美国的保险业务是由英国保险人经营的。迄今发现的美国第一份保险合同就是由英国人承保的海上保险合同。

"二战"结束后,随着美国经济的崛起,保险业迅速发展,至1960年美国保费收入占世界保费收入的67%,遥居世界之首。20世纪60年代以后,美国在世界保费总额中所占比重虽有所下降,但仍居世界首位。2008年,美国保费总收入为12 406.43亿美元,居世界首位,人均保费4 078美元,列世界第九位。

美国的保险组织形式有股份有限公司、相互保险公司、互惠合作社和保险交易所等。在美国,保险股份有限公司大约占财产及责任保险业务的2/3,寿险业务的一半左右,相互保险公司承保了约1/3的财产和责任保险业务以及一半左右的寿险业务。

互惠合作社是最早出现在美国的一种保险机构。与相互保险公司有许多相似之处,但它们之间也有根本区别。它们都是合作性机构,每一个成员既是保险人又是被保险人。在一个相互保险组织里,团体的成员集体共同承担他们的责任,而在互惠保险组织里,每个合伙人作为个人而不是作为团体的成员分别地承担个人的责任,因此,每个合伙人的责任是有限的。互惠保险社给每个成员规定了有限的责任,一个成员不用承担其他成员的违约责任,每个合伙人所缴付的保费存放在单独的账户中,合伙人分摊的每一笔损失从他的独立账户中支付。这种保险组织由各个合伙人所委托的代理人管理。目前,互惠合作社在美国只占保险业务的很少一部分,业务只局限于财产及责任保险。

1980年美国开办了美国式的劳合社市场——纽约保险交易所,许多伦敦劳合社成员也直接或间接地加入了交易所。纽约保险交易所是为与伦敦劳合社竞争而设立的。交易所的业务采取了与伦敦劳合社一样的做法,业务都是由承保人组成的保险组合在营业大厅里办理,在交易所的业务局限于再保险、海外业务以及其他组织不愿承保的特殊业务。保险交易所是一个法人实体,一个有限责任的合伙组织或公司。纽约保险交易所与伦敦劳合社的一个主要差别是参加交易所的成员不承担无限责任,他们的责任只限于他们作为一个成员所必须拥有的资金。

美国保险中介市场非常发达。中介人主要有代理人和经纪人。美国寿险市场主要有两种代理制度：总代理制和分公司代理制。两者的主要区别是公司对代理人的监督有所不同。在总代理制条件下，总代理人是独立活动的业务人员，他们由保险公司授权在指定的地区推销保险业务并指定分代理。在分公司代理制条件下，分公司代理机构的经理人员通常是保险公司的带薪雇员。在财产责任保险中，美国有独立代理人和专属代理人两大类。前者通常同时代表几家保险公司，对不同公司的业务有选择权，后者只为雇用他的那家公司服务，没有业务选择权。

美国保险市场竞争十分激烈，近年来出现了联合和兼并的潮流。

三、日本保险市场

日本民族保险业的崛起可上溯到19世纪70年代。在此之前，日本的保险市场几乎为西方保险人所垄断。1878年日本最早的财产保险公司——东京海上保险株式会社宣告成立，1879年，日本保生会社呈请东京幕府设立生命保险会社，此乃日本生命保险之先驱。此后，随着日本资本主义制度的逐步确立，日本保险业也经历了盛衰沉浮，终究随着日本经济的跃起而迅速发展。1994年日本保险费收入总额达6 060亿美元，首次超过美国，成为世界第一，人均保费4 850美元，超过瑞士而成为第一。此后，保费规模、寿险保费、人均保险等指标每年都名列前茅。

长期以来，日本保险业分成损害保险和人身保险两大类。1996年4月1日起实施的新《保险业法》，将保险业务范围规定为三大类：生命保险、损害保险、意外伤害疾病与护理保险。寿险公司经营的范围为生命保险、意外伤害疾病与护理保险，非寿险公司的业务范围为损害保险、意外伤害疾病与护理保险。这表明日本以保险法律形式允许从事寿险或非寿险业务的总公司都可以兼营意外伤害疾病与护理保险，非寿公司可以设立寿险子公司，意味着长期坚持的分业经营的政策被打破。新《保险业法》还允许各保险公司不再遵守统一费率。

日本的保险公司数量不多,但实力大都非凡。1995年世界最大的50家保险公司排行榜中,日本占9家,而且前10名的有5家(按净资产排名)。近年来,日本保险业的发展由于日本泡沫经济破灭而受到挫折,少数保险公司破产倒闭。1997年上半年,日本一家著名的保险公司——日本互助人寿保险公司倒闭,引起国际保险业界的关注。

日本的保险中介市场主要依靠公司的外勤职员(直销)和代理人,经纪人的力量不大。在财产保险营销方面,日本主要采取代理店制度,其业务量约占财产险的90%,代理店性质上属于兼业代理人。在人寿保险营销方面,日本主要依靠保险公司的业务人员直接销售。《新保险业法》实施之前,日本的保险中介市场只有保险代理人,之后,引进了保险经纪人制度,保险经纪人合法化。

四、德国保险市场

早在16世纪初德国就有了类似火灾保险的互助组织,后由汉堡的46家合作社联合成立了世界上第一个国家火灾保险组织——市营公众火灾合作社,德国因此而成了现代火灾保险的发源地。当时德国的保险人在贸易活动中已从事水险活动,直到1588年,在汉堡签订了第一份荷兰文的海上保险合同,才正式开创了德国的海上保险。1852年在科隆又创建了世界上第一家独立的再保险公司,"科隆再"至今仍在营业,1996年被美国通用再保险公司兼并,合并后的通用再/科隆再保险集团居1996年十大保险集团第三位。德国另一家著名的再保险公司是慕尼黑再保险公司,是世界最大的再保险公司之一,它在海外设有70家子公司,业务覆盖全球,经营的业务相当广泛,包括火险、汽车险、责任险、航空险、水险、意外险寿险等再保险业务。

19世纪末,经济发展极大地刺激了保险需求,借此机会,德国保险业首先打入邻近国家,又逐渐扩展到非欧洲国家,与当时的保险强国特别是英国激烈竞争,第一次世界大战前夕,德国已在最新技术的基础上建立起较完整的工业体系,成了一个以重工业为主导的资本主义强国。这时的德国的保险业也达到了历史的最高水平。"一战"结束,德国保险业丧失了优势。"二战"又使德国丢失了其竭尽全力重新获得的业务。直到1953年,瑞士率先归还了德国保险公司作为战败国产业在海外被没收的财产,才使德国保险市场有了逐渐恢复的基础。

战后,德国树起了"柏林墙",分为西德和东德。进入20世纪80年代,西德的国民生产总值一直居西方工业国家前列,保险业也一直居世界领先地位。1987年西德的保费收入813.53亿美元,占世界第三位,人均保费1 329.9美元,世界第四位。1987年西德寿险公司103家,非寿险公司143家,较大的再保险公司有26家,在西德开业的外国保险公司43家,而西德在国外的保险公司3/4在欧共体市场。西德还是世界上最早实行社会保险制度的国家之一,主要类别有疾病险、事故保险、养老金保险及失业保险等。相比之下,东德的保险业和保险市场就落后得多。

1989年"柏林墙"倒塌,两德合并,德国保险市场出现了新的变化。近年来德国保险险种不断创新,费率竞争日趋激烈,市场日益开放,已成为居美国、日本之后的第三大保险大国。1995年保费收入为155.051亿美元,保险深度为6.42%,保险密度为1 899.2美元。1996年,慕尼黑再保险集团再保费收入净额以13 188 942美元高居世界再保险公司之首。2008年,德国保费总收入为2 430.85亿美元,居世界第五位,人均保费2 919美元。

复习思考题

1. 从理论上讲,保险市场的结构有哪几种模式?它们各有什么特点？
2. 保险股份有限公司与相互保险公司的主要区别有哪些？
3. 什么是保险中介？我国的保险中介有哪几种形式？
4. 什么是保险需求？影响保险需求的主要因素有哪些？
5. 什么是保险供给？影响保险供给的主要因素有哪些？
6. 保险代理人与保险经纪人有何区别？
7. 简述英国保险市场的主要特点。
8. 简述美国保险市场的主要特点。

第十九章 保险监管

第一节 保险监管概述

一、保险监管的必要性

保险监管,就是国家保险监督管理部门为了规范保险活动行使法律监督和行政管理手段,对保险公司、保险市场和保险经营活动等进行监督和管理。纵观世界各国保险市场可以看出,愈是保险业发达的国家,对保险业的管理制度就愈健全,管理手段也愈科学。对保险业实施严格的监督管理,可以促使保险活动当事人遵守法律规范,依法开展保险活动,促进保险业的健康发展。

(一) 建立和形成合理的保险市场结构的需要

1. 保护自由竞争的需要

在自由经济的情况下,每一个经济利益都会追求理性的最大化行为,使其自身利益最大化。资源配置的手段是"看不见的手",即价格和价值规律。市场自由的核心在于自由竞争,"看不见的手"的作用是以竞争为基础的,竞争越充分,资源配置的效率就越高。因此,保险市场的竞争程度决定了该市场的效率,保险监管对保护保险市场的自由竞争十分必要。

2. 反垄断的需要

垄断是市场失灵的重要表现,反垄断是保险市场需要监管的重要原因。保险市场失灵的首要表现是保险市场的自然垄断。保险市场的垄断表现为单个保险公司完全垄断或少数保险公司寡头垄断。由于各家保险公司入市时间不同,经营管理水平,业务活动区域以及职工队伍素质各异。实力较强的保险公司在竞争初期将其保险商品价格即费率降至边际成本以下，以此排挤其他保险公司，迫使他们退出保险市场，以便取得垄断地位，然后再抬高费率至边际成本以上，获取垄断利润，从根本上损害被保险人利益。因此，有必要通过保险监管，发挥消除或防止保险市场垄断的作用。

3. 避免过度竞争的需要

过度竞争是由于有市场进入机制而没有正常的退出机制造成的，多数市场主体都达不到经济规模，整个市场集中度不高，它同样导致社会资源配置的低效率。保险市场上如果众多小公司达不到保险行业的合理规模，成本降不下来，反而因竞争的需要而将费率人为地压低，其后果是削弱甚至丧失偿付能力，最终损害被保险人的利益。因此，加强保险监管，防止保险市场上出现过度竞争是非常重要的。

（二）保险行业的特殊性

保险业需要监管的原因还在于保险业本身的特殊性。保险公司的经营是负债经营，其通过收取保费而建立的保险基金是全体被保险人的财富，保险公司一旦经营不善出现亏损或倒闭，将使广大被保险人的利益受到极大损害。另外，保险公司的承保对象涉及社会各部门、各阶层，保险公司的经营一旦出现问题，影响甚大，所以应加强对保险业的监管。保险技术的复杂性也是其需要严格监管的原因。这主要是指保险商品的价格即费率的拟定与普通商品不同，保险经营以大数法则为数理基础，只有通过集合足够多的保险标的，保险人才能计算出合理的保险费率。因此，保险商品的定价需要非常专门的技术，而且一般不被保险人所掌握。所以，需要政府对此加以监管以保障投保人获得合理的保障条件和费用支付条件。

最后，保险是一种无形商品，保险人所"出售"的是未来的损害赔偿责任，是一种承诺。保险人能否真正实现其承诺，承担保险责任将取决于它是否具有足够的偿付能力。不仅如此，在很多情况下，这种承诺是长期性的，甚至可能长达几十年。所以，被保险人（受益人）希望政府能够有效地监督保险人在未来的某一时期内支付保险金。

综上所述，在保险业的发展中，一方面要依靠市场这只"看不见的手"以引导保险公司积极进取,另一方面也应当承认政府保险监管部门这只"看得见的手"在宏观调控方面的必不可少的作用。要适度地把握两只手之间的力量平衡,兼顾保险业发展中的效率与公平,保障保险市场各主体的合法权益和保险业的稳定发展。

二、保险监督管理机构

国家对保险业的监管往往通过设置专门的保险监督管理机构来督促和检查保险企业贯彻执行保险法规的情况,这种形式易于实施,效果显著。保险监督管理机构最早由瑞士创立,后被奥地利、德国所仿效,现已在世界各国得到普及。

我国的保险监督管理机构曾几度变更。20世纪50年代初,中国人民保险公司隶属中国人民银行管理。1952年改由财政部管理。1959年,由于极"左"思潮的干扰,中国人民保险公司机构被撤销,国内业务全部停办,保险公司仅变成一个涉外保险业务机构。出于对外汇管理便利的考虑,保险公司在行政上脱离了财政部,转为中国人民银行总行国外局的一个处。自1980年国内恢复保险业务后,1984年中国人民保险公司从中国人民银行分设出来,成为国务院直属局级的经济实体。1995年颁布的《保险法》第8条明确规定:"国务院金融监督管理部门依照本法负责对保险业实施监督管理。"执行此职责的是中国人民银行。为此,中国人民银行成立了"保险司",专门负责对保险业的监管职责。

1998年11月,中国保险监督管理委员会在北京成立,这是深化金融体制改革,进一步防范和化解金融风险、强化保险业监督管理的重要标志。中国保险监督管理委员会是全国商业保险的主管机关,根据国务院授权履行行政管理职能,按照法律、法规统一监督管理保险市场。代表国家管理保险的中国保监会要提高监管水平,防范行业风险,保证保险人有足够的偿付能力,促进行业发展。

中国保监会的基本职能:一是规范保险市场的经营行为;二是调控保险业的健康发展。具体分为四个方面:(1)拟定有关商业保险的政策法规和行业发展规划;(2)依法对保险企业的经营活动进行监督管理和业务指导,维护保险市场秩序,依法查处保险企业违法违规行为,保护被保险人利益;(3)培育和发展保险市场,推进保险业改革,完善保险市场体系,促进保险企业公平竞争;(4)建立保险业风险的评价与预警系统,防范和化解保险业风险,促进保险企业稳健经营与业务的健康发展。

三、保险业监督管理的目标

保险监管的目标是:保证保险人有足够的偿付能力;规范保险市场、维护保险业的公平竞争;防止保险欺诈;弥补保险人自行管理的不足。

近几年中国保监会的工作目标主要是:(1)加强费率管理,引导保险公司的竞争由价格转向非价格,转向周到的服务、及时的理赔、保险产品的创新等领域;(2)从过去相对简单的合规性监管过渡到风险性监管方式,加快各地派出机构的设置,使其配合国家加强对辖区内保险业的监管;(3)加快保险法规的建设,制订出与主要险种相关的法律细则与条例,填补相关法律空白,使监管有章可循,有法可依;(4)对违法违规的保险公司、保险中介机构一经发现就要给予严肃处理,决不手软,以保证监管与法律的权威性;(5)完善健全国内保险市场体系,促进全国性与地方性行业组织的组建与发展,加强行业内部合作,建立行业自律机制;(6)学习与借鉴国外同行先进监管手段与方法,以适应"入世"后监管的需要。

四、监管的方式

(一)公示主义

公示主义亦称公告管理,是国家对保险业最为宽松的一种监督管理方式,适用于保险业自律能力较强的国家。其含义是国家对于保险行业的经营不进行直接监督,而将其资产负债、财务成果及相关事项公布于众的管理方式。

（二）准则主义

准则主义亦称规范管理，是由国家通过颁布一系列涉及保险行业运作的法律法规，要求所有的保险人和保险中介人必须遵守，并在形式上监督实行的管理方式。

（三）批准主义

批准主义亦称实体管理，是国家保险管理机关在制定保险法规的基础上，根据保险法规所赋予的权力，对保险业实行的全面有效的监督管理措施。其监管的内容涉及保险业的设立、经营、财务乃至倒闭清算。其监管的内容具体实际，有明确的衡量尺度，是对保险业监管中最为严格的一种。

由于我国保险业还处于发展中的初级阶段，市场发育不够成熟，保险法制还不健全，企业自约束能力不强，因此，中国的保险监管必须实行市场行为监管和偿付能力监管并重的方式，即不仅要监管保险公司的偿付能力，对保险公司的市场行为、产品及费率等也要进行必要的监管。可以说，中国保险监管采取的是较为严格的实体管理的监管方式。同多数国家一样，目前中国的保险监管主要通过两种途径进行。一是立法途径。中国的立法机关——全国人大常委会于1995年10月颁布实施了《保险法》，这是一部集保险业法和保险监管法于一体的法律，是规范保险业的基本法律，也是中国保险监管的主要法律依据。到2009年，该法进行了两次修订。二是行政途径。行政监管是保险监管的核心环节。国家保险监管部门根据国务院授权，依法对保险业进行日常监管，并根据《保险法》制定保险管理等行政规章，规范、引导保险业健康发展。

第二节 保险监管的主要内容

一、对保险机构的监管

保险管理机构依法实施对保险机构的监管，主要表现在下列四个方面。

(一) 保险公司的组织形式管理

由于保险业经营的成败关系到众多保险客户的利益,国家有必要对保险业进行严格的管理。要严格管理保险业,必须有规范化的保险业组织形式。一般地,保险公司可以分为股份保险公司、共同保险公司、保险合作之社、政府保险公司、劳合社等多种形式。根据《保险法》规定,我国的保险公司组织形式为国有独资保险公司和股份有限公司。

1. 股份有限公司

这指通过发行股票筹集资本的保险企业,是为营利而组织起来的,由股东承担每个被保险人所转移的风险。公司根据精算的结果收取相应的保险费,使其所形成的保险基金足以支付损失赔款和营业费用,并使股东获取一定的营业利润,如中国太平洋保险公司和中国平安保险公司即为股份有限公司。

股份有限公司的特点如下:

(1) 发起人应当达到法定人数。我国《公司法》规定,设立股份有限公司,应当有5人以上为发起人,其中须有半数以上的发起人在中国境内有住所。

(2) 全部资本为等额股份。公司的资本总额必须符合国家有关股份保险公司最低资本金的规定,股东的权利按其股数计算;等额股份是计算股东的出资额、表决权、股利分配的基础。

(3) 股东只对公司债务承担有限责任。股东仅就其所认股份对公司债务负责,对超过股份金额的公司债务不负连带清偿责任。

(4) 公司的经营目的是为股东赚取营业利润,利润以股份红利形式在股东之间进行分配。

2. 国有独资保险公司

这是指由国家授权投资的机构或者国家授权的部门单独投资设立的有限责任公司。

国有独资保险公司的特点如下。

(1) 经营某些政策性业务。该类保险公司一般依照有关特定的法律或政策规定垄断经营某一类特定的保险业务,但现在也有一些国有独资保险公司与股份有限公司一样平等地参与市场竞争。

(2) 股东人数为一人,都是国家单独投资设立,其股东为国家授权投资的机构或者国家授权投资的部门。

(3) 一般设立于发展中国家。采用这种组织形式设立保险公司,其目的是建立独立自主的民族保险市场,摆脱发达国家对保险业的控制和垄断,发展本国的保险事业。

(二) 保险公司的设立

1. 设立保险公司的基本要求

设立保险公司必须经金融监督管理部门批准。《保险法》规定,保险公司的设立应当具备下列条件:

(1) 有符合《保险法》和《公司法》规定的章程;

(2) 有符合《保险法》规定的注册资本最低限额;

(3) 有具备任职专业知识和业务工作经验的高级管理人员;

(4) 有健全的组织机构和管理制度;

(5) 有符合要求的营业场所和与业务有关的其他设施;

(6) 主要股东具有持续盈利能力,信誉良好,最近3年无重大违法违规纪录,净资产不低于人民币2亿元。

2. 设立保险公司的注册资本要求

《保险法》规定,设立保险公司,其注册资本的最低限额为人民币2亿元。

(1) 保险公司注册资本最低限额必须为实缴货币资本。

(2) 金融监督管理部门根据保险公司业务范围、经营规模,可以调整其注册资本的最低限额。但是不得低于人民币2亿元。

保险公司的注册资本是保险公司在公司登记机关登记的全体股东实缴的出资额。《保险法》规定保险公司的最低注册资本限额,成为保险公司责任能力的基础保证,以保证保险公司的财政稳定,同时被保险人也有了经济保障。

3. 申请阶段

为了使金融监督管理部门审查设立保险公司的申请更有效率，节省审查保险公司的设立申请的时间和费用，《保险法》把对保险公司的设立申请的审查，划分为初步审查和许可审查两个阶段。申请设立保险公司，经过金融监督管理部门初步审查后，才可以进一步请求许可经营保险业务。

《保险法》规定，申请设立保险公司，首先应当提交下列文件、资料：

（1）设立申请书，申请书应当载明拟设立的保险公司的名称、注册资本、业务范围等；

（2）可行性研究报告；

（3）金融监督管理部门规定的其他文件、资料。

设立保险公司的申请经初步审查合格后，申请人应当按照《保险法》和《公司法》的规定进行保险公司的筹建。凡已符合前述设立条件的，应向金融监督管理部门提交正式申请表和下列有关文件、资料：

（1）保险公司的章程；

（2）股东名册及其股份或者出资人及其出资额；

（3）拥有公司股份百分之十以上的股东的资信证明和有关资料；

（4）法定验资机构出具的验资证明；

（5）拟任职的高级管理人员的简历和资格证明；

（6）经营方针和计划；

（7）营业场所和与业务有关的其他设施的资料；

（8）金融监督管理部门规定的其他文件、资料。

金融监督管理部门自收到设立保险公司的正式申请文件之日起6个月内，应当作出批准或者不批准的决定。

4. 登记设立阶段

经批准设立的保险公司，由批准部门颁发经营保险业务许可证，并凭经营保险业务许可证向工商行政管理机关办理登记,领取营业执照。保险公司自取得经营保险业务许可证之日起6个月内无正当理由未办理公司设立登记的,其经营保险业务许可证自动失效。

(三) 保险公司领导成员管理

在设立保险公司时,保险公司应当具备一批具有一定道德素质、文化程度和保险实践经验的高级管理人员。保险公司的董事长和总经理,应当具备任职专业知识以及业务工作经验,能够把握保险公司的运作。金融监督管理部门对其任职资格应当予以必要的审查。保险公司成立后,若更换董事长或总经理,新任董事长或者总经理有无任职专业知识和业务工作经验,应当由金融监督管理部门予以必要的审查。在保险公司成立后,凡是涉及董事长或者总经理更换的,应当报经金融监督管理部门审查新任董事长或者总经理的任职资格。

(四) 保险公司的解散、撤销、破产和清算

1. 保障公司的解散

这是指依法设立的保险公司因为法定原因或者出现法定事由,经主管部门批准,关闭其营业,停止从事保险业务的行为。保险公司的依法解散,一般由于下列三种条件而形成:一是公司分立,如一个公司的财产权利被分割成两项或者两项以上的财产权利,设立为两个或两个以上的公司,这样会导致原有公司的解散;二是公司的合并,如两个或者两个以上的保险公司合并为一个新的保险公司,合并前的保险公司消灭,应当解散。保险公司因合并而解散的,原各保险公司的债权债务以及保险业务,由合并后的保险公司继承;三是由于公司章程规定的解散事由。如因公司章程规定的营业期限届满等而解散。

2. 保险公司的撤销

由于保险公司违反法律、行政法规,被金融监督管理部门吊销经营保险业务许可证的,依法撤销。例如,不执行保险监督管理机关制订的主要险种的基本条款和费率,自由制定保险条款和费率的保险公司,就应该被吊销经营保险业务的许可证。

3. 保险公司的破产和清算

保险公司是一个依法设立的企业，它在经营中如果出现不能支付到期债务的情况，就要依照公司法、保险法以及其他有关破产的法律、行政法规的规定，宣告破产。

《保险法》规定，"保险公司不能支付到期债务，经金融监督管理部门同意，由人民法院依法宣告破产。保险公司被宣告破产的，由人民法院组织金融监督管理部门等有关部门和有关人员成立清算组进行清算。"

保险公司的清算是指保险组织解散时，为了明确其债权债务关系，处理其剩余财产，保护各方面当事人的利益，严格依照法律规定的程序对保险公司的资产、债务和债权进行清理处分的行为，清算是终结被解散的保险公司的有关法律关系，消灭其法人资格的必经程序。

这项法律规定具有如下特点：首先，破产需要经保险监督管理机关的同意。保险监督管理机关有双重职能，一方面是监督保险公司执法的职能，另一方面是保险业法的执法职能。保险公司不能支付到期债务的，都需要保险监督管理机关同意，法院才可依法宣布破产。其次，保险公司不能支付到期债务，是指保险公司对于已届清偿期限的债务，经债权人请求而因为明显缺乏清偿能力以致客观上不能支付。保险公司停止支付到期债务并呈连续状态的，推定为不能清偿到期债务。再次，保险公司被宣告破产的，人民法院应当及时指定成立清算组，负责保险公司的破产清算事务。清算组的成员。应当从金融监督管理部门等有关单位中指定产生，并包括有关专业人员。人民法院指定的清算组，在破产清算范围内行使职权。

另外，由于人寿保险为较长期的保险，具有储蓄性和保障人民生活的作用，为了维护社会稳定，保护广大投保人的利益，《保险法》对经营人寿保险业务的保险公司在发生解散、撤销、破产等情况下，作了以下特别规定：

（1）经营有人寿保险业务的保险公司，除分立、合并外，不得解散。

（2）经营有人寿保险业务的保险公司被依法撤销的或者被依法宣告破产的，其持有的人寿保险合同及准备金，必须转移给其他经营有人寿保险业务的保险公司，不能同其他保险公司达成转让协议的，由金融监督管理部门指定经营有人寿保险业务的保险公司接受。

二、对险种的基本条款和费率的监管

保险公司对任何保险一般都有其事先准备好的保单。在保单内，通常都印有事先订立的条款，这些保险条款规定了保险人和被保险人双方的权利和义务关系，是保险合同的重要组成部分。保险条款中包括了保险标的、保险责任范围、除外责任、赔偿处理、争议处理以及其他事项。

由于保险条款是事先由保险人拟定的，投保人虽为合同的一方当事人，但由于保险条款的技术性较强，如果缺乏有效的监管，保险人可能利用执法的条件，利用保险条款中含糊或容易使人误解的文字逃避自己的责任。另外，对于经营同一险种的保险人，应实行同一条款的原则。如果忽视了同一市场内统一的原则，就容易形成大保险公司垄断保险市场，任意变更条款，扰乱保险市场秩序，从而滋生许多不正当竞争行为。所以，为了体现保险条款的公正性，避免保险公司欺骗被保险人以及防止保险公司对被保险人作出不合理的保险承诺，保险监督管理部门对保险公司的保险条款实行严格的监督管理。《保险法》规定，商业保险主要险种的基本保险条款由金融监督管理部门制订；保险公司拟订的其他险种的保险条款报金融监督管理部门备案。

保险费率通常是保险人根据保险标的的危险程度、损失概率、责任范围、保险期限和经营费用来确定，通常都用百分率或千分率来表示。危险性大的一般费率就高；反之则低。保险费率由纯费率和附加费率两部分组成：纯费率是保险费率的基本部分，主要用于发生保险事故时赔付保险金；附加费率主要用于业务费用的各项支出，包

括营业费、安全费、利息和利润等。保险费率实质上是投保人购买的保险的价格,是依据统计材料及数理原理确定的,过高会增加投保人的负担,过低则有损于保险人之偿付能力。为了保护投保人、被保险人的利益,保证保险费率的公平合理,各国政府均对保险费率的厘定加以监管。《保险法》规定,商业保险的主要险种的保险费率,由金融监督管理部门制订,其他险种的保险费率,应当报金融监督管理部门备案。

三、对保险公司财务的监管

政府对保险公司财务监管的主要目的,是使保险公司的经营能够保持充足的偿付能力,一旦发生保险事故,能够及时支付赔款,从而发挥保险的补偿职能。偿付能力是指保险企业对所承担的风险在发生超出正常年份的损失数额时所具有的赔偿或给付能力,几乎所有国家都对保险公司的偿付能力进行立法约束,并由专门的政府保险监督机构进行监督和管理。国家监督保险公司偿付能力的原则,是在保护被保险人的利益和避免过度的偿付能力要求以致妨碍保险人的效率之间寻求一个合理的平衡。《保险法》规定,保险公司应当具有与其业务规模相适应的最低偿付能力。保险公司的实际资产减去实际负债的差额不得低于金融监督管理部门规定的数额;低于规定数额的,应当增加资本金,补足差额。保险公司成立后,应当按照其注册资本总额的20%提取保证金,存入金融监督管理部门指定的银行,除保险公司清算时用于清偿债务以外,不得动用。

金融监督管理部门对保险公司偿付能力的监管主要体现在以下三个方面。

(一)各项准备金的提取或结转

保险准备金是保险人为承担来到期责任和处理未决赔款从保险费收入中提存的一种资金准备。保险准备金不是保险企业的营业收入,而是保险企业的负债,保险企业应有与保险准备金等值的资产为后盾,以此确保保险公司的偿付能力。金融监督管理部门通过对保险准备金的监督管理,保证保险公司能够及时,足额提取准备金,合理地使用好准备金,来保障被保险人的利益,保证保险公司安全经营。《保险法》规定,除人寿保险业务外,经营其他保险业务应当从当年自留保险费中提取未到期责任准备金,提取和结转的数额应当相当于当年自留保险费的50%。经营有人寿保险业务的保险公司应当按照有效的人寿保险单的全部净值提取未到期责任准备金。保险公司应当按照已经提出的保险赔偿或者给付金额,以及已经发生保险事故但尚未提出的保险赔偿或者给付金额,提取未决赔偿准备金。另外,《保险法》还规定,保险公司应当按照金融监督管理部门的规定提存保险保障基金。保险保障基金应当集中管理,统筹使用。

(二) 依法办理再保险

再保险是偿付能力管理的一种重要手段。通过再保险的安排,使这些风险可以由原保险人与众多再保险人共同承担,即使有损失,亦不至于影响原保险人的财务稳定性,达到分散风险的目的。

另外,再保险也可以使原保险人扩大其业务范围,在大多数情况下还可增加盈利。

(三) 保险资金的运用

保险资金是保险人的负债,保险人以约定的保险事件发生为条件支付被保险人赔款。由于保险人收取保费与支付赔款在时间上有一定差异,保险人完全可以合理地运用资金,搞好保险投资,以增强保险企业的偿付能力,让保险资产保值增值。为了保障被保险人的利益,金融监督管理部门必须对保险投资予以监督管理。由于寿险中资金一般多具有长期性、更易使保险人趋向风险大的投资,所以国家对寿险投资的限制多于财产保险业的投资。

保险公司在运用保险资金时要遵循社会性、安全性、效益性和流动性四大原则。

1. 社会性

保险公司用来投资的资金主要来自从投保人所缴纳的保费收入中提取的责任准备金。因此,保险资金的投放应着重于投入有利于投保方的各项事业,有利于充分发挥社会效益的各项事业。

2. 安全性

保险公司在资金投放前应就投资项目、投资环境等进行全面科学的分析,避免凭直觉或经验作投资决策。应尽量分散资金投入的用途,分散资金投入的区域,分散资金投入的时间,以防止从事不顾后果的冒险行为。

3. 效益性

保险公司在资金运用时不仅要保本,更要增值,以最小的风险获取最大的利益。尤其对人寿保险公司,其收取的保险费已扣除了一定的预定利率,因此其投资收益应超过预定利率才有可能盈利。

4. 流动性

保险公司的投资资金应能及时地变为现金,以保证资金的随取随用,防止保险公司的资金周转不便。尤其对于财产保险公司而言,由于财产保险合同一般都以一年为保险期限,而且保险金额一般较大,赔付率变动性也较大,因而公司往往应偏重进行短期性投资。

四、对保险中介人的监管

所谓保险中介人,是指保险代理人、保险经纪人和保险公估人,他们是促成保险商品买卖双方实现购销活动的参与人,是一个完整的保险市场不可缺少的组成部分。因此,各国对保险中介人从事业务活动所要遵守的规则,都作出明确的规定。

(一)健全法律的规范与制约,使保险代理人的经营活动逐步走上正轨

我国《保险法》规定:保险代理人、保险经纪人应当具备金融监督管理部门规定的资格条件,并取得金融监督管理部门颁发的经营保险代理业务许可证或者经纪业务许可证,向工商行政管理机关办理登记,领取营业执照,并缴存保证金或者投保职业责任保险。按照这一要求,首先,不仅限制了一些单位随意搞保险代理,而且也可以有效地保证保险代理人的素质,提高代理业务质量。其次,可以使保

险中介人的信誉得到一定的经济保证,也可以使由于中介人的行为给保险人造成的经济损失得到补偿。

(二)对于从事不正当竞争,损害投保方或保险人利益的中介人,由金融监督管理部门予以处罚

许多国家保险法都有禁止保障中介人采用佣金回扣、恶意招揽和误导陈述等方式招揽客户的规定。佣金回扣是指保险中介人与投保人共同分享佣金。因为佣金是中介人以其向投保方提供的服务所取得的劳动报酬,无论从其个人利益方面还是从其职业尊严方面考虑,都不应将其劳动所得退回客户。同样,这种禁止也是为了防止中介人之间的恶性竞争。恶意招揽是指保险中介人不得以不完全和不合理的比较方式,诱使被保险人解除其原有的保险合同而购买另一保险合同。误导陈述是指中介人在向投保方介绍保险公司的业务情况和保险条款的内容及其含义时,采用故意歪曲、误导等欺骗手段引诱客户投保。

我国《保险法》则规定:保险代理人或者保险经纪人在其业务中欺骗投保人、被保险人或者受益人的,由金融监督管理部门责令改正,并处以一万元以上五万元以下的罚款。情节严重的,吊销经营保险代理业务许可证或者经纪业务许可证。构成犯罪的,依法追究刑事责任。

第三节 保险监管模式的国际比较

一、美国保险监管制度

(一)监管模式

美国各州对其州内保险业的监督管理一般是立法、司法和行政的三方监管模式。

1. 立法监督管理

美国各州立法机关均制定保险法规,以规范保险公司、保险中介人等的保险经营活动,保障被保险人的合法权益,维持保险市场的健

康、有序发展。这些法律一般都对保险公司的注册和领取营业执照，业务范围，解散、清算和破产以其保险公司提取和结转准备金，费率的制定标准，资金的运用等都有严格的规定。如著名的《纽约州保险法》(New York State Consolidated Laws)共99条，约200万字以上，内容主要以保险业法为主，对保险企业的经营活动均有详细的规定，对其他州保险法的制定影响较大。而加利福尼亚等少数州的保险法主要以保险合同法为主，侧重于调整保险人和投保人、被保险人之间的关系，保证双方行为受到法律规范的约束。

2. 司法监督管理

通过州法院在保险合同双方发生纠纷后进行判定得以实现，主要体现在法院具有保险合同条款的解释权。另外，州法院被赋予其他一些权力，如审定州保险法规的合宪性和检查州保险监管部门行为的合法性等。

3. 行政监督管理

州保险的行政最高监督权由州保险监督官(the Superintendent of Insurance)执行。其中有的监督官是通过选举产生的，有的则由州长直接任命并由州立法机构批准通过。另外，各州往往另设保险监督副官若干名，以协助监督官执行工作。保险监督官的权力主要集中于核发保险公司的营业执照，监督保险公司的财务状况和资金运用状况，管制保险险种的费率，给予保险公司或保险中介人警告、罚款、吊销营业执照等方面。当然，以各州保险监督官为成员的全国保险监督官协会，在各州保险监督官执行监管的过程中，也起了重要的作用。

(二) 保险业监管的组织体系

1871年，全美各州保险监督官组成了全国保险监督官协会(National Association of Insurance Commissioners, NAIC)，其主要任务是向各州保险监督官提出富有建设性的建议，定期相互交流保险监管的信息与观点，拟定样板法律和条例供各州保险立法参考。同时，由于全国保险监督官协会拥有大量的财务和市场数据，因此它还制订保险教育和培训计划,起草规范的财务报表,出版保险刊物,以协助各州保险监督官之间分享保险监管的经验和技术。虽然全国保险监督官协会制定的文件不具有法律效力,但确实对各州保险监管的有效实施起了很大的推动作用。

全国保险监督官协会拥有一个全美范围内保险公司财务状况的数据库,各州保险监管部门以及其他的数据使用者可以通过计算机网络从中获取信息。由于全国保险监督官协会要求保险公司有统一的财务报表及会计准则,并且有可以压缩90%文件的计算机磁盘存储技术,从而它的数据库信息包括了近5 000家保险公司最近10年内的年度财务信息以及最近两年的季度财务信息,并且某些年度信息数据可以追溯到20世纪70年代中期。全国保险监督官协会的财务数据库在帮助各州进行保险业监管,对保险公司的偿付能力进行监控和实现其他金融分析等方面起到了重要的作用。另外,全国保险监督官协会每年还举行四次全国性的会议,一般每次与会者达1 000至2 000人,主要包括各州保险监督官、保险公司、消费者和保险学术界的代表及记者等。会议的主要工作包括:(1)介绍保险公司报表的统一格式;(2)建立一系列信息交换系统,以便保险公司不必在每个州营业时均得向该州保险监督官证明其偿付能力;(3)采用人寿保险公司法定储备金估价的统一制度;(4)提供一些标准保险单及其条款。各州保险监督官一般均会有选择地接受协会推荐的内容。

(三) 监督管理的内容和目标

内容主要包括:保证金和清算制度;法定责任准备金的提留制度;常规审计和清偿能力测试制度;保险价格的管理制度;投资活动的限制;保险单格式的限制;对保险公司资本金和盈余金的规定;保险公司代理人、经纪人执照颁发制度;处理投保方的投诉;税收。

监督管理的目标为:促进保险人的清偿能力和维护保险市场的有序发展。

二、英国保险监管制度

英国的保险监管制度采用"公开性自由"原则,实行由议会立法、贸工部全面监督管理和保险同业公会自我管理相结合的管理体制。

英国现行保险立法是《保险经纪人法》《1982年保险公司法》和与之有关的保险条例:《1983保险公司财务条例》《1981年保险公司条例》《1983年劳合社保险条例》以及贸工部关于收费标准的法律文件、《1990年保险公司法律费用保险条例》和《保险公司修改条例》。贸工部是国家设立的保险监管机构,保险监管的具体机构是贸工部下设的保险局。保险局与其在贸工部的其他单位如法律处、公司调查处和审计处一起,同保险业界的代表机构保持着密切联系。贸工部监管以保险人的偿付能力为监管中心,对保险费率、保单条款内容和公司所有权等,一般不进行干预。

英国保险业以高度的行业自律为特色。保险业自律组织负责各自不同的管理范围。行业自律的主要机构有劳合社理事会、英国经纪人委员会、保险推事局、保险人协会、寿险组织协会和个体保险仲裁服务公司等。英国行业自律管理是在政府宏观管理的要求下产生的,对保险宏观监管起辅助作用。

三、法国保险监管制度

法国保险监管体系的日常业务由保险监督委员会(CCA)负责。该委员会是根据1989年12月31日颁布的法律成立的。立法机构为CCA规定了两项任务:一项是维护现有法规体系,另一项是保护投保人的利益。CCA监督保险公司的财务状况、行使发放许可证和监控的权力,对违纪公司进行经济处罚,通过撤销全部或部分授权进行干涉,并可最终要求保险公司停业。

法国保险监管的四个特点:(1)持久性和预测性的监管,而非临时性、只重历史性的监管。(2)检查方式包括两种,即文件检查和实地检查。前者检查公司提供的各种年度文件;后者是由保险监察员到公司办公室去检查各种情况,看公司运作是否符合规定的章程、条例,也便于得到更多、更详尽、更真实的信息。(3) 双向式的监管。监管委员会作出检查报告后转递给保险公司,再由保险公司作出书面回答,这是一种双向式的交流,有利于问题的澄清。(4) 保险监管侧重于偿付能力而非费率,但监管范围涉及公司的全部业务。对一个保险公司的监控活动还可以扩展到它所控制的公司,以及与该公司有关的、通过管理协议、再保险或者其他任何方式被该公司所控制,因而易受其意志或决策影响的所有实体。

四、日本保险监管制度

日本的保险立法主要是《保险业法》,包括对保险业的监督法规和有关经营者的组织及行为的规定。日本保险业的监管部门是大藏省。大藏省内设银行局,银行局下设保险部,保险部是保险业的具体监管部门。大藏省内设有保险审议会和汽车损害赔偿责任审议会。日本在1996年新的保险业法颁布前实行行政式监管制度,表现为事前规制和市场行为监管,从开业审批、业务范围、经营种类及具体条款方面严格管制。1996年新的保险业法颁布后,保险监管的重心转向对保险人偿付能力的监管,更加注重维护投资人利益。

五、澳大利亚保险监管制度

澳大利亚对保险业的监督管理集中表现于依法监管、宽严适度,实践证明监管十分有效。该国对保险公司的监管主要机构有三个。一是1987年成立的"保险业及退休金管理委员会",它隶属于联邦政府国库部,负责对全澳大利亚的人寿和财产保险公司的监督和管理;负责寿险和非寿险代理商和经纪人的管理以及所有退休金保险计划的管理。二是贸易惯例委员会,它成立于1974年,隶属于联邦政府国库部,主要负责管理竞争惯例和消费等事务,并设法保证人寿保险公司在其业务发展、销售和营销活动中不发生误导和欺诈行为。三是证券监察委员会,成立于1989年,它设在联邦政府司法部中,负责保证所有保险公司都遵照法律规定的公司行为准则行事。上述机构监管虽然分工有所不同,各有侧重,但共同的主要职能:(1)监管保险公司的最低偿付能力;(2)监管责任准备金的充裕度;(3)管理财务监控能力;(4)监管执法能力。监管的核心是最低偿付能力。1990年1月澳大利亚联邦政府针对当时的市场情况,把最低偿付能力的标准从原来的100万澳元提高到200万澳元,把实收资本和自由准备金也从原来的50万澳元(国内)和100万澳元(外资)一律调整到200万澳元,其目的就是保证偿付能力的充足性。

从国外发达国家保险监管的经验来看,监管效率的高低在很大程度上取决于信息的全面性和真实性、信息传递的有效性、监管指标的标准化、监管程序以及监管人员行为的规范化程度等多方面的因素。对我国的保险监管当局而言,应加快信息化建设,充分发挥现代化技术手段特别是信息技术在保险监管中的作用,尽快建立完善的信息系统和集中统一的保险行业数据库。应规范保险公司的财务核算方法和统计指标,使各公司递交的财务报表具有较高的可比性。同时,保险监管当局应建立和健全保险监管指标体系和风险预警系统,这对于完善我国的保险监管具有十分积极的意义。另外,偿付能力已成为世界各国保险监管的核心内容。我们长期以来习惯于对市场行为的合规性监管,忽视了真正的风险评估和风险管理,对风险的确定、监控、预防以及风险发生后的治理等关注不够,特别是缺少对保险机构财务状况的跟踪分析,有时处于事后"救火"的被动状态。我国应尽快建立和完善保险公司内控制度,强化保险公司的内部监督。应建立和完善保险监管体系,构建一套由政府监管、行业自律、企业内控和专业机构评估组成的多层次、全方位的监管体系。

复习思考题

1. 为什么国家金融监督管理部门对保险业实施监督管理的力

度远远超出国家对一般企业的监管?

2. 保险监管的主要内容有哪些?
3. 保险公司是否会破产?万一破产了怎么办?
4. 设立保险公司应具备哪些条件?
5. 国家金融监督管理部门应如何加强对保险中介人的监管?

附录一 中华人民共和国保险法(修订)

(1995年6月30日第八届全国人民代表大会常务委员会第十四次会议通过。根据2002年10月28日第九届全国人民代表大会常务委员会第三十次会议《关于修改〈中华人民共和国保险法〉的决定》修正。2009年2月28日第十一届全国人民代表大会常务委员会第七次会议修订。)

目 录

第一章 总则
第二章 保险合同
　　第一节 一般规定
　　第二节 人身保险合同
　　第三节 财产保险合同
第三章 保险公司
第四章 保险经营规则
第五章 保险代理人和保险经纪人
第六章 保险业监督管理
第七章 法律责任
第八章 附则

第一章 总 则

第一条 为了规范保险活动,保护保险活动当事人的合法权益,加强对保险业的监督管理,维护社会经济秩序和社会公共利益,促进保险事业的健康发展,制定本法。

第二条 本法所称保险,是指投保人根据合同约定,向保险人支付保险费,保险人对于合同约定的可能发生的事故因其发生所造成的财产损失承担赔偿保险金责任,或者当被保险人死亡、伤残、疾病或者达到合同约定的年龄、期限等条件时承担给付保险金责任的商业保险行为。

第三条 在中华人民共和国境内从事保险活动,适用本法。

第四条 从事保险活动必须遵守法律、行政法规,尊重社会公德,不得损害社会公共利益。

第五条 保险活动当事人行使权利、履行义务应当遵循诚实信用原则。

第六条 保险业务由依照本法设立的保险公司以及法律、行政法规规定的其他保险组织经营,其他单位和个人不得经营保险业务。

第七条 在中华人民共和国境内的法人和其他组织需要办理境内保险的,应当向中华人民共和国境内的保险公司投保。

第八条 保险业和银行业、证券业、信托业实行分业经营、分业管理,保险公司与银行、证券、信托业务机构分别设立。国家另有规定的除外。

第九条 国务院保险监督管理机构依法对保险业实施监督管理。

国务院保险监督管理机构根据履行职责的需要设立派出机构。派出机构按照国务院保险监督管理机构的授权履行监督管理职责。

第二章 保 险 合 同

第一节 一般规定

第十条 保险合同是投保人与保险人约定保险权利义务关系的协议。

投保人是指与保险人订立保险合同,并按照合同约定负有支付保险费义务的人。

保险人是指与投保人订立保险合同,并按照合同约定承担赔偿或者给付保险金责任的保险公司。

第十一条　订立保险合同,应当协商一致,遵循公平原则确定各方的权利和义务。

除法律、行政法规规定必须保险的外,保险合同自愿订立。

第十二条　人身保险的投保人在保险合同订立时,对被保险人应当具有保险利益。

财产保险的被保险人在保险事故发生时,对保险标的应当具有保险利益。

人身保险是以人的寿命和身体为保险标的的保险。

财产保险是以财产及其有关利益为保险标的的保险。

被保险人是指其财产或者人身受保险合同保障,享有保险金请求权的人。投保人可以为被保险人。

保险利益是指投保人或者被保险人对保险标的具有的法律上承认的利益。

第十三条　投保人提出保险要求,经保险人同意承保,保险合同成立。保险人应当及时向投保人签发保险单或者其他保险凭证。

保险单或者其他保险凭证应当载明当事人双方约定的合同内容。当事人也可以约定采用其他书面形式载明合同内容。

依法成立的保险合同,自成立时生效。投保人和保险人可以对合同的效力约定附条件或者附期限。

第十四条　保险合同成立后,投保人按照约定交付保险费,保险人按照约定的时间开始承担保险责任。

第十五条　除本法另有规定或者保险合同另有约定外,保险合同成立后,投保人可以解除合同,保险人不得解除合同。

第十六条　订立保险合同,保险人就保险标的或者被保险人的有关情况提出询问的,投保人应当如实告知。

投保人故意或者因重大过失未履行前款规定的如实告知义务,足以影响保险人决定是否同意承保或者提高保险费率的,保险人有权解除合同。

前款规定的合同解除权,自保险人知道有解除事由之日起,超过三十日不行使而消灭。自合同成立之日起超过二年的,保险人不得解除合同;发生保险事故的,保险人应当承担赔偿或者给付保险金的责任。

投保人故意不履行如实告知义务的,保险人对于合同解除前发生的保险事故,不承担赔偿或者给付保险金的责任,并不退还保险费。

投保人因重大过失未履行如实告知义务,对保险事故的发生有严重影响的,保险人对于合同解除前发生的保险事故,不承担赔偿或者给付保险金的责任,但应当退还保险费。

保险人在合同订立时已经知道投保人未如实告知的情况的,保险人不得解除合同;发生保险事故的,保险人应当承担赔偿或者给付保险金的责任。

保险事故是指保险合同约定的保险责任范围内的事故。

第十七条　订立保险合同,采用保险人提供的格式条款的,保险人向投保人提供的投保单应当附格式条款,保险人应当向投保人说明合同的内容。

对保险合同中免除保险人责任的条款,保险人在订立合同时应当在投保单、保险单或者其他保险凭证上作出足以引起投保人注意的提示,并对该条款的内容以书面或者口头形式向投保人作出明确说明;未作提示或者明确说明的,该条款不产生效力。

第十八条　保险合同应当包括下列事项:

(一)保险人的名称和住所;

(二)投保人、被保险人的姓名或者名称、住所,以及人身保险的受益人的姓名或者名称、住所;

(三)保险标的;

(四)保险责任和责任免除;

(五)保险期间和保险责任开始时间;

(六)保险金额;

（七）保险费以及支付办法；

（八）保险金赔偿或者给付办法；

（九）违约责任和争议处理；

（十）订立合同的年、月、日。

投保人和保险人可以约定与保险有关的其他事项。

受益人是指人身保险合同中由被保险人或者投保人指定的享有保险金请求权的人。投保人、被保险人可以为受益人。

保险金额是指保险人承担赔偿或者给付保险金责任的最高限额。

第十九条　采用保险人提供的格式条款订立的保险合同中的下列条款无效：

（一）免除保险人依法应承担的义务或者加重投保人、被保险人责任的；

（二）排除投保人、被保险人或者受益人依法享有的权利的。

第二十条　投保人和保险人可以协商变更合同内容。

变更保险合同的，应当由保险人在保险单或者其他保险凭证上批注或者附贴批单，或者由投保人和保险人订立变更的书面协议。

第二十一条　投保人、被保险人或者受益人知道保险事故发生后，应当及时通知保险人。故意或者因重大过失未及时通知，致使保险事故的性质、原因、损失程度等难以确定的，保险人对无法确定的部分，不承担赔偿或者给付保险金的责任，但保险人通过其他途径已经及时知道或者应当及时知道保险事故发生的除外。

第二十二条　保险事故发生后，按照保险合同请求保险人赔偿或者给付保险金时，投保人、被保险人或者受益人应当向保险人提供其所能提供的与确认保险事故的性质、原因、损失程度等有关的证明和资料。

保险人按照合同的约定，认为有关的证明和资料不完整的，应当及时一次性通知投保人、被保险人或者受益人补充提供。

第二十三条　保险人收到被保险人或者受益人的赔偿或者给付

保险金的请求后,应当及时作出核定;情形复杂的,应当在三十日内作出核定,但合同另有约定的除外。保险人应当将核定结果通知被保险人或者受益人;对属于保险责任的,在与被保险人或者受益人达成赔偿或者给付保险金的协议后十日内,履行赔偿或者给付保险金义务。保险合同对赔偿或者给付保险金的期限有约定的,保险人应当按照约定履行赔偿或者给付保险金义务。

保险人未及时履行前款规定义务的,除支付保险金外,应当赔偿被保险人或者受益人因此受到的损失。

任何单位和个人不得非法干预保险人履行赔偿或者给付保险金的义务,也不得限制被保险人或者受益人取得保险金的权利。

第二十四条 保险人依照本法第二十三条的规定作出核定后,对不属于保险责任的,应当自作出核定之日起三日内向被保险人或者受益人发出拒绝赔偿或者拒绝给付保险金通知书,并说明理由。

第二十五条 保险人自收到赔偿或者给付保险金的请求和有关证明、资料之日起六十日内,对其赔偿或者给付保险金的数额不能确定的,应当根据已有证明和资料可以确定的数额先予支付;保险人最终确定赔偿或者给付保险金的数额后,应当支付相应的差额。

第二十六条 人寿保险以外的其他保险的被保险人或者受益人,向保险人请求赔偿或者给付保险金的诉讼时效期间为二年,自其知道或者应当知道保险事故发生之日起计算。

人寿保险的被保险人或者受益人向保险人请求给付保险金的诉讼时效期间为五年,自其知道或者应当知道保险事故发生之日起计算。

第二十七条 未发生保险事故,被保险人或者受益人谎称发生了保险事故,向保险人提出赔偿或者给付保险金请求的,保险人有权解除合同,并不退还保险费。

投保人、被保险人故意制造保险事故的,保险人有权解除合同,不承担赔偿或者给付保险金的责任;除本法第四十三条规定外,不退还保险费。

保险事故发生后,投保人、被保险人或者受益人以伪造、变造的有关证明、资料或者其他证据,编造虚假的事故原因或者夸大损失程度的,保险人对其虚报的部分不承担赔偿或者给付保险金的责任。

投保人、被保险人或者受益人有前三款规定行为之一,致使保险人支付保险金或者支出费用的,应当退回或者赔偿。

第二十八条 保险人将其承担的保险业务,以分保形式部分转移给其他保险人的,为再保险。

应再保险接受人的要求,再保险分出人应当将其自负责任及原保险的有关情况书面告知再保险接受人。

第二十九条 再保险接受人不得向原保险的投保人要求支付保险费。

原保险的被保险人或者受益人不得向再保险接受人提出赔偿或者给付保险金的请求。

再保险分出人不得以再保险接受人未履行再保险责任为由,拒绝履行或者迟延履行其原保险责任。

第三十条 采用保险人提供的格式条款订立的保险合同,保险人与投保人、被保险人或者受益人对合同条款有争议的,应当按照通常理解予以解释。对合同条款有两种以上解释的,人民法院或者仲裁机构应当作出有利于被保险人和受益人的解释。

第二节 人身保险合同

第三十一条 投保人对下列人员具有保险利益:

(一) 本人;

(二) 配偶、子女、父母;

(三) 前项以外与投保人有抚养、赡养或者扶养关系的家庭其他成员、近亲属;

(四) 与投保人有劳动关系的劳动者。

除前款规定外,被保险人同意投保人为其订立合同的,视为投保人对被保险人具有保险利益。

订立合同时,投保人对被保险人不具有保险利益的,合同无效。

第三十二条　投保人申报的被保险人年龄不真实,并且其真实年龄不符合合同约定的年龄限制的,保险人可以解除合同,并按照合同约定退还保险单的现金价值。保险人行使合同解除权,适用本法第十六条第三款、第六款的规定。

投保人申报的被保险人年龄不真实,致使投保人支付的保险费少于应付保险费的,保险人有权更正并要求投保人补交保险费,或者在给付保险金时按照实付保险费与应付保险费的比例支付。

投保人申报的被保险人年龄不真实,致使投保人支付的保险费多于应付保险费的,保险人应当将多收的保险费退还投保人。

第三十三条　投保人不得为无民事行为能力人投保以死亡为给付保险金条件的人身保险,保险人也不得承保。

父母为其未成年子女投保的人身保险,不受前款规定限制。但是,因被保险人死亡给付的保险金总和不得超过国务院保险监督管理机构规定的限额。

第三十四条　以死亡为给付保险金条件的合同,未经被保险人同意并认可保险金额的,合同无效。

按照以死亡为给付保险金条件的合同所签发的保险单,未经被保险人书面同意,不得转让或者质押。

父母为其未成年子女投保的人身保险,不受本条第一款规定限制。

第三十五条　投保人可以按照合同约定向保险人一次支付全部保险费或者分期支付保险费。

第三十六条　合同约定分期支付保险费,投保人支付首期保险费后,除合同另有约定外,投保人自保险人催告之日起超过三十日未支付当期保险费,或者超过约定的期限六十日未支付当期保险费的,合同效力中止,或者由保险人按照合同约定的条件减少保险金额。

被保险人在前款规定期限内发生保险事故的,保险人应当按照合同约定给付保险金,但可以扣减欠交的保险费。

第三十七条　合同效力依照本法第三十六条规定中止的,经保险人与投保人协商并达成协议,在投保人补交保险费后,合同效力恢复。但是,自合同效力中止之日起满二年双方未达成协议的,保险人有权解除合同。

保险人依照前款规定解除合同的,应当按照合同约定退还保险单的现金价值。

第三十八条 保险人对人寿保险的保险费,不得用诉讼方式要求投保人支付。

第三十九条 人身保险的受益人由被保险人或者投保人指定。

投保人指定受益人时须经被保险人同意。投保人为与其有劳动关系的劳动者投保人身保险,不得指定被保险人及其近亲属以外的人为受益人。

被保险人为无民事行为能力人或者限制民事行为能力人的,可以由其监护人指定受益人。

第四十条 被保险人或者投保人可以指定一人或者数人为受益人。

受益人为数人的,被保险人或者投保人可以确定受益顺序和受益份额;未确定受益份额的,受益人按照相等份额享有受益权。

第四十一条 被保险人或者投保人可以变更受益人并书面通知保险人。保险人收到变更受益人的书面通知后,应当在保险单或者其他保险凭证上批注或者附贴批单。

投保人变更受益人时须经被保险人同意。

第四十二条 被保险人死亡后,有下列情形之一的,保险金作为被保险人的遗产,由保险人依照《中华人民共和国继承法》的规定履行给付保险金的义务:

(一) 没有指定受益人,或者受益人指定不明无法确定的;

(二) 受益人先于被保险人死亡,没有其他受益人的;

(三) 受益人依法丧失受益权或者放弃受益权,没有其他受益人的。

受益人与被保险人在同一事件中死亡,且不能确定死亡先后顺序的,推定受益人死亡在先。

第四十三条　投保人故意造成被保险人死亡、伤残或者疾病的,保险人不承担给付保险金的责任。投保人已交足二年以上保险费的,保险人应当按照合同约定向其他权利人退还保险单的现金价值。

受益人故意造成被保险人死亡、伤残、疾病的,或者故意杀害被保险人未遂的,该受益人丧失受益权。

第四十四条　以被保险人死亡为给付保险金条件的合同,自合同成立或者合同效力恢复之日起二年内,被保险人自杀的,保险人不承担给付保险金的责任,但被保险人自杀时为无民事行为能力人的除外。

保险人依照前款规定不承担给付保险金责任的,应当按照合同约定退还保险单的现金价值。

第四十五条　因被保险人故意犯罪或者抗拒依法采取的刑事强制措施导致其伤残或者死亡的,保险人不承担给付保险金的责任。投保人已交足二年以上保险费的,保险人应当按照合同约定退还保险单的现金价值。

第四十六条　被保险人因第三者的行为而发生死亡、伤残或者疾病等保险事故的,保险人向被保险人或者受益人给付保险金后,不享有向第三者追偿的权利,但被保险人或者受益人仍有权向第三者请求赔偿。

第四十七条　投保人解除合同的,保险人应当自收到解除合同通知之日起三十日内,按照合同约定退还保险单的现金价值。

第三节　财产保险合同

第四十八条　保险事故发生时,被保险人对保险标的不具有保险利益的,不得向保险人请求赔偿保险金。

第四十九条　保险标的转让的,保险标的的受让人承继被保险人的权利和义务。

保险标的转让的,被保险人或者受让人应当及时通知保险人,但货物运输保险合同和另有约定的合同除外。

因保险标的转让导致危险程度显著增加的,保险人自收到前款规定的通知之日起三十日内,可以按照合同约定增加保险费或者解除合同。保险人解除合同的,应当将已收取的保险费,按照合同约定扣除自保险责任开始之日起至合同解除之日止应收的部分后,退还投保人。

被保险人、受让人未履行本条第二款规定的通知义务的,因转让导致保险标的危险程度显著增加而发生的保险事故,保险人不承担赔偿保险金的责任。

第五十条 货物运输保险合同和运输工具航程保险合同,保险责任开始后,合同当事人不得解除合同。

第五十一条 被保险人应当遵守国家有关消防、安全、生产操作、劳动保护等方面的规定,维护保险标的的安全。

保险人可以按照合同约定对保险标的的安全状况进行检查,及时向投保人、被保险人提出消除不安全因素和隐患的书面建议。

投保人、被保险人未按照约定履行其对保险标的的安全应尽责任的,保险人有权要求增加保险费或者解除合同。

保险人为维护保险标的的安全,经被保险人同意,可以采取安全预防措施。

第五十二条 在合同有效期内,保险标的的危险程度显著增加的,被保险人应当按照合同约定及时通知保险人,保险人可以按照合同约定增加保险费或者解除合同。保险人解除合同的,应当将已收取的保险费,按照合同约定扣除自保险责任开始之日起至合同解除之日止应收的部分后,退还投保人。

被保险人未履行前款规定的通知义务的,因保险标的的危险程度显著增加而发生的保险事故,保险人不承担赔偿保险金的责任。

第五十三条 有下列情形之一的,除合同另有约定外,保险人应当降低保险费,并按日计算退还相应的保险费:

(一)据以确定保险费率的有关情况发生变化,保险标的的危险程度明显减少的;

(二) 保险标的的保险价值明显减少的。

第五十四条 保险责任开始前,投保人要求解除合同的,应当按照合同约定向保险人支付手续费,保险人应当退还保险费。保险责任开始后,投保人要求解除合同的,保险人应当将已收取的保险费,按照合同约定扣除自保险责任开始之日起至合同解除之日止应收的部分后,退还投保人。

第五十五条 投保人和保险人约定保险标的的保险价值并在合同中载明的,保险标的发生损失时,以约定的保险价值为赔偿计算标准。

投保人和保险人未约定保险标的的保险价值的,保险标的发生损失时,以保险事故发生时保险标的的实际价值为赔偿计算标准。

保险金额不得超过保险价值。超过保险价值的,超过部分无效,保险人应当退还相应的保险费。

保险金额低于保险价值的,除合同另有约定外,保险人按照保险金额与保险价值的比例承担赔偿保险金的责任。

第五十六条 重复保险的投保人应当将重复保险的有关情况通知各保险人。

重复保险的各保险人赔偿保险金的总和不得超过保险价值。除合同另有约定外,各保险人按照其保险金额与保险金额总和的比例承担赔偿保险金的责任。

重复保险的投保人可以就保险金额总和超过保险价值的部分,请求各保险人按比例返还保险费。

重复保险是指投保人对同一保险标的、同一保险利益、同一保险事故分别与两个以上保险人订立保险合同,且保险金额总和超过保险价值的保险。

第五十七条 保险事故发生时,被保险人应当尽力采取必要的措施,防止或者减少损失。

保险事故发生后,被保险人为防止或者减少保险标的的损失所支付的必要的、合理的费用,由保险人承担;保险人所承担的费用数额在保险标的损失赔偿金额以外另行计算,最高不超过保险金额的数额。

第五十八条　保险标的发生部分损失的,自保险人赔偿之日起三十日内,投保人可以解除合同;除合同另有约定外,保险人也可以解除合同,但应当提前十五日通知投保人。

合同解除的,保险人应当将保险标的未受损失部分的保险费,按照合同约定扣除自保险责任开始之日起至合同解除之日止应收的部分后,退还投保人。

第五十九条　保险事故发生后,保险人已支付了全部保险金额,并且保险金额等于保险价值的,受损保险标的的全部权利归于保险人;保险金额低于保险价值的,保险人按照保险金额与保险价值的比例取得受损保险标的的部分权利。

第六十条　因第三者对保险标的的损害而造成保险事故的,保险人自向被保险人赔偿保险金之日起,在赔偿金额范围内代位行使被保险人对第三者请求赔偿的权利。

前款规定的保险事故发生后,被保险人已经从第三者取得损害赔偿的,保险人赔偿保险金时,可以相应扣减被保险人从第三者已取得的赔偿金额。

保险人依照本条第一款规定行使代位请求赔偿的权利,不影响被保险人就未取得赔偿的部分向第三者请求赔偿的权利。

第六十一条　保险事故发生后,保险人未赔偿保险金之前,被保险人放弃对第三者请求赔偿的权利的,保险人不承担赔偿保险金的责任。

保险人向被保险人赔偿保险金后,被保险人未经保险人同意放弃对第三者请求赔偿的权利的,该行为无效。

被保险人故意或者因重大过失致使保险人不能行使代位请求赔偿的权利的,保险人可以扣减或者要求返还相应的保险金。

第六十二条　除被保险人的家庭成员或者其组成人员故意造成本法第六十条第一款规定的保险事故外,保险人不得对被保险人的家庭成员或者其组成人员行使代位请求赔偿的权利。

第六十三条　保险人向第三者行使代位请求赔偿的权利时,被保险人应当向保险人提供必要的文件和所知道的有关情况。

第六十四条　保险人、被保险人为查明和确定保险事故的性质、原因和保险标的的损失程度所支付的必要的、合理的费用,由保险人承担。

第六十五条　保险人对责任保险的被保险人给第三者造成的损害,可以依照法律的规定或者合同的约定,直接向该第三者赔偿保险金。

责任保险的被保险人给第三者造成损害,被保险人对第三者应负的赔偿责任确定的,根据被保险人的请求,保险人应当直接向该第三者赔偿保险金。被保险人怠于请求的,第三者有权就其应获赔偿部分直接向保险人请求赔偿保险金。

责任保险的被保险人给第三者造成损害,被保险人未向该第三者赔偿的,保险人不得向被保险人赔偿保险金。

责任保险是指以被保险人对第三者依法应负的赔偿责任为保险标的的保险。

第六十六条　责任保险的被保险人因给第三者造成损害的保险事故而被提起仲裁或者诉讼的,被保险人支付的仲裁或者诉讼费用以及其他必要的、合理的费用,除合同另有约定外,由保险人承担。

第三章　保险公司

第六十七条　设立保险公司应当经国务院保险监督管理机构批准。

国务院保险监督管理机构审查保险公司的设立申请时,应当考虑保险业的发展和公平竞争的需要。

第六十八条　设立保险公司应当具备下列条件:

(一)主要股东具有持续盈利能力,信誉良好,最近三年内无重大违法违规记录,净资产不低于人民币二亿元;

（二）有符合本法和《中华人民共和国公司法》规定的章程；

（三）有符合本法规定的注册资本；

（四）有具备任职专业知识和业务工作经验的董事、监事和高级管理人员；

（五）有健全的组织机构和管理制度；

（六）有符合要求的营业场所和与经营业务有关的其他设施；

（七）法律、行政法规和国务院保险监督管理机构规定的其他条件。

第六十九条　设立保险公司，其注册资本的最低限额为人民币二亿元。

国务院保险监督管理机构根据保险公司的业务范围、经营规模，可以调整其注册资本的最低限额，但不得低于本条第一款规定的限额。

保险公司的注册资本必须为实缴货币资本。

第七十条　申请设立保险公司，应当向国务院保险监督管理机构提出书面申请，并提交下列材料：

（一）设立申请书，申请书应当载明拟设立的保险公司的名称、注册资本、业务范围等；

（二）可行性研究报告；

（三）筹建方案；

（四）投资人的营业执照或者其他背景资料，经会计师事务所审计的上一年度财务会计报告；

（五）投资人认可的筹备组负责人和拟任董事长、经理名单及本人认可证明；

（六）国务院保险监督管理机构规定的其他材料。

第七十一条　国务院保险监督管理机构应当对设立保险公司的申请进行审查，自受理之日起六个月内作出批准或者不批准筹建的决定，并书面通知申请人。决定不批准的，应当书面说明理由。

第七十二条　申请人应当自收到批准筹建通知之日起一年内完

成筹建工作;筹建期间不得从事保险经营活动。

第七十三条 筹建工作完成后,申请人具备本法第六十八条规定的设立条件的,可以向国务院保险监督管理机构提出开业申请。

国务院保险监督管理机构应当自受理开业申请之日起六十日内,作出批准或者不批准开业的决定。决定批准的,颁发经营保险业务许可证;决定不批准的,应当书面通知申请人并说明理由。

第七十四条 保险公司在中华人民共和国境内设立分支机构,应当经保险监督管理机构批准。

保险公司分支机构不具有法人资格,其民事责任由保险公司承担。

第七十五条 保险公司申请设立分支机构,应当向保险监督管理机构提出书面申请,并提交下列材料:

(一) 设立申请书;
(二) 拟设机构三年业务发展规划和市场分析材料;
(三) 拟任高级管理人员的简历及相关证明材料;
(四) 国务院保险监督管理机构规定的其他材料。

第七十六条 保险监督管理机构应当对保险公司设立分支机构的申请进行审查,自受理之日起六十日内作出批准或者不批准的决定。决定批准的,颁发分支机构经营保险业务许可证;决定不批准的,应当书面通知申请人并说明理由。

第七十七条 经批准设立的保险公司及其分支机构,凭经营保险业务许可证向工商行政管理机关办理登记,领取营业执照。

第七十八条 保险公司及其分支机构自取得经营保险业务许可证之日起六个月内,无正当理由未向工商行政管理机关办理登记的,其经营保险业务许可证失效。

第七十九条 保险公司在中华人民共和国境外设立子公司、分支机构、代表机构,应当经国务院保险监督管理机构批准。

第八十条 外国保险机构在中华人民共和国境内设立代表机构,应当经国务院保险监督管理机构批准。代表机构不得从事保经营活动。

第八十一条 保险公司的董事、监事和高级管理人员，应当品行良好，熟悉与保险相关的法律、行政法规，具有履行职责所需的经营管理能力，并在任职前取得保险监督管理机构核准的任职资格。

保险公司高级管理人员的范围由国务院保险监督管理机构规定。

第八十二条 有《中华人民共和国公司法》第一百四十七条规定的情形或者下列情形之一的，不得担任保险公司的董事、监事、高级管理人员：

（一）因违法行为或者违纪行为被金融监督管理机构取消任职资格的金融机构的董事、监事、高级管理人员，自被取消任职资格之日起未逾五年的；

（二）因违法行为或者违纪行为被吊销执业资格的律师、注册会计师或者资产评估机构、验证机构等机构的专业人员，自被吊销执业资格之日起未逾五年的。

第八十三条 保险公司的董事、监事、高级管理人员执行公司职务时违反法律、行政法规或者公司章程的规定，给公司造成损失的，应当承担赔偿责任。

第八十四条 保险公司有下列情形之一的，应当经保险监督管理机构批准：

（一）变更名称；

（二）变更注册资本；

（三）变更公司或者分支机构的营业场所；

（四）撤销分支机构；

（五）公司分立或者合并；

（六）修改公司章程；

（七）变更出资额占有限责任公司资本总额百分之五以上的股东，或者变更持有股份有限公司股份百分之五以上的股东；

（八）国务院保险监督管理机构规定的其他情形。

第八十五条　保险公司应当聘用经国务院保险监督管理机构认可的精算专业人员,建立精算报告制度。

保险公司应当聘用专业人员,建立合规报告制度。

第八十六条　保险公司应当按照保险监督管理机构的规定,报送有关报告、报表、文件和资料。

保险公司的偿付能力报告、财务会计报告、精算报告、合规报告及其他有关报告、报表、文件和资料必须如实记录保险业务事项,不得有虚假记载、误导性陈述和重大遗漏。

第八十七条　保险公司应当按照国务院保险监督管理机构的规定妥善保管业务经营活动的完整账簿、原始凭证和有关资料。

前款规定的账簿、原始凭证和有关资料的保管期限,自保险合同终止之日起计算,保险期间在一年以下的不得少于五年,保险期间超过一年的不得少于十年。

第八十八条　保险公司聘请或者解聘会计师事务所、资产评估机构、资信评级机构等中介服务机构,应当向保险监督管理机构报告;解聘会计师事务所、资产评估机构、资信评级机构等中介服务机构,应当说明理由。

第八十九条　保险公司因分立、合并需要解散,或者股东会、股东大会决议解散,或者公司章程规定的解散事由出现,经国务院保险监督管理机构批准后解散。

经营有人寿保险业务的保险公司,除因分立、合并或者被依法撤销外,不得解散。

保险公司解散,应当依法成立清算组进行清算。

第九十条　保险公司有《中华人民共和国企业破产法》第二条规定情形的,经国务院保险监督管理机构同意,保险公司或者其债权人可以依法向人民法院申请重整、和解或者破产清算;国务院保险监督管理机构也可以依法向人民法院申请对该保险公司进行重整或者破产清算。

第九十一条　破产财产在优先清偿破产费用和共益债务后,按照下列顺序清偿：

（一）所欠职工工资和医疗、伤残补助、抚恤费用，所欠应当划入职工个人账户的基本养老保险、基本医疗保险费用，以及法律、行政法规规定应当支付给职工的补偿金；

（二）赔偿或者给付保险金；

（三）保险公司欠缴的除第（一）项规定以外的社会保险费用和所欠税款；

（四）普通破产债权。

破产财产不足以清偿同一顺序的清偿要求的，按照比例分配。

破产保险公司的董事、监事和高级管理人员的工资，按照该公司职工的平均工资计算。

第九十二条　经营有人寿保险业务的保险公司被依法撤销或者被依法宣告破产的，其持有的人寿保险合同及责任准备金，必须转让给其他经营有人寿保险业务的保险公司；不能同其他保险公司达成转让协议的，由国务院保险监督管理机构指定经营有人寿保险业务的保险公司接受转让。

转让或者由国务院保险监督管理机构指定接受转让前款规定的人寿保险合同及责任准备金的，应当维护被保险人、受益人的合法权益。

第九十三条　保险公司依法终止其业务活动，应当注销其经营保险业务许可证。

第九十四条　保险公司，除本法另有规定外，适用《中华人民共和国公司法》的规定。

第四章　保险经营规则

第九十五条　保险公司的业务范围：

（一）人身保险业务，包括人寿保险、健康保险、意外伤害保险等保险业务；

（二）财产保险业务，包括财产损失保险、责任保险、信用保险、

保证保险等保险业务;

(三)国务院保险监督管理机构批准的与保险有关的其他业务。

保险人不得兼营人身保险业务和财产保险业务。但是,经营财产保险业务的保险公司经国务院保险监督管理机构批准,可以经营短期健康保险业务和意外伤害保险业务。

保险公司应当在国务院保险监督管理机构依法批准的业务范围内从事保险经营活动。

第九十六条 经国务院保险监督管理机构批准,保险公司可以经营本法第九十五条规定的保险业务的下列再保险业务:

(一)分出保险;

(二)分入保险。

第九十七条 保险公司应当按照其注册资本总额的百分之二十提取保证金,存入国务院保险监督管理机构指定的银行,除公司清算时用于清偿债务外,不得动用。

第九十八条 保险公司应当根据保障被保险人利益、保证偿付能力的原则,提取各项责任准备金。

保险公司提取和结转责任准备金的具体办法,由国务院保险监督管理机构制定。

第九十九条 保险公司应当依法提取公积金。

第一百条 保险公司应当缴纳保险保障基金。

保险保障基金应当集中管理,并在下列情形下统筹使用:

(一)在保险公司被撤销或者被宣告破产时,向投保人、被保险人或者受益人提供救济;

(二)在保险公司被撤销或者被宣告破产时,向依法接受其人寿保险合同的保险公司提供救济;

(三)国务院规定的其他情形。

保险保障基金筹集、管理和使用的具体办法,由国务院制定。

第一百零一条 保险公司应当具有与其业务规模和风险程度相适应的最低偿付能力。保险公司的认可资产减去认可负债的差额不得低于国务院保险监督管理机构规定的数额；低于规定数额的，应当按照国务院保险监督管理机构的要求采取相应措施达到规定的数额。

第一百零二条 经营财产保险业务的保险公司当年自留保险费，不得超过其实有资本金加公积金总和的四倍。

第一百零三条 保险公司对每一危险单位，即对一次保险事故可能造成的最大损失范围所承担的责任，不得超过其实有资本金加公积金总和的百分之十；超过的部分应当办理再保险。

保险公司对危险单位的划分应当符合国务院保险监督管理机构的规定。

第一百零四条 保险公司对危险单位的划分方法和巨灾风险安排方案，应当报国务院保险监督管理机构备案。

第一百零五条 保险公司应当按照国务院保险监督管理机构的规定办理再保险，并审慎选择再保险接受人。

第一百零六条 保险公司的资金运用必须稳健，遵循安全性原则。

保险公司的资金运用限于下列形式：

（一）银行存款；
（二）买卖债券、股票、证券投资基金份额等有价证券；
（三）投资不动产；
（四）国务院规定的其他资金运用形式。

保险公司资金运用的具体管理办法，由国务院保险监督管理机构依照前两款的规定制定。

第一百零七条 经国务院保险监督管理机构会同国务院证券监督管理机构批准，保险公司可以设立保险资产管理公司。

保险资产管理公司从事证券投资活动，应当遵守《中华人民共和国证券法》等法律、行政法规的规定。

保险资产管理公司的管理办法，由国务院保险监督管理机构会同国务院有关部门制定。

第一百零八条　保险公司应当按照国务院保险监督管理机构的规定,建立对关联交易的管理和信息披露制度。

第一百零九条　保险公司的控股股东、实际控制人、董事、监事、高级管理人员不得利用关联交易损害公司的利益。

第一百一十条　保险公司应当按照国务院保险监督管理机构的规定,真实、准确、完整地披露财务会计报告、风险管理状况、保险产品经营情况等重大事项。

第一百一十一条　保险公司从事保险销售的人员应当符合国务院保险监督管理机构规定的资格条件,取得保险监督管理机构颁发的资格证书。

前款规定的保险销售人员的范围和管理办法,由国务院保险监督管理机构规定。

第一百一十二条　保险公司应当建立保险代理人登记管理制度,加强对保险代理人的培训和管理,不得唆使、诱导保险代理人进行违背诚信义务的活动。

第一百一十三条　保险公司及其分支机构应当依法使用经营保险业务许可证,不得转让、出租、出借经营保险业务许可证。

第一百一十四条　保险公司应当按照国务院保险监督管理机构的规定,公平、合理拟订保险条款和保险费率,不得损害投保人、被保险人和受益人的合法权益。

保险公司应当按照合同约定和本法规定,及时履行赔偿或者给付保险金义务。

第一百一十五条　保险公司开展业务,应当遵循公平竞争的原则,不得从事不正当竞争。

第一百一十六条　保险公司及其工作人员在保险业务活动中不得有下列行为:

(一)欺骗投保人、被保险人或者受益人;

(二)对投保人隐瞒与保险合同有关的重要情况;

(三)阻碍投保人履行本法规定的如实告知义务,或者诱导其不履行本法规定的如实告知义务；

（四）给予或者承诺给予投保人、被保险人、受益人保险合同约定以外的保险费回扣或者其他利益；

（五）拒不依法履行保险合同约定的赔偿或者给付保险金义务；

（六）故意编造未曾发生的保险事故、虚构保险合同或者故意夸大已经发生的保险事故的损失程度进行虚假理赔，骗取保险金或者牟取其他不正当利益；

（七）挪用、截留、侵占保险费；

（八）委托未取得合法资格的机构或者个人从事保险销售活动；

（九）利用开展保险业务为其他机构或者个人牟取不正当利益；

（十）利用保险代理人、保险经纪人或者保险评估机构，从事以虚构保险中介业务或者编造退保等方式套取费用等违法活动；

（十一）以捏造、散布虚假事实等方式损害竞争对手的商业信誉，或者以其他不正当竞争行为扰乱保险市场秩序；

（十二）泄露在业务活动中知悉的投保人、被保险人的商业秘密；

（十三）违反法律、行政法规和国务院保险监督管理机构规定的其他行为。

第五章 保险代理人和保险经纪人

第一百一十七条 保险代理人是根据保险人的委托，向保险人收取佣金，并在保险人授权的范围内代为办理保险业务的机构或者个人。

保险代理机构包括专门从事保险代理业务的保险专业代理机构和兼营保险代理业务的保险兼业代理机构。

第一百一十八条 保险经纪人是基于投保人的利益，为投保人与保险人订立保险合同提供中介服务，并依法收取佣金的机构。

第一百一十九条 保险代理机构、保险经纪人应当具备国务院保险监督管理机构规定的条件，取得保险监督管理机构颁发的经营保险代理业务许可证、保险经纪业务许可证。

保险专业代理机构、保险经纪人凭保险监督管理机构颁发的许可证向工商行政管理机关办理登记,领取营业执照。

保险兼业代理机构凭保险监督管理机构颁发的许可证,向工商行政管理机关办理变更登记。

第一百二十条　以公司形式设立保险专业代理机构、保险经纪人,其注册资本最低限额适用《中华人民共和国公司法》的规定。

国务院保险监督管理机构根据保险专业代理机构、保险经纪人的业务范围和经营规模,可以调整其注册资本的最低限额,但不得低于《中华人民共和国公司法》规定的限额。

保险专业代理机构、保险经纪人的注册资本或者出资额必须为实缴货币资本。

第一百二十一条　保险专业代理机构、保险经纪人的高级管理人员,应当品行良好,熟悉保险法律、行政法规,具有履行职责所需的经营管理能力,并在任职前取得保险监督管理机构核准的任职资格。

第一百二十二条　个人保险代理人、保险代理机构的代理从业人员、保险经纪人的经纪从业人员,应当具备国务院保险监督管理机构规定的资格条件,取得保险监督管理机构颁发的资格证书。

第一百二十三条　保险代理机构、保险经纪人应当有自己的经营场所,设立专门账簿记载保险代理业务、经纪业务的收支情况。

第一百二十四条　保险代理机构、保险经纪人应当按照国务院保险监督管理机构的规定缴存保证金或者投保职业责任保险。未经保险监督管理机构批准,保险代理机构、保险经纪人不得动用保证金。

第一百二十五条　个人保险代理人在代为办理人寿保险业务时,不得同时接受两个以上保险人的委托。

第一百二十六条　保险人委托保险代理人代为办理保险业务,应当与保险代理人签订委托代理协议,依法约定双方的权利和义务。

第一百二十七条　保险代理人根据保险人的授权代为办理保

业务的行为,由保险人承担责任。

保险代理人没有代理权、超越代理权或者代理权终止后以保险人名义订立合同,使投保人有理由相信其有代理权的,该代理行为有效。保险人可以依法追究越权的保险代理人的责任。

第一百二十八条 保险经纪人因过错给投保人、被保险人造成损失的,依法承担赔偿责任。

第一百二十九条 保险活动当事人可以委托保险公估机构等依法设立的独立评估机构或者具有相关专业知识的人员,对保险事故进行评估和鉴定。

接受委托对保险事故进行评估和鉴定的机构和人员,应当依法、独立、客观、公正地进行评估和鉴定,任何单位和个人不得干涉。

前款规定的机构和人员,因故意或者过失给保险人或者被保险人造成损失的,依法承担赔偿责任。

第一百三十条 保险佣金只限于向具有合法资格的保险代理人、保险经纪人支付,不得向其他人支付。

第一百三十一条 保险代理人、保险经纪人及其从业人员在办理保险业务活动中不得有下列行为:

(一)欺骗保险人、投保人、被保险人或者受益人;

(二)隐瞒与保险合同有关的重要情况;

(三)阻碍投保人履行本法规定的如实告知义务,或者诱导其不履行本法规定的如实告知义务;

(四)给予或者承诺给予投保人、被保险人或者受益人保险合同约定以外的利益;

(五)利用行政权力、职务或者职业便利以及其他不正当手段强迫、引诱或者限制投保人订立保险合同;

(六)伪造、擅自变更保险合同,或者为保险合同当事人提供虚假证明材料;

(七)挪用、截留、侵占保险费或者保险金;

(八)利用业务便利为其他机构或者个人牟取不正当利益;

（九）串通投保人、被保险人或者受益人,骗取保险金;

（十）泄露在业务活动中知悉的保险人、投保人、被保险人的商业秘密。

第一百三十二条　保险专业代理机构、保险经纪人分立、合并、变更组织形式、设立分支机构或者解散的,应当经保险监督管理机构批准。

第一百三十三条　本法第八十六条第一款、第一百一十三条的规定,适用于保险代理机构和保险经纪人。

第六章　保险业监督管理

第一百三十四条　保险监督管理机构依照本法和国务院规定的职责,遵循依法、公开、公正的原则,对保险业实施监督管理,维护保险市场秩序,保护投保人、被保险人和受益人的合法权益。

第一百三十五条　国务院保险监督管理机构依照法律、行政法规制定并发布有关保险业监督管理的规章。

第一百三十六条　关系社会公众利益的保险险种、依法实行强制保险的险种和新开发的人寿保险险种等的保险条款和保险费率,应当报国务院保险监督管理机构批准。国务院保险监督管理机构审批时,应当遵循保护社会公众利益和防止不正当竞争的原则。其他保险险种的保险条款和保险费率,应当报保险监督管理机构备案。

保险条款和保险费率审批、备案的具体办法,由国务院保险监督管理机构依照前款规定制定。

第一百三十七条　保险公司使用的保险条款和保险费率违反法律、行政法规或者国务院保险监督管理机构的有关规定的,由保险监督管理机构责令停止使用,限期修改;情节严重的,可以在一定期限内禁止申报新的保险条款和保险费率。

第一百三十八条　国务院保险监督管理机构应当建立健全保险公司偿付能力监管体系,对保险公司的偿付能力实施监控。

第一百三十九条　对偿付能力不足的保险公司,国务院保险监

督管理机构应当将其列为重点监管对象,并可以根据具体情况采取下列措施:

(一) 责令增加资本金、办理再保险;

(二) 限制业务范围;

(三) 限制向股东分红;

(四) 限制固定资产购置或者经营费用规模;

(五) 限制资金运用的形式、比例;

(六) 限制增设分支机构;

(七) 责令拍卖不良资产、转让保险业务;

(八) 限制董事、监事、高级管理人员的薪酬水平;

(九) 限制商业性广告;

(十) 责令停止接受新业务。

第一百四十条 保险公司未依照本法规定提取或者结转各项责任准备金,或者未依照本法规定办理再保险,或者严重违反本法关于资金运用的规定的,由保险监督管理机构责令限期改正,并可以责令调整负责人及有关管理人员。

第一百四十一条 保险监督管理机构依照本法第一百四十条的规定作出限期改正的决定后,保险公司逾期未改正的,国务院保险监督管理机构可以决定选派保险专业人员和指定该保险公司的有关人员组成整顿组,对公司进行整顿。

整顿决定应当载明被整顿公司的名称、整顿理由、整顿组成员和整顿期限,并予以公告。

第一百四十二条 整顿组有权监督被整顿保险公司的日常业务。被整顿公司的负责人及有关管理人员应当在整顿组的监督下行使职权。

第一百四十三条 整顿过程中,被整顿保险公司的原有业务继续进行。但是,国务院保险监督管理机构可以责令被整顿公司停止部分原有业务、停止接受新业务,调整资金运用。

第一百四十四条 被整顿保险公司经整顿已纠正其违反本法规

定的行为,恢复正常经营状况的,由整顿组提出报告,经国务院保险监督管理机构批准,结束整顿,并由国务院保险监督管理机构予以公告。

第一百四十五条 保险公司有下列情形之一的,国务院保险监督管理机构可以对其实行接管:

(一)公司的偿付能力严重不足的;

(二)违反本法规定,损害社会公共利益,可能严重危及或者已经严重危及公司的偿付能力的。

被接管的保险公司的债权债务关系不因接管而变化。

第一百四十六条 接管组的组成和接管的实施办法,由国务院保险监督管理机构决定,并予以公告。

第一百四十七条 接管期限届满,国务院保险监督管理机构可以决定延长接管期限,但接管期限最长不得超过二年。

第一百四十八条 接管期限届满,被接管的保险公司已恢复正常经营能力的,由国务院保险监督管理机构决定终止接管,并予以公告。

第一百四十九条 被整顿、被接管的保险公司有《中华人民共和国企业破产法》第二条规定情形的,国务院保险监督管理机构可以依法向人民法院申请对该保险公司进行重整或者破产清算。

第一百五十条 保险公司因违法经营被依法吊销经营保险业务许可证的,或者偿付能力低于国务院保险监督管理机构规定标准,不予撤销将严重危害保险市场秩序、损害公共利益的,由国务院保险监督管理机构予以撤销并公告,依法及时组织清算组进行清算。

第一百五十一条 国务院保险监督管理机构有权要求保险公司股东、实际控制人在指定的期限内提供有关信息和资料。

第一百五十二条 保险公司的股东利用关联交易严重损害公司利益,危及公司偿付能力的,由国务院保险监督管理机构责令改正。在按照要求改正前,国务院保险监督管理机构可以限制其股东权利;拒不改正的,可以责令其转让所持的保险公司股权。

第一百五十三条　保险监督管理机构根据履行监督管理职责的需要,可以与保险公司董事、监事和高级管理人员进行监督管理谈话,要求其就公司的业务活动和风险管理的重大事项作出说明。

第一百五十四条　保险公司在整顿、接管、撤销清算期间,或者出现重大风险时,国务院保险监督管理机构可以对该公司直接负责的董事、监事、高级管理人员和其他直接责任人员采取以下措施:

(一)通知出境管理机关依法阻止其出境;

(二)申请司法机关禁止其转移、转让或者以其他方式处分财产,或者在财产上设定其他权利。

第一百五十五条　保险监督管理机构依法履行职责,可以采取下列措施:

(一)对保险公司、保险代理人、保险经纪人、保险资产管理公司、外国保险机构的代表机构进行现场检查;

(二)进入涉嫌违法行为发生场所调查取证;

(三)询问当事人及与被调查事件有关的单位和个人,要求其对与被调查事件有关的事项作出说明;

(四)查阅、复制与被调查事件有关的财产权登记等资料;

(五)查阅、复制保险公司、保险代理人、保险经纪人、保险资产管理公司、外国保险机构的代表机构以及与被调查事件有关的单位和个人的财务会计资料及其他相关文件和资料;对可能被转移、隐匿或者毁损的文件和资料予以封存;

(六)查询涉嫌违法经营的保险公司、保险代理人、保险经纪人、保险资产管理公司、外国保险机构的代表机构以及与涉嫌违法事项有关的单位和个人的银行账户;

(七)对有证据证明已经或者可能转移、隐匿违法资金等涉案财产或者隐匿、伪造、毁损重要证据的,经保险监督管理机构主要负责人批准,申请人民法院予以冻结或者查封。

保险监督管理机构采取前款第(一)项、第(二)项、第(五)项措施的,应当经保险监督管理机构负责人批准;采取第(六)项措施的,应当经国务院保险监督管理机构负责人批准。

保险监督管理机构依法进行监督检查或者调查,其监督检查、调查的人员不得少于二人,并应当出示合法证件和监督检查、调查通知书;监督检查、调查的人员少于二人或者未出示合法证件和监督检查、调查通知书的,被检查、调查的单位和个人有权拒绝。

第一百五十六条　保险监督管理机构依法履行职责,被检查、调查的单位和个人应当配合。

第一百五十七条　保险监督管理机构工作人员应当忠于职守,依法办事,公正廉洁,不得利用职务便利牟取不正当利益,不得泄露所知悉的有关单位和个人的商业秘密。

第一百五十八条　国务院保险监督管理机构应当与中国人民银行、国务院其他金融监督管理机构建立监督管理信息共享机制。

保险监督管理机构依法履行职责,进行监督检查、调查时,有关部门应当予以配合。

第七章　法　律　责　任

第一百五十九条　违反本法规定,擅自设立保险公司、保险资产管理公司或者非法经营商业保险业务的,由保险监督管理机构予以取缔,没收违法所得,并处违法所得一倍以上五倍以下的罚款;没有违法所得或者违法所得不足二十万元的,处二十万元以上一百万元以下的罚款。

第一百六十条　违反本法规定,擅自设立保险专业代理机构、保险经纪人,或者未取得经营保险代理业务许可证、保险经纪业务许可证从事保险代理业务、保险经纪业务的,由保险监督管理机构予以取缔,没收违法所得,并处违法所得一倍以上五倍以下的罚款;没有违法所得或者违法所得不足五万元的,处五万元以上三十万元以下的罚款。

第一百六十一条　保险公司违反本法规定,超出批准的业务范围经营的,由保险监督管理机构责令限期改正,没收违法所得,并处违法所得一倍以上五倍以下的罚款;没有违法所得或者违法所得不足十万元的,处十万元以上五十万元以下的罚款。逾期不改正或者造成严重后果的,责令停业整顿或者吊销业务许可证。

第一百六十二条　保险公司有本法第一百一十六条规定行为之一的,由保险监督管理机构责令改正,处五万元以上三十万元以下的罚款;情节严重的,限制其业务范围、责令停止接受新业务或者吊销业务许可证。

第一百六十三条　保险公司违反本法第八十四条规定的,由保险监督管理机构责令改正,处一万元以上十万元以下的罚款。

第一百六十四条　保险公司违反本法规定,有下列行为之一的,由保险监督管理机构责令改正,处五万元以上三十万元以下的罚款:

(一)超额承保,情节严重的;

(二)为无民事行为能力人承保以死亡为给付保险金条件的保险的。

第一百六十五条　违反本法规定,有下列行为之一的,由保险监督管理机构责令改正,处五万元以上三十万元以下的罚款;情节严重的,可以限制其业务范围、责令停止接受新业务或者吊销业务许可证:

(一)未按照规定提存保证金或者违反规定动用保证金的;

(二)未按照规定提取或者结转各项责任准备金的;

(三)未按照规定缴纳保险保障基金或者提取公积金的;

(四)未按照规定办理再保险的;

(五)未按照规定运用保险公司资金的;

(六)未经批准设立分支机构或者代表机构的;

(七)未按照规定申请批准保险条款、保险费率的。

第一百六十六条　保险代理机构、保险经纪人有本法第一百三十一条规定行为之一的,由保险监督管理机构责令改正,处五万元以上三十万元以下的罚款;情节严重的,吊销业务许可证。

第一百六十七条　保险代理机构、保险经纪人违反本法规定,有

下列行为之一的,由保险监督管理机构责令改正,处二万元以上十万元以下的罚款;情节严重的,责令停业整顿或者吊销业务许可证:

(一)未按照规定缴存保证金或者投保职业责任保险的;

(二)未按照规定设立专门账簿记载业务收支情况的。

第一百六十八条　保险专业代理机构、保险经纪人违反本法规定,未经批准设立分支机构或者变更组织形式的,由保险监督管理机构责令改正,处一万元以上五万元以下的罚款。

第一百六十九条　违反本法规定,聘任不具有任职资格、从业资格的人员的,由保险监督管理机构责令改正,处二万元以上十万元以下的罚款。

第一百七十条　违反本法规定,转让、出租、出借业务许可证的,由保险监督管理机构处一万元以上十万元以下的罚款;情节严重的,责令停业整顿或者吊销业务许可证。

第一百七十一条　违反本法规定,有下列行为之一的,由保险监督管理机构责令限期改正;逾期不改正的,处一万元以上十万元以下的罚款:

(一)未按照规定报送或者保管报告、报表、文件、资料的,或者未按照规定提供有关信息、资料的;

(二)未按照规定报送保险条款、保险费率备案的;

(三)未按照规定披露信息的。

第一百七十二条　违反本法规定,有下列行为之一的,由保险监督管理机构责令改正,处十万元以上五十万元以下的罚款;情节严重的,可以限制其业务范围、责令停止接受新业务或者吊销业务许可证:

(一)编制或者提供虚假的报告、报表、文件、资料的;

(二)拒绝或者妨碍依法监督检查的;

(三)未按照规定使用经批准或者备案的保险条款、保险费率的。

第一百七十三条　保险公司、保险资产管理公司、保险专业代理机构、保险经纪人违反本法规定的,保险监督管理机构除分别依照本法第一百六十一条至第一百七十二条的规定对该单位给予处罚外,对其直接负责的主管人员和其他直接责任人员给予警告,并处一万元以上十万元以下的罚款;情节严重的,撤销任职资格或者从业资格。

第一百七十四条　个人保险代理人违反本法规定的,由保险监督管理机构给予警告,可以并处二万元以下的罚款;情节严重的,处二万元以上十万元以下的罚款,并可以吊销其资格证书。

未取得合法资格的人员从事个人保险代理活动的,由保险监督管理机构给予警告,可以并处二万元以下的罚款;情节严重的,处二万元以上十万元以下的罚款。

第一百七十五条　外国保险机构未经国务院保险监督管理机构批准,擅自在中华人民共和国境内设立代表机构的,由国务院保险监督管理机构予以取缔,处五万元以上三十万元以下的罚款。

外国保险机构在中华人民共和国境内设立的代表机构从事保险经营活动的,由保险监督管理机构责令改正,没收违法所得,并处违法所得一倍以上五倍以下的罚款;没有违法所得或者违法所得不足二十万元的,处二十万元以上一百万元以下的罚款;对其首席代表可以责令撤换;情节严重的,撤销其代表机构。

第一百七十六条　投保人、被保险人或者受益人有下列行为之一,进行保险诈骗活动,尚不构成犯罪的,依法给予行政处罚:

（一）投保人故意虚构保险标的,骗取保险金的;

（二）编造未曾发生的保险事故,或者编造虚假的事故原因或者夸大损失程度,骗取保险金的;

（三）故意造成保险事故,骗取保险金的。

保险事故的鉴定人、评估人、证明人故意提供虚假的证明文件,为投保人、被保险人或者受益人进行保险诈骗提供条件的,依照前款规定给予处罚。

第一百七十七条　违反本法规定,给他人造成损害的,依法承担民事责任。

第一百七十八条 拒绝、阻碍保险监督管理机构及其工作人员依法行使监督检查、调查职权,未使用暴力、威胁方法的,依法给予治安管理处罚。

第一百七十九条 违反法律、行政法规的规定,情节严重的,国务院保险监督管理机构可以禁止有关责任人员一定期限直至终身进入保险业。

第一百八十条 保险监督管理机构从事监督管理工作的人员有下列情形之一的,依法给予处分:

(一)违反规定批准机构的设立的;
(二)违反规定进行保险条款、保险费率审批的;
(三)违反规定进行现场检查的;
(四)违反规定查询账户或者冻结资金的;
(五)泄露其知悉的有关单位和个人的商业秘密的;
(六)违反规定实施行政处罚的;
(七)滥用职权、玩忽职守的其他行为。

第一百八十一条 违反本法规定,构成犯罪的,依法追究刑事责任。

第八章 附 则

第一百八十二条 保险公司应当加入保险行业协会。保险代理人、保险经纪人、保险公估机构可以加入保险行业协会。

保险行业协会是保险业的自律性组织,是社会团体法人。

第一百八十三条 保险公司以外的其他依法设立的保险组织经营的商业保险业务,适用本法。

第一百八十四条 海上保险适用《中华人民共和国海商法》的有关规定;《中华人民共和国海商法》未规定的,适用本法的有关规定。

第一百八十五条 中外合资保险公司、外资独资保险公司、外国保险公司分公司适用本法规定;法律、行政法规另有规定的,适用其规定。

第一百八十六条　国家支持发展为农业生产服务的保险事业。农业保险由法律、行政法规另行规定。

强制保险，法律、行政法规另有规定的，适用其规定。

第一百八十七条　本法自2009年10月1日起施行。

附录二　西方国家保险学说简介

保险是随着生产力的发展和经济活动的频繁而逐渐产生的经济活动。现代意义的保险迄今已有数百年的历史,在这一历史发展过程中,逐渐形成了一系列保险学说,现作如下简要介绍。

一、损　失　说

这是以损失观念为保险理论中心的学说,分为以下三种。

（一）损失赔偿说

损失赔偿说产生于英国,是海上保险以后逐渐形成的一种学说,代表人物是英国的马歇尔和德国的马修斯。这一学说认为,保险的目的在于补偿人们在日常生活中,因各种偶然事件发生所导致的损失,保险是一种损失赔偿合同。就财产保险而言,是正确的,但在人寿保险出现之后,这一观点显得不足了。

（二）损失分担说

它强调损失赔偿中,多数人互助合作、共同分担损失的事实,并认为此说适用于各种保险。德国的华格纳首倡此说,对后世很有影响,当代许多美国保险学者都强调保险具有分摊损失这一特殊职能。华格纳主张:"从经济意义上说,保险是把个别人由于未来特定的、偶然的、不可预测的事故在财产上所受的不利结果,使处于同一危险之中、但未遭遇事故的多数人予以分担,以排除或减轻灾害的一种经济补偿制度。"这一学说从经济学的角度阐明保险,是其独到之处,但对分担损失是否是保险的最本质属性这一点,仍有较多的争议。

（三）风险转嫁说

此说源于美国,认为把被保险人的风险转嫁给保险人是保险的实质。美国学者威尔特说:"保险是为了赔偿资本的不确定性而积聚资金的一种社会制度,它是依靠把多数人的个人危险转嫁给他人或团体来进行的。"日本学者也赞同此说。此说是从宏观经济的角度来论述保险的,但同样对财产保险和人寿保险不能兼顾。

二、非损失说

以上学说不能圆满解释人身保险的含义,保险学者另寻思路,于是出现了非损失说,它又分为五种。

(一) 技术说

此说以技术的特殊性作为保险的实质。它认为保险是把可能遭受同样事故的多数人组织起来,测定事故发生的概率,按照这个比例进行分摊,根据概率论的科学方法,测定分摊金额要有特殊技术,这就是财产保险和人身保险的共同特点。意大利学者费芳德是这一学说的代表。与过去学说相比,此说重视计算分摊金额这一特殊技术,是其进步。

(二) 欲望满足说

此说以保险能满足经济需要和金钱欲望来解释保险的性质。认为被保险人以缴付少量的保险费为代价,在灾害事故发生后能取得全部或部分补偿。实际上,此说是由损失补偿说发展而来,以满足代替补偿,以需要代替损失。此说的代表人物是意大利的高彼和德国的马内斯。

(三) 经济确保说

此说认为,现实生活中偶然事件的发生将导致经济生活的不安定,保险集合多数经济单位,形成最经济的后备基金,使被保险人可能遭遇的事故的损失得到经济上的保障。就是说,所有参加保险的动机,都是使不确定的未来的灾害事故得到经济上的保障。这一学说的代表人物是日本学者小岛昌太郎和近藤文二。

(四) 二元说

该学说的代表人物是德国学者爱伦伯格。这一学说认为,财产保险与人身保险不应作统一解释,财产保险合同是以损失赔偿为目的的,人身保险合同是以给付保险金为目的的。保险应当把 Insurance 和 Assurance 区分开来。Insurance 是指任何不确定事件可能发生和造成损失的合同,Assurance 则是指必然发生或损害必然出现的寿险合同,两者只能择其一。

(五) 金融说

该学说的代表人物是日本的米谷隆三和酒井正三郎。这一学说认为,保险与金融一样,是一种互助合作基础上的金融机构,它起着一种融通资金的作用。

附录三　社会保险的主要形式

社会保险是指通过国家立法的形式，以劳动者为保障对象，以劳动者的年老、疾病、伤残、失业、死亡等特殊事件为保障内容，由政府强制实施的一种社会保障制度。

社会保险的主要形式有养老保险、失业保险、疾病保险、工伤保险和生育保险。

一、养老保险

养老保险是指国家通过立法，向企业和劳动者征收养老保险费形成养老保险基金，使劳动者在因年老而丧失劳动能力时，可以获得物质帮助以保障晚年基本生活需要的保险制度。它是社会保险体系中最重要的一种形式，影响面广、社会性强，直接关系到社会的稳定和经济的发展，所以为各国政府所重视。

（一）养老保险的给付条件

在多数国家，养老保险的给付条件都是复合性的，即被保险人必须符合两个以上的条件，才可以享受养老保险金。条件通常包括：

（1）年龄，即被保险人必须达到规定的年龄。多数国家规定男 55～65 岁，女 55～60 岁。

（2）工龄，即被保险人必须达到一定的工作年限。通常规定男 25 年左右，女 20 年左右，特殊职业人员工龄限制适当降低。

（3）缴费年限，即被保险人必须缴足规定年限的保险费。

（4）退休，即被保险人必须完全退休。

（二）养老保险的给付标准

养老保险金的标准形式是年金制度，即保险金按月或按年支付，而不是一次性给付。由于社会经济是不断发展变化的,一次性给付的保险金易于受到各种因素,如通货膨胀的冲击,由此影响被保险人的实际生活水平,使养老保险不能起到应有的作用。

世界各国养老保险金的给付标准并不一致,大体来看,可以分为以下两大类共五种形式。

1. 以工资作为基础,按照一定的比例进行计算

这种方式强调工资的作用,即强调工龄或服务年限的长短、缴纳保险费工资的多少。目前世界上多数国家均采用这种方式。它又有三种形式:

(1) 统一报酬比例。即年金与工资成正比,年金按照最近几年平均工资的一定比例来计算。

(2) 基本比例加补充比例。即以平均工资收入的一定百分比为基本给付率,然后,每超过最低投保年限一年,另加一定比例。

(3) 倒比例法。即工资越高,规定比例越低;工资越低,规定比例越高。

2. 以生活费为基础计算年金

这一制度通行于社会保险较发达的国家,它又有两种形式:

(1) 全国居民按照统一数额给付,给付数额随生活费用指数的变动进行调整。

(2) 规定一个基础年金,在此基础上附加报酬比例。例如规定基础年金为100元,单身为这一基数的95%,已婚夫妇为这一基数的150%等。

(三) 养老保险的筹资模式

目前,世界常见的筹资模式有三种:现收现付式、完全积累式和部分积累式。

1. 现收现付式

现收现付式,即以当期(一年或数年)收入支付当期的保障支出,不进行基金积累。由单位(或单位和个人)按照工资总额的一定比例(社会统筹费率)来缴纳养老保险费。这一模式的特点是:

(1) 养老保险负担为代际转嫁,即由在职职工负担已退休职工的养老金。

(2) 提取基金的数额和比例逐年变化。

(3) 不考虑储备,费率较低。

(4) 由于没有积累基金,不必在资金的增值上操心。

由于这些特点,这一模式在发展中国家和初建养老保险制度的国家被采用。但这一模式缺点也比较明显,这就是:随着人口老龄化进程的加快,基金提取的比例迅速上升,由此导致国家、企业和个人处于难以承受的地步。例如,美国1935年初建立保障制度时,供养系数(即在职人员与退休人员的比例)为16:1,1950年为8:1,1996年3:1,在1950年以前,雇主和雇员各按1%的税率缴纳社会保障税(工资税),之后税率不断提高,每10年提高2个百分点,1996年为15.3%,雇主与雇员各负担7.65%。据预测,我国城镇企业离退休人员占在职职工比例到2030年将达到48.95%,2050年将达到55.46%。

2. 完全积累式

该模式的具体形式为基金式,类似于储蓄养老。即从职工开始工作起就建立个人养老保险账户,由单位和个人逐年向国家社会养老保险机构缴纳保险费,实行多缴多保,自给自足。职工到了法定退休年龄时,就可以从个人账户所积累的储备基金中,以年金的方式领取养老保险金。这一模式的特点是:

(1) 个人对自己负责,因此激励机制较强。同时也不大会引起代际转嫁的社会矛盾。

(2) 渡过人口老龄化高峰时有足够的基金,不存在支付危机。

(3) 易于积累起大量的建设资金。

这一模式也有其缺点,这就是:保险基金积累时间长,易受通货膨胀的影响,因此,基金的保值、增值非常重要,但难度较大;被保险人之间的资金不能调剂,不符合社会保险互助互济和收入再分配的原则,也很难保证每个人到晚年都有基本的生活保障。目前采取这一模式的国家很少。

3. 部分积累式

这是介于前两种模式之间的一种模式。即在现收现付式的基础上,建立个人账户储备基金,实行养老基金的部分积累。这一模式兼顾了前两种模式的优点,因此在1964年的国际社会保险专家会议上受到推崇,目前为许多国家所采用。从我国国情看,实行部分积累式是理想选择,这一点已取得社会各界的共识。

二、失 业 保 险

失业是指有劳动能力和劳动愿望的劳动力,得不到就业机会或就业后又丧失劳动机会的社会现象。

失业保险是指国家依法强制实施,通过筹集失业保险基金,用于解决符合规定条件的失业者生活保障问题的一种社会保险。

(一) 失业保险的给付条件

失业者享有失业保险的权利,但要取得失业保险给付必须具备一定的资格条件。为了保证将失业保险金支付给规定范围的失业者,避免失业者产生依赖和不劳而获的心理,各国均规定了严格的保险金给付条件,即享受失业保险待遇的资格条件。这些条件主要有以下几条。

1. 失业者必须符合劳动年龄

更确切地说,必须处于法定最低年龄与退休年龄之间的劳动者,才可能享受失业保险。这样规定的原因是为了保护未成年人。实际上,世界各国都严令禁止使用童工。未成年人不参加社会劳动,也就不存在失业问题。而退休后的老年人不负有法定的社会劳动义务,他们已为社会作出了自己的贡献,并可享受养老保险,故也不列入失业保险保障的范围。可见,失业保险是对劳动年龄内的劳动者的保险。

2. 失业者必须是非自愿失业的

失业可分为自愿失业和非自愿失业。非自愿失业是指不是出于本人意愿,而是由非本人能力所能控制的各种社会或经济的客观原因所导致的失业。非自愿失业又有周期性失业、摩擦性失业、季节性失业和结构性失业之分。为了防止失业者养成懒惰及依赖心理,各国均规定,对于那些自愿失业者、过失免职者、拒绝工作者,以及因劳资纠纷参加罢工而导致失业者不给付失业保险金,有时则规定一个较长的等待期。

3. 失业者必须满足一定的合格期条件

这些条件主要包括:缴纳保险费期限的条件,投保年限的条件,就业期限条件,居住期限条件。

4. 失业者必须具有劳动能力和劳动愿望

失业保险保障的是那些具备劳动能力和劳动愿望的失业者。失业者是否具备劳动能力,需要由职业介绍机构或失业保险主管机构根据申请报告或申请人的体检报告来确定。由于疾病、生育、伤残或年老等原因而离开工作者,属于社会保障其他子系统的保障对象。为了检验失业者的就业意愿,各国在有关法律中均作了有关规定,主要包括:

(1) 失业者必须在规定期限内到职业介绍机构或失业保险机构进行登记,要求重新就业。

(2) 失业期间必须定期与失业保险机构联系,报告个人情况。这样规定是为了进行失业认定,失业保险机构审核后发放保险金,并及时掌握失业者就业意愿的变化,向其传递就业信息。

(3) 接受职业培训和合理的工作安置。若失业者拒绝,则认定其无再就业的意愿,并停止保险金的发放。在安置工作时,失业保险机构主要应充分考虑失业者的年龄、工龄、学历、专业、技术特长以及劳动力市场状况等因素,合理安置。

(二) 失业保险的给付原则

在确定给付水平时,从社会保障的目的出发,各国普遍遵循以下几个原则。

1. 确保失业者及其家属的基本生活需要

劳动者失业后,失业保险金是其主要收入来源。因此,失业者及其家属的生活水平也由保险金给付水平确定。为维持失业者的基本生活需要,保护劳动力,失业保险金要起到保障的作用。

2. 给付标准低于相应的工资水平

给付标准一般低于失业者在职时的工资水平,并在一定时期内给付。超出这一期限,则按社会救济的水平给付。因为过高的给付水平,既会增加失业保险的财务负担,也容易使失业者滋生懒惰或依赖心理,从而导致逆选择。

3. 权利与义务对等

失业者获得基本生活保障的权利,需以其向社会尽劳动义务、缴纳保险费为前提。因此,失业保险给付应与被保险人的工龄、缴费年限和原工资收入相联系,使工龄长、缴费多、原工资收入高的失业者获得较多的失业保险金;反之,就只能获得较低的保险金。

(三) 失业保险的给付标准

根据上述原则,在具体确定失业保险给付标准时,应考虑三个方面的内容:等待期间、给付期间及给付比率。

1. 等待期间

这是失业者在领取失业保险金之前需要等待的一段时间。这一规定有助于减少小额给付的繁琐工作,并可以控制给付数量。大多数国家规定等待期限为 3~7 天,但如果同一年内遇到第二次失业时,则不需再经过等待期。

2. 给付期间

由于失业发生在一定时期内,因此,失业保险不可能像其他社会保险那样对被保险人进行无限期给付,而是根据平均失业时间确定一个给付期限。至于给付期限具体为多长,各个国家规定不一,通常为 8~36 周,大多数国家为 26 周。有些国家还规定,在给付期满后,如果被保险人的收入或财产在一定标准以下,他还可以获得失业补助或其他救济金。有些国家依照被保险人失业前的就业时间,或缴费次数来决定给付期限的长短。规定给付期的目的在于促进就业。

3. 给付比率

对失业保险的给付比率,各国规定不尽一致。归纳起来,主要有以下几种:

(1) 工资比率制。即失业保险金以被保险人在失业前一定时期内的平均工资收入,或某一时点上的工资收入为基础,依据工龄、受保年龄、工资水平或缴费年限,确定百分比计发。给付比率通常为工资收入的40%—75%不等。在实际业务中,工资基数又分为工资总收入、标准工资和税后工资等几种,而百分比又有固定、累退、累进三种形式。

(2) 均一制。又称固定金额制,即对符合资格条件的失业者一律按同一绝对数额给付失业保险金,而不论失业者失业前工资的高低。例如,意大利规定每天800意大利里拉,瑞典规定每天为75瑞典克朗。

(3) 混合制。即采取工资比率制与均一制相结合计发的方式:一部分按失业前工资收入的一定比率给付,另一部分按绝对数额给付。

(四) 失业保险的筹资

失业保险带有很强的社会性,其基金的筹集通常是社会性的。筹集的基本原则是:尽量做到收支平衡。从筹集的方式来看,绝大多数国家采取现收现付制,即当期保费收入用于当期保险金给付。同时,随着给付情况的变化而调整费率,调整的频率可以为1年、3年或5年。采取这种方式,不需要为将来提存准备金,从而使未来保险金给付的现值等于未来保险费收入的现值,故其责任准备金为零。但是,为了应付实际风险发生率及给付率的不利变化,增加失业保险制度的安全性,一般要提存特别风险准备金,以满足紧急需要。

该筹集方式有两个缺陷:一是必须经常重估财务结构,调整费率,因而在操作上较为烦琐;二是由于管理上或政治上的原因,可能影响保险费率的调整,由此造成财政困难。为了解决这些问题,各国一般均在法律上规定采取弹性费率制,授权主管机构根据失业保险财务收支的实际状况来适当调整费率,以满足实际开支的需要。

三、疾 病 保 险

疾病保险是指国家、企业对职工在其因病(含非因公负伤)而暂时丧失劳动能力时,给予必要的物质帮助以维持其基本生活的一种社会保险。

疾病保险中的疾病系指一般疾病,其发病原因与劳动无直接关系,因此,带有社会福利和社会救济的性质。它的实施有利于职工患病后安心养病,尽快得到康复,恢复劳动能力;有利于保障职工及其家属的基本生活;有利于社会的安定。

(一)疾病保险的给付条件

世界各国对此规定不一,总的来看,有以下几点:

(1)被保险人必须患病、失去工作能力,并停止工作,进行治疗。

(2)被保险人患病时已从事有收入的工作,并且因患病而不能从雇主方面获得正常的工资或病假工资。

(3)被保险人必须缴足最低期限的保险费,如英国有此规定。

(4)被保险人必须达到规定的工作期限,如法国有此规定。

(5)有的国家还规定了等待期,即在规定的等待期间内不给付疾病补助。如果患病期较长,等待期间未支付的补助可以补发。

(二)疾病保险的给付方式

疾病保险通常有现金给付和医疗给付两种方式。

1. 现金给付

现金给付是补偿被保险人因疾病而无法工作时的费用,以及因疾病而致残疾或死亡的费用。它可分为以下两种形式:

(1)疾病现金给付。是指对患病的被保险人给付现金,它包括等待期、给付期限和给付标准三个方面的内容。

第一,等待期。是被保险人因疾病或患病后,取得现金给付需要等待的时间。

第二,给付期限。是被保险人因疾病或患病后,享受现金给付的期限。1969年国际劳工大会规定：给付期不得少于52周，并对有希望治愈者继续给付。目前世界许多国家给付期限定为39~52周，最长者达到2—3年。有的国家甚至不规定给付期。

第三，给付标准。主要有工资比例给付和均等给付两种方式。采用前一种方式，一般规定疾病现金给付的标准为被保险人工资的50%—75%。国际劳工大会1969年规定为被保险人原有收入的60%，少数国家规定的比例高于60%；采用均等给付方式时，一般按周给付一个固定金额，如英国对被保险人每周支付18.5英镑，还对扶养的眷属另加给付。

（2）残疾现金给付和死亡现金给付。

这是指对因疾病致残或死亡的被保险人给付现金。这两种给付与工伤所致残疾或死亡给付大体一致。大多数国家规定，如果被保险人领取现金给付已达到最高期限而疾病尚未痊愈时，现金给付改为残疾年金，死亡给付有将给付范围扩大到被保险人眷属的趋势。

2. 医疗给付

医疗给付是指对被保险人提供各种医疗服务。由于经济发展水平和医疗水平不同，各国所能提供的医疗服务种类也有很大差异。一般来说，医疗服务至少应包括普通治疗、住院治疗、护理服务以及供应必要的药物，也有些国家提供专门的人员服务和病人使用的辅助器具。

关于医疗给付的期限，有些国家有最长期限的限制，如最长为26周；有的国家则没有限制。对医疗给付范围，各国也都有不同的规定。

（三）疾病保险基金的来源

由于疾病或非因公负伤系劳动者自身的身体素质所致，与其工作没有必然联系，所以，实施疾病保险所需的经费主要来源于被保险人和雇主，政府一般只提供少量的补助甚至不补助。对所有居民实行普遍免费医疗服务的国家，其医疗费用由国家从一般税收中拨付，或征收国民健康服务税。但不同国家，雇主、被保险人和政府三方所负担的保险费比例并不相同。

四、工伤保险

(一) 工伤保险的概念

工伤保险又称职业伤害保险,它是国家依法强制实施,面向企业或用工单位筹集工作保险基金,用于补偿因工伤、接触职业性有毒、有害物质等而致残、致死的职工及其家属的一种社会保险。

工伤,最初仅限于工作中劳动者因工作环境、工作条件的不良等原因所导致的意外伤害,后来扩大到职业病所造成的伤亡。职业病是指职工在生产过程中,由于职业环境的侵害而引发的疾病。其特点是:形成期较长,多表现为以生理器官为主的生理功能性伤害,一旦受到伤害,很难痊愈。

现代工业社会,各类工业伤害和职业病不断出现。对劳动者个人而言,因工负伤意味着劳动能力暂时或永久的全部或部分丧失。工伤事故的直接后果就是劳动者离开工作岗位,中断或丧失收入来源,这自然也会殃及家属。因此,工伤事故作为劳动者面临的普遍风险,是工业化的重大社会问题之一。正因为如此,工伤保险对于现代化生产条件下的劳动者具有特别重要的意义和作用。

(二) 工伤保险的基本原则

1. 绝对责任原则

绝对责任原则,又称无过失责任原则,是指在各种事故中,只要不是受害人自己故意行为所致,受害者就应得到伤害赔偿。为了使职工在工作中得到更充分的安全保障,维护劳动者的权益,许多国家的劳工法都规定对工伤事故按照绝对责任原则来处理。就是说,工伤损失由雇主承担,并不以企业或雇主是否有过失为要件,而是以社会政策和劳动政策为基础。

2. 强制保险、统筹基金、共担风险

这是指国家通过立法规定雇主和雇员必须参加工伤保险,并强制建立社会化的工伤保险基金,这样,各雇主的工伤风险不再由雇主自己承担,而是共同分担。

3. 损害赔偿原则

工伤事故的发生,对受害者来说,不仅仅是经济收入减少,还往往意味着付出身体乃至生命的代价。因此,工伤保险应坚持损害赔偿原则,充分考虑受害者的伤害程度、伤害性质、职业康复、伤害前的收入水平、家庭负担等多项因素来制定给付标准。因此,在各种社会保险中,工伤保险待遇的总体水平一般是最高的。

4. 区分工伤与非工伤原则

因公伤亡是指由于执行公务、为社会或所在单位工作而受到的职业伤害所致的伤亡,工伤保险只对此类事故承担责任。而非因公伤亡,则不在工伤保险的保障范围之内。

5. 赔偿与预防、康复相结合的原则

工伤保险制度的最高理想是不发生或少发生工伤事故,因此,实施这一制度,不能只有单纯的事后赔偿,而应当同时加强平时的安全生产管理和工伤事故预防,并注意事后康复工作。只有做到事前预防、事后赔偿和康复相结合,才能真正全面保障职工的权益。

6. 雇主承担全部保险费原则

职工在工作岗位上劳动所致的伤害,只要不是故意行为,雇主对此负有绝对责任,因此,工伤保险的保险费由雇主全部承担。这样规定,有利于雇主加强安全生产管理、保障职工的安全。

(三) 工伤保险的给付

工伤保险的给付,首先要解决受害职工的工伤程度问题,以便根据工伤程度来实施给付。关于工伤程度鉴定的标准,各国规定不尽一致。世界上许多国家伤残等级是按人的身体器官功能损伤程度制定出统一的劳动能力丧失等级表、比例表等,并以法律的形式规定下来。例如,英国按残废程度的百分比分出55种;我国的工伤致残程度分级,是根据器官损伤、功能障碍、医疗依赖及生活自理能力的程度等主要依据进行综合评定,划分为10个等级,共474个条目。为便于叙述,我们将它粗略地分为暂时性伤残和永久性伤残两大类。

1. 暂时性伤残给付

对暂时性因公伤残的劳动者,由保险机构给予工资收入的补偿,以维持其基本生活。它需要考虑给付标准、给付期限和给付等待期三个问题。

关于给付标准,一方面要考虑劳动者的生活水平,另一方面还要考虑有关方面的负担能力。国际劳工大会1964年规定为原有工资的60%。

关于给付期限,多数国家规定为26周,最长的也有超过52周的。同时,许多国家还规定:医疗期满还需继续治疗的,可以延期。还有一些国家没有治疗期限限制,可以直到伤愈为止。

关于给付等待期,国际劳工大会1952年规定等待期不能超过3天。1964年又修改了规定,要求保险机构在被保险人从丧失劳动能力的第一天起就必须支付暂时伤残金,不需要任何等待期。目前,多数国家都接受了这一规定。

2. 永久性伤残给付

永久性伤残又分为永久性局部伤残和永久性全部伤残两种。前者是指永久丧失部分工作能力,后者是指永久丧失全部工作能力。前者的给付,一般以伤残部分的轻重为依据,许多国家都以法律形式规定了局部伤残与给付的对照表;对永久性全部伤残的给付一般采取年金制,其金额一般为本人原工资的66%—75%,国际公约规定为60%。

3. 死亡给付

死亡给付包括死者的丧葬费用和遗属给付。丧葬费用一般一次性给付;遗属给付有一次性的与年金给付两种,但大多数采取年金形式。给付标准一般按照被保险人的平均工资的百分比计算,或者按照年金数额的百分比计算。一般规定,给付不得低于工资最高限额的33%—50%,年金给付总额不得超过被保险人的工资总额。

五、生 育 保 险

生育保险是指妇女劳动者因生育子女而暂时失去劳动能力时,

由社会保险机构给予必要的物质保障的一种社会保险。生育保险是基于解除工业化社会女职工的后顾之忧，实现男女平等的劳动权利，并将企业或单位负担的生育费用通过社会化负担的手段使其达到公平化的一种社会保险制度。

（一）生育保险的给付条件

生育保险的给付条件，各国也不一致，一般包括以下三点。

(1) 被保险人在产假期间不再从事有报酬的工作。

(2) 被保险人缴纳保险费的时间必须在规定标准以上。

(3) 被保险人在产前的工作时间必须达到一定的年限要求。

根据我国有关规定，我国生育保险的对象只限于达到法定结婚年龄，符合国家计划生育政策的女职工。她们在法定生育休假期间、实施节育手术期间、实施节育手术后引起的并发症期间以及已婚女职工流产期间，可享受生育保险给付。目前，我国实行的生育保险，个人不缴纳保险费，而是由所在企业或单位按工资总额的一定比例向保险机构投保。

（二）生育保险的给付内容

从世界各国情况看，生育保险的待遇标准和保障水平很不一致。发达国家的保障范围较广，待遇标准较高。但基本内容包括以下三部分。

1. 有薪假期

又称产假，是职业女性在分娩前、分娩和分娩后的一定时间内所享受的假期。国际劳工大会1952年规定产假至少为12周，并且建议，产前和产后都给予假期。后来又建议延长至14周。大多数国家都接受了这一建议。

2. 生育津贴

是对职业妇女因生育子女而离开工作岗位，不再从事有报酬的工作，其雇主也已停止付给她工资，由生育保险机构定期支付给该职工一定的现金。世界各国在制定生育津贴标准时，一般都采取较为优惠的政策。不少国家规定，相当于女职工生育前原工资的100%。

有的国家除给付定期生育津贴之外,还在每个子女出生时,发给一次性的生育津贴。少数国家规定,不得低于原工资的二分之一。

我国生育津贴的支付方式和支付标准是:在实行生育保险统筹的地区,按本企业上年度职工月平均工资的标准支付,期限不少于90天;在没有开展生育保险社会统筹的地区,生育津贴由本企业或单位支付,标准为女职工生育前的基本工资,期限一般为90天。

3. 医疗服务

生育医疗服务是由医院、开业医生或合格的助产士向职业妇女提供的妊娠、分娩和产后的医疗照顾,以及必要的住院治疗。各国的生育保险提供给怀孕妇女产后的医疗保健及治疗,部分国家还为新生儿提供特殊护理、全套用品和食品。

我国生育医疗服务包括的项目有:孕期检查、接生、手术、住院、药品和生育引起的疾病的治疗。所需费用,在开展生育保险的地区,由生育保险基金支付;在未开展生育保险的地区,由女职工所在单位支付。

主要参考文献

埃米特·J·沃恩、特丽莎·M·沃恩著,张洪涛译:《危险原理与保险》,中国人民大学出版社,2001年。
《保险概论》编写组:《保险概论》,西南财经大学出版社,1994年。
陈继儒:《保险学概论》,中国财政经济出版社,1991年。
陈继儒、肖梅花:《保险学原理》,中国财政经济出版社,2000年。
陈云中:《保险学》,五南图书出版公司,1985年。
郝演苏:《财产保险》,中国财政经济出版社,1997年。
胡炳志、陈之楚:《再保险》(第二版),中国金融出版社,2006年。
胡炳志、刘子操:《保险学》,中国金融出版社,2002年。
胡文富:《商业保险法通论》,中国检察出版社,1996年。
弗兰克·奈特:《风险、不确定性与利润》(中译本),华夏出版社,2011年。
贾林清、姚久荣:《人身保险》,法律出版社,1996年。
荆涛:《保险学》,对外经济贸易大学出版社,2002年。
李国荣等:《保险法热点385问》,人民法院出版社,1995年。
马鸣家:《保险代理实务》,中国商业出版社,1996年。
乔林、王绪瑾等:《财产保险》,中国人民大学出版社,2003年。
上海财经大学应用数学系:《概率论与数理统计》,上海财经大学出版社,2004年。
双成:"旧中国的保险与彩票",《文汇报》,2004年12月13日。
徐爱荣:《保险学》(第二版),复旦大学出版社,2011年。
孙祁祥:《保险学》,北京大学出版社,1996年。
孙祁祥:《保险学》(第四版),北京大学出版社,2009年7月。
孙祁祥等:《体制转轨时期的中国保险业》,中国财政经济出版社,1999年。
〔美〕所罗门·许布纳、小肯尼思·布莱克、伯纳德·韦布著,陈欣、高蒙等译:《财产和责任保险》(第四版),中国人民大学出版社,2002年。

王和:《工程保险——工程保险理论与实务》(上册),中国金融出版社,2005年。
王效文、孔涤庵:《保险学》,商务印书馆,1932年。
汪祖杰:《现代保险学导论》,经济科学出版社,2003年。
魏华林、林宝清:《保险学》,高等教育出版社,1999年。
魏原杰等:《中国保险百科全书》,中国发展出版社,1992年。
吴小平:《保险原理与实务》,中国金融出版社,2002年。
谢盛金:《简明保险词典》,经济科学出版社,1986年。
许谨良:《财产与责任保险》,复旦大学出版社,1993年。
杨学进:《出口信用保险规范与运作》,中共中央党校出版社,1995年。
姚海明:《保险营销理论与案例》,复旦大学出版社,2002年。
姚海明、段昆:《保险学》,复旦大学出版社,1999年。
叶志伟:《保险精解》,商务印书馆(香港),1991年。
曾宪树:《社会保险与社会保障争议处理实务》,人民法院出版社,1997年。
张德培、罗蕴玲:《应用概率统计》,高等教育出版社,2000年。
张洪涛、郑功成:《保险学》,中国人民大学出版社,2002年。
张栓林、陈继儒:《保险学原理》,中国财经出版社,1997年。
赵苑达:《再保险学》,中国金融出版社,2003年。
郑功成:《财产保险》,中国金融出版社,2000年。
郑功成、许飞琼:《各国保险公司管理与运作》,贵州人民出版社,1995年。
中国太平洋保险公司上海分公司等:《〈中华人民共和国保险法〉实务手册》,上海财经大学出版社,1995年。
中国保监会普及保险知识编写组:《保险知识学习读本》,中国金融出版社,2006年。
中国保监会网站相关资料。
周延礼:《机动车辆保险理论与事务》,中国金融出版社,2001年。

图书在版编目(CIP)数据

保险学/姚海明、段昆编著. —3版. —上海：复旦大学出版社，2012.9(2023.1重印)
(通用财经系列)
ISBN 978-7-309-09171-7

Ⅰ. 保… Ⅱ. ①姚…②段… Ⅲ. 保险学-高等学校-教材 Ⅳ. F840

中国版本图书馆 CIP 数据核字(2012)第 192787 号

保险学(第3版)
姚海明　段　昆　编著
责任编辑/鲍雯妍

复旦大学出版社有限公司出版发行
上海市国权路 579 号　邮编：200433
网址：fupnet@fudanpress.com　http://www.fudanpress.com
门市零售：86-21-65102580　团体订购：86-21-65104505
出版部电话：86-21-65642845
常熟市华顺印刷有限公司

开本 890×1240　1/32　印张 14　字数 358 千
2012 年 9 月第 3 版
2023 年 1 月第 3 版第 5 次印刷

ISBN 978-7-309-09171-7/F·1860
定价：28.00 元

如有印装质量问题，请向复旦大学出版社有限公司出版部调换。
版权所有　侵权必究